懶遊日本

關東完全圖解攻略

懶懶哥 著／攝影

作者序

　　盼了三年，肆虐全球的 COVID-19 疫情總算告一段落。日本政府的防疫措施幾乎完全解除，民眾生活也回歸常態，各國觀光客也重新湧入。而懶懶哥的第一本日本旅遊書，也終於得以面世。

　　其實，這本《懶遊日本：關東完全圖解攻略》原定在二〇二〇年出版。但書籍排版接近尾聲時，疫情突然爆發。台灣和日本的國門倏地關閉，旅遊市場陷入冬眠，本書的出版作業也宣告暫停。

　　而這一停，就停了近三年。

　　在這場史無前例的浩劫中，台灣民眾和日本社會都經歷了類似的苦難：四處買口罩、儲備感冒藥、在家等解封、排隊打疫苗。長年在自行創立的《Lazy Japan 懶遊日本》網站和臉書分享日本旅遊資訊的懶懶哥，當然也遭受重創。

　　雖然一切日本旅遊相關工作都被迫中斷，書籍也暫停出版，但也因為這場疫情，我獲得了充足時間來重新審視《懶遊日本：關東完全圖解攻略》的收錄內容，並從頭到尾徹底調整。不但加入了更豐富、更實用的日本旅遊資訊，也補充了更完整、更詳盡的日本交通指南。

　　如今，三年過去了。回頭看，一切宛如過眼雲煙，旅遊市場也再度迎來了春天。日本重開國門不過數月，從北海道到沖繩，天天都擠滿了各色各樣的海外遊客。

　　我也在日本旅遊解封後的第一時間重返關東，將本書收錄的所有資料和照片更換為疫情後的最新狀態。也就是說，這本《懶遊日本：關東完全圖解攻略》還

沒出版，就又一次更新了全書內容。雖然花費了兩倍心力，並歷經了不少波折，但終於能夠將我多年來彙整的日本旅遊資訊集結成冊，送到讀者們的手中，還是感到十分欣慰。

　　仔細一算，本書從開始籌備、被疫情延宕到正式出版，前後竟花上了六年。在這漫長的過程中，要深深感謝提供我無數協助的出版社編輯們與美編們，以及多次陪伴我前往日本取材的家人，還有在文山和新店認識的國中、高中和大學好友們。尤其是十年前帶領我首次踏上日本土地、從小一起長大的幾位國中老夥伴：沒有你們，就不會有《Lazy Japan 懶遊日本》的創立，這本《懶遊日本：關東完全圖解攻略》也不會存在。

　　當然，最重要的還是願意閱讀和支持《Lazy Japan 懶遊日本》網站和臉書的所有讀者。已經數不清被各位問了多少次「何時才要出書？」。現在，我終於可以把書交到你們手上啦！

　　最後，也希望不論是老讀者還是新讀者，都能透過這本《懶遊日本：關東完全圖解攻略》，讓你們的日本之旅走得更輕鬆、過得更順利、玩得更愉快！

懶懶哥
二○二三年夏天

目錄

【附錄】關東主要鐵道路線圖

JR 東日本關東地區路線圖

東京地鐵＆都營地鐵路線圖

認識 關東

地理 · 歷史

「關東」指的是以日本本州的關東平原為中心，涵蓋東京都、神奈川縣、千葉縣、埼玉縣、茨城縣、栃木縣、群馬縣等縣市，總人口超過四千萬的區域。

日本大部分時代的首都和發展核心都位在奈良、京都、大阪等關西地區。不過，十二～十四世紀的鎌倉幕府，以及十七～十九世紀的江戶幕府（德川幕府）先後選擇鎌倉以及江戶（東京）作為該政權的政治中心，讓關東地區躍上了日本歷史舞台。

十九世紀末，內外交迫的江戶幕府將政權還給京都的皇室，施行現代化改革的明治天皇決定把皇城從關西的京都搬遷至關東的江戶，並更名為「東京」。百年來的積極發展下，東京迅速成為日本當代的政治、商業和文化中心，以及世界上最重要的國際都市之一。關東地區也成為日本人口最多、經濟最發達的區域。

關東

氣候 · 穿著

春季 　關東地區在三～五月的春季氣溫約為 10℃～25℃，白天溫暖但入夜寒冷，建議帶件薄外套。山區夜間氣溫通常低於 10℃，須穿著保暖衣物。另外，日本針葉樹的花粉每到春天就會大量散發至空氣中，許多人會出現嚴重的鼻塞、流鼻水、打噴嚏、眼睛癢等過敏症狀（花粉症），呼吸道較敏感的讀者請務必配戴口罩。

夏季 　關東地區在六～八月的夏季氣溫經常會飆到 30℃ 以上，非常炎熱，建議穿著輕薄透氣的衣物，並記得隨時補充水分。六、七月是關東地區的梅雨季，連續降雨的機率很高，請務必攜帶雨具。另外，日本夏天經常有颱風侵襲，導致航班延誤或取消，嚴重時電車、公車、渡輪等交通工具都會停駛，請隨時注意氣象及交通資訊。

秋季 　關東地區在九～十一月的秋季氣溫約為 10℃～25℃，涼爽乾燥但日夜溫差大，建議帶件薄外套。山區通常已有明顯寒意，請穿著保暖衣物。關東地區入秋後經常受鋒面影響，雨量豐沛且雨勢強勁，請留意氣象預報並攜帶雨具。

冬季 　關東地區在十二月到二月的冬季氣溫只有 0℃～10℃，市區或平地雖然降雪機率不高，但依舊非常寒冷，請務必穿著保暖衣物及厚外套。冬季的山區氣候嚴寒，且經常下大雪或積雪，請視情況配戴手套、毛帽或耳罩以免凍傷，並穿著適合在雪地步行的鞋靴。不過冬天的日本室內、電車內及公車內都會開暖氣，室溫通常有 20℃ 以上。所以建議採用由薄到厚、多層好脫的洋蔥式穿法，以免一進到室內或車內就滿身大汗。

　由於關東地處高緯度，冬季日照比起台灣短，大約五點就會完全天黑，前往山區或安排戶外行程請務必留意時間。日本冬季的空氣也比台灣乾燥許多，經常產生靜電，碰觸門把等金屬物之前可以先摸一下牆壁來除電。臉部和四肢在較為乾燥的日本冬季也容易出現發癢、脫屑等缺脂性皮膚炎症狀，請記得做好保濕及保養。

資訊 · 知識

時差

　日本的時區為 GMT+9，比台灣快一個小時。

❋ 語言

　日本人以日文為主要語言，而且英文能力普遍不算好。除了主要觀光設施和旅館的櫃台人員，大多數日本人並不善於用英語溝通。若您不會說日文，建議盡量利用基本的英文單字交談，以免對方無法理解，或是用手機下載「Google 翻譯」等 App 協助溝通。由於日文有不少漢字，有時也可用中文筆談。

❋ 網路

　日本的 4G 和 5G 訊號非常普及，台灣大部分的 4G 和 5G 手機頻段也和日本相同。只要提前向台灣的電信公司申請國際漫遊上網服務，就能直接使用原卡原機在日本上網。

　另外，日本的機場、車站、旅館和許多商場都有提供免費的 Wi-Fi 訊號，登入後依說明申請或輸入密碼即可使用。不過，免費 Wi-Fi 的速度或穩定度通常不佳，使用時也無法移動，所以懶懶哥還是建議申請漫遊上網服務、租借可多人共用的日本 Wi-Fi 分享器，或購買日本上網 SIM 卡會較為方便。

❋ 通話

　台灣手機及門號免申請免設定就可直接

在日本漫遊通話。要打電話回台灣，或是在日本和同行親友走失時撥打手機，只要直接點選通訊錄中的聯絡人號碼就會自動以漫遊模式通話。但在日本撥打或接聽電話都會被收取昂貴的漫遊費，非必要請盡量避免，並改用通訊軟體聯絡。

❀ 電器

日本的插座樣式和台灣相同，不必轉接即可使用。日本的電壓為 100V，雖然可以與台灣的 110V 互通，但還是建議攜帶明確標示相容 100V 電壓的電子產品或變壓器（旅充）到日本使用，以免裝置受損。

❀ 食物

常見的日式料理包含牛丼（牛肉蓋飯）、拉麵、烏龍麵、蕎麥麵、天婦羅（炸肉、炸蔬菜、炸魚）、什錦燒（大阪燒、廣島燒、文字燒）、壽司、燒肉、鍋物等。日本也有許多源自西方，但被日本人在地化的「洋食」，例如蛋包飯、咖哩飯、炸豬排、炸牛排、漢堡排、可樂餅（炸薯餅、炸肉餅）等。日式小吃則有章魚燒、大福／餅（麻糬）、糯米糰子、和菓子（日本糕點）、銅鑼燒、鯛魚燒等。

雖然日本料理在台灣極為普遍，但經台灣在地化後的日式料理店調味普遍比日本當地來得清淡，不論鹽、糖、油都放得比日本少。所以在日本品嚐相同的餐點，有些人可能會感覺過鹹、過甜或太油膩。另外，日本的素食餐廳很少，多數餐廳也沒有提供素食料理，吃素者請提前上網調查適合的用餐地點。

❀ 飲水

日本的自來水基本上可以生飲，不能生飲的水源則會在水龍頭旁特別標示。另外，日本餐廳不論季節通常都是提供冰塊水，若不習慣可以請服務生更換成熱水。

❀ 禁菸

日本的室外除了特別設置的吸菸區，大部分的觀光區和市區街道都禁止邊走邊抽菸和亂丟菸蒂，違規者會被罰款。公共場所全部禁菸，但機場、車站、商場都有提供吸菸室。旅館通常會分為禁菸房和吸菸房，訂房時請留意。

日本政府也已在二○二○年修法，規定所有商業場所（包含餐廳、遊樂場）必須禁菸，但個人經營的居酒屋、酒吧和小型餐飲店除外。所以有菸癮的旅客請務必確認店門口有標示「喫菸可能」或設置吸菸室再進入，否則室內全部禁菸。

❀ 衛生

日本的街道、廁所、交通工具和公共設施大部分都非常乾淨整潔，食物也沒有衛生顧慮。商場、車站和公園內通常有免費廁所，而且幾乎都會裝設「溫水洗淨便座」（免治馬桶）。

馬桶旁放置的衛生紙一定是水溶性，使用後請直接沖掉，不要丟垃圾桶；面紙、衛生棉等無法沖入水中的廢棄物才可以丟垃圾桶。

❀ 垃圾

日本的戶外垃圾桶很少，通常只會在車站內或便利商店門口出現，丟棄時也必須做好分類，建議外出時自備小袋子裝垃圾。旅館房間內的垃圾會有專人處理，所以不用分類。若住在民宿，則需要按照當地規定做好分類，以免造成屋主困擾。

❀ 治安

日本的治安普通來說很好，不必太擔心人身安全。但人潮擁擠的觀光區或電車上，還是可能有扒手出沒，請小心隨身行李並注意財物，不要離開視線。若不幸遭竊或遺失物品，請立即向該場所的管理人員尋求協助，或到派出所（交番）報案。

不過週五和假日夜晚，下班應酬或尋歡作樂的民眾都會大量聚集到東京市區的新宿、澀谷、池袋、新橋、六本木等地，讓街道變得非常擁擠混亂，還有餐飲店和風俗店（聲色場所）的員工四處搭訕攬客。雖然只要不理會或明確拒絕就不會被糾纏，但還是建議入夜後盡量避開上述地點。

❀ 方向

日本的道路和鐵路都是靠左行駛，民眾也習慣在人行道和樓梯靠左行走。但為了配合施工或進出站動線，車站的地板或牆壁經常會出現「右側通行」（靠右走）的指引標示，搭車時請特別留意。電扶梯雖無相關規定，但關東地區的民眾都習慣靠左站立，讓趕車旅客從右側快速上下樓。

❀ 匯率

疫情後的日幣對新台幣匯率約在 0.22 ～ 0.25 之間，但只要低於 0.25 就算是很便宜。100 日圓約等同於新台幣 22 ～ 25 元；新台幣 100 元約可兌換 400 ～ 450 日圓。

❀ 兌換

日幣建議在台灣的銀行購買兌換，匯率會比起日本國內來得好。另外，只要事先在台灣向銀行申請跨國提款功能，就可以用金融卡在日本的 7-11 或郵局 ATM 提款。雖然會收取手續費且匯率較差，但還是建議申請以備不時之需。

❀ 錢幣

日幣有 1 圓、5 圓、10 圓、50 圓、100 圓、500 圓的硬幣，以及 1000 日圓、2000 日圓、5000 日圓、10000 日圓的紙鈔。由於大部分的販賣機和售票機不接受 1 圓和 5 圓，所以拿到後不容易花掉，記得在櫃台結帳時多多使用。2000 日圓紙鈔除了沖繩外，非常罕見及少用。

物價

日本的旅遊物價大致為台灣的一～二倍。舉例來說，地鐵、公車在東京市區的單程票價約 150 ～ 250 日圓（新台幣 35 ～ 60 元）；便利商店的飲料、飯糰、麵包、三明治約 150 ～ 300 日圓（新台幣 35 ～ 75 元）；平價餐廳的牛丼、咖哩飯、拉麵、烏龍麵等料理一份約 500 ～ 1000 日圓（新台幣 120 ～ 250 元）；連鎖餐廳的壽司、炸豬排、天婦羅、燒肉、鍋物等料理一人份約 2000 ～ 4000 日圓（新台幣 500 ～ 1000 元）；連鎖商務旅館的平日雙人房價一晚約 6000 ～ 10000 日圓（新台幣 1500 ～ 2500 元）。

想多省錢的讀者，建議購買外國觀光客專用的優惠車票搭乘交通工具，並到超市採買食物，不但價格比便利商店便宜，選擇也更多，壽司、便當或熟食每天打烊前還會有五折～八折不等的出清大特價。

❀ 免稅

日本商品皆須在結帳時外加消費稅，並從二〇一九年十月起調整為 10%。但商店的標價牌經常是寫不含稅（稅拔）的價格，並額外以小字標示「稅込」的含稅價，購物時請特別留意。另外，外國旅客只要在張貼「Japan. Tax-Free Shop」或標示提供退稅服務的店家不限品項消費滿 5000 日圓以上，即可在指定櫃台出示護照並直接以免稅價格結帳。

❀ 付款

日本民眾在商店、餐廳、超市和便利商店普遍以現金付款，但許多店家都可以使用 VISA、Mastercard、JCB 的信用卡支付或是 Suica、PASMO、ICOCA 等電子票證（IC 卡）扣款，結帳時可留意櫃台標示。至於近年在台灣迅速普及的信用卡行動支付平台「Apple Pay」（iPhone）和「Google Pay」（Android）雖然都有在日本提供服務，但日本國內採用的非接觸式感應技術（FeliCa）與國際主流規格（EMV）不相容，所以台灣發行的信用卡過往無法在日本透過 Apple Pay、Google Pay 或是實體卡片感應付款。

但以東京奧運為契機，日本的 7-11、全家、Lawson、麥當勞、唐吉軻德等大型連鎖店近年都陸續增設了國際規格（EMV）的感應機。不過日本的支付系統眾多，所以外國旅客結帳時請直接向店員告知「信用卡」（Credit Card）或點選自助結帳機的「一般信用卡」（Visa／Mastercard）圖案，才可以順利使用 Apple Pay、Google Pay 或實體信用卡感應付款。而 LINE Pay 雖然也有在日本營運，但還不支援跨國支付，所以無法用台灣帳號在日本結帳。

另外，在國外刷信用卡通常會被收取 1.5% 左右的手續費，但各家銀行都有推出高額海外消費回饋的卡種，建議辦一張帶至日本或綁定手機支付比較划算。

❀ 小費

日本沒有給小費或收小費的習慣，在旅館或餐廳都不必付小費。

❀ 簽證

台灣民眾至日本旅遊無需辦理簽證，落地後持護照完成通關程序即可入境。日本政府也開放台灣旅客以觀光、療養、運動、拜訪親友、參觀展覽、參加講習、出席聚會、討論業務等短期停留活動免簽證入境，最長九十天。

❀ 防疫

日本政府已經在二○二三年三月取消室內和戶外的所有口罩配戴建議，交由民眾自行決定，並在五月將 COVID-19 從高風險的「第二類傳染病」調降為跟流行性感冒相同的「第五類傳染病」，同時結束 COVID-19 期間的各項機場檢疫措施，外國旅客入境日本時不用再出示疫苗接種或陰性證明書。

❀ 保險

國外旅遊保險分為「旅遊平安險」及「旅遊不便險」兩種。旅遊平安險主要保障在國外發生意外受傷或突發疾病的醫療費用。旅遊不便險則是針對飛機延遲、行程延誤、行李失竊等時間及財物損失做補償。由於出國旅遊時，一旦碰上天災或人為事故往往會對行程造成嚴重影響。若不幸生病或受傷，在海外就醫也十分昂貴，因此建議讀者們出國前一定要購買旅遊平安險及旅遊不便險，以防萬一。

不過在疫情後，台灣產險業者都不再給付法定傳染病相關的海外醫療費用。擔心在日本染疫住院或是有健康顧慮的讀者，建議自行在網路投保「東京海上日動」（限入境日本後）或「損害保險 JAPAN」等由日本產險業者推出，給付範圍有包含日本染疫治療費用的外國旅客專用醫療險。

另外，若您使用信用卡支付機票、船票或旅行社團費，銀行通常都會贈送旅遊平安險或旅遊不便險，但只會包含基本項目，理賠金額也較低，建議花點時間多做比較。

❀ 花季

關東的賞櫻期約在三月中～四月中，賞楓期則在十月中～十二月中。但每年花況和楓況都會受氣溫、氣象或天災影響而有所差異。緯度與海拔也是重要因素，通常越往北邊、越靠山區的景點，櫻花的最佳觀賞期就會越晚，紅葉的最佳觀賞期則會越早。

❀ 時間

　　日本的佛寺、神社、觀光景點通常開放至下午四點～五點，而且冬季的開放時間通常較短。大部分商店和百貨公司的營業時間只到晚上八點～九點。餐廳通常下午不休息，並營業至晚上九點～十一點。便利商店、牛丼店、家庭餐廳和部分超市會二十四小時營業。

求助

　　台灣民眾若在日本遭遇重大事故，可以連絡「台北駐日經濟文化代表處」（台灣大使館）請求協助。

🕐 上班時間：早上九點～下午四點（假日公休）
Ⓦ 官方網站：www.roc-taiwan.org/jp

✉ 電子郵件：vipass@mofa.gov.tw
📞 一般電話（上班時間接聽）：(03) 32807811
📞 緊急電話（二十四小時接聽，限重大事故）：
　　(81-3) 3280-7917

讀者優惠連結

GLOBAL WiFi
日本 Wi-Fi 分享器八折優惠
＋免費行動電源＋免運費

Wi-Ho！特樂通
日本 SIM 卡、eSIM、上網
分享器專屬折扣

❀ 假日

日本的國定假日請見下表。

中文名稱	日文名稱	日期	備註
元日	元日	1月1日	新年假期通常在12月29日到1月3日前後
成人之日	成人の日	1月第2個星期一	
建國紀念之日	建国記念の日	2月11日	
天皇誕生日	天皇誕生日	2月23日	德仁天皇誕生日
春分之日	春分の日	春分日	
昭和之日	昭和の日	4月29日	黃金週連假
憲法紀念日	憲法記念日	5月3日	黃金週連假
綠之日	みどりの日	5月4日	黃金週連假
兒童之日	こどもの日	5月5日	黃金週連假
海之日	海の日	7月第3個星期一	
山之日	山の日	8月11日	通常會連接13日～16日的盂蘭盆節（中元節），形成約一週的連假
敬老之日	敬老の日	9月第3個星期一	
秋分之日	秋分の日	秋分日	
體育之日	スポーツの日	10月第2個星期一	原名「体育の日」，2020年更改為「スポーツの日」（Sports之日）
文化之日	文化の日	11月3日	
勤勞感謝之日	勤労感謝の日	11月23日	

注意事項
※ 若遇週日則於週一補休一天。
※ 新年假期期間，大多數商家、餐廳和觀光設施會暫停營業或縮短營業時間，請事前確認。
※ 四月底～五月初的黃金週連假，以及八月中的盂蘭盆節連假期間，日本各地觀光出遊人潮極多，請盡量避免在該段時間訪日。

航線・機票

❀ 航線

　　台灣往返日本的航線非常多，航班也很密集。台北松山機場、桃園國際機場、台中清泉崗機場、高雄小港機場都有往返關東兩大機場「東京成田機場」或「東京羽田機場」的定期航線。其中，桃園國際機場和高雄小港機場是航空公司主要的起降點，航班最為頻密。台灣～東京的去程飛行時間約三～三個半小時，回程約三個半～四小時。

❀ 業者

　　台日航線除了有華航、長榮、星宇、國泰、日航、全日空等傳統航空公司，近年也新增了不少「廉價航空公司」。例如華航旗下的台灣虎航、日本的樂桃航空、馬來西亞的亞洲航空，新加坡的酷航，澳洲的捷星航空等等。

　　相較於服務完善的傳統航空，搭乘廉價航空不論是劃位、機上餐飲或行李託運都需要額外購買或付手續費，機上空間也較為狹窄擁擠，更沒有娛樂設備。但票價比起傳統航空便宜許多，偶爾還會有台日來回不到 5000 元的限時促銷，很適合精打細算的旅客搭乘。

❀ 機票

　　除了直接到各航空公司官網查詢，也可以使用「Google 航班」或「Skycanner」等航班搜尋網站一次查詢所有航空公司的時間及票價。選好航班後，輸入個人資訊及護照資料，即可用信用卡完成線上訂票及付款。抵達機場後，出示信用卡、購票證明及護照即可辦理登機。

訂房・住宿

❀ 訂房

　　尋找日本飯店最方便的管道，就是到 Agoda、Booking.com、Expedia 等國際訂房網站查詢及下訂，或是透過 Google 地圖以及 HotelsCombined、Trivago 等比價網站一次搜尋各平台的空房及價格。另外，日本國內的 Jalan、樂天 Travel、一休等訂房網站或是日本各間飯店的日文官網，有時會找到比國際訂房網站更優惠的價格及方案。但是不懂日文的旅客還是建議在有中文介面的國際訂房網站預約，以免資料出錯或發生糾紛。

❀ 類型

　　日本的飯店主要有六種類型，分別是最常見的連鎖商務旅館、高檔的國際星級旅館，溫泉區的日式溫泉旅館、像宿舍的青年旅館、近年興起的民宿及日租套房，以及只有床舖的膠囊旅館。

連鎖商務旅館：關東地區常見的連鎖商務旅館有東橫 INN、APA Hotel、Super Hotel、Smile Hotel 等，特色是平日雙人房價通常不到一萬日圓，空間不大但設備完善、交通方便，有些方案還附贈早餐，因此是最多旅客的下榻選擇。

國際星級旅館：通常位在最熱鬧的市中心或知名觀光景點附近，每晚房價約數萬到數十萬日圓。特色是裝潢豪華、空間寬廣、還有高樓景觀、空中泳池、健身房等。

日式溫泉旅館：大多位在山間的溫泉區內，每晚房價約數萬到數十萬日圓。除了可以泡湯，還能享受細膩的日式服務、精緻的懷石料理以及優美的自然風景。

青年旅館：類似學生宿舍，房間通常是上下舖或通舖，必須與其他房客共處一室並共用衛浴設備，不過房價通常只要數千日圓，還會有交誼廳、用餐區等互動空間，適合想節省旅費並結識外國人的旅客。

民宿及日租套房：是將民宅或公寓大樓的個別房間、一整套房子或一整棟住宅出租給旅客的住宅型旅館。由於可以體驗包含客廳、廚房、臥室的完整日式生活空間，或是與屋主聊天互動，加上短期出租平台 Airbnb 的帶動，近年成為熱門的觀光客住宿選擇。

不過，隱身在住宅區的民宿及日租套房也衍生出嚴重的噪音及安全問題，不良房東更引發多起糾紛。日本政府因此於二〇一八年立法管制，要求訂房網站只能刊登符合規定的民宿及日租套房，以免影響當地居民，也讓旅客更有安全保障。

膠囊旅館：最初是提供給應酬後趕不上末班電車返家的日本上班族臨時過夜，並因應土地昂貴的大都市而發明的超迷你客房。膠囊旅館的房間是一塊塊相疊的塑膠箱體，內部空間僅能容納一名成人躺臥且無法站立。房間通常只有床舖、電視及插座，房門則是簡單的門簾或隔板，吃飯或洗澡、上廁所則在外共用。雖然膠囊旅館舒適度及隔音都不佳，但由於獨具特色且價格低廉，近年成為外國背包客的熱門日本體驗行程。

關東

交通基礎指南

鐵路業者種類

JR

JR，全名「Japan Railways」，中文為「日本旅客鐵道」，是日本最大的鐵路集團。JR 的前身為日本國營鐵路公司「日本國有鐵道」（Japanese National Railways，簡稱 JNR）。由於經營不善，日本政府一九八七年決定將日本國有鐵道分割並民營化，成為現在的「JR 集團」。JR 集團依地區劃分，由北到南共有「JR 北海道」、「JR 東日本」、「JR 西日本」、「JR

東海」、「JR 四國」、「JR 九州」六間公司，以及專責全國鐵路貨運的「JR 貨物」。要注意的是，雖然都叫 JR，但彼此獨立，互不隸屬、並保持著競爭關係。所以不但營收分開來算，連車票、票價、服務皆有差異。

至於關東，絕大部分的 JR 路線都屬於「JR 東日本公司」，包觀光客常用的的成田機場特快列車「N'EX」，貫穿市中心的山手線、中央線，

連接東京迪士尼的京葉線，以及到橫濱、鎌倉、日光的近郊路線，還有往輕井澤的新幹線等等。JR 東日本公司近年針對觀光客推出多種可不限次數搭乘上述路線的優惠票券，若您的關東行程多位於 JR 路線上，那就可以考慮選購 JR 東日本公司的優惠票券，可省下不少搭車費用。

地鐵

東京都有兩家地鐵業者：「東京地鐵」（東京地下鐵株式會社，東京 Metro）和「都營地鐵」（東京都營地下鐵）。東京地鐵歷史悠久，前身是日本政府一九四一年出資成立的「帝都高速度交通營團」（營團）。營團原本是東京唯一的地鐵建造者和營運者。但東京都政府不希望地鐵事業全被營團掌控，因此一九六〇年起開始獨立規劃地鐵，並由東京都交通局興建和經營，此即東京都內有兩家地鐵業者並存的原因。為了方便區別，當年營團興建和營運的路線被稱為「營團地鐵〇〇線」，東京都政府的路線則被稱為「都營地鐵〇〇線」。二〇〇四年，營團正式公司化，成為現在的「東京地鐵」（東京地下鐵株式會社），其路線則改稱為「東京地鐵〇〇線」或「東京Metro〇〇線」。

東京地鐵　　都營地鐵

目前東京地鐵擁有九條路線，都營地鐵則為四條。不過東京都政府交通局還有經營路面電車「荒川線」、高架膠輪交通系統「日暮里·舍人線」及都營巴士（市區公車）。東京地鐵和都營地鐵至今仍維持獨立營運，所以東京地鐵和都營地鐵交會車站的月台幾乎都沒有直接連通，必須出閘門或出站才能轉乘，一日券也是各用各的。但為了方便觀光客，兩家業者

近年合作推出了「Tokyo Subway Ticket」等各種共通優惠票券，很適合到東京旅遊的讀者們購買。

私鐵

私鐵是私有鐵路公司的簡稱，也就是所謂的民營鐵路業者。關東地區的私鐵業者及路線非常多，但多位在東京郊區，如果您的行程是以東京市區為主，就不太會用到。不過，有幾條私鐵路線因為行經機場和熱門景點，而有不少觀光客搭乘。像是連接品川和羽田機場的「京急電鐵」，上野和成田機場的「京成電鐵」，從澀谷經下北澤到吉祥寺的「京王電鐵」，從澀谷穿越代官山、自由之丘並直達橫濱的「東急電鐵」，靠近藤子·F·不二雄博物館、江之島、箱根的「小田急電鐵」，以及往返川越、日光、秩父的「東武鐵道」、「西武鐵道」等。

雖然所有私鐵路線皆未穿過東京市區，但大多數都有和東京地鐵系統實施「直通運轉」。意思就是，這些私鐵路線會跟東京地鐵或都營地鐵的軌道直接連通，讓私鐵列車駛入地鐵軌道並停靠地鐵車站，以增加服務範圍，地鐵列車也能駛入私鐵軌道並停靠私鐵車站。換句話說，若您的行程需要搭乘私鐵，可以先查詢該私鐵路線是否有和地鐵直通運轉，有的話，您就可以在地鐵車站搭乘開往私鐵路線的列車，或在私鐵車站搭乘開往地鐵路線的列車。

鐵路列車種類

關東的鐵路列車主要有五種類型，分別是「普通列車／各停列車」、「急行列車／快速列車」、「JR 特急列車」、「私鐵特急列車」和「新幹線」。

❄ 普通列車／各停列車

「普通列車／各停列車」就是停靠沿線所有車站的慢速列車，持普通車票即可搭乘。依業者或路線的不同，各站停靠的慢速列車可能會稱作「普通」或「各停」，但兩種列車的意思和功能皆相同。

❄ 急行列車／快速列車

「急行列車／快速列車」就是主要只停靠中大型車站的中速列車，通常持普通車票即可搭乘。依業者、路線、路段、停靠站數、行駛時段的不同，「急行列車／快速列車」可能會稱作「急行」、「準急」、「區間急行」、「通勤急行」、「快速」、「快速急行」、「區間快速」、「通勤快速」等各種名稱。這些「急行列車／快速列車」主要是差在停靠站數或站點的不同，命名並無一致的標準，所以無法直接從名稱判斷誰快誰慢或停靠哪些車站。基本上各條中長途鐵路路線都會設置「急行列車／快速列車」以服務需要快速往返中大型車站的旅客。

JR 特急列車

「JR 特急列車」就是主要只停靠大型車站的 JR 高速列車，通常需要持普通車票和「特急券」才能搭乘，車廂座位、內裝和設備也較為高級。「JR 特急列車」通常會另外命名，例如 JR 東日本往返成田機場的特急列車「N'EX」（成田特快），往返河口湖的特急列車「富士回遊」，往返日光地區的特急列車「日光號」、「鬼怒川號」，往返伊豆地區的特急列車「踊子號」等。基本上 JR 的主要鐵路路線都會設置「JR 特急列車」以服務需要高速往返大型車站的旅客或長途旅客。

❄ 私鐵特急列車

「私鐵特急列車」就是主要只停靠大型車站的高速列車，但分為兩種：一部分私鐵業者

的「特急列車」持普通車票即可搭乘，不需要「特急券」，車廂座位、內裝和設備也與普通、快速列車相同。換句話說，這些私鐵的「特急列車」其實就是停靠站數更少的「急行列車／快速列車」。包括京成電鐵、京急電鐵、京王電鐵、東急電鐵等私鐵業者都有此種「不加價的特急列車」。這些「不加價的特急列車」依業者、路線、路段、停靠站數、行駛時段的不同，可能會稱作「特急」、「快速特急」、「通勤特急」等各種名稱。這些「不加價的特急列車」主要是差在停靠站數或站點的不同，命名並無一致的標準，所以無法直接從名稱判斷誰快誰慢或停靠哪些車站。

不過，另一部分私鐵業者的「特急列車」則與「JR 特急列車」相同，需要持普通車票和「特急券」才能搭乘，車廂座位、內裝和設備也較為高級。例如東武鐵道往返日光地區的特急列車「華嚴號」、「會津號」、「鬼怒號」，富士急行往返河口湖地區的「富士山特急」、「富士山 View 特急」，西武鐵道的特急列車「Laview」、「Red Arrow」，小田急電鐵的「浪漫特急」等。

而採用「不加價的特急列車」的私鐵業者，若推出車廂座位及內裝較為高級的高速列車時，則會另外自創列車種類和票種。例如京成電鐵往返成田機場的「Skyliner」就需加購等同於特急券的「Liner 券」才能搭乘。

✿ 新幹線

　　「新幹線」就是只停靠各縣市主要車站的日本高速鐵路系統，需要持普通車票和「新幹線特急券」才能搭乘。目前新幹線共有十條路線，最北端可達北海道的函館，最南端已至九州的鹿兒島，並持續延伸中。

　　新幹線依路線所經地區，分別由「JR 北海道」、「JR 東日本」、「JR 西日本」、「JR 東海」、「JR 九州」五家 JR 公司個別營運，各業者所擁有之新幹線路線及路段如下：

JR 北海道

北海道新幹線：全線（新青森～新函館北斗）

JR 東日本

東北新幹線：全線（東京～新青森）
上越新幹線：全線（大宮～新潟）
山形新幹線：全線（福島～新庄）
秋田新幹線：全線（盛岡～秋田）
北陸新幹線：高崎～上越妙高

JR 東海

東海道新幹線：全線（東京～新大阪）

JR 西日本

山陽新幹線：全線（新大阪～博多）
北陸新幹線：上越妙高～金澤

JR 九州

九州新幹線：全線（博多～鹿兒島中央）
西九州新幹線：全線（武雄溫泉～長崎）

　　雖然新幹線的路線和營運公司看起來非常多，但各路線都會彼此直通運轉，相互串聯。例如 JR 東日本管轄的各條新幹線都是以東京車站做為出發站，行駛到大宮、高崎、福島、盛岡等交會站才會分岔出去，開入自己的路線內，所以 JR 東日本各條新幹線都可在東京車站～重疊路段的各主要車站或交會站轉乘銜接，十分便捷。另外，五家 JR 公司更跨業者組成了「東北 • 北海道新幹線」、「北陸新

幹線」、「東海道・山陽新幹線」以及「山陽・九州新幹線」等直通運轉系統，旅客無須轉乘，就可直達分屬不同公司或路線的新幹線車站。各條新幹線的直通運轉系統營運模式，懶懶哥整理在下方。

東北新幹線＋北海道新幹線系統（JR 東日本＋JR 北海道）

東京～大宮～新青森～新函館北斗

東北新幹線＋秋田新幹線系統（JR 東日本）

東京～大宮～盛岡～秋田

東北新幹線＋山形新幹線系統（JR 東日本）

東京～大宮～福島～新庄

東北新幹線＋上越新幹線系統（JR 東日本）

東京～大宮～新潟

東北新幹線＋上越新幹線＋北陸新幹線系統
（JR 東日本＋JR 西日本）

東京～大宮～高崎～上越妙高～金澤

東海道新幹線＋山陽新幹線系統（JR 東海＋JR 西日本）

東京～新大阪～博多

山陽新幹線＋九州新幹線系統（JR 西日本＋JR 九州）

新大阪～博多～鹿兒島中央

　　不過要注意的是，在上述運轉系統內行駛的列車並非每一班都會走完全程，通常只會行駛部分區段，搭乘時請特別留意。另外，新幹線跨業者直通運轉只是為了提升搭乘便利性，車資依然是按照各路線所屬之業者分開計算。所以持各地區 JR Pass 搭乘跨業者的新幹線運轉系統時，若超過該 JR Pass 發行之 JR 公司所屬路段，通常都必須另外補票。

鐵路車票種類

　　關東的鐵路車票主要有七種類型，分別是「普通車票」、「IC 卡」、「指定席券」、「特急券」、「特別車廂券」、「一日券／周遊券」和「優惠套票」。

普通車票

　　「普通車票」就是只包含基本車資的車票，又稱作「乘車券」，通常普通列車、各停列車、急行列車、快速列車都只要普通車票即可搭乘。日本大部分鐵路路線的基本車資都是以里程計費，搭越遠則基本車資越高。不過路面電車和小型鐵路路線則多採取單一票價，不論距離遠近，基本車資皆相同。

❀ IC 卡

　　「IC 卡」就是電子感應票卡，旅客可在進出站閘門碰觸 IC 卡感應付款，省去購票的麻煩。在日本，大部分的鐵路公司都有獨自或是與其他交通業者合作推出 IC 卡。例如 JR 東日本推出的「Suica」，關東地區各大交通業者共同推出的「PASMO」，JR 西日本推出的「ICOCA」、關西地區各交通局與各大交通業者共同推出的「PiTaPa」等等。IC 卡通常只能支付鐵路的基本車資（普通車票），所以大部分情況下都無法用 IC 卡直接搭乘 JR 特急列車或新幹線。

❀ 指定席券

　　「指定席券」就是只包含劃位（指定）費用的車票。在日本，劃位費用通常都不含在普通車票中，必須另外支付。所以希望有固定座位的旅客，除了普通車票還必須加購「指定席券」才能乘坐可劃位的對號座（指定席）車廂。依業者、路線和車種的不同，普通列車、各停列車、急行列車、快速列車的部分班次，以及特急列車、新幹線的絕大部分班次都會設置必

須購買「指定席券」或支付劃位費用才能乘坐的對號座車廂。另外，部分快速列車、特急列車或新幹線為全車對號座（全車指定席），所有旅客都必須加購「指定席券」或支付劃位費用才能搭乘。

★若同時購買普通車票和指定席券，部分鐵路業者會將兩張車票合併為一張票券，持該車票即可進出車站並乘坐指定席車廂

❀ 特急券

「特急券」就是包含特急費的車票。在日本，特急費都不含在普通車票中，必須另外支付。所以希望搭乘 JR 特急列車，或是乘坐需要特急券的私鐵特急列車的旅客，除了普通車票還必須加購「特急券」。通常「特急券」會分為「自由席特急券」和「指定席特急券」。「自由席特急券」就是不包含劃位費用，只能乘坐自由座（自由席）車廂的特急券；「指定席特急券」則是已包含劃位費用，可以乘坐對號座（指定席）車廂的特急券。另外，搭乘新幹線所需的「新幹線特急券」則是包含了「新幹線自由席特急費」或「新幹線指定席特急費」。

★若同時購買普通車票和特急券，部分鐵路業者會將兩張車票合併為一張票券，持該車票即可進出車站並搭乘特急列車

❀ 特別車廂券

「特別車廂券」就是搭乘特別車廂所需的車票。特別車廂指的是擁有較寬敞座位或額外服務、設備和設計的高級車廂。以 JR 為例，特別車廂被稱作「綠色車廂」（Green Car，グリーン車），意思等同於商務車廂，希望搭乘綠色車廂的旅客都必須加購「綠色車票」（グリーン券）。目前 JR 部分路線的普通列車、各停列車、急行列車、快速列車，以及絕大部分的特急列車、新幹線都會設置「綠色車廂」。另外，部分私鐵業者也推出了採用特別車廂的

列車，例如富士急行線的「富士山 View 特急」第一節車廂等。乘坐上述列車的特別車廂，都必須加購「特別車廂券」或支付特別車廂費用。

❀ 一日券／周遊券

「一日券／周遊券」就是可在指定時間內不限次數搭乘該交通業者旗下路線的優惠車票。日本各家交通業者幾乎都有推出「一日券／周遊券」以吸引觀光客搭乘。地鐵、公車或私鐵業者由於路線範圍較小，通常都是推出「一日券」，讓旅客在一天內不限次數搭乘旗下路線。例如東京都交通局推出的「都營通票」，東京地鐵推出的「東京 Metro 地鐵 24 小時車票」，以及兩業者共通的「Tokyo Subway Ticket」等等。

JR 則因為路線範圍較大且效期較長，推出的優惠車票通常稱作「周遊券」（JR Pass，舊譯為「通票」），持有「周遊券」的旅客可在一天或多天內不限次數搭乘指定範圍內的 JR 路線。例如 JR 東日本推出的「JR 東京廣域周遊券」（JR TOKYO Wide Pass）、「JR 東日本鐵路周遊券」等等。由於「一日券／周遊券」的價格通常十分划算，所以部分「一日券」和絕大部分的「周遊券」都只限日本國外旅客購買，到日本旅遊的讀者們可別忘了好好利用。

❀ 優惠套票

「優惠套票」就是不同交通業者或功能的車票組合而成的套票，並以優惠價格販售。例如京成電鐵與東京地鐵、都營地鐵合作推出，內含 Skyliner 特價車票和 Tokyo Subway Ticket 的「Skyliner & Tokyo Subway Ticket」等。由於「優惠套票」的價格通常十分划算，所以大部分的「優惠套票」只限日本國外旅客購買，到日本旅遊的讀者們可別忘了好好利用。

購票方式

❀ 普通車票

「普通車票」可在各車站的一般售票機購買。

❀ IC 卡

「IC 卡」通常可在各車站貼有該 IC 卡圖案的售票機購買，或是到售票窗口與服務人員購買。

❀ 指定席券

「指定席券」可在各車站貼有「指定席」或「特急券」字樣的售票機購買，或是到售票窗口與服務人員購買。

❀ 特急券

「特急券」可在各車站貼有「指定席」或「特急券」字樣的售票機購買，或是到售票窗口與服務人員購買。

❀ 特別車廂券

「特別車廂券」通常可在各車站貼有「指定席」或「特急券」字樣的售票機購買，或是到售票窗口與服務人員購買。

一日券／周遊券

部分「一日券」可在各車站的售票機螢幕點選「おトクなきっぷ」（優惠車票）或「一日乘車券」按鈕並直接購買，或是在優惠車票專用售票機購買，但許多「一日券」都必須到指定售票窗口出示護照才能購買。「周遊券」通常都必須到指定售票窗口出示護照，或是使用可以掃描護照的特殊售票機才能購買。另外，各國旅行社或售票機構（Klook、KKday 等）也可購買到部分「一日券／周遊券」，有些「一日券／周遊券」則必須在網路、各國旅行社或售票機構提前購買，日本國內不販售。

❀ 優惠套票

大部分「優惠套票」都必須到指定售票窗口出示護照才能購買。另外，各國旅行社或售票機構（Klook、KKday 等）也可購買到部分「優惠套票」。有些「優惠套票」則必須在網路、各國旅行社或售票機構提前購買，日本國內不販售。

搭乘方式

普通列車／各停列車

搭乘一般鐵路的「普通列車／各停列車」時，請插入「普通車票」（乘車券）、「一日券」、「周遊券」或刷 IC 卡進站，接著上車並自行尋找空位乘坐。

搭乘採用單一票價的路面電車和小型鐵路路線時，請依照現場指示在車站出入口旁的付費機（運賃箱）或車廂車門旁的付費機（運賃箱）支付車資或刷 IC 卡。

❀ 急行列車／快速列車

搭乘「急行列車／快速列車」時，請插入「普通車票」（乘車券）、「一日券」、「周遊券」或刷 IC 卡進站，接著上車並自行尋找空位乘坐。

❀ JR 特急列車

搭乘「JR 特急列車」時，若希望乘坐指定席（對號座）車廂，進站前請購買「普通車票」（乘車券）和「指定席特急券」，或是持可搭乘特急列車指定席車廂的「周遊券」到售票窗口或售票機劃位以取得「指定席券」。進站後，請依照車票上記載的車廂及座位編號入座

若希望乘坐自由席（自由座）車廂，進站前請購買「普通車票」（乘車券）和「自由席特急券」，或是持可搭乘特急列車的「周遊券」進站。進站後，請前往標有「自由席」字樣的車廂，並自行尋找空位乘坐。

★使用 IC 卡的旅客，可單獨購買「自由席特急券」或「指定席特急券」並用 IC 卡進出站

❀ 私鐵特急列車

　　搭乘需要特急券的「私鐵特急列車」時，若希望乘坐指定席（對號座）車廂，進站前請購買「普通車票」（乘車券）和「指定席特急券」，或是持可搭乘特急列車指定席車廂的「周遊券」到售票窗口劃位以取得「指定席券」。進站後，請依照車票上記載的車廂及座位編號入座。

　　若希望乘坐自由席（自由座）車廂，進站前請購買「普通車票」（乘車券）和「自由席特急券」，或是持可搭乘特急列車的「周遊券」進站。進站後，請前往標有「自由席」字樣的車廂，並自行尋找空位乘坐。

★使用 IC 卡的旅客，可單獨購買「自由席特急券」或「指定席特急券」並用 IC 卡進出站

　　搭乘不需要特急券的「私鐵特急列車」時，請插入「普通車票」（乘車券）、「一日券」、「周遊券」或刷 IC 卡進站，接著上車並自行尋找空位乘坐。

❀ 新幹線

　　搭乘「新幹線」時，若希望乘坐指定席（對號座）車廂，請購買「普通車票」（乘車券）和「新幹線指定席特急券」，或是持可搭乘新幹線指定席車廂的「周遊券」到售票窗口或售票機劃位以取得「指定席券」。接著，請持上述車票進入一般閘門和新幹線專用閘門，再依照車票上記載的車廂及座位編號入座。

　　若希望乘坐自由席（自由座）車廂，進站前請購買「普通車票」（乘車券）和「新幹線自由席特急券」，或是持可搭乘新幹線的「周遊券」進站。接著，請持上述車票進入一般閘門和新幹線專用閘門，再前往標有「自由席」字樣的車廂，並自行尋找空位乘坐。

★一般 IC 卡無法用來搭乘新幹線，請購買「普通車票」（乘車券）＋「新幹線指定席特急券」或「新幹線自由席特急券」

- 想要搭乘 JR 特急列車或新幹線的外國旅客，可以直接在「JR 東日本網路訂票系統」購買普通車票、特急車票、新幹線車票、JR Pass 或免費預訂指定席車廂（對號座劃位）。

- 在「JR 東日本網路訂票系統」購買 JR Pass 的旅客，還能免除原先「只能預訂三天後的指定席座位」以及「必須在搭車前一天的 21：00 之前完成取票」的麻煩規定，最慢可以等到發車前再訂位及取票。

- 所以，若您準備在抵達日本當天或隔天一大早就乘坐 JR 特急列車或新幹線，現在只要到「JR 東日本網路訂票系統」購買「JR 東京廣域周遊券」等 JR Pass，就能隨時劃位、隨時取票。

- 因此，懶懶哥建議所有想使用「JR 東京廣域周遊券」等 JR Pass 搭乘特急列車或新幹線的旅客，直接在「JR 東日本網路訂票系統」購票及劃位，即可享有更高彈性的 JR 線上訂位服務。

★JR 東日本網路訂票系統：

★「JR 東京廣域周遊券」的詳細介紹請見 P.93。

❀ 網路線上訂票

　　開啟「JR 東日本網路訂票系統」網站後，請點選左邊的「購買周遊券」按鈕。

接著，請選擇「JR 東京廣域周遊券」或其他 JR Pass 並完成購票程序。

- 〇 JR東日本鐵路周遊券(東北地區)
- 〇 JR東日本鐵路周遊券(長野・新潟地區)
- ◉ JR東京廣域周遊券
- 〇 JR東北・南北海道鐵路周遊券
- 〇 JR東日本・南北海道鐵路周遊券
- 〇 北陸拱型鐵路周遊券
- 〇 N'EX東京去回車票
- 〇 北海道鐵路周遊券

> 若您不確定要購買哪一種周遊券，請點此處

結帳前必須先註冊為新會員。完成註冊手續後，請輸入 JR 東日本網路會員的帳號及密碼。

登入並付款成功後，您就會立刻在信箱收到「JR 東京廣域周遊券」的訂購確認信。

- 確認信件內容後，請回到「JR 東日本網路訂票系統」首頁並點選右邊的「預約指定席（使用周遊券）」，再選擇「在本網站購買的周遊券」欄位內的「JR 東京廣域周遊券」等 JR Pass 連結。
- 如果您想要到日本現場購買「JR 東京廣域周遊券」等 JR Pass，請選擇「在本網站以外地方購買的周遊券」欄位內的「JR 東京廣域周遊券」等 JR Pass 連結。

在本網站購買的周遊券

＊預約指定席時，該周遊券使用者均為相同行程。

要搭乘「富士回遊」前往河口湖

請接著點選「從路線搜尋」按鈕，再從路線欄位選擇「Chuo Line(Chiba/Tokyo-Matsumoto……)」（中央線）、出發站欄位選擇「SHINJUKU」（新宿）、到達站欄位選擇「KAWAGUCHIKO」（河口湖）、「MT.FUJI」（富士山）、「FUJIKYUHIGHLAND」（富士急樂園）、「TSURUBUNKADAIGAKUMAE」（都留文科大學前）等富士回遊各停靠站，最後輸入乘車日、出發時間與人數。

要搭乘「北陸新幹線」前往輕井澤

請接著點選「從路線搜尋」按鈕，再從路線欄位選擇「Hokuriku Shinkansen」（北陸新幹線）、出發站欄位選擇「TOKYO」（東京）或「UENO」（上野）、到達站欄位選擇「KARUIZAWA」（輕井澤），最後輸入乘車日、出發時間與人數。

要搭乘「日光號」、「鬼怒川號」、「SPACIA 日光號」前往日光

請接著點選「從路線搜尋」按鈕，再從路線欄位選擇「Nikko and Kinugawa（JR ／ Tobu Railway）」（日光 & 鬼怒川的 JR & 東武鐵道）、出發站欄位選擇「SHINJUKU」（新宿）或「IKEBUKURO」（池袋）、到達站欄位選擇「TOBU-NIKKO」（東武日光）或「KINUGAWA-ONSEN」（鬼怒川溫泉），最後輸入乘車日、出發時間與人數。

要搭乘「草津・四萬號」前往草津溫泉

請接著點選「從路線搜尋」按鈕，再從路線欄位選擇「Kusatsu Shima」（草津・四萬號）、出發站欄位選擇「UENO」（上野）、到達站欄位選擇「NAGANOHARAKUSATSUGUCHI」（長野原草津口），最後輸入乘車日、出發時間與人數。

★上述列車的詳細介紹，請至 P.341 的「河口湖交通指南」、P.321 的「輕井澤交通指南」、P.397 的「日光交通指南」、P.436 的「草津溫泉交通指南」

列車搜尋

輸入完成後，系統會列出符合條件的班次，請對著想搭乘的班次按下左側的綠色圓圈，再點選下方的藍色「選擇」鍵。

接著，請從座席表挑選座位，或是交由系統自動安排。

挑好座位後，請確認您的訂位資訊，並選擇取票窗口（JR 售票處）及取票日期。東京及關東地區絕大部分 JR 車站的售票處都能辦理取票。

接著，請在使用規定和注意事項下方勾選同意，並確認下一頁的購票資訊，即可完成訂位程序。

確認預約內容

列車名稱
☐ Fuji-Excursion 3

出發日
05/20/2022

出發站・到達站
SHINJUKU　　KAWAGUCHIKO
07:30　→　09:23

設備
指定席

搭乘人數
大人1人

金額

大人		0日圓 × 1位	= 0日圓
合計金額			0日圓

使用優惠券

座席
3號車廂3號A席

取票日期/取票地點
05/18/2022
Shinjuku

　　您的信箱會立刻收到訂位確認信。抵達日本後，您可以至 JR 車站的售票機自行取票，或是在指定日期前往您所選的 JR 車站售票處，並用手機出示訂位確認信，即可完成取票。

05月20日【申請完成】申請內容（JR車票）說明　　附件 ×

JR-EAST <reservation@eki-net.com>
寄給 我 ▼

乘客姓名：XXX XXXX
會員編號：XXXXXXXXX

感謝您使用本服務。
您已成功申請列車、車票。

■預訂編號
XXXXXXXX

■申請內容

==基本資料==
乘車日：05/20/2022
路　線：SHINJUKU(07:30)→KAWAGUCHIKO(09:23)
人　數：大人1人・兒童0人

==列車資訊==
列車名稱：Fuji-Excursion 3
區　間：SHINJUKU(07:30)→KAWAGUCHIKO(09:23)
設　備：指定座席
座　位：3號車 3號A席
IC編號：不使用

■付款總額
0日圓
（明細）大人：0日圓 兒童：0日圓

■付款方式
以上操作不會產生金額交易。

請於取票期限前搭乘車票。

★網路訂票注意事項

【1】在 JR 東日本網路訂票系統購買「JR 東京廣域周遊券」等 JR Pass 並劃位的旅客，可預訂日本時

間當天～一個月內的座位，最晚可於發車前領取指定席券

【2】在其他管道購買「JR 東京廣域周遊券」等 JR Pass，並使用 JR 東日本網路訂票系統劃位的旅客，可預訂日本時間三天後～一個月內的座位，但最晚必須於搭車前一天晚上 21：00 之前完成領取指定席券，否則座位將自動取消

【3】如果您預計使用「JR 東京廣域周遊券」以外的 JR Pass，但又想要訂購富士回遊的座位，也可先以「JR 東京廣域周遊券」的資格在 JR 東日本網路訂票系統免費劃位，到 JR 售票處現場取票時，再出示您持有的 JR Pass 並補繳富士急行線相關費用

【4】只有「JR 東京廣域周遊券」的適用範圍有包含大月～河口湖的富士急行線，所以使用其他 JR Pass 取票時，都須額外支付大月～河口湖的富士回遊指定席費用（600 日圓）＋大月～河口湖的富士急行線普通車資（1170 日圓），兩者合計共 1770 日圓

【5】未持有「JR 東京廣域周遊券」的旅客，搭乘富士急行線時也可以直接感應 IC 卡進出站、自行到售票機購票，或在車內及車站人工補票

❀ 在日本領取或購買 JR Pass

使用自動售票機

　　抵達日本後，請到東京車站、上野站、新宿站、池袋站、澀谷站、濱松町站或成田機場的 JR 閘門附近找一台貼有「JR-EAST RAIL PASS」紅色貼紙的新幹線・特急・定期券售票機。

請找一台貼著右邊紅色貼紙的新幹線・特急・定期券售票機

▪ 找到貼有「JR-EAST RAIL PASS」的售票機後，請先從右上方按鈕切換成中文介面。

- 尚未購買 JR Pass 的旅客，請點選螢幕上的「優惠車票・回數票」按鈕並依指示購票。
- 已在 JR 東日本網路訂票系統購買 JR Pass 的旅客，請點選螢幕右下方的「QR 碼掃描」按鈕即可開始領取票券。

請用手機開啟之前收到的訂票確認信，並滑動至下方的 QR 條碼，接著將手機螢幕對準售票機右下角的掃描器。

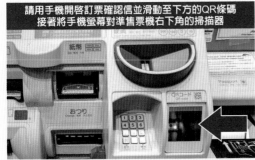

讀取成功後，螢幕就會出現您的訂票資訊。請點選「發行該預訂車票」並確認注意事項，接著將護照翻至個人資料頁再放進右下方的護照掃描器內。

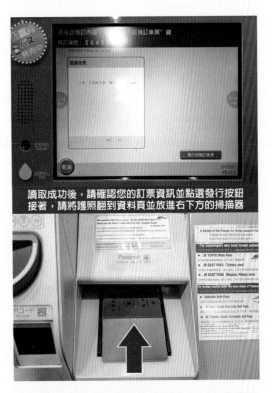

讀取成功後，請確認您的訂票資訊並點選發行按鈕接著，請將護照翻到資料頁並放進右下方的掃描器

護照讀取成功後，售票機就會吐出您購買的 JR Pass 及使用說明，請妥善保存。

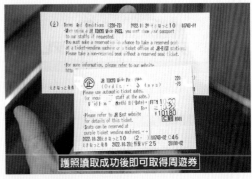

護照讀取成功後即可取得周遊券

在售票處辦理

若您的 JR Pass 是跟旅遊業者訂購，或是您的所在車站找不到貼有「JR-EAST RAIL PASS」紅色貼紙的新幹線・特急・定期券售票機，請至 JR 售票處（綠色窗口）排隊領取或購買「JR 東京廣域周遊券」等 JR Pass。

請在JR售票處排隊領取或購買您的JR Pass

✿ 在日本領取指定席車票

- 若您的 JR Pass 是在 JR 售票機或 JR 售票處購買，並已於「JR 東日本網路訂票系統」完成特急列車或新幹線的指定席（對號座）訂位手續，抵達日本後請到 JR 售票處（綠色窗口）出示您的 JR Pass 及指定席的訂位確認信以領取車票。

- 若您的 JR Pass 或指定席車票是在「JR 東日本網路訂票系統」訂購，並已於該網站訂位及付款完成，抵達日本後可到任何 JR 車站的指定席售票機領取指定席車票，詳細教學請見下方。

使用自動售票機

　　請先到任何 JR 車站找一台寫有「新幹線·特急 · 定期券」字樣的售票機。

請找一台寫著「新幹線·特急·定期券」的售票機

　　請先切換成中文介面，再點選螢幕右下方的「QR 碼掃描」按鈕。

點此切換中文

點此可領取車票

　　請用手機開啟之前收到的指定席訂位確認信，再滑動至下方並點選信件內夾帶的 QR 條碼圖片，接著將手機螢幕對準售票機右下方的掃描器。

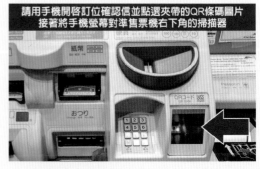

請用手機開啟訂位確認信並點選夾帶的QR條碼圖片
接著將手機螢幕對準售票機右下角的掃描器

　　讀取成功後就會出現您的訂位資料，確認後即可取得指定席車票。

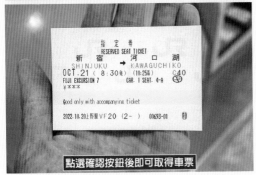

★售票機取票注意事項

【1】只有在 JR 東日本網路訂票系統購買 JR Pass 並付款完成的旅客，能夠使用售票機自助領取免費線上預訂的指定席車票

【2】在 JR 東日本網路訂票系統單獨購買特急列車或新幹線車票並付款完成的旅客，也能夠使用售票機自助領取線上訂購的指定席車票

【3】在其他管道購買 JR Pass 的旅客，只能在 JR 售票處排隊領取免費線上預訂的指定席車票

Suica．PASMO

　　如果每次搭車都要先準備零錢、排隊買票，實在非常不方便。所以日本各大交通業者都推出了電子感應票卡，也就是「IC 卡」。只要將 IC 卡朝感應機碰一下，就能輕鬆地搭車及購物。在台灣，最常見的 IC 卡就是「悠遊卡」和「一卡通」。而在關東，則是「Suica」及「PASMO」。

　　Suica 是 JR 東日本公司於二〇〇一年推出的 IC 卡，由於 Suica 和日文的「西瓜」同音，因此又稱作「西瓜卡」。PASMO 則是從地鐵及私鐵的儲值卡「PASSNET」演變而來。原本 PASSNET 和 Suica 各有各的勢力範圍，搭 JR 只能用 Suica，搭地鐵及私鐵只能用 PASSNET，對旅客十分不便。直到二〇〇七年，PASSNET 改採和 Suica 相同的 IC 技術並更名為 PASMO，兩張卡片才開始互通。目前 Suica 與 PASMO 已完全通用，能刷 Suica 的地方都能用 PASMO，能用 PASMO 的地方都能刷 Suica。

❀ 我該買一張嗎？

該不該買張 Suica 或 PASMO，是依您的行程規劃而定。如果您一天內搭交通工具的次數不多，但又不想排隊買票，那買張 Suica 或 PASMO 可替您省下不少時間和麻煩；不過，如果您會在一天內大量使用某系統的交通工具，例如，一天搭超過五次地鐵，或六次 JR，那建議您買張各業者推出的一日券比較划算。

但別忘了，Suica 及 PASMO 可以拿來購物，搭車時通常也會有小小的差額優惠（約 10 日圓），所以若不打算買一日券，懶懶哥還是推薦您買張 Suica 或 PASMO。

❀ 差異

Suica 和 PASMO 已經完全互通，也就是說，能用 Suica 的地方，PASMO 也能用，反之亦然。所以懶懶哥建議，要買哪張卡，可依購卡時的所在位置決定。因為 Suica 只在 JR 東日本車站販售，而 PASMO 則可以在東京地鐵、都營地鐵及關東地區各私鐵車站購買。所以在 JR 車站，就買 Suica，在地鐵或私鐵站，就買 PASMO。

❀ 適用範圍

Suica 和 PASMO 不但完全互通，也已經和日本大部分地區的 IC 卡完成整合，因此手持 Suica 和 PASMO 即可在全日本跑透透。目前與 Suica 和 PASMO 互通的 IC 卡包括：

大阪、京都、神戶、奈良等關西地區

JR 西日本發行的「ICOCA」、SURUTTO KANSAI 發行的「PiTaPa」

名古屋等中部地區

JR 東海發行的「TOICA」、名古屋市交通業者聯合發行的「manaca」

九州地區

JR 九州發行的「SUGOCA」、西日本鐵道發行的「nimoca」、福岡市交通局發行的「快捷卡」（HAYAKAKEN）

北海道地區

JR 北海道發行的「Kitaca」

在上述 IC 卡發行地區，通常都可使用 Suica 和 PASMO 搭車及消費；同樣的，持上述 IC 卡通常也能在發行 Suica 和 PASMO 的關東地區使用。

★ **適用範圍注意事項**

【1】Suica 和 PASMO 無法在 PiTaPa 特約商店購物

【2】JR 東日本推出的虛擬優惠車票只能使用 Suica 購買，地鐵或私鐵業者推出的虛擬優惠車票只能使用 PASMO 購買

【3】部分採用上述 IC 卡之交通業者仍無法和其他 IC 卡互通，詳情請查詢各業者網站

版本

普通版 Suica ／普通版 PASMO

普通版 Suica 可在 JR 東日本各車站的售票機或櫃台購買，普通版 PASMO 則可在東京地鐵、都營地鐵及關東地區各私鐵車站的售票機或櫃台購買。每張新購的卡片都含有 500 日圓押金（退卡時會退還），所以購買 1000 日圓的卡片時，只有 500 日圓的額度可用。

兒童版 Suica ／兒童版 PASMO

若有 6 ～ 12 歲兒童隨行，請持護照到 JR 東日本各車站售票處購買兒童版 Suica，或到東京地鐵、都營地鐵及關東地區各私鐵車站售票處購買兒童版 PASMO。兒童版 IC 卡感應時會自動以兒童票（成人半價）扣款，其餘功能及使用方法皆與普通版 IC 卡相同。

★ **兒童版注意事項**

【1】兒童版 Suica & 兒童版 PASMO 為記名式卡片，限兒童本人使用

【2】兒童版 Suica & 兒童版 PASMO 有效期限為屆滿 12 歲後的第一個三月三十一日（日本的小學畢業日期），過期後卡片將失效

【3】兒童版 Suica ／兒童版 PASMO 失效後可至 JR 售票處／地鐵 & 私鐵售票處退卡，或更換成普通版 Suica ／普通版 PASMO 並移轉餘額

Welcome Suica

- 此為 JR 東日本公司二〇一九年開始販售的外國觀光客專用拋棄式 Suica。該卡的使用與儲值方式都跟普通版 Suica 相同，並採用特殊設計的櫻花卡面。但是 Welcome Suica 不含 500 日圓押金，而且卡片有效期僅二十八天。

- Welcome Suica 可在成田機場、羽田機場或東京市區各大車站的 JR 售票處購買，售價等同儲值金額。Welcome Suica 啟用二十八天後將自動失效，且餘額無法退還。

- 由於普通版 Suica 有效期長達十年，因此 Welcome Suica 只適合不會再次造訪日本的旅客，或是想蒐集特殊 Suica 的旅客購買。

PASMO PASSPORT

- 此為 PASMO 公司與關東地區地鐵＆私鐵業者二〇一九年開始販售的外國觀光客專用拋棄式 PASMO。該卡的使用與儲值方式都跟普通版 PASMO 相同，並採用特殊設計的三麗鷗人氣角色卡面，還可在部分商店與餐廳享有專屬優惠，或是直接在自動售票機加購外國旅客專用的優惠車票。但是購買 PASMO PASSPORT 時需支付 500 日圓手續費（不可退還），而且卡片有效期僅二十八天。

- PASMO PASSPORT 可在東京地鐵、都營地鐵、京成電鐵、京急電鐵、東急電鐵的指定窗口購買，售價 2000 日圓（內含不可退還之 500 日圓手續費，實際可用金額為 1500 日圓）。PASMO PASSPORT 啟用二十八天後將自動失效，且餘額無法退還。

- 由於普通版 PASMO 有效期長達十年，因此 PASMO PASSPORT 只適合不會再次造訪日本的旅客，或是想蒐集特殊 PASMO 的旅客購買。

iPhone（手機版）Suica ／ PASMO

- 從 iPhone 8 開始，全世界所有的 iPhone 與 Apple Watch（二〇一七年起）都內建了 Suica ／ PASMO 所需的「FeliCa 晶片」，因此各國的 iPhone 用戶都可以直接在「錢包」App 內透過 Apple Pay 購買虛擬 Suica ／ PASMO 並安裝到手機上，或是將既有的實體 Suica ／ PASMO 轉移到 iPhone 內，完成後即可直接在日本使用 iPhone 或 Apple Watch 感應搭車及付款。

- 雖然手機版 Suica ／ PASMO 也支援 Google Pay，但只有日本境內販售的 Android 手機會內建或啟用 FeliCa 晶片，因此外國遊客目前無法直接購買虛擬 Suica ／ PASMO 並安裝到 Android 手機上。

✿ 購買方式

購買 Suica

請在 JR 東日本車站找一台標示「定期券」或螢幕上有「Suica 購入」按鈕的售票機，接著將售票機切換為中文介面，再按下「購買新的 Suica」按鈕。

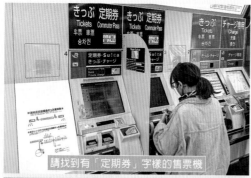
請找到有「定期券」字樣的售票機

點此切換中文
購買新的Suica
點此購買新卡片

這時畫面會出現兩個選項，第一個「我的 Suica 卡」（MySuica）是記名式 Suica，需輸入個人資料，較為麻煩，因此懶懶哥建議選擇第二個「Suica 卡」按鈕，購買不記名的 Suica。

點此購買不記名卡

接著請輸入張數、卡片額度並付款，最後取出 Suica 及找零。提醒您，每張新購的 Suica 都含有 500 日圓押金（退卡時會退還）。所以購買 1000 日圓的卡片時，只有 500 日圓的額度可用。

選擇卡片額度並付款

Suica退出口　紙鈔插入口　零錢投入口
放入紙鈔或硬幣
找零出口

取出卡片及找零

★無記名式 Suica 注意事項
受 IC 晶片短缺影響，實體版的 Suica 可能會暫停販售，想要購買的讀者可考慮使用 iPhone 上的虛擬 Suica，也可以改購買外國旅客專用的 Welcome Suica。

購買 PASMO

請在東京地鐵、都營地鐵或關東地區各私鐵車站找一台標示「定期券」的售票機,接著將售票機切換為中文介面,再按下「購買 PASMO」或「發行 PASMO」按鈕。

接著請輸入張數、卡片額度並付款,最後取出 PASMO 及找零。提醒您,每張新購的 PASMO 都含有 500 日圓押金(退卡時會退還)。所以購買 1000 日圓的卡片時,只有 500 日圓的額度可用。

請找到有「定期券」字樣的售票機

選擇卡片額度並付款

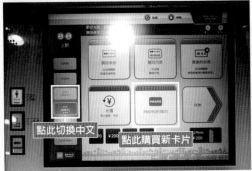

點此切換中文　點此購買新卡片

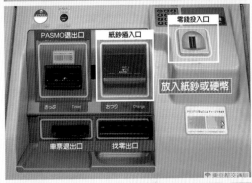

放入紙鈔或硬幣

這時可選擇記名或不記名的 PASMO。由於記名 PASMO 需輸入個人資料,較為麻煩,因此懶懶哥建議選擇不記名的 PASMO。

取出卡片及找零

點此購買不記名卡

★ 無記名式 PASMO 注意事項

受 IC 晶片短缺影響,實體版的 PASMO 可能會暫停販售,想要購卡的讀者可考慮使用 iPhone 上的虛擬 PASMO,也可以改購買外國旅客專用的 PASMO PASSPORT。

❀ 儲值方式

如果 Suica 或 PASMO 內的餘額快沒了，可以在全日本已裝設 IC 卡閘門的 JR 車站，或 Suica 和 PASMO 適用範圍內的地鐵及私鐵車站售票機儲值。儲值時，請尋找貼有 Suica 或 PASMO 標誌的售票機，並插入或感應卡片。

選擇儲值金額並付款

取出卡片及找零

找一台售票機

將卡片插入機器或放入感應區

找零出口

❀ 使用方式

用 Suica 和 PASMO 搭乘電車或公車的方式跟台灣的悠遊卡或一卡通相同，只要用卡片輕觸車站閘門或公車車門旁的 IC 卡感應處即可。

用IC卡輕觸車站閘門或公車車門旁的感應處即可

- 如果售票機無法插入及感應卡片，或插卡及感應後沒有顯示儲值金額選項，請先點選螢幕上的「チャージ」（入金，儲值）按鈕。
- 接著，請直接點選欲儲值的金額並付款，最後取出 Suica 或 PASMO 及找零。提醒您，儲值時必須以 500 日圓或 1000 日圓為單位，最高儲值上限為 20000 日圓。

✿ 補票方式

不像台灣的悠遊卡或一卡通可以賒帳一次，用 Suica 或 PASMO 搭乘 JR、地鐵或私鐵，出站時若餘額不足將無法通過閘門。遇到此情形，請前往出口閘門旁的「精算機」（補票機），接著將卡片插入。

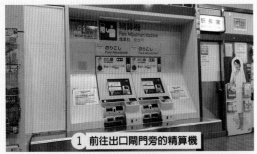
① 前往出口閘門旁的精算機

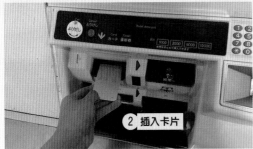
② 插入卡片

螢幕將顯示不足的車資，請將短少的金額放入。若想順便替 Suica 或 PASMO 儲值，也可點選畫面上的金額來加值。

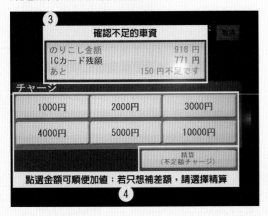

③
確認不足的車資

のりこし金額	918 円
ICカード残額	771 円
あと	150 円不足です

チャージ

1000円	2000円	3000円
4000円	5000円	10000円
		精算 (不足額チャージ)

點選金額可順便加值；若只想補差額，請選擇精算
④

⑤ 放入紙鈔或硬幣

補票完成後，請取回 Suica 或 PASMO 及找零，再到閘門感應卡片出站。

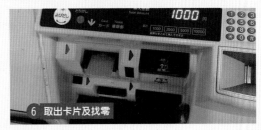
⑥ 取出卡片及找零

✿ 退卡方式

- Suica 退卡請至 JR 東日本各車站櫃台辦理，PASMO 退卡請至東京地鐵、都營地鐵及東京地區各私鐵車站櫃台辦理。

- Suica 和 PASMO 退卡時，都會先從餘額扣除 220 日圓手續費，再連同 500 日圓押金退還，但卡片餘額少於 220 日圓的話，就扣多少算多少，不須再補繳，也不會扣到押金，所以建議先將餘額花完再辦理退卡會比較划算。

- 另外，Welcome Suica、PASMO PASSPORT 為外國觀光客專用的拋棄式 IC 卡，餘額一概不退還而且到期後自動失效，購買時請特別留意。

關東

機場與出入境

日本出入境指南

　　抵達日本的第一關，就是機場的入境程序。不過入境審查時該說什麼和做什麼、行李要如何領取、海關又會問哪些問題？離開日本時，哪些東西必須託運，哪些東西可以帶上飛機、有買免稅品又該怎麼辦呢？這些抵達日本前一定要搞懂的出入境程序，懶懶哥將在這裡詳細說明。

★日本已完全取消入境檢疫措施

日本政府已在 2023 年 5 月 8 日把 COVID-19 從高風險

的「第二類傳染病」，調降為跟流行性感冒相同的「第五類傳染病」，並同步解除所有防疫限制。所有旅客都不必提供三劑疫苗接種或陰性證明書，不論有無施打疫苗皆可直接入境日本。

行前準備

　　外國旅客現在只要使用日本政府全新推出的入境資料註冊系統「Visit Japan Web」，就能填寫電子版的日本入境卡及海關申告書，還能使用「電子申報閘門」快速完成行李檢查程序，大幅節省入境時間。

★ Visit Japan Web 網站：

請在出發前使用手機開啟「Visit Japan Web」網站並切換為中文，再點選下方的「建立新帳號」，接著輸入電子郵件和密碼。

建立好帳號並登入成功後，請點選首頁的「本人資料」，並對三項問題都選擇「否」。

接著，請點選「自行輸入」並依序填寫您的護照資料。

★資料填寫注意事項

【1】「免稅 QR 碼」是可以在日本免稅商店掃描 Visit Japan Web 的 QR Code，讓店家直接取得外國旅客的入境資料，以縮短免稅手續辦理時間的新功能。該功能需要用手機鏡頭讀取護照的個人資料頁和照片，但辨識成功率很低，因此不建議使用

【2】填寫護照資料時也可以選擇「使用相機讀取」，系統會掃描護照的個人資料頁並自動輸入相關欄位，但辨識成功率很低，直接手動填寫資料會比較快

護照資料輸入完成後，請按下「登錄」。若您的國籍或入境理由符合日本的免簽證條件，請在 VISA 資料欄位選擇「否」。

★免簽入境注意事項

台灣民眾至日本旅遊無需辦理簽證，落地後只要出示護照即可完成入境審查。日本政府也開放台灣旅客以觀光、療養、運動、拜訪親友、參觀展覽、參加講習、出席聚會、討論業務等短期停留活動免簽證入境，最長 90 天。

返回首頁後，請點選網頁下方的「登錄新的入境、回國預定」藍色按鈕。接著，準備免簽證入境日本的外國旅客請在 VISA 資料欄位選擇「不沿用並繼續登錄」。

　　請繼續輸入抵達時間、搭乘航班等旅遊行程相關資料，以及日本的住宿地址和聯絡電話。

★ 旅遊資料注意事項

【1】日本聯絡處的郵遞區號，請至 Google 地圖搜尋您的旅館名稱，就會在地址欄位的末七碼顯示（例如 111-2222）

【2】町字、番地欄位請填入系統未自動出現的剩餘地址

　　回到首頁後，請點選剛剛新增的旅遊行程檔案，再按下「外國人入境紀錄」以登錄入境審查資料。

　　請輸入現居國家及城市、入境目的、預計停留時間並回答安全問題，即可完成日本入境卡的電子版註冊程序。

　　回到首頁後，請點選您的旅遊行程檔案，再按下「攜帶品、後送物品申報」，並依指示輸入各項欄位，即可完成海關申告書的電子版註冊程序。

入境日本

❀ 抵達機場

　　班機停妥且安全帶指示燈熄滅後，就可以起身拿取隨身物品和機艙置物箱內的行李，準備下機。離開飛機並從空橋進入航廈後，請依照通道內的「到著／Arrivals」（到達／入境）指標步行或搭乘航廈內接駁電車，就會看到入境審查處。

❀ 索取及填寫紙本版入境卡

　　若您沒有提前使用「Visit Japan Web」註冊電子版的日本入境卡，則必須填寫紙本版的「日本入境卡」。空服人員通常會在飛機快要降落時發放日本入境卡，請記得主動索取。但有時飛機上準備數量不足，就只能下機後再到入境審查處附近的桌子或柱子旁自行拿取。

外国人入国記録 DISEMBARKATION CARD FOR FOREIGNER　　　　【 ARRIVAL 】

英語又は日本語で記載して下さい。Enter information in either English or Japanese.

氏 名 Name	Family Name: Chen	Given Names: Hao Wei		
生年月日 Date of Birth	Day 日 2 5　Month 月 1 2　Year 年 1 9 9 0	現 住 所 Home Address	国名 Country name: Taiwan	都市名 City name: Taipei
渡航目的 Purpose of visit	☑観光 Tourism　□商用 Business　□親族訪問 Visiting relatives　□その他 Others（　　）		航空機便名・船名 Last flight No./Vessel: IT 123	
			日本滞在予定期間 Intended length of stay in Japan: 7 Days	
日本の連絡先 Intended address in Japan	103-0011東京都中央區日本橋大伝馬町14-16　東横INN東京日本橋	TEL 03-3661-1045		

裏面の質問事項について，該当するものに☑を記入して下さい。Check the boxes for the applicable answers to the questions on the back side.

1. 日本での退去強制歴・上陸拒否歴の有無 Any history of receiving a deportation order or refusal of entry into Japan	□はい Yes	☑いいえ No
2. 有罪判決の有無（日本での判決に限らない） Any history of being convicted of a crime (not only in Japan)	□はい Yes	☑いいえ No
3. 規制薬物・銃砲・刀剣類・火薬類の所持 Possession of controlled substances, guns, bladed weapons, or gunpowder	□はい Yes	☑いいえ No

以上の記載内容は事実と相違ありません。I hereby declare that the statement given above is true and accurate.

著名 Signature　Chen Hao Wei

★入境卡注意事項

【1】每人皆須填寫一張入境卡，不分年齡大小

【2】「氏明」（姓名）及「現住所」請以英文填寫

【3】「生年月日」（生日）請以日日・月月・年年年年（西元）的格式填寫

【4】「航空機便名・船名」請填寫班機編號（登機證上會註明）

【5】「日本の連絡先」（日本的連絡方式）請以全日文或全英文寫上日本的旅館住址及名稱，若入住一間以上可擇一填寫

【6】「Tel」請填寫旅館的電話或您的手機（台灣手機請加國碼 886）

【7】最下方的三個問題分別為：
- 是否曾被日本拒絕入境 → 請勾選右邊的「No」或據實回答
- 是否有前科（不限日本）→ 請勾選右邊的「No」或據實回答
- 是否持有毒品或槍砲彈藥 → 請勾選右邊的「No」或據實回答

【8】底部的署名（簽名）請以英文填寫

❀ 進行入境審查

　　請前往入境審查區各櫃台的等候線前排隊接受人工審查。輪到您時，請將護照及日本入境卡交給入境審查官。若已在「Visit Japan Web」填寫電子版的日本入境卡，請拿出手機、連接機場的免費 Wi-Fi 並開啟「Visit Japan Web」，接著點選您的旅遊行程檔案，再按下外國人入境紀錄下方的「顯示 QR 碼」按鈕，並依照審查官指示掃描您的手機螢幕。

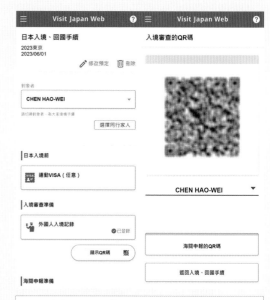

★入境審查注意事項

【1】入境審查一次一人，同行旅客請依序排隊

【2】若有兒童隨行，可與家長一同接受入境審查

【3】16 歲以下不須按捺指紋

❀ 領取行李

　　完成入境審查後，繼續往前走就會看到行李轉盤。請依照各行李轉盤上方或周遭螢幕所顯示的航班資訊，尋找您搭乘航班所屬的行李轉盤。接著，請在行李轉盤旁等待您的行李運出，並向前拿取，小心不要拿錯。

自助式申報

　　拿到託運行李後，請繼續依照現場指標或工作人員指示排隊使用行李轉盤旁的「自助式稅關申報機」，並將護照翻開至個人照片頁，再放到機器左側的護照感應區，等候資料讀取成功。接著，請拿出手機並開啟「Visit Japan Web」，再依序點選您的旅遊行程檔案並按下攜帶品、後送物品申報下方的「顯示 QR 碼」按鈕，並將手機螢幕朝下放在機器右側的掃描器，等待條碼讀取完成。

日本入境・回國手續

2023東京
2023/06/01

✏ 修改預定　🗑 刪除

對象者

CHEN HAO-WEI ▼

請記錄對象者・為大家準備手續

選擇同行家人

日本入境前

VISA 連動VISA（任意）

入境審查準備

外國人入境記錄　● 已登錄

顯示QR碼　繁

海關申報準備

攜帶品・後送物品申報　● 已登錄

顯示QR碼　繁

海關申報的QR碼

CHEN HAO-WEI ▼

入境審查的QR碼

返回入境・回國手續

　　申報成功後，請依照藍色的「自助式申報專用閘門」指標離開海關並前往入境大廳，再搭乘電車或機場巴士到市區。

★ 自助式申報注意事項

【1】自助式稅關申報機會拍攝臉部照片，操作時請拿掉帽子、口罩或太陽眼鏡

【2】跟家人或朋友同行，每個人都必須線上填寫資料並個別操作自助式稅關申報機

【3】身高必須超過100公分，而且有能力自行操作自助式稅關申報機才能使用

【4】通過自助式申報專用閘門時，機器會掃描臉部以驗證身分，請記得拿掉帽子、口罩或太陽眼鏡

【5】跟家人或朋友同行，請個別通過閘門

【6】若攜帶超過免稅範圍的貨物或是需申報的物品，仍須接受海關人員個別檢查

【7】海關人員仍會對使用自助式稅關電子申報閘門的旅客抽查行李，請勿攜帶違規或違法物品

【8】新鮮水果、蔬菜、植物、活體動物、肉類及加工肉品未經申報檢疫不得攜入日本，請於機上或入境日本前食用完畢或丟棄

❄ 現場填寫海關申告書

　　如果您入境的機場還無法使用「自助式稅關電子申報閘門」，則必須手動填寫海關申告書並人工檢查行李。若您沒有在機上拿到海關申告書，請於行李轉盤或海關附近的桌子或柱子旁自行拿取。

（A面）　　　　　日本國稅關
　　　　　　　　海關樣式C第5360－E號

携帯品・別送品申告書

請填寫下列與背面表格，並提交海關人員。
家族同時過關時只需要由代表者填寫一份申告書。

搭乘班機（船）名　IT 123　出發地　Taipei

入國日　2017年07月31日

姓名　英文名　Chen Hao Wei

現在日本住宿地點　103-0011東京都中央區日本橋大伝馬町14-16 東橫INN東京日本橋

電話　03（3661）1045

國籍　Taiwan　職業　Salaryman

出生年月日　1990年12月31日

護照號碼　87654321

同行家人　20歲以上　3人　6歲以上20歲未滿　0人　6歲未滿　0人

※ 回答以下問題，請在□內打"✓"記號。

1. 您持有以下物品嗎？　　　　　　　　　是　否
　① 禁止或限制攜入日本的物品　　　　　□　☑
　　（參照B面的第1和第2）
　② 超過免稅範圍（參照B面的第3）的購買品、　　　　　　　　　　　　　　　□　☑
　　名產或禮品、黃金及其製品等
　③ 商業貨物、商品樣本　　　　　　　　□　☑
　④ 他人託帶物品　　　　　　　　　　　□　☑
　＊在上述問題中選擇「是」者，請在B面填寫您入國時攜帶的物品。

2. 您現在是否攜帶超過100萬日圓價值的現金、有價　　　　　　　　　　　　　　是　否
證券、或1千克以上的黃金（金條、金塊等）等？　□　☑
　＊選擇「是」者，請另外提交「支付方式等攜帶進口申告書」。

3. 另外寄送的物品　您是否有入國時未隨身攜帶，但以郵寄等方式，另外送達日本的行李（包括搬家用品）？
　　　　　　　　□　是　（　　　個）☑ 否
　＊選擇「是」者，請把入國時攜帶入境的物品記載於B面，並向海關提出此申告書2份，由海關確認。(限入國後六個月內之輸入物品)
　　另外寄送的物品通關時，需要海關確認過的申告書。

《注意事項》
　　在國外或到達地免稅店購買的物品、受人託帶的物品等，要帶進我國時，依據法令，須向海關申告且接受必要檢查。敬請合作。另外，不申告或虛偽申告等行為，可能受到處罰。敬請多加留意。

茲聲明以上申告均屬正確無誤。

旅客簽名　Chen Hao Wei

※關於您入國時攜帶入境之物品，請填寫下表。

（A面的1項及3項全部回答"否"者，不必填寫。）

（註）「其他物品名」欄者，以個人使用的購入品為限，若國外市價每個低於1萬日圓者，則不須填寫。另外寄送的物品細目也不須填寫。

酒　　類			瓶	＊海關填寫欄
煙　草	香煙		支	
	雪茄		支	
	其他		克	
香　　水			盎司	
其他物品名	數　量	價　格		
＊海關填寫欄				
			日圓	

1．禁止攜入日本主要的物品

① 毒品、影響精神藥物、大麻、鴉片、興奮劑、MDMA、指定的藥物等
② 手槍等槍砲、其子彈及手槍零件
③ 炸藥等爆裂物或火藥類、化學武器原料、炭疽菌等病原體等
④ 貨幣、紙幣、有價證卷、信用卡等物品的偽造品
⑤ 猥褻雜誌、猥褻DVD、兒童色情刊物等
⑥ 仿冒品、盜版等侵害智慧財產的物品

2．限制攜入日本主要的物品

① 獵槍、空氣槍及日本刀等刀劍類
② 華盛頓條約中限制進口的動植物及其產品(鱷魚、蛇、陸龜、象牙、麝香、仙人掌等)
③ 事先須檢疫確認的動植物、肉類製品(包含香腸、肉乾類)、蔬菜、水果、米等
　＊須事先在動、植物檢疫櫃檯確認。

3．免稅範圍（乘務人員除外）

・酒類：3瓶（按：760ml折合）
・香煙：外國製及日本製各200支(非居留者可各帶2倍數量)
　＊未滿20歲者，酒類和煙草不在其免稅範圍。
・香水：2盎司（1盎司約28ml）
・國外市價合計金額在20万日圓以內的物品。
　(以入國者的個人使用物品為限。)
　＊國外市價指的是外國通常零售價（購買價格）。
　＊單件超過20萬日圓時，將全額課稅。
　＊未滿6歲的孩童，本人使用的玩具等物品以外不可免稅。

　　所有進入日本（或回國）之旅客, 依據法令, 必需向海關提出本申告書。

★海關申告書注意事項

【1】若與朋友同行，請每人獨自填寫一張
【2】若與家人同行，請全家人共用一張，並由一名代表填寫
【3】若正面之問題皆回答「否」，背面欄位則無須填寫

❀ 通過海關

　　寫好海關申告書後，請依照現場指標或工作人員指示到海關（稅關）各櫃台的等候線前排隊接受行李檢查。輪到您時，請將護照及海關申告書交給海關人員。海關人員有可能會詢問您到訪日本的原因、天數或行程等問題，並要求檢查您的行李、背包或進行搜身，請務必配合。結束後，海關人員就會交還護照，您即可離開並前往入境大廳，再搭乘電車或機場巴士到市區。

★海關注意事項

【1】若與朋友同行，請依序排隊個別接受海關人員檢查
【2】若與家人同行，請全家人一起進入海關，並出示一張海關申告書及所有人的護照
【3】獨行之旅客或同班機較早抵達海關的旅客，時常被海關人員要求檢查行李、背包或搜身，請做好心理準備
【4】新鮮水果、蔬菜、植物、活體動物、肉類及加工肉品未經申報檢疫不得攜入日本，請於機上或入境日本前食用完畢或丟棄

出境返國

❀ 機場報到＆託運行李

　　抵達機場後，請到您的航空公司櫃台出示護照及訂位序號進行報到（Check-in）及託運行李。

　　請特別留意電池、行動電源都必須攜帶登機或放入登機箱，不得託運；含有 100ml（g）

以上液體的容器、尖銳物品都必須託運，不得攜帶登機或放入登機箱。取得登機證並託運完行李，請到行李輸送帶後方的 X 光機，確認您的行李通過檢查後再離開。

★行李注意事項

【1】含有未達 100ml（g）液體的容器，可放進容量一公升以內且長寬皆不超過 20 cm 的透明夾鏈袋中攜帶登機（每人限一袋）

【2】容量超過 100ml（g）的液狀、膏狀或帶有液體的食品（果凍、布丁、味噌、醃漬品等）、罐頭、凝膠、噴霧劑都禁止攜帶登機，必須託運

【3】新鮮水果、蔬菜、植物、活體動物、肉類及加工肉品未經申報檢疫不得攜入台灣，請於機上或入境台灣前食用完畢或丟棄。旅客若攜帶動植物或其產品入境台灣且未依規定申報檢疫，可處新台幣一萬元以上罰鍰

準備出境＆安全檢查

準備出境時，請依航廈內的「出發」指標前往出境管制區，並向航警出示護照及登機證。

- 進入管制區後就會看到安全檢查站，請將您的登機箱、背包、外套、圍巾、帽子、電子產品（手機、平板、筆電）及口袋內的物品取下或取出並個別放入置物籃，再擺到輸送帶上，最後通過金屬探測門。若檢查出含有 100ml 以上液體的容器或尖銳物品，您必須現場傾倒或丟棄才能離開。
- 如需飲用水，可於通過安檢後再到出境管制區內的飲水機自行裝填，或在出境管制區內的自動販賣機或商店購買瓶裝水。

❀ 通過海關＆出境審查

通過安全檢查後，請依指標向前走，就會看到海關（稅關）櫃台。若您有購買免稅商品，請將護照內釘黏的「輸出免稅物品購入紀錄票」（免稅單）交由海關人員取下，或自行撕下並投入海關櫃台的免稅單專用箱內。

★免稅商品注意事項

【1】離開日本前請勿拆開免稅商品專用袋，否則依法必須補繳消費稅

【2】免稅商品可託運，不必向海關出示

離開海關後，往前走就是出境審查處櫃台，請依照現場指標或工作人員指示到出境審查處各櫃台的等候線前排隊。輪到您時，請將護照及登機證交給出境審查官，或是使用「自助式臉部辨識閘門」辦理出境手續。一離開出境審查處就會進入免稅商店街，您可以購買伴手禮或直接前往登機門候機。

成田機場交通指南

成田機場位於千葉縣的成田市,是關東地區的主要國際機場,與東京市區相距約六十公里。雖然地理位置較為偏遠,但成田機場擁有兩座國際線航廈及一座廉價航空專用航廈,往返各國的航線及航班數量都最為頻密,因此仍是全球旅客進出東京和關東地區最常利用的機場。

成田機場到東京市區的交通方式十分多元,除了有「JR 東日本」和「京成電鐵」的鐵路路線可搭乘,兩家業者還分別推出了「N'EX 成田特快」、「Skyliner」、「Access 特急」、「京成本線特急」等各種機場直達列車,還有四通八達的「機場巴士」。

N'EX

N'EX 成田特快(全名「成田 EXPRESS」,以下簡稱 N'EX)是 JR 東日本推出的成田機場高速特快車(特急列車)。N'EX 從成田機場出發後,會直達東京、品川、澀谷、新宿等東京市區主要車站,以及橫濱、大船(鎌倉)等東京近郊車站。

我該搭 N'EX 嗎?

- 搭乘 N'EX 從成田機場到東京車站,最快只要五十～六十分鐘;從成田機場到新宿,最快只要八十～九十分鐘。購買外國旅客專用的「N'EX 優惠來回車票」還能免費轉乘山手線、中央線等東京市區及近郊的 JR 路線。所以要從成田機場到東京車站、新宿或東京市區所有 JR 車站的旅客都可以搭 N'EX。

- 不過 N'EX 沒有停靠上野及池袋,而且過了東京車站後是沿 JR 山手線向南行駛,繞大半圈後才會開到新宿,十分蜿蜒費時。因此要從成田機場到上野、新宿、池袋的旅客,都可以改搭成田機場到上野、日暮里的京成電鐵特急列車「Skyliner」,再轉乘 JR 山手線或地鐵至新宿、池袋及鄰近地區,可多省下二十～三十分鐘。

- 不過要從成田機場到東京車站、品川、澀谷、橫濱、鎌倉(大船)的旅客,搭 N'EX 還是最方便快速的選擇。

- 另外,要從成田機場到上野、日暮里、淺草、押上、日本橋、銀座、新橋、品川、羽田機場、橫濱等都營地鐵淺草線 & 京急電鐵京急本線沿線各站的旅客,也可考慮搭乘「Access 特急 & 京成本線特急」。雖然速度較慢且設

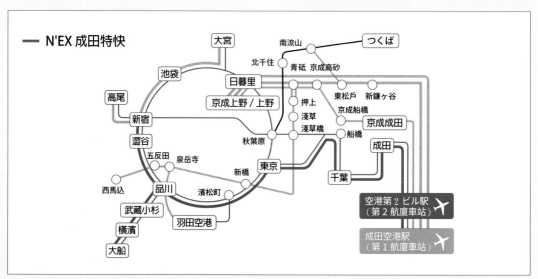

備較差，但是可一車直達上述地點，票價還只要 N'EX 跟 Skyliner 一半左右。

❀ 票價與優惠車票

- 成田機場到東京車站的 N'EX 單程票價為 3070 日圓、成田機場到新宿的 N'EX 單程票價為 3250 日圓，旅遊旺季還會加價 200～400 日圓。不過，JR 東日本有推出外國旅客專用的「N'EX 優惠來回車票」，可搭乘 N'EX 往返成田機場各一次＋免費轉乘指定範圍內的 JR 路線，售價一律 5000 日圓。相較於 6140 日圓起跳的來回原價，購買 N'EX 優惠來回車票可省下至少 1140 日圓，極為划算。

- 但 N'EX 只有販售來回優惠車票，沒有單程優惠車票。若您只需要單程票，建議改搭京成電鐵的特急列車「Skyliner」並購買 Skyliner 單程優惠車票會較為划算。

使用 JR Pass 搭乘 N'EX

　　若您準備購買或已持有 JR Pass 全國版，以及 JR 東日本推出的「JR 東京廣域周遊券」（JR TOKYO Wide Pass）、「JR 東日本鐵路周遊券・東北地區」（JR EAST PASS・Tohoku area）、「JR 東日本鐵路周遊券・長野、新潟地區」（JR EAST PASS・Nagano, Niigata area）、「JR 東日本・南北海道鐵路周遊券」（JR East-South Hokkaido Rail Pass）、「北陸拱型鐵路周遊券」（Hokuriku Arch Pass），只要在 JR 售票窗口或售票機免費劃位即可搭乘 N'EX，不必另外購買 N'EX 車票。

❀ 前往 JR 售票窗口

　　想購買 N'EX 優惠來回車票，或是購買、兌換 JR Pass，都必須到 JR 售票窗口或售票機辦理。成田機場第一航廈及第二航廈都有 JR 售票窗口和售票機，第三航廈則無，須至第二航廈購買。

第三航廈（Terminal 3）

　　第三航廈在二〇二二年四月擴建完成後，跟第二航廈的距離縮減為五百公尺，走路約需六～七分鐘。若您的行李很多或很重，可以考慮搭乘接駁巴士。不過行李不多或抵達時間已無接駁巴士的讀者們，依照「鐵道」指標與地板畫的「紅色跑道」走，很快就能經由連通道步行至第二航廈。

要搭乘第二航廈免費接駁巴士的旅客請依照「連絡バス」指標往前走

就會立刻看到接駁巴士的停靠站牌，請在此排隊候車

要步行前往第二航廈的旅客請沿著「鐵道」指標和地板畫的紅色跑道走

走出連通道後，就會在左手邊看到第二航廈入口

Terminal 2

第二航廈

請接續第二航廈購票教學

第二航廈（Terminal 2）

　　從第三航廈走到第二航廈的讀者們，或是班機本來就降落在第二航廈的的讀者們，到了第二航廈的入境大廳後，若需要單獨購買「Tokyo Subway Ticket」（東京地鐵＆都營地鐵24～72小時券），請先至入境大廳前方的廉價巴士售票櫃台（Low Cost Bus，LCB）購票。

若需要Tokyo Subway Ticket
請至入境大廳前方的廉價巴士櫃台購票

　　若不需要單獨購買 Tokyo Subway Ticket，請直接搭乘寫有「鐵道」的電扶梯至 B1F，就會看到 JR（紅色招牌）及京成電鐵（藍色招牌）的售票處。

↓ 鉄道 Train 铁道 철도

接著請搭乘標示「鐵道」的電扶梯
前往B1F購買鐵路車票

- 每天早上八點十五分～晚上八點，可在 JR 售票處或 JR 東日本旅行服務中心（JR EAST Travel Service Center）購買 N'EX 車票或購買、兌換 JR Pass。

- 每天早上六點三十分～八點十五分及晚上八點～九點四十五分，請在 JR 售票處購買 N'EX 車票或購買、兌換 JR Pass。

- 已在「JR 東日本網路訂票系統」購買 JR 車票或 JR Pass 的旅客，也可以到 JR 售票處旁邊找一台貼有「JR-EAST RAIL PASS」紅色貼紙的售票機自助領取車票。

JR EAST Travel Service Center

JR 東日本旅行服務中心

JR Ticket Office

JR售票處

第一航廈（Terminal 1）

　　到了第一航廈的入境大廳後，若需要單獨購買「Tokyo Subway Ticket」（東京地鐵＆都營地鐵 24～72 小時券），請先至南翼入境大廳的廉價巴士售票櫃台（Low Cost Bus，LCB）購票。

LCB ローコストバス乗車券
Low Cost Bus Tickets
低价巴士车票 저렴한 버스승차권

NARITA AIRPORT LCB

若需要 Tokyo Subway Ticket
請至南翼入境大廳的廉價巴士櫃台購票

若不需要「Tokyo Subway Ticket」，請直接搭乘標示「鐵道」的電扶梯至 B1F，就會看到 JR（黑色招牌）及京成電鐵（藍色招牌）的售票處。

接著請搭乘標示「鐵道」的電扶梯前往B1F購買鐵路車票

- 每天早上八點十五分～晚上七點，可在 JR 售票處或 JR 東日本旅行服務中心（JR EAST Travel Service Center）購買 N'EX 車票或購買、兌換 JR Pass。
- 每天早上六點三十分～八點十五分及晚上七點～九點四十五分，請在 JR 售票處購買 N'EX 車票或購買、兌換 JR Pass。
- 已在「JR 東日本網路訂票系統」購買 JR 車票或 JR Pass 的旅客，也可以到 JR 售票處旁邊找一台貼有「JR-EAST RAIL PASS」紅色貼紙的售票機自助領取車票。

JR東日本旅行服務中心

JR售票處

❀ 購票＆換票

N'EX 優惠來回車票

購買 N'EX 優惠來回車票必須出示護照，一本護照限買一組十四天內之來回車票。請依序排隊並告知櫃台您欲購買的票種、出發時間／車次、目的地並付款取票。N'EX 採全列車對號座（指定席），不同車廂會開往不同方向，購票時就會依您的目的地替您劃位，所以請務必坐在車票記載的車廂及座位上。

購票後，請注意車票上記載的發車時間、車次及座位

JR Pass

購買 JR Pass 請向櫃檯人員說明您欲購買的票種並付款；兌換 JR Pass 請向櫃檯人員出示您的網路取票代碼或紙本換票證。

★ JR Pass 劃位注意事項

【1】若您想在 JR 售票窗口購買或兌換 JR Pass 時順便劃位乘坐 N'EX，請向櫃台人員告知您的目的地，就會替您啟用 JR Pass 並給予您一張寫有 N'EX 班次及座位資訊的「指定券」，請依照指定券上的資訊乘坐 N'EX。若您當天還會使用 JR Pass 搭乘其他適用範圍內的新幹線或 JR 列車指定席，也可一併在 JR 售票窗口劃位

【2】若您想在機場購買或兌換 JR Pass 的當天就乘坐 N'EX 或其他 JR 列車，一定得先啟用 JR Pass 並扣掉一天效期。若您打算其他天再開始使用 JR Pass，就無法在機場或抵達日本當天利用 JR Pass 搭乘 N'EX 或其他 JR 列車，建議改從機場搭京成電鐵的 Skyliner、Access 特急等列車或機場巴士到東京市區以節省車資

【3】若您打算其他天再啟用 JR Pass，請務必於購票時告知櫃台人員

【4】若要劃位多班列車，請事先使用 Google 地圖或到 JR 官網查詢可搭乘的班次，並將所有列車資訊（列車的日文或英文名稱、班次編號、上下車站、出發時間）一起寫在紙上或用手機顯示並交給櫃台人員，以加快處理速度

【5】機場的 JR 售票窗口人潮過多時，櫃台人員只會為您劃位當天的列車班次，以降低處理時間。若想劃位其他日子的列車班次，請至市區各 JR 車站的 JR 售票處或售票機辦理

❀ 搭乘 N'EX

- N'EX 優惠來回車票的購票程序完成後，您將會拿到兩張車票。一張是標示「成田空港→東京電車特定區間」（成田機場往東京市區）的去程 N'EX 車票，另一張是標示「東京電車特定區間→成田空港」（東京市區往成田機場）的回程 N'EX 車票。

- JR 進站閘門位於 JR 售票處旁，通過閘門時，請記得插入「成田空港→東京電車特定區間」（成田機場往東京市區）的去程 N'EX 車票或 JR Pass 並取回，再下樓至月台候車。

請將N'EX車票或JR Pass插入閘門

- 由於 N'EX 是由多組列車連結，並會在東京車站分離後開往不同方向，因此請各位務必坐在 N'EX 車票或指定券記載的車廂及座位上，以免搭到開往其他方向的列車車廂。

- 月台上的列車資訊電子看板會顯示即將到站的車種、車次及時間，候車時也請特別注意，不要搭上其他非 N'EX 的列車。

候車時請注意列車車次，以免上錯車

這是N'EX

這不是N'EX
請勿上車

❀ 車內設備

每節 N'EX 車廂門口旁皆設有大型行李放置架，每個座位扶手旁也有插座可以充電。車廂頂部裝設多組液晶螢幕，會以日、英、中、韓文輪流顯示目前位置及到站名稱，請隨時緊盯以免坐過站。

每節車廂門旁皆有行李放置架

放好行李後，請坐在正確的車廂及座位上

每個座位扶手旁皆有插座

請隨時注意車廂上方螢幕的到站資訊，以免坐過站

❀ 如何免費轉乘 JR 路線

　　若您的目的地是在下圖中的紅線車站，那 N'EX 可直接抵達，無須轉乘；若是在藍線上的車站（含圖中未標示之車站），請在最近的紅線車站下車後，直接於站內轉乘其他 JR 路線，抵達後可直接持原本的 N'EX 車票出站。不過請記住，若中途出站，或是使用 JR 外的交通工具（地鐵及私鐵），N'EX 票券都會被收回，若您想發揮 N'EX 車票的最大價值，抵達目的地前請不要出站。

> ★ 免費轉乘注意事項
>
> 【1】所有免費轉乘路線皆可在車站內完成轉乘，不必出站，若出站車票將失效
>
> 【2】每張 N'EX 優惠來回車票只能進出站一次，無法重複使用，也無法隔日使用
>
> 【3】抵達目的地前不可中途出站，若提早出站，車票將被閘門收回
>
> 【4】只能免費轉乘普通（各停）或快速列車，無法搭乘特急列車或新幹線
>
> 【5】返回成田機場時也可直接持 N'EX 優惠來回車票搭免費轉乘範圍內的 JR 路線
>
> 【6】若下車地點超出圖中範圍，出站時須另補車資

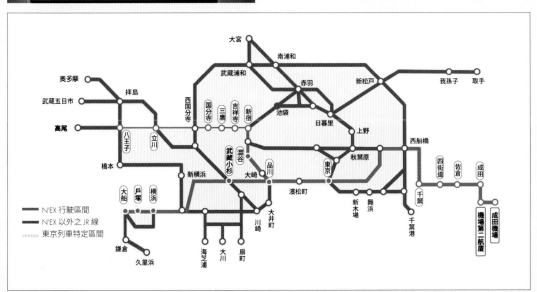

回程如何劃位及搭乘

　　請提早持標示「東京電車特定區間→成田空港」（東京市區往成田機場）的回程 N'EX 車票或 JR Pass 至各 JR 車站的新幹線・特急・定期券售票機（綠色售票機）自助劃位或 JR 售票處（綠色窗口）排隊劃位，就會得到一張記載班次及座位資訊的回程 N'EX 車票或「指定券」。

　　前往成田機場時，請到 N'EX 停靠站的 JR 閘門插入回程 N'EX 車票或 JR Pass 進站。若離您最近的 JR 車站沒有停靠 N'EX，請先用回程 N'EX 車票或 JR Pass 進站搭乘 JR 普通（快速）列車到最近的 N'EX 停靠站，再依照站內的「成田エクスプレス」、「Narita Express」、「N'EX」、「成田空港」或「飛機」指標前往正確的 N'EX 停靠月台候車。

- 上車後，請依回程 N'EX 車票或「指定券」記載的座位資訊到正確的位子乘坐。抵達成田機場後，將回程 N'EX 車票或 JR Pass 插入閘門即可出站。
- 若無時間劃位，JR 東日本也允許旅客直接使用回程 N'EX 車票進站，並坐在 N'EX 的任何空位。但劃有該座位的旅客上車後，請立即讓出座位並改坐到其他空位。也由於大部分旅客都有劃位，因此懶懶哥強烈建議各位事先到 JR 售票處劃位，以免搭乘 N'EX 時得不斷更換座位。

❄ 查詢時刻表

　　請開啟日本電車資訊網站「JORUDAN」，並點選成田空港（第一航廈站）或空港第 2 ビル（第二航廈站）的時刻表按鈕，接著將網頁上方的「成田空港方面」（往機場）切換為「東京方面」（往市區），再依照搭乘日期從上方選擇平日、土曜（週六）、休日（週日與假日）即可檢視 N'EX 完整時刻表，點選各班次連結就會顯示該班 N'EX 停靠各站的時間。

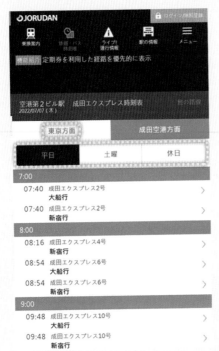

從東京市區返回成田機場的旅客，開啟「JORUDAN」網站並下滑點選出發站的時刻表按鈕後，記得先將網頁上方的「○○方面」（往市區）切換為「成田空港方面」（往機場），

再依照搭乘日期從上方選擇平日、土曜（週六）、休日（週日與假日）即可檢視 N'EX 完整時刻表，點選各班次連結就會顯示該班 N'EX 停靠各站的時間。

★ JORUDAN 網站

Skyliner

「Skyliner」是京成電鐵推出的成田機場特急列車，行走在 2010 年新建的「成田 Sky Access 線」上，並直達東京市區的日暮里站及上野站。由於「成田 Sky Access 線」比起京成電鐵的舊線「京成本線」筆直許多，讓行駛該路線 Skyliner 列車最快可飆到時速 160 公里，是日本國內僅次於新幹線的最高速鐵路車輛，大幅縮短成田機場往返東京市區的時間。

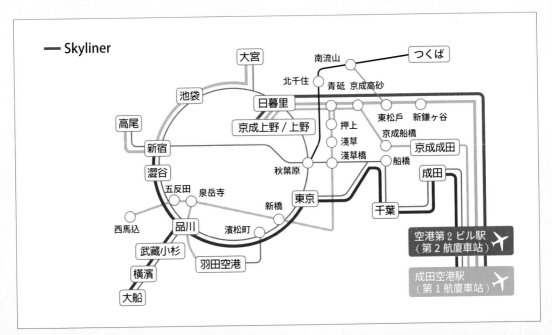

— Skyliner

❀ 我該搭 Skyliner 嗎？

成田機場到上野

　　搭乘 Skyliner 從成田機場到上野最快只要四十一鐘，到日暮里更只要三十六分鐘。相較 N'EX 從成田機場到東京市區大約要一小時，Skyliner 可說是超級快，所以要從成田機場到上野的旅客非常適合搭乘 Skyliner。

成田機場到新宿

　　雖然 N'EX 可直接從成田機場到新宿，但路線較為蜿蜒費時，車程至少要八十～九十分鐘。如果改從成田機場搭 Skyliner 到日暮里，再轉乘 JR 山手線到新宿，全程只要六十～七十分鐘，比起繞路的 N'EX 節省了二十～三十分鐘。

成田機場到池袋

　　由於 N'EX 已在二〇二二年取消成田機場到池袋的直達車，因此現在從成田機場到池袋最方便快速的方式就是搭 Skyliner 到日暮里，再轉乘 JR 山手線到池袋，全程只要五十～六十分鐘，會比搭 N'EX 轉乘快上三十～四十分鐘。

- 不過，若您要從成田機場到東京車站、品川、澀谷、橫濱、鎌倉（大船）等 N'EX 可直達的東京東邊及南邊各站，建議您直接坐 N'EX 就好，改搭 Skyliner 轉乘不會快上多少。

- 另外，若您要從成田機場到新宿，但行李很多或很重，或有老人及小孩隨行，不方便轉車，或剛好遇到上下班尖峰時間，那懶懶哥也建議您搭 N'EX，以避免轉車的麻煩或擠不上 JR 山手線。

- 此外，要從成田機場到上野、日暮里、淺草、押上、日本橋、銀座、新橋、品川、羽田機場、橫濱等都營地鐵淺草線＆京急電鐵京急本線沿線各站的旅客，也可考慮搭乘「Access 特急＆京成本線特急」。雖然速度較慢且設備較差，但是可一車直達上述地點，票價還只要 N'EX 跟 Skyliner 一半左右。

❀ 票價與優惠票券

　　成田機場到上野、日暮里的 Skyliner 單程票價皆為 2570 日圓，比 N'EX 的原價便宜許多。不過，京成電鐵還推出了多種針對外國旅客的 Skyliner 優惠票券，其中最常用的有兩種：「Skyliner Discount Ticket」以及「Skyliner & Tokyo Subway Ticket」。

Skyliner Discount Ticket

- 「Skyliner Discount Ticket」（Skyliner 折扣車票）是必須用信用卡在京成電鐵網站預訂的外國旅客優惠車票。Skyliner 單程原價 2570 日圓，信用卡線上訂購價為 2300 日圓，現省 270 日圓；來回原價 5140 日圓，信用卡線上訂購價為 4480 日圓，現省 660 日圓。

- 雖然「Skyliner Discount Ticket」比起「N'EX 優惠來回車票」平均單趟約 2000 日圓的價格貴了一些，但 N'EX 沒有單程優惠車票。所以只需要往返成田機場的單程車票，又不打算加購東京地鐵優惠車票的讀者們，非常適合購買「Skyliner Discount Ticket」。

- 不過，若您會在東京多次搭乘地鐵，則建議購買下段介紹的「Skyliner & Tokyo Subway Ticket」。

Skyliner & Tokyo Subway Ticket

- 若要搭 Skyliner 到東京市區遊玩，懶懶哥最推薦購買「Skyliner & Tokyo Subway Ticket」外國旅客優惠套票。該套票包含「單程或來回 Skyliner 車票」，以及好用又划算的「東京地鐵＆都營地鐵 24～72 小時券」（Tokyo Subway Ticket）。

- 「東京地鐵＆都營地鐵 24～72 小時券」（Tokyo Subway Ticket）是可以在二十四小時、四十八小時或七十二小時內不限次數搭乘東京地鐵＆都營地鐵所有路線的外國旅客優惠票券。此票券可在成田機場或東京市區的指定地點單獨購買。價格分別為 800 日圓

（二十四小時版）、1200 日圓（四十八小時版）、1500 日圓（七十二小時版）。

- 而京成電鐵推出的「Skyliner & Tokyo Subway Ticket」優惠套票，就是將 Skyliner 車票與「東京地鐵＆都營地鐵 24～72 小時券」（Tokyo Subway Ticket）同捆販售的特別套票。此套票中的「東京地鐵＆都營地鐵 24～72 小時券」（Tokyo Subway Ticket）價格不變，但 Skyliner 單程車票只要 2090 日圓，Skyliner 來回車票則只要 4080 日圓，不但是所有 Skyliner 優惠方案中最划算的，來回車票的價格也比 N'EX 的 5000 日圓便宜許多！

- 由於目前東京地鐵最划算好用的優惠票券就是「東京地鐵＆都營地鐵 24～72 小時券」（Tokyo Subway Ticket），而京成電鐵的「Skyliner & Tokyo Subway Ticket」優惠套票，不但包含了「東京地鐵＆都營地鐵 24～72 小時券」（Tokyo Subway Ticket），還能以優惠價購得單程或來回 Skyliner 車票，可謂一舉兩得。所以準備搭 Skyliner 進市區，並用地鐵玩遍東京的讀者們，「Skyliner & Tokyo Subway Ticket」優惠套票絕對是最佳選擇。

★購票注意事項

【1】此套票只在成田機場第一航廈站、第二航廈站販售，無法在京成上野站或日暮里站的京成電鐵售票窗口購買

【2】單程套票可選擇搭配往上野・日暮里的 Skyliner 單程車票，或往成田機場的 Skyliner 單程車票

【3】「東京地鐵＆都營地鐵 24～72 小時券」（Tokyo Subway Ticket）必須在車票背面的有效期限內使用（通常有半年以上）

【4】Skyliner 車票的兌換期限為購買後的六個月內

【5】購票時需出示護照

❀ **購買優惠車票**

Skyliner Discount Ticket

- 購買 Skyliner Discount Ticket，請到「Skyliner e-ticket」網站輸入乘車日期、出發地、目的

地、人數、護照資料及信用卡資訊，輸入完成後會得到一組車票兌換碼。抵達成田機場後，請至京成電鐵售票窗口出示護照及兌換碼，屆時會從您在網站所登記的信用卡扣款，扣款完成後即可取得車票。

- 此優惠車票只能提前用信用卡線上預訂，無法在櫃台以現金或信用卡現場購買。

★ Skyliner e-ticket 網站：

Skyliner & Tokyo Subway Ticket

購買「Skyliner & Tokyo Subway Ticket」，請直接到成田機場的京成電鐵售票窗口購票。

前往京成電鐵售票窗口

成田機場第一航廈及第二航廈都有京成電鐵售票窗口，第三航廈則無，須至第二航廈購票或換票。

第三航廈（Terminal 3）

請見 P.43。

第二航廈（Terminal 2）

從第三航廈走到第二航廈的讀者們，或是班機本來就降落在第二航廈的的讀者們，到了第二航廈的入境大廳後，若需要單獨購買「Tokyo Subway Ticket」（東京地鐵＆都營地鐵 24～72 小時券），請先至入境大廳前方的廉價巴士售票櫃台（Low Cost Bus，LCB）購票。

若需要Tokyo Subway Ticket
請至入境大廳前方的廉價巴士櫃台購票

若不需要「Tokyo Subway Ticket」，請直接搭乘標示「鐵道」的電扶梯至 B1F，就會看到京成電鐵（藍色招牌）的售票處，位置就在 JR 售票處（黑色招牌）的對面。

接著請搭乘標示「鐵道」的電扶梯前往B1F購買鐵路車票

京成電鐵售票處的服務時間為每天早上七點～晚上十點三十分。另外，京成電鐵在原售票處對面新開設了「Skyliner & 京成服務中心」，設有中文服務人員，營業時間為每天早上七點～晚上九點，請讀者們優先在此購票。

京成電鐵售票處
原售票處對面新開設的「Skyliner & 京成服務中心」設有中文服務人員，請優先在此購票

第一航廈（Terminal 1）

到了第一航廈的入境大廳後，若需要單獨購買「Tokyo Subway Ticket」（東京地鐵＆都營地鐵 24 ～ 72 小時券），請先至南翼入境大廳的廉價巴士售票櫃台（Low Cost Bus，LCB）購票。

若需要Tokyo Subway Ticket
請至南翼入境大廳的廉價巴士櫃台購票

若不需要「Tokyo Subway Ticket」，請直接搭乘標示「鐵道」的電扶梯至 B1F，就會看到京成電鐵（藍色招牌）的售票櫃台，位置就在 JR 售票處（黑色招牌）的對面。

接著請搭乘標示「鐵道」的電扶梯前往B1F購買鐵路車票

京成電鐵售票窗口的服務時間為每天早上七點～晚上十點三十分。另外，京成電鐵在原售票處斜對面新開設了「Skyliner & 京成服務中心」，設有中文服務人員，營業時間為每天早上七點～晚上九點，建議讀者們優先在此購票。

京成電鐵售票處

原售票處斜對面新開設的「Skyliner＆京成服務中心」設有中文服務人員，請優先在此購票

❄ 兌換或購買優惠車票

兌換 Skyliner Discount Ticket

若要兌換「Skyliner Discount Ticket」，請在京成電鐵售票窗口出示護照及兌換碼即可取票。

購買 Skyliner & Tokyo Subway Ticket

- 購買「Skyliner & Tokyo Subway Ticket」優惠套票必須出示護照，一本護照限買一組六個月內出發之套票。請告知櫃台人員欲購買的票種、車次或出發時間及目的地，並付款取票。
- 如果購買的是來回票，而且已確定回程的時間或車次，可直接在櫃台劃位取票；若還不確定回程的搭車時間，櫃台人員將給您一張回程劃位券，可隨時持券至京成上野站或日暮里站的京成電鐵售票窗口劃位。
- Skyliner 採全列車對號座（指定席），上車後請坐在車票記載的座位上。

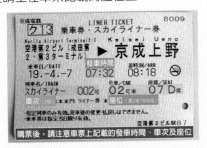

❄ 搭乘 Skyliner

- 搭車時請前往進站閘門，放入由機場出發的那張車票並下樓至月台候車。
- 要注意的是，京成電鐵從成田機場通往東京市區有兩條路線：較新較筆直、識別色為橘色的「成田 Sky Access 線」，以及較舊較蜿蜒、識別色為藍色的「京成本線」。
- 兩條路線有不同的入口，Skyliner 行走的是「成田 Sky Access 線」。因此進入閘門後，請注意標示並搭乘正確的電扶梯下樓至月台候車，不要走錯。第二航廈及第一航廈的 Skyliner 搭乘流程，請見下段說明。

第二航廈

第二航廈的 Skyliner 進站閘門位於京成電鐵售票機右邊，請插入往市區的 Skyliner 車票並取回。

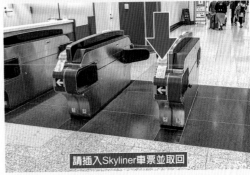

京成電鐵進站閘門位於售票機右邊

請插入 Skyliner 車票並取回

進站後，請搭乘左側以橘色標示往第 1 月台的電扶梯下樓。下樓後向右轉就會抵達第 1 月台，請在此等候 Skyliner。

請搭乘左側以橘色標示往第1月台的電扶梯下樓

下樓後向右轉就會抵達第1月台

候車時請注意列車車次，以免上錯車

第一航廈

第一航廈的 Skyliner 進站閘門位於京成電鐵售

票機右邊，請插入往市區的 Skyliner 車票並取回。

京成電鐵進站閘門位於售票機右邊

請插入Skyliner車票並取回

進站後，請搭乘前方以橘色標示往第4、5月台的電扶梯下樓，並在此等候 Skyliner。

進站後，請搭乘前方以橘色標示
往第4、5月台的電扶梯下樓

就會抵達Skyliner專用月台，請在此候車

❋ 車內設備

每節 Skyliner 車廂門口旁皆設有大型行李放置架，座位下方也有插座可以充電。車廂前後裝有液晶螢幕，會以日、英、中、韓文輪流顯示目前位置及到站名稱，請隨時緊盯以免坐過站。

每節車廂門旁皆有行李放置架

放好行李後，請坐在正確的車廂及座位上

每個座位下方皆有插座

請隨時注意車廂前後螢幕的到站資訊，以免坐過站

在日暮里站轉乘

由於京成電鐵的「京成上野站」跟「JR 上野站」相隔一段距離，轉乘較為不便，因此建議要換搭 JR 山手線或 JR 京濱東北線的讀者們在日暮里站下車，一上樓就有轉乘閘門可直接到 JR 車站。

抵達日暮里站後，上樓即可轉乘JR線

一上樓便會看到標示「B」的JR綠色轉乘閘門

但要注意的是，由於往 JR 的轉乘閘門是直接從「京成電鐵的站內付費區」進入「JR 的站內付費區」，因此只憑 Skyliner 的車票無法通過，必須先在轉乘閘門旁的 JR 售票機或櫃台購買日暮里站～山手線各站的 JR 普通車票，或是在閘門感應 IC 卡。

沒有JR車票或IC卡的旅客，請到閘門旁的JR售票機或櫃檯購買JR車票、IC卡或儲值

使用 JR 普通車票通過閘門時，請將 Skyliner 車票及 JR 車票重疊插入閘門；使用 IC 卡通過閘門時，請先將 Skyliner 車票插入閘門，再馬上感應 IC 卡。

使用IC卡轉乘，請先插入Skyliner車票再感應IC卡

② IC卡感應處

① 車票插入口

使用車票轉乘，請將Skyliner車票和JR車票重疊插入

京浜東北線 Keihin-Tōhoku Line　山手線 Yamanote Line

通過閘門便進入JR站內付費區

★日暮里站轉乘注意事項

【1】Tokyo Subway Ticket 或京成電鐵（Skyliner、Access 特急、京成本線）車票都無法搭乘 JR，持有上述車票的旅客都必須購買 JR 車票或刷 IC 卡，否則無法通過往 JR 的轉乘閘門

【2】回程從日暮里到成田機場時，使用車票轉乘的方式相同；使用 IC 卡轉乘，請先感應 IC 卡再插入 Skyliner 車票

【3】若購買「Skyliner & Tokyo Subway Ticket」來回套票且回程尚未劃位時，搭乘 JR 抵達日暮里站後，請務必先持「回程劃位券」到轉乘閘門旁的京成電鐵售票櫃台完成劃位再進站搭車

❀ 在上野站轉乘 JR 或地鐵

若要轉乘 JR 中央線、JR 宇都宮線、JR 高崎線、JR 特急列車、新幹線，以及東京地鐵銀座線、東京地鐵日比谷線、都營地鐵大江戶線，建議至京成上野站換車。

從京成上野站前往 JR 上野站

下車後請按照站內的「JR 線 • 新幹線」指標上樓，出閘門後左轉直走就會看到電扶梯。上樓到地面後，往左走三十秒並過馬路，就會抵達JR 上野站的不忍口。

要去JR上野站，出閘門後請左轉直走就會看到上樓的電扶梯

上樓到地面後，請往左走

步行30秒後過馬路，就會抵達JR上野站的不忍口

從京成上野站前往東京地鐵銀座線、日比谷線、都營地鐵大江戶線

下車後請按照站內的「銀座線、日比谷線、大江戶線」指標上樓，出閘門後直走左轉

就會看到地鐵連通道入口。下樓後，向左可通
往東京地鐵銀座線及日比谷線月台，向右可通
往都營地鐵大江戶線月台。

要去地鐵上野站，出閘門後請直走再左轉就會看到地鐵站的地下連通道入口

下樓後向左可通往東京地鐵銀座線、日比谷線

下樓後向右可通往都營地鐵大江戶線

❀ 查詢時刻表

請至京成電鐵中文官網查詢 Skyliner 時刻
表。

Access 特急 & 京成本線特急

- 「Access 特急」是和 Skyliner 同樣行走於二
  ○一○年新建的「成田 Sky Access 線」特急
  列車，但停靠站較 Skyliner 多，因此速度較
  慢，而且內裝及設備與地鐵相同，不用劃位
  也不用加購 Liner 券（特急券），所以票價比
  Skyliner 便宜。Access 特急除了跟 Skyliner 一
  樣，可直接從成田機場到上野、日暮里，還
  能到淺草、押上、銀座等地鐵淺草線 & 京急
  線各站。

- 「京成本線特急」則是行走在舊線「京成本
  線」的特急列車，路線較「成田 Sky Access
  線」蜿蜒，停靠站也更多，因此速度比
  Access 特急更慢，而且內裝及設備與地鐵相
  同，不用劃位也不用加購 Liner 券（特急券），
  所以票價比 Access 特急更便宜。京成本線特
  急除了跟 Skyliner、Access 特急一樣，可直接
  從成田機場到上野、日暮里，還能到淺草、
  押上、銀座等地鐵淺草線 & 京急線各站。

我該搭 Access 特急 & 京成本線特急嗎？

成田機場到上野、日暮里

- 從成田機場到上野、日暮里，搭乘 Access 特
  急 & 京成本線的票價比起 Skyliner 便宜，而
  且同樣可以一車直達，所以很適合想省錢的
  旅客搭乘。

- 不過上段也提到，Access 特急 & 京成本線特
  急停站數比 Skyliner 多，速度比較慢，而且
  內裝及設備與地鐵相同，所以沒辦法劃位，
  也沒有行李架。因此攜帶大件行李，或是講
  求時間及舒適度的讀者們，搭乘 Skyliner 或
  N'EX 會比較合適。

成田機場到淺草、地鐵淺草線、京急線各站

- Access 特急 & 京成本線特急是唯二可以直接

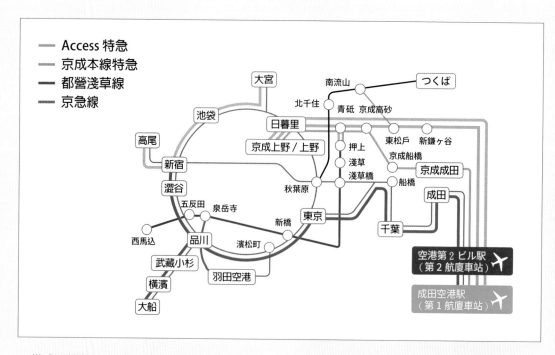

- Access 特急
- 京成本線特急
- 都營淺草線
- 京急線

從成田機場到淺草，中途不必轉乘的列車。Access 特急 & 京成本線從成田機場出發後，會經由青砥站開往押上站，並繼續與「都營地鐵淺草線」、「京急電鐵京急本線」直通運轉，讓旅客直接從成田機場到淺草、日本橋、銀座、新橋、品川、羽田機場、橫濱等都營地鐵淺草線 & 京急電鐵京急本線各站。所以要從成田機場到淺草等上述各站的旅客，搭乘 Access 特急 & 京成本線特急是最方便划算的選擇。

- 不過上段也提到，Access 特急 & 京成本線特急內裝及設備與地鐵相同，所以沒辦法劃位，也沒有行李架，而且直通運轉都營地鐵淺草線的路段在上下班尖峰時間會非常擁擠。因此攜帶大件行李，或是講求時間及舒適度的讀者們，搭乘 Skyliner 或 N'EX 會比較合適。

❀ 時間和票價

　　Access 特急和京成本線特急雖然都叫「特急」，但本質上屬於快速通勤列車，採用的

也是無法劃位、內裝及設備與地鐵相同的車廂，因此不必加購 Liner 券（特急券），只要在成田機場的售票機購買普通車票，或直接刷 PASMO、Suica 等 IC 卡即可搭乘。不過，Access 特急所行走的「成田 Sky Access 線」因為是高速新線，里程費用較舊線「京成本線」貴了約一到兩成，所以 Access 特急的票價也會比京成本線特急高一些。

目的地	Access 特急	京成本線特急
成田機場到日暮里	最快 50 分鐘 1270 日圓	最快 68 分鐘 1050 日圓
成田機場到上野	最快 54 分鐘 1270 日圓	最快 70 分鐘 1050 日圓
成田機場到押上 （東京晴空塔／ Tokyo Skytree）	最快 49 分鐘 1190 日圓	最快 67 分鐘 990 日圓
成田機場到淺草	最快 51 分鐘 1370 日圓	最快 69 分鐘 1170 日圓
成田機場到日本橋	最快 61 分鐘 1410 日圓	最快 75 分鐘 1210 日圓

目的地	Access 特急	京成本線特急
成田機場到東銀座	最快 64 分鐘	最快 78 分鐘
	1410 日圓	1210 日圓
成田機場到新橋	最快 66 分鐘	最快 80 分鐘
	1410 日圓	1210 日圓
成田機場到品川	最快 72 分鐘	最快 96 分鐘
	1610 日圓	1410 日圓
成田機場到橫濱	最快 102 分鐘	最快 115 分鐘
	1790 日圓	1590 日圓

- 從上表可以看出，雖然 Access 特急 & 京成本線特急的速度較慢，但票價也比單程要價 2000 日圓以上的 Skyliner 與 N'EX 便宜不少，還可直接從從成田機場到淺草、押上、日本橋、銀座、新橋、品川、橫濱、羽田機場等都營地鐵淺草線 & 京急電鐵京急本線沿線各站。
- 不過要注意的是，成田機場出發的 Access 特急絕大部分班次都是跟都營地鐵淺草線 & 京急電鐵京急本線直通運轉，不會開往上野站。
- 京成本線特急的大部分班次都是開往上野站，不會跟都營地鐵淺草線 & 京急電鐵京急本線直通運轉。
- 若您的搭車時間剛好沒有直達您目的地的班次，可以先坐 Access 特急 & 京成本線特急到「青砥站」，再轉乘開往上野站或直通運轉都營地鐵淺草線 & 京急電鐵京急本線的京成電鐵列車。
- 另外，部分班次在都營地鐵淺草線內會變成「Airport 快特」（エアポート快特）機場快速特急列車，在淺草站～新橋站之間只停靠東日本橋站及日本橋站。也由於 Access 特急和京成本線特急的行駛模式十分複雜，因此讀者們搭車前請務必使用 Google 地圖查詢正確班次及轉乘路線。

🌼 購買車票

請先找到第一航廈或第二航廈的京成電鐵售票處，並從售票處旁的時刻表螢幕確認

Access 特急發車時間（在左邊螢幕以橘底的「アクセス特急」標註）或京成本線特急發車時間（在右邊螢幕以紅底的「特急」標註）。

請先找到京成電鐵售票處

請從時刻表螢幕確認發車時間

- Access 特急 & 京成本線特急可使用京成電鐵售票機販售的車票搭乘，或持 PASMO、Suica 等 IC 卡搭乘。
- 若您已持有 IC 卡，請直接進站搭車。若您沒有 IC 卡或餘額不足，可在京成電鐵售票機購買 PASMO 或加值，也可在 JR 東日本售票機購買 Suica 或加值，再持 IC 卡進站搭車。
- 如果您不打算使用 IC 卡，請到京成電鐵售票處旁的售票機購買 Access 特急 & 京成本線特急車票。購票前，請從售票機上方的票價看板確認目的地車資。
- 要注意的是，Access 特急行走的是里程費用較貴的高速新線「成田 Sky Access 線」（以橘線標示），所以要搭乘 Access 特急，請依票價看板橘線旁或橘框內的價格購票。
- 京成本線特急則是行走里程費用較便宜的舊線「京成本線」（以藍線標示），所以要搭

乘京成本線特急，請依票價看板藍線旁或藍框內的價格購票。

▪ 若要前往押上、淺草、日本橋、銀座、新橋、品川、橫濱、羽田機場等都營地鐵淺草線＆京急電鐵京急本線沿線各站，請依票價看板右側「都營淺草線」、「京急線」列表之橘框內價格（Access 特急票價）或藍框內價格（京成本線特急票價）購票。

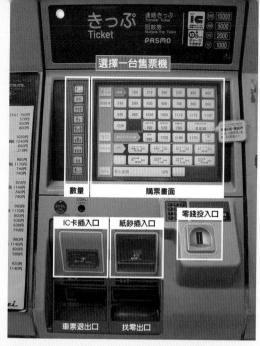

售票機位於京成電鐵售票處旁

請先從售票機上方的票價看板確認目的地車資

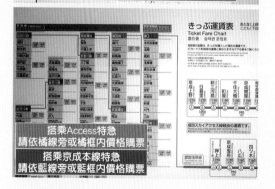
搭乘Access特急
請依橘線旁或橘框內價格購票
搭乘京成本線特急
請依藍線旁或藍框內價格購票

確認票價後，請找一台售票機，接著依照下方說明操作：

購買 Access 特急到京成電鐵各站車票

　請點選螢幕中間「成田 Sky Access 線」（成田スカイアクセス線）標籤旁的橘色票價按鈕，再輸入張數、票價並付款取票。

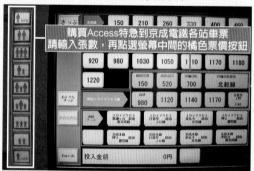
購買Access特急到京成電鐵各站車票
請輸入張數，再點選螢幕中間的橘色票價按鈕

購買京成本線特急到京成電鐵各站車票

　請點選螢幕上方「京成線」標籤旁的藍色票價按鈕，再輸入張數、票價並付款取票。

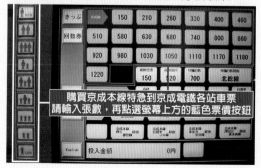
購買京成本線特急到京成電鐵各站車票
請輸入張數，再點選螢幕上方的藍色票價按鈕

購買 Access 特急到押上、淺草、日本橋、銀座、新橋、品川等「都營地鐵淺草線」各站車票

　　請點選螢幕最下方標有「Sky Access 押上 經由 都營線」（スカイアクセス 押上 經由 都營線）的橘色按鈕，再輸入張數、票價並付款取票。

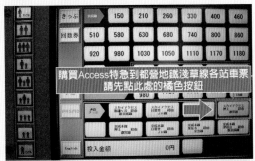

購買京成本線特急到押上、淺草、日本橋、銀座、新橋、品川等「都營地鐵淺草線」各站車票

　　請點選螢幕最下方標有「京成本線 押上 經由 都營線」的藍色按鈕，再輸入張數、票價並付款取票。

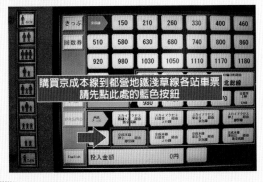

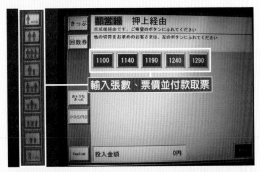

購買 Access 特急到橫濱、羽田機場等「京急電鐵京急本線」各站車票

　　請點選螢幕最下方標有「Sky Access 泉岳寺 經由 京急線」（スカイアクセス 泉岳寺 經由 京急線）的橘色按鈕，再輸入張數、票價並付款取票。

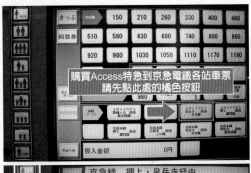

購買京成本線特急到橫濱、羽田機場等「京急電鐵京急本線」各站車票

　　請點選螢幕最下方標有「京成本線 泉岳寺 經由 京急線」的藍色按鈕，再輸入張數、票價並付款取票。

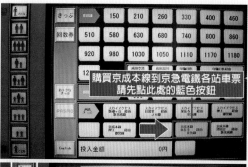

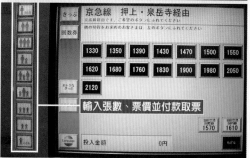

❄ 搭乘 Access 特急 & 京成本線特急

第二航廈

第二航廈的 Access 特急 & 京成本線特急進站閘門位於京成電鐵售票機右邊。進站時，請將車票插入閘門並取回，或感應 IC 卡。

京成電鐵進站閘門位於售票機右邊

請插入 Skyliner 車票並取回

搭乘 Access 特急：

開往東京市區方向的 Access 特急在第二航廈站停靠的是第 1 月台，因此進站後，請搭乘左側以橘色標示往第 1 月台的電扶梯下樓。

請搭乘左側以橘色標示往第 1 月台的電扶梯下樓

下樓後向右轉就會抵達第 1 月台，請在此等候 Access 特急。

下樓後向右轉就會抵達第 1 月台

請在此等候 Access 特急

搭乘京成本線特急：

開往東京市區方向的京成本線特急在第二航廈站停靠的是第 3 月台，因此進站後，請繼續依藍色的第 3 月台指標往前走。

進站後，請繼續依藍色的第3月台指標往前走

看到京成本線專用閘門後，請將車票再插入一次並取回，或再感應一次 IC 卡。

就會看到京成本線專用閘門
請將車票再插入一次並取回，或再感應IC卡一次

接著搭電扶梯下樓並向左轉就會抵達第 3 月台，請在此等候京成本線特急。

下樓後向左轉就會抵達第3月台
請在此等候京成本線特急

第一航廈

第一航廈的 Access 特急 & 京成本線特急進站閘門位於京成電鐵售票機右邊。進站時，請將普通車票插入閘門並取回，或感應 IC 卡。

京成電鐵進站閘門位於售票機右邊

請插入車票並取回，或感應IC卡

進站後，正前方以橘色標示往第 4、5 月台的電扶梯是到 Skyliner 專用月台，請勿進入，並向右轉以前往 Access 特急或京成本線特急停靠月台。

正前方往第4、5月台的電扶梯是到 Skyliner 專用月台
請向右轉以前往 Access 特急或京成本線特急停靠月台

搭乘 Access 特急：

開往東京市區方向的 Access 特急在第一航廈站停靠的是第 1 月台，進站並向右轉後，請繼續依橘色的第 1 月台指標往前走。

進站並向右轉後，請繼續依橘色的第1月台指標往前走

接著依指標左轉並搭乘電扶梯下樓就會抵達第 1 月台，請在此等候 Access 特急。

接著依指標左轉並搭乘電扶梯下樓

就會抵達第1月台，請在此等候Access特急

搭乘京成本線特急：

　　開往東京市區方向的京成本線特急在第一航廈站停靠的是第2、3月台，進站並向右轉後，請繼續依藍色的第2、3月台指標往前走。

進站並向右轉後
請繼續依藍色的第2、3月台指標往前走

　　看到京成本線專用閘門後，請將車票再插入一次並取回，或再感應一次IC卡。

就會看到京成本線專用閘門
請將車票再插入一次並取回，或再感應IC卡一次

　　接著搭乘電扶梯下樓就會抵達第2、3月台，請在此等候京成本線特急。

下樓後就會抵達第2、3月台
請在此等候京成本線特急

★候車搭乘注意事項

【1】月台上的列車資訊看板會顯示即將到站的車種、車次及時間，請隨時注意。由於第二航廈站的Access特急跟加購Liner券（特急券）才能乘坐的高速對號列車「Skyliner」共用月台，所以請務必確認到站列車是Access特急再上車，不要搭錯

【2】另外，京成本線特急停靠的第2、3月台在早上也有加購Liner券（特急券）才能乘坐，外型與Skyliner相同的特別對號列車「Morningliner」，所以請務必確認到站列車是京成本線特急再上車，不要搭錯

【3】上車後，請尋找空位乘坐並抓緊行李。車門上方螢幕會顯示目前位置及到站名稱，請隨時緊盯以免坐過站

列車資訊看板會顯示即將到站的車種、車次及時間

請不要搭到「Skyliner」或「Morningliner」

上車後請尋找空位乘坐，並抓緊行李

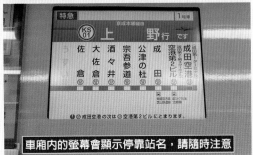

車廂內的螢幕會顯示停靠站名，請隨時注意

❀ 在青砥站轉乘

- 成田機場出發的 Access 特急絕大部分班次，以及京成本線的下午班次，過了青砥站後會開進通往押上站（東京晴空塔／Tokyo Skytree）的「京成押上線」，接著再從押上站直通運轉「都營地鐵淺草線」，並停靠淺草、日本橋、東銀座、新橋等站；過了都營地鐵淺草線泉岳寺站後，列車會再繼續直通運轉「京急電鐵京急本線」，並停靠品川、橫濱、羽田機場等站。

- 不過 Access 特急的少部分夜間班次，以及京成本線的大部分上午與夜間班次，過了青砥站後會開往上野站，不會開進「京成押上線」並直通運轉都營地鐵淺草線＆京急電鐵京急本線。

- 若您要前往押上方向時，剛好只有開往上野方向的班次，或是要前往上野方向時，剛好只有開往押上方向的班次，那都可以先坐 Access 特急＆京成本線特急到「青砥站」，再轉乘開往押上方向或上野方向的列車。

- 青砥站採平行轉乘設計，往押上、都營地鐵淺草線、京急電鐵京急本線各站的「京成押上線」，跟往日暮里、上野站的「京成本線」分別停靠在二樓的第 1 月台及第 2 月台，兩月台平行相隔約五公尺，乘客下車後只需走到對面月台即可完成轉乘，十分便捷。

第2月台 京成本線　第1月台 京成押上線

下車走到對面月台即可完成轉乘

要注意的是，京成押上線部分班次到了都營地鐵淺草線內會變成「Airport 快特」（エアポート快特）機場快速特急列車，在淺草站～新橋站之間只停靠東日本橋站及日本橋站，也有部分列車只開到押上站，不會與都營地鐵淺草線直通運轉。也由於京成押上線行駛模式十分複雜，因此讀者們搭車前請務必使用 Google 地圖查詢正確班次及轉乘路線。

❀ 查詢時刻表

- 請先開啟「京成電鐵成田機場時刻表查詢系統」，接著輸入起站、訖站與搭乘時間，就會出現適合的 Access 特急＆京成本線特急班次。

- Access 特急＆京成本線特急的搜尋結果通常位於網頁下半部，請記得往下捲動。若網頁沒有出現任何 Access 特急＆京成本線特急的相關結果，可能是查詢系統判斷該時間點無合適的班次，請修改乘坐時間或直接換搭系統建議的其他列車。

★京成電鐵成田機場
時刻表查詢系統：

如何搭乘返回成田機場的 Access 特急＆京成本線特急

- 要從日暮里、上野到成田機場的旅客，請先使用「京成電鐵成田機場時刻表查詢系統」或 Google 地圖查詢適合的 Access 特急＆京成本線特急班次。若您的出發時間剛好沒有日暮里、上野到成田機場的 Access 特急＆京成本線特急班次，請先依照「京成電鐵成田機場時刻表查詢系統」或 Google 地圖指示搭乘京成本線到青砥站或其他車站，再轉乘開往成田機場的 Access 特急＆京成本線特急班次。

- 要從淺草到成田機場，或是從都營地鐵淺草線＆京急電鐵京急本線各站到成田機場的旅客，請先使用「京成電鐵成田機場時刻表查詢系統」或 Google 地圖查詢直達成田機場的 Access 特急＆京成本線特急班次。

- 要注意的是，只有在列車資訊看板、列車車頭、列車車身標示「成田空港」的 Access 特急＆京成本線特急班次會行經成田機場，其他所有非標示「成田空港」的列車都不會停靠成田機場各航廈車站。所以若您的出發時間剛好沒有直接從淺草到成田機場，或是從都營地鐵淺草線＆京急電鐵京急本線各站到成田機場的班次，請先依照「京成電鐵成田機場時刻表查詢系統」或 Google 地圖指示搭乘都營地鐵淺草線＆京急電鐵京急本線到押上站、青砥站、京成高砂站（高砂站）或其他車站，再轉乘開往成田機場的 Access 特急＆京成本線特急班次。

只有標示「成田空港」的班次會行經成田機場

機場巴士

- 覺得 N'EX 與 Skyliner 的外國旅客優惠車票還是太貴，京成電鐵的 Access 特急和京成本線特急也不夠方便，或是要在深夜往返成田機場，還是想從成田機場到各大車站、飯店、東京迪士尼的讀者們，都可以考慮搭乘「機場巴士」。

- 往返成田機場的巴士業者和路線非常多，不過觀光客較常使用的有三種，分別為「TYO-NRT」（Airport Bus 東京・成田）、「成田 Shuttle」（成田シャトル）與「利木津巴士」（Airport Limousine，リムジンバス）。

TYO-NRT

營運路線：	成田機場到東京車站、銀座、東雲車庫
所需時間：	成田機場到東京車站約六十～九十分鐘（不塞車的表定時間）
營運時間：	往東京市區約 07：30 ～ 23：30，往成田機場約 05：00 ～ 19：30
班次數量：	約 10 ～ 20 分鐘一班
單程票價：	1300 日圓（普通班次）／ 2600 日圓（23 點後的深夜班次）
優惠車票：	無
兒童票價：	6 ～ 12 歲為 650 日圓（普通班次＆網路預訂）／ 1300 日圓（深夜班次）
官方網站：	

成田 Shuttle

營運路線：	成田機場到池袋站
所需時間：	成田機場到池袋站約八十～一百分鐘（不塞車的表定時間）
營運時間：	往東京市區約 09：00 ～ 22：00，往成田機場約 05：00 ～ 16：00

班次數量：約六十～一百二十分鐘一班	
單程票價：1900 日圓	
優惠車票：網路預訂優惠票（1500 日圓）	
兒童票價：6 ～ 12 歲一律為 950 日圓	
官方網站：	

利木津巴士

營運路線：成田機場到東京各大車站、飯店、 　　　　　東京迪士尼	
所需時間：因路線而異	
營運時間：因路線而異	
班次數量：因路線而異	
單程票價：因路線而異	
官方網站：	

❀ 我該搭機場巴士嗎？

- 由於從成田機場搭巴士到東京市區的單程票價只要 1300 日圓起，是成田機場最便宜的交通工具之一，因此以價格為優先考量，又不想轉車的讀者們，很適合從成田機場搭巴士直達東京市區。

- 另外，機場巴士還有深夜從東京車站或銀座到成田機場的班次，若您的行程趕不上東京市區到成田機場的末班電車，又剛好位在東京車站或銀座地區，那也可以考慮搭乘機場巴士到成田機場。

- 覺得電車轉乘太麻煩，或是單純希望從成田機場到各大車站、飯店、東京迪士尼的讀者們，則可以考慮搭乘路網綿密的「利木津巴士」。但利木津巴士票價較高，而且班次較少，所以搭乘前請務必至利木津巴士官網查詢時刻表及票價。

- 不過，機場巴士在上下班時間和假日很有可能會遇到塞車，跟電車相比風險較高。所以在

上述時間往返機場，或是行程安排較緊湊的讀者們，建議搭乘 N'EX 成田特快、Skyliner、Access 特急、京成本線特急等電車往返機場比較保險，以免延誤行程或錯過班機。

❀ 預訂和購票

TYO-NRT

　　所有班次在疫情期間不需要也不能提前預訂，請到成田機場各航廈的廉價巴士售票處現場購票劃位。

成田 Shuttle

　　請至成田 Shuttle 官網完成訂票，再到成田機場各航廈的廉價巴士售票處用手機出示信箱中的網路購票證明，即可取票。回程時，請在池袋站的機場巴士站牌向服務人員或司機用手機出示信箱中的網路購票證明，即可上車乘坐。

利木津巴士

　　利木津巴士可在成田機場各航廈的機場巴士售票處直接購票劃位，或是購買優惠套票搭乘。

❀ 取票、購票及候車

第三航廈

　　班機降落在第三航廈的讀者們，抵達入境大廳後就會立刻看到寫著「バス乘車券」（巴士乘車券）的窗口，此即各巴士業者共用的售票處。要搭乘「TYO-NRT」、「成田 Shuttle」、「利木津巴士」且未在網路提前訂票的旅客，請到巴士售票處現場購票。

未在網路提前訂票的旅客，請到巴士售票處現場購票

購票完成後，請走出大門並依照站牌編號標示往前，就會抵達第三航廈的巴士停靠區。要搭乘「TYO-NRT」的旅客，請在 4、5 號站牌候車。要搭乘「成田 Shuttle」的旅客，請在 6 號站牌候車。要搭乘「利木津巴士」的旅客，請依照您乘坐的路線前往正確的站牌位置候車。

遵循站牌指標往前走，就會抵達第三航廈的巴士停靠區
請依照您所搭乘的業者或路線前往正確的站牌位置候車

第二航廈

班機降落在第二航廈的讀者們，若要搭乘「TYO-NRT」、「成田 Shuttle」且未在網路提前訂票，請到一樓入境大廳前方的廉價巴士售票櫃台（Low Cost Bus，LCB）現場購票。若要搭乘「利木津巴士」且未在網路提前訂票，請到入境大廳南口的機場巴士櫃台現場購票。

要搭乘TYO-NRT、成田Shuttle且未在網路訂票
請至入境大廳前方的廉價巴士櫃台現場購票

要搭乘利木津巴士且未在網路訂票
請至入境大廳南口的機場巴士櫃台現場購票

取票或購票完成後，請從兩側通往一樓戶外的自動門走出去，就會抵達第二航廈的巴士停靠區。要搭乘「TYO-NRT」的旅客，請在 6 號站牌候車。要搭乘「成田 Shuttle」的旅客，請在 7 號站牌候車。要搭乘「利木津巴士」的旅客，請依照您乘坐的路線前往正確的站牌位置候車。

通過往戶外的自動門，就會抵達第二航廈的巴士停靠區

請依照您所搭乘的業者或路線前往正確的站牌位置候車

第一航廈

班機降落在第一航廈的讀者們，若要搭乘「TYO-NRT」、「成田 Shuttle」且未在網路提前訂票，請到入境大廳前方的廉價巴士售票櫃台（Low Cost Bus，LCB）現場購票。若要搭乘

「利木津巴士」且未在網路提前訂票，請到南翼入境大廳的機場巴士櫃台現場購票。

要搭乘TYO-NRT、成田Shuttle且未在網路訂票
請至入境大廳前方的廉價巴士櫃台現場購票

要搭乘利木津巴士且未在網路訂票
請至南翼入境大廳的機場巴士櫃台現場購票

　　取票或購票完成後，請從兩側通往一樓戶外的自動門走出去，就會抵達第一航廈的巴士停靠區。要搭乘「TYO-NRT」的旅客，請在南翼的 7 號站牌候車。要搭乘「成田 Shuttle」的旅客，請在北翼的 3 號站牌候車。要搭乘「利木津巴士」的旅客，請依照您乘坐的路線前往正確的站牌位置候車。

通過往戶外的自動門，就會抵達第一航廈的巴士停靠區

請依照您所搭乘的業者或路線前往正確的站牌位置候車

★機場巴士注意事項
【1】若遇到巴士售票處的休息時間，請直接在上車時付費
【2】若攜帶大型行李，巴士業者的服務人員會替您放入巴士底部的行李艙，但空間不足時，每人限放一件行李
【3】站牌位置有可能異動，請於搭乘前再次確認
【4】搭乘東京市區到成田機場的回程巴士時，請向機場巴士站牌的站務人員或司機用手機出示網路購票證明即可上車，未購票的旅客也可直接在上車時付費

羽田機場交通指南

　　羽田機場位於東京跟橫濱之間的海邊，跟東京市區相距不到十公里，曾經是日本關東唯一的國際機場，但在成田機場一九七八年啟用後，轉型為國內線專用機場。不過隨著政策改變，羽田機場二〇一〇年重新開闢國際線航廈，並陸續新增多條往返亞洲及歐美各主要城市的國際航線。由於離東京市區很近，地利之便讓羽田機場的成為各國旅客進出東京和關東地區的首選。

　　羽田機場到東京非常方便，不但鄰近市區，交通也十分多元。除了有從羽田機場直達JR 山手線濱松町站的「東京單軌電車」，以及和都營地鐵淺草線直通運轉的「京急電鐵」，還有連接各大飯店和主要車站的機場巴士。

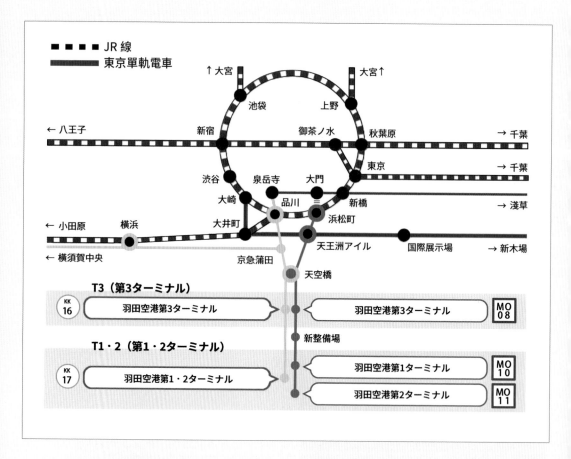

東京單軌電車

　　東京單軌電車（Tokyo Monorail）是羽田機場第一座聯外鐵路系統，在一九九八年之前更是唯一行經羽田機場的鐵路路線。東京單軌電車目前隸屬於 JR 東日本公司，路線只有「羽田機場線」一條，起點為羽田機場，終點為濱松町站。

❀ 我該搭東京單軌電車嗎？

- 東京單軌電車最快只要十四分鐘，就可從羽田機場第三航廈站（國際線航廈）抵達東京市區的濱松町站，該站可轉乘「JR 山手線」跟「JR 京濱東北線」，不論要前往新橋、東京車站、秋葉原、上野或東京各大 JR 車站

都非常方便。另外，東京單軌電車也可在天王洲 Isle 站轉乘往台場的「臨海線」。所以要前往上述地點的旅客，搭東京單軌電車最合適。

- 不過，若您的目的地為都營淺草線經過的銀座、日本橋、淺草、押上（東京晴空塔／Tokyo Skytree）地區，還是要直接從羽田機場前往成田機場跟橫濱，或是澀谷、新宿、池袋等東京西半部地區，建議改搭與「都營地鐵淺草線」、「京成電鐵」直通運轉的「京急電鐵」會較為快速。

❀ 路線及車種

- 東京單軌電車只有一條路線，所以同月台的車都開往同一個方向，不必擔心搭錯車。車種則分三種，由慢到快分別是「普通」、「區

間快速」和「空港快速」（機場快速）。這三種車都不用劃位，起點、終點及票價也相同，只差在中間的停靠站數不同。

- 「普通」每站皆停，「區間快速」只停羽田機場各航廈、流通中心站、大井競馬場前站、天王洲 Isle 站及濱松町站，「空港快速」則只停靠羽田機場各航廈，接著便直奔終點濱松町站。

- 若搭停靠站最少的「空港快速」，從羽田機場第三航廈站（國際線航廈）到濱松町站只需十三～十四分鐘。不過，搭「區間快速」或「普通」也只要十六～二十分鐘，差異不大。所以若您要從羽田機場第三航廈站前往濱松町站，請選擇最近的班次搭乘即可。

❀ 票價與優惠票券

羽田機場各航廈～濱松町站的東京單軌電車票價皆為 500 日圓。不過，東京單軌電車有推出多種優惠車票，懶懶哥將在下方個別介紹。

東京單軌電車＆山手線內優惠票

原名「モノレール＆山手線内割引きっぷ」，可從羽田機場各航廈搭乘東京單軌電車到濱松町站，再轉乘至山手線內的任何 JR 車站下車，不論距離皆為 500 日圓。由於從羽田機場各航廈搭乘東京單軌電車到濱松町站就要 500 日圓，購買此票券等於是免費轉乘山手線一次，十分划算。但僅限每週六、日、日本國定假日及指定期間在羽田機場各站的售票機販售。

東京單軌電車＆台場心動套票

原名「モノレール＆お台場ワクワクきっぷ」，可從羽田機場各航廈搭乘東京單軌電車到天王洲 Isle 站，再轉乘臨海線到台場的東京電訊站，售價 500 日圓。由於從羽田機場搭乘東京單軌電車轉乘臨海線到東京電訊站，原本需要 560 日圓（第三航廈站）～ 710 日圓（第

二航廈站），購買此票券等於省下 60 日圓～ 210 日圓，很適合要從羽田機場到台場的讀者們購買。

使用 JR Pass 搭乘

若您準備購買或兌換 JR Pass 全國版、JR 東日本推出的「JR 東京廣域周遊券」（JR TOKYO Wide Pass）、「JR 東日本鐵路周遊券・東北地區」（JR EAST PASS・Tohoku area）、「JR 東日本鐵路周遊券・長野、新潟地區」（JR EAST PASS・Nagano, Niigata area）、「JR 東日本・南北海道鐵路周遊券」（JR East-South Hokkaido Rail Pass）、「北陸拱型鐵路周遊券（Hokuriku Arch Pass）」，可直接搭乘東京單軌電車，不必另外購票。若要購買及兌換上述 JR Pass，請到東京單軌電車閘門右側的「JR 東日本旅行服務中心」辦理。

購買車票

抵達羽田機場第三航廈（國際線航廈）入境大廳後，要單獨購買 Tokyo Subway Ticket 的旅客，請到右側轉角的「東京觀光情報中心」（Tourist Information Center）購票。

抵達羽田機場第三航廈入境大廳後要購買Tokyo Subway Ticket請往右手邊的轉角處走

就會看到東京觀光情報中心請在此購買Tokyo Subway Ticket

若要直接購買東京單軌電車車票或搭乘東京單軌電車，抵達入境大廳後請往左前方走，就會看到東京單軌電車售票機、進站閘門和「JR東日本旅行服務中心」。

抵達入境大廳後，前方兩側就是車站入口

左側是東京單軌電車

要購買或兌換 JR Pass 的旅客，請到東京單軌電車進站閘門右側的「JR 東日本旅行服務中心」辦理；要購買東京單軌電車普通車票、優惠車票、Suica 或加值各種 IC 卡的旅客，請至售票機辦理。

購買或兌換 JR Pass

請到東京單軌電車進站閘門右側的「JR 東日本旅行服務中心」排隊購買或兌換 JR Pass，營業時間為每日上午六點四十五分～晚上八點。

要購買或兌換 JR Pass 的旅客，請至閘門右側的JR東日本旅行服務中心辦理

★ JR Pass 劃位注意事項

【1】若您想在機場購買或兌換 JR Pass 的當天就乘坐東京單軌電車或其他 JR 列車，一定得先啟用 JR Pass 並扣掉一天效期。若您打算其他天再開始使用 JR Pass，就無法在機場或抵達日本當天利用 JR Pass 搭乘東京單軌電車或其他 JR 列車

【2】若您打算其他天再啟用 JR Pass，請務必於購票時告知櫃台人員

【3】若要在購買或兌換 JR Pass 的同時，劃位多班特急列車或新幹線的指定席，請事先使用 Google 地圖或到 JR 官網查詢可搭乘的班次，並將所有列車資訊（列車的日文或英文名稱、班次編號、上下車站、出發時間）一起寫在紙上或用手機顯示並交給櫃台人員，以加快處理速度

【4】機場的 JR 售票窗口人潮過多時，櫃台人員只會為您劃位當天的列車班次，以降低處理時間。若想劃位其他日子的列車班次，請至市區各 JR 車站的 JR 售票處或售票機辦理

【5】可自助領取 JR 車票和 JR Pass 的售票機設置在東京單軌電車售票機旁邊，但只在每日上午六點四十五分～晚上八點開放使用

☸ 購買普通車票

若要購買東京單軌電車普通車票，請先將售票機切換為中文介面，再點選螢幕左上方的「單軌電車線車票」，最後輸入張數、目的地並付款取票。

東京單軌電車售票機位於進站閘門左側

數量 **購票畫面**

IC卡插入口 **紙鈔插入口** **零錢投入口**

選擇一台售票機

車票退出口 **找零出口**

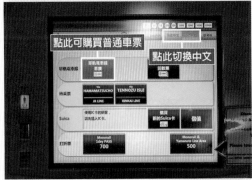

點此可購買普通車票

點此切換中文

購買普通車票，請選擇張數及目的地後付款取票

HAMAMATSUCHO 500	TENNOZU ISLE 350	OIKEBAJOMAE 280	KYUTSU CENTER 280
SHOWAJIMA 200	SEIBIJO 200	TENKUBASHI 160	SHIN SEIBIJO 200
HANEDA AIRPORT TERMINAL 1 200	HANSDA AIRPORT TERMINAL 2 200		Platform Ticket 160
Monorail 1day PASS 700			Monorail & Yamanote Line Area 500

購買優惠車票或 JR 轉乘車票

- 若要轉乘山手線或其他 JR 路線，剛好又遇到「東京單軌電車＆山手線內優惠票」販售日，請直接購買該車票以節省車資。如果是一般日子，請改買「東京單軌電車＋JR 轉乘車票」。

- 點選購買「東京單軌電車＋JR 轉乘車票」時，請先從售票機上方的票價看板確認轉乘到 JR 各站所需票價，再輸入張數、票價並付款取票。

- 抵達濱松町站後，可持上述車票直接通過 JR 轉乘閘門並進到 JR 站內。

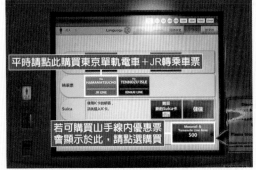

平時請點此購買東京單軌電車＋JR轉乘車票

若可購買山手線內優惠票會顯示於此，請點選購買

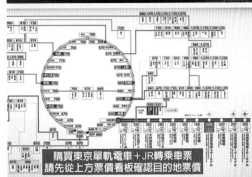

購買東京單軌電車＋JR轉乘車票
請先從上方票價看板確認目的地票價

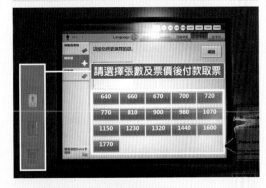

請選擇張數及票價後付款取票

640	660	670	700	720
770	810	900	980	1070
1150	1230	1320	1440	1600
1770				

❀ 購買 IC 卡或加值

　　東京單軌電車也能刷 IC 卡（電子票卡）搭乘，東京單軌電車的售票機可以購買「東京單軌電車 Suica」或加值 IC 卡，閘門則接受 Suica、PASMO 或其他和 Suica 互通的 IC 卡。

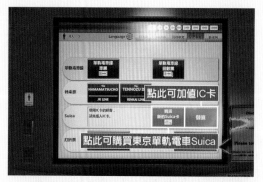

就會抵達第2月台，請在此候車

但要注意的是，「東京單軌電車 Suica」只能在東京單軌電車各站辦理退卡，JR 東日本各車站不受理。若您想在返國時取回卡片押金及餘額，卻又不在羽田機場搭機，請改到對面的京急電鐵售票機購買可在東京各地鐵及私鐵車站辦理退卡的「PASMO」。

上車後，請尋找空位乘坐並放好或抓緊行李。車門上方螢幕會顯示目前位置及到站名稱，請隨時緊盯以免坐過站。

❀ 搭乘東京單軌電車

請將車票或 JR Pass 插入進站閘門並取回，或感應 IC 卡。

請插入車票、JR Pass或感應IC卡

上車後請尋找空位乘坐，並放好或抓緊行李

進站後，請依循「第2月台」或「濱松町」的指標前往第 2 月台候車。

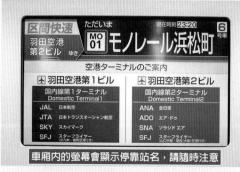

車廂內的螢幕會顯示停靠站名，請隨時注意

❀ 在濱松町站轉乘

搭乘東京單軌電車抵達濱松町站後，請依照站內的「JR 線」指標下樓，就會看到 JR 轉乘閘門。

請依循第2月台或濱松町的指標前進

下車後，請依照出口指標下樓，就會看到JR轉乘閘門

持「東京單軌電車&山手線內優惠票」、「東京單軌電車＋JR轉乘車票」、IC卡或JR Pass的旅客，請直接插入車票、JR Pass或感應IC卡即可通過轉乘閘門。接著繼續依指標往前走並下樓，就會抵達JR月台。

通過後繼續依「JR線」指標走，就會抵達JR月台

京急電鐵

與都營地鐵、京成電鐵直通運轉的「京急電鐵」一九九八年開通羽田機場線後，搭機旅客可從羽田機場各航廈直達品川、銀座、淺草、押上（東京晴空塔／Tokyo Skytree）等東京市區各站，或是橫濱、成田機場等東京近郊車站，大幅提升往返羽田機場的便利性，是觀光客最常利用的交通工具之一。

❀ 我該搭京急電鐵嗎？

- 京急電鐵最快只要十一分鐘，就能從羽田機場第三航廈站（國際線航廈）直達品川站，該站可轉乘「JR山手線」、「JR京濱東北線」、「JR東海道線」、「東海道新幹線」等JR路線。

- 大部分京急列車通過品川站後，會在泉岳寺站和「都營地鐵淺草線」直通運轉，列車將開進地鐵淺草線的軌道，並停靠新橋、東銀座、日本橋、淺草及押上（東京晴空塔／Tokyo Skytree）等沿線各站。部分車次過了押上站，還會繼續和「京成電鐵」直通運轉，最遠可一車直達成田機場。

- 除了往北開往東京和千葉，京急電鐵也有往南連接橫濱的路線。

- 另外，從羽田機場前往澀谷、新宿、池袋等東京西半部地區，通常搭京急電鐵到品川站轉乘JR山手線，或到大門站轉乘地鐵會較為方便快速。

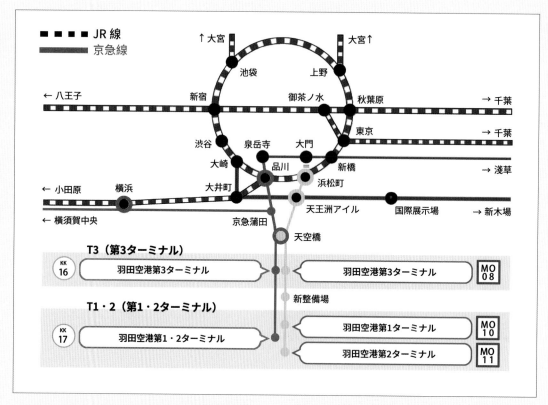

- 不過，若您要前往東京東半部的東京車站、秋葉原、上野等地，建議改搭「東京單軌電車」到濱松町站，再轉乘 JR 山手線或 JR 京濱東北線，速度會快一些。

❊ 路線及車種

- 京急電鐵的車種共有五種，由慢到快分別為「普通」、「機場急行」（エアポート急行）、「特急」、「快特」和「機場快特」（エアポート快特）。這五種列車都不用劃位，票價也相同，只差在停靠的車站數不同：最慢的「普通」各站皆停，最快的「機場快特」只停大站。

- 另外，「機場快特」在都營地鐵淺草線新橋站～押上站之間，只停靠日本橋站、東日本橋站及淺草站。若您要下車的地點不在這三站，請不要搭到「機場快特」。

- 也由於京急電鐵和都營地鐵淺草線、京成電鐵直通運轉，行駛模式十分複雜，車種又多，因此懶懶哥建議要搭乘京急電鐵的讀者們，出發前請務必使用 Google 地圖查詢正確班次並依照系統指示乘坐，才不會搭錯車。

❊ 票價與優惠車票

- 搭京急電鐵從羽田機場第三航廈站（國際線航廈）往南至橫濱車站的票價為 370 日圓；往北至品川站、泉岳寺站的票價為 330 日圓；經由泉岳寺站往北直通運轉「都營地鐵淺草線」至新橋站為 510 日圓；至東銀座站、日本橋站為 550 日圓；至淺草站、押上站為 610 日圓；經由押上站繼續往北直通運轉京成電鐵「京成本線」或「成田 Sky Access 線」至成田機場為 1600 ～ 1800 日圓。

- 京急電鐵也有推出多款優惠套票，但大多數都不方便觀光客使用，折扣也很少。唯一較

適合外國遊客，內含京急電鐵與東京地鐵優惠車票的「Welcome! Tokyo Subway Ticket」更在二〇二二年改成和外國旅客專用拋棄式 IC 卡「PASMO PASSPORT」同捆販售。

- 由於 PASMO PASSPORT 有效期只有二十八天，購卡時還要支付 500 日圓手續費（不退還），過期後更會直接沒收卡內的所有餘額，使用起來非常沒彈性。所以除非您原本就想蒐集 PASMO PASSPORT，否則懶懶哥不建議購買京急電鐵優惠套票往返羽田機場，請改買一般車票或普通版 PASMO 搭乘京急電鐵。

⊛ 購買京急電鐵車票

抵達羽田機場國際線航廈入境大廳後，要單獨購買 Tokyo Subway Ticket 的旅客，請到右側轉角的「東京觀光情報中心」（Tourist Information Center）購票。

抵達羽田機場第三航廈入境大廳後要購買 Tokyo Subway Ticket 請往右手邊的轉角處走

就會看到東京觀光情報中心請在此購買 Tokyo Subway Ticket

若您要直接購買京急電鐵車票或搭乘京急電鐵，抵達入境大廳後請往右前方走，就會看到京急電鐵售票機和進站閘門。

抵達入境大廳後，前方兩側就是車站入口

右側是京急電鐵

購買普通車票或轉乘車票

若要購買普通車票和轉乘車票，請先從售票機上方的票價看板確認目的地路線及票價，接著點選售票機螢幕右側的「きっぷ」（車票）。

京急電鐵售票機位於進站閘門右側

請先從上方票價看板確認目的地路線及票價

數量 **購票畫面**

IC卡插入口 **紙鈔插入口** **零錢投入口**

選擇一台售票機

車票退出口 **找零出口**

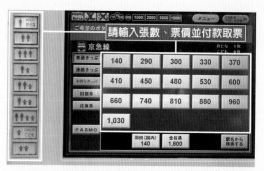

請輸入張數、票價並付款取票

京急線

140	290	300	330	370
410	450	480	530	600
660	740	810	880	960
1,030				

| 羽田(国内) 140 | 金谷港 1,800 | 駅名から 検索する |

要前往新橋、東銀座、日本橋、淺草及押上等都營地鐵淺草線沿線各站的旅客，或是要轉乘其他都營地鐵路線的旅客，請點選「都營線」再輸入張數、票價並付款，就會取得「京急電鐵＋都營線轉乘車票」。

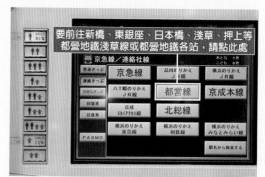

要前往新橋、東銀座、日本橋、淺草、押上等都營地鐵淺草線或都營地鐵各站，請點比處

京急線／連絡社線

京急線	品川のりかえ JR線	横浜のりかえ JR線
八丁畷のりかえ JR線	都營線	京成本線
京成 スカイアクセス線	北総線	
横浜のりかえ 東急線	横浜のりかえ 相鉄線	横浜のりかえ みなとみらい線
		駅名から検索する

チャージ
（10円からチャージ可能）

PASMO

きっぷ

請點此購票

ご希望のボタンに
（現金・カードはあとからお入れください）

要前往品川或橫濱等京急電鐵各站的旅客，請點選「京急線」再輸入張數、票價並付款，就會取得「京急電鐵普通車票」。

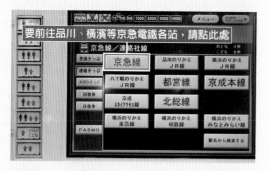

要前往品川、橫濱等京急電鐵各站，請點此處

京急線／連絡社線

京急線	品川のりかえ JR線	横浜のりかえ JR線
八丁畷のりかえ JR線	都營線	京成本線
京成 スカイアクセス線	北総線	
横浜のりかえ 東急線	横浜のりかえ 相鉄線	横浜のりかえ みなとみらい線
PASMO		駅名から検索する

請輸入張數、票價並付款取票

都營線

530	570	620	670	720

駅名から検索する

要前往澀谷、新宿、池袋等山手線或JR各站的旅客，請點選「品川轉乘JR線」再輸入張數、票價並付款，就會取得「京急電鐵＋JR線轉乘車票」。

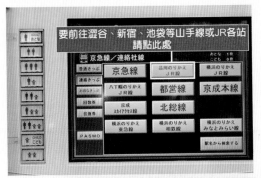

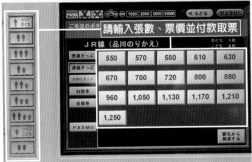

購買 IC 卡或加值

京急電鐵也能刷 IC 卡（電子票卡）搭乘，京急電鐵的售票機可以購買 PASMO 或加值 IC 卡，閘門則接受 PASMO、Suica 或其他和PASMO 互通的 IC 卡。

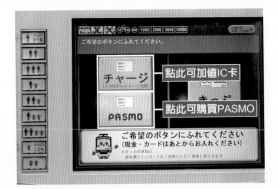

點此可加值IC卡

點此可購買PASMO

❀ 搭乘京急電鐵

請將車票插入進站閘門並取回，或感應 IC卡。

進站後，請依循「第 2 月台」或「品川・東銀座・淺草方面／橫濱方面」的指標下樓前往第 2 台候車。

請依循第2月台或
品川·東銀座·淺草方面／橫濱方面的指標下樓

月台上的列車資訊看板會標示下班車是開往品川方向（東京市區）或橫濱方向，候車時請特別留意。

月台上的列車資訊看板會標示下班車是開往
品川方向或橫濱方向，候車時請特別留意

上車後，請尋找空位乘坐並抓緊行李。車門上方螢幕會顯示目前位置及到站名稱，請隨時緊盯以免坐過站。

上車後請尋找空位乘坐並抓緊行李

車廂內的螢幕會顯示停靠站名，請隨時注意

❀ 在品川站轉乘

若您準備搭乘京急電鐵到品川站轉乘 JR 線，下車後，請依照站內的「JR 線」指標上樓或下樓。

下車後，請依照站內的「JR線」指標上下樓

看到 JR 轉乘閘門後，持「京急電鐵＋JR 轉乘車票」或 IC 卡的旅客，請直接插入轉乘車票或感應 IC 卡，即可通過轉乘閘門並進入 JR 站內。

就會看到JR轉乘閘門，通過後便進入JR站內

★品川站轉乘注意事項
【1】持「京急電鐵普通車票」無法直接通過 JR 轉乘閘門，請在旁邊的售票處補買 JR 車票
【2】無法在品川站使用「Tokyo Subway Ticket」
【3】回程時，也必須購買「JR＋京急電鐵轉乘車票」或感應 IC 卡才能通過 JR 轉乘京急電鐵的閘門

機場巴士

雖然羽田機場的鐵路交通十分便捷，但要在深夜往返羽田機場，或是想從羽田機場直達各大車站、飯店、東京迪士尼或關東近郊景點的讀者們，也可以考慮搭乘「機場巴士」。

❀ 機場巴士的路線

羽田機場的機場巴士路線非常多，可直達的站點包括東京車站、新宿、池袋、澀谷、品川、六本木、銀座、秋葉原、淺草、台場等東京市區各地，以及千葉、神奈川、埼玉、茨城、栃木、群馬、山梨、福島、東京迪士尼、箱根、輕井澤、河口湖、御殿場等關東近郊縣市或景點。

❀ 我該搭機場巴士嗎？

- 若您想從羽田機場直接前往東京迪士尼、箱根、河口湖、御殿場等關東郊區景點，搭乘機場巴士可一車直達，不但省力，票價也比起搭電車到市區轉乘特急列車或新幹線便宜。
- 另外，機場巴士還有往返東京市區的深夜班

次，若您的行程或班機趕不上機場的末班電車，也可以搭乘機場巴士往返羽田機場。

- 不過，往返東京市區的機場巴士票價，基本上比起東京單軌電車或京急電鐵來得貴，速度也沒比電車快。所以若您只是想從羽田機場往返東京市區，建議還是搭電車會比較便宜省時。直達關東郊區景點的機場巴士班次也都不多，須特別留意是否能符合行程安排。

- 另外，機場巴士在上下班時間和假日很有可能遇到塞車，跟電車相比風險較高。所以在上述時間往返機場，或是行程安排較緊湊的讀者們，建議搭乘東京單軌電車或京急電鐵往返機場比較保險，以免延誤行程或錯過班機。

❀ 時刻表及票價

請至「京急巴士中文官網」或「東京空港交通（利木津巴士）日文官網」查詢往返羽田機場的所有巴士路線、票價及時刻表，或是使用「羽田機場路線搜尋工具」查詢建議的機場交通方式、費用及班次。

★京急巴士中文官網：

★東京空港交通日文官網：

★羽田機場路線搜尋工具：

❀ 購票及搭乘

確認要搭乘的機場巴士路線後，請到入境

大廳左側的巴士售票櫃台購票。購票完成後，請從入境大廳的巴士資訊螢幕確認您搭乘的巴士路線發車時間及停靠的站牌編號。

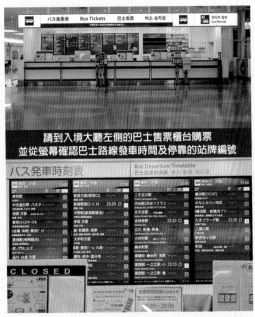

請於發車前十分鐘依照「バス」（巴士）指標搭乘電梯或電扶梯下樓，並在正確的巴士站牌候車。

東京
TOKYO

東京概述

從明治維新後就成為日本實質首都的東京，總人口高達一千三百萬人，是日本的最大都市，以及政治、經濟和流行文化中心。東京充足的生活機能、便捷的大眾運輸、豐沛的觀光資源和多元的娛樂場所，不只是關東地區的旅遊、交通及住宿樞紐，更是五光十色、百玩不厭，備受各國遊客喜愛的亞洲魅力之都。

東京交通指南

東京的交通工具十分多元，市區內除了有多條 JR 路線行經、還有四通八達的地鐵，連接台場地區的百合海鷗線、臨海線，復古懷舊的都電荒川線，以及通往成田機場、羽田機場和近郊景點的私鐵。

地鐵

地鐵是東京市區最主要的交通工具，目前有兩家業者。一家是身分接近國營的「東京地鐵」（東京地下鐵株式會社，又稱東京Metro），另一家是東京都政府經營的「都營地鐵」。東京地鐵及都營地鐵目前分別擁有九條及四條路線，構成的地鐵路網已覆蓋東京絕大部分地區，且幾乎經過市區所有景點。所以只要會搭地鐵，您就能輕鬆地在東京市區跑透透。東京地鐵與都營地鐵的路線及行經區域，請見

本書附錄的「東京地鐵＆都營地鐵路線圖」。

東京地鐵　　　都營地鐵

基本票價

東京地鐵與都營地鐵的起跳價都是 180 日圓，刷 IC 卡為 178 日圓，並依里程計費。

❀ 營運時間＆班距

東京地鐵與都營地鐵的營運時間皆為早上五點至凌晨十二點，班次非常密集，約二到五分鐘一班，因此無須查詢時刻表即可搭乘。

❀ 優惠票券

東京地鐵與都營地鐵都推出了自家專用及雙方通用的一日券。若您的行程皆位於地鐵沿線，買張一日券能省下不少錢。其中，兩家業者共通的外國旅客優惠票券「東京地鐵＆都營地鐵 24 ～ 72 小時券」（Tokyo Subway Ticket）最為方便划算。各種優惠票券的詳細資訊，請見下方。

東京 Metro 地鐵 24 小時車票	
票券說明	可在啟用後的 24 小時內不限次數搭乘東京地鐵所有路線
票券售價	成人 600 日圓，兒童（6 ～ 12 歲）300 日圓
推薦對象	會在 24 小時內搭乘東京地鐵路線至少四次，總車資超過 600 日圓的旅客
划算程度	此票券只能在東京地鐵路線使用，若您會搭到都營地鐵路線，或不會分別哪條地鐵路線屬於哪家業者，建議購買「東京地鐵＆都營地鐵 24 ～ 72 小時券」（Tokyo Subway Ticket）較為方便划算
售票地點	東京地鐵車站售票機、東京地鐵定期券售票處
有效期限	限購票當日有效
使用期限	首次插入地鐵閘門後啟用，以小時為單位，效期為首次使用後的 24 小時（計算至分鐘）
注意事項	【1】只能在東京地鐵的銀座線、丸之內線、日比谷線、東西線、千代田線、有樂町線、半藏門線、南北線、副都心線使用 【2】無法搭乘都營地鐵、JR、各私鐵路線及百合海鷗線、東京臨海高速鐵道臨海線（臨海線） 【3】搭乘至私鐵或 JR 的直通運轉區間須另補車資 【4】中野站、西船橋站、副都心線澀谷站的定期券售票處不販售此票券

都營通票	
票券說明	可在一天內不限次數搭乘都營地鐵全線、都營巴士全線、都電荒川線全線及日暮里・舍人線全線
票券售價	成人 700 日圓，兒童（6 ～ 12 歲）350 日圓
推薦對象	會在一天內多次搭乘都營地鐵、都營巴士、都電荒川線或日暮里・舍人線，且總車資超過 700 日圓的旅客

劃算程度	此票券只能在都營路線使用，若您會搭到東京地鐵路線，或不會分別哪條地鐵路線屬於哪家業者，建議購買「東京地鐵＆都營地鐵 24～72 小時券」（Tokyo Subway Ticket）較為方便劃算
售票地點	都營地鐵車站售票機、日暮里‧舍人線車站售票機、都營巴士車內、都電荒川線車內
有效期限	限購票當日有效
注意事項	【1】只能在都營地鐵淺草線、三田線、新宿線、大江戶線使用 【2】無法搭乘東京地鐵路線、JR、各私鐵路線及百合海鷗線、東京臨海高速鐵道臨海線（臨海線） 【3】搭乘至私鐵或 JR 的直通運轉區間須另補車資

東京地鐵＆都營地鐵一日券

票券說明	這是沒有外國旅客優惠的東京地鐵＆都營地鐵一日券，可在一天內不限次數搭乘東京地鐵及都營地鐵所有路線
票券售價	成人 900 日圓，兒童（6～12 歲）450 日圓
推薦對象	會在一天內多次搭乘東京地鐵＆都營地鐵，且總車資超過 900 日圓的旅客
劃算程度	此票券只適合留學、洽公等非短期旅遊資格入境的旅客使用，若您是以短期旅遊資格入境，建議購買外國旅客專用的「東京地鐵＆都營地鐵 24～72 小時券」（Tokyo Subway Ticket）較為劃算
售票地點	東京地鐵車站售票機、都營地鐵車站售票機
有效期限	限購票當日有效
注意事項	【1】無法搭乘 JR、各私鐵路線及百合海鷗線、東京臨海高速鐵道臨海線（臨海線） 【2】搭乘至私鐵或 JR 的直通運轉區間須另補車資

東京一日券（東京環游通票、東京自由通票）

票券說明	可在一天內不限次數搭乘東京都 23 區內的 JR 路線（不含特急列車和新幹線），以及東京地鐵全線、都營地鐵全線、都營巴士全線、都電荒川線全線及日暮里‧舍人線全線
票券售價	成人 1600 日圓，兒童（6～12 歲）800 日圓
推薦對象	會在一天內於東京市區多次搭乘 JR、地鐵及都營巴士的旅客
劃算程度	此票券雖然看似很劃算，但東京各景點幾乎都有地鐵行經，而「東京地鐵＆都營地鐵 24～72 小時券」（Tokyo Subway Ticket）只要 800 日圓起。所以除非您確定一天內於東京市區搭乘 JR、地鐵、都營巴士、都電荒川線的總車資會超過 1600 日圓，且地鐵部分的車資低於 800 日圓，懶懶哥才會建議您購買此票券，否則在東京市區觀光，使用「東京地鐵＆都營地鐵 24～72 小時券」（Tokyo Subway Ticket）搭乘地鐵便已足夠

售票地點	東京都 23 區內的 JR 售票處、JR 東日本旅行服務中心、東京地鐵各站售票機、都營地鐵各站售票機、日暮里・舍人線各站售票機
有效期限	限購票當日有效
注意事項	【1】無法搭到吉祥寺站、三鷹站（三鷹之森吉卜力美術館）及舞濱站（東京迪士尼樂園） 【2】無法搭乘特急列車、新幹線、各私鐵路線及百合海鷗線、東京臨海高速鐵道臨海線（臨海線） 【3】東京地鐵日比谷線的北千住站、中目黑站、中野站、代代木上原站、和光市站，半藏門線及副都心線的澀谷站、目黑站售票機不販售此票券 【4】都營地鐵押上站、白金高輪站、白金台站、目黑站、新宿站的售票機不販售此票券 【5】搭乘 JR 或地鐵至各私鐵的直通運轉區間，以及範圍外的 JR 路線須另補車資

Tokyo Subway Ticket	
票券說明	此為外國旅客專用的地鐵優惠車票，可在啟用後的 24 小時、48 小時或 72 小時內不限次數搭乘東京地鐵所有路線及都營地鐵全線
票券售價	【24 小時券】800 日圓，兒童（6～12 歲）400 日圓 【48 小時券】1200 日圓，兒童（6～12 歲）600 日圓 【72 小時券】1500 日圓，兒童（6～12 歲）750 日圓
推薦對象	會在 1～3 天內多次搭乘東京地鐵＆都營地鐵的旅客
划算程度	相較於 900 日圓的普通版東京地鐵＆都營地鐵一日券，外國旅客專用的 Tokyo Subway Ticket 24 小時券只要 800 日圓，現省 100 日圓。若購買 48 小時券或 72 小時券，也只要 1200 日圓及 1500 日圓，比起普通版又省了 600 日圓～1200 日圓。假如購買最優惠的 72 小時券，等於一天只要 500 日圓，就能盡情使用四通八達的地鐵玩遍整個東京，所以懶懶哥非常推薦到東京市區旅遊的讀者們購買此票券
售票地點	【成田機場】第一航廈入境大廳 1 樓的「廉價巴士售票櫃台」、第二航廈 1 樓入境大廳的「廉價巴士售票櫃台」 【羽田機場】第三航廈入境大廳 2 樓的「觀光資訊中心」 【東京市區】東京地鐵定期券售票處、東京地鐵旅客服務中心、各大車站的旅遊服務中心和家電商場（BicCamera、Softmap、LAOX、YAMADA 山田電機）
有效期限	記載於卡片背面，請於該日期前啟用
使用期限	首次插入地鐵閘門即啟用，以小時為單位，效期為首次使用後的 24 小時、48 小時或 72 小時（計算至分鐘）
注意事項	【1】購買時需出示護照，可一次購買多張車票 【2】無法搭乘 JR、各私鐵路線及百合海鷗線、東京臨海高速鐵道臨海線（臨海線） 【3】搭乘至私鐵或 JR 的直通運轉區間須另補車資

❀ 購買地鐵車票

購買東京地鐵普通車票

若要購買東京地鐵普通車票，請先從售票機上方的票價看板確認目的地票價，接著將售票機切換為中文介面，再依照指示輸入張數、票價並付款取票。

售票機位於進站閘門旁

請先從售票機上方的票價看板確認目的地票價

在東京地鐵車站售票機購買優惠票券

若要在東京地鐵車站售票機購買「東京Metro 地鐵 24 小時車票」、「東京地鐵＆都營地鐵一日券」、「東京環遊通票」（東京一日券／東京自由通票），請先將售票機切換為中文介面，再依序點選「實惠的車票」（優惠車票）、「使用車票的旅客」（實體車票），最後選擇您想要的車票、張數並付款取票。

請選擇您想要的車票、張數並付款取票

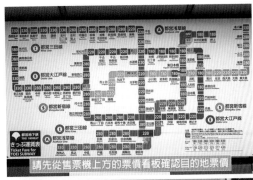

請先從售票機上方的票價看板確認目的地票價

★東京地鐵購票注意事項

【1】「實體車票」為一般紙本車票，進出站時需插入閘門

【2】「虛擬車票」為 PASMO 專用的加值式車票，機器會將優惠票資訊存進 PASMO 內，進出站時需感應卡片

【3】「外國旅客專用車票」為 PASMO PASSPORT 專用的加值式車票，機器會將外國旅客優惠票（例如 Tokyo Subway Ticket）的資訊存進 PASMO PASSPORT 內，進出站時需感應卡片

購買都營地鐵普通車票

　　若要購買都營地鐵普通車票，請先從售票機上方的票價看板確認目的地票價，接著將售票機切換為中文介面，再依照指示輸入張數、票價並付款取票。

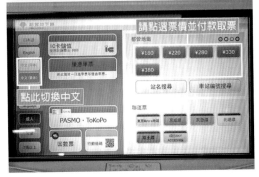

售票機位於進站閘門旁

在都營地鐵車站售票機購買優惠票券

　　若要在都營地鐵車站售票機購買「都營通票」、「東京地鐵＆都營地鐵一日券」、「東京自由通票」（東京一日券／東京環遊通票），請先將售票機切換為中文介面，再依序點選「優惠車票」、「車票名稱」、「發行方式」，最後輸入張數並付款取票。

請先找到地鐵入口

完成購票後，請前往進站閘門

車票取出口

IC卡感應處

車票插入口

請插入車票並取回，或感應IC卡
※「IC專用」閘門只能感應Suica、PASMO等IC卡

★都營地鐵購票注意事項

【1】在售票機購買 Tokyo Subway Ticket 必須插入有效
期間內的 PASMO PASSPORT

【2】「PASMO ＋虛擬車票」為同時購買 PASMO 與
優惠車票，機器會將優惠票資訊存進您新購的
PASMO 內，進出站時需感應卡片

【3】「虛擬車票」是將優惠票資訊存進您既有的
PASMO 內，進出站時需感應卡片

【4】「實體車票」為一般紙本車票，進出站時需插
入閘門

抵達月台後，請確認搭乘方向，並在正確
的月台候車。

❀ 搭乘地鐵

　　請先找到有東京地鐵標誌或都營地鐵標誌
的地鐵站入口，接著持車票、一日券或 IC 卡
進站。

請確認搭乘方向，並在正確月台候車

上車後請保持安靜

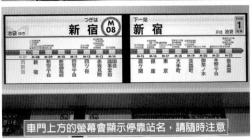

車門上方的螢幕會顯示停靠站名，請隨時注意

❀ 地鐵補票教學

　　如果您的車票車資不足，將無法出站。這時，您可以到人工閘門找站務人員補票，或是使用「精算機」（補票機）補票。使用精算機時，請先將車票插入，螢幕會顯示不足的車資。接著放入紙鈔或硬幣，機器就會吐出新車票（補票），持此車票即可通過閘門。

1 前往出口閘門旁的精算機

2 插入車票

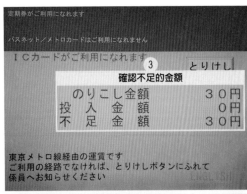

定期券がご利用になれます

パスネット／メトロカードはご利用になれません

ＩＣカードがご利用になれます

3 とりけし

確認不足的金額

のりこし金額	30円
投　入　金　額	0円
不　足　金　額	30円

東京メトロ線経由の運賃です
ご利用の経路でなければ、とりけしボタンにふれて
係員へお知らせください

4 放入紙鈔或硬幣

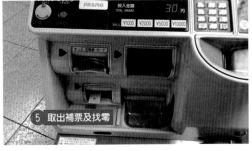

5 取出補票及找零

★地鐵注意事項

【1】候車時，請記得先下後上
【2】車廂內請避免交談、聊天
【3】車廂內禁止講手機、博愛座附近必須關機
【4】請避免在車廂內飲食
【5】方向感不好，請避開大車站
【6】電車在尖峰時間極為擁擠，請盡量避開
【7】多數出入口沒有電扶梯及電梯
【8】由於東京大多數的地鐵路線兩端都有和郊區的私鐵路線直通運轉，為降低行車時間，部分地鐵路線內會設置只停靠部分車站的「快速列車」。這些路線包括東京地鐵東西線、副都心線、有樂町線，以及都營地鐵新宿線、淺草線。搭乘上述路線時，請注意月台上的列車資訊看板或是列車車門旁的標示，若進站列車有「急

若進站列車有急行、通急、快速、快特等字樣
請從月台上的路線圖確認該車種的停靠站再上車

JR

JR 是在東京市區及郊區旅行最常用到的交通工具之一。東京地區的 JR 路線都是由 JR 東日本公司經營（東京～大阪的「東海道新幹線」除外）。在眾多 JR 路線及車種中，觀光客最常搭的分別是「山手線」（綠線）、「中央線」（黃線＆橘線）、「京葉線」（紅線）

以及「N'EX 成田特快」。這四條 JR 路線及車種的行經區域，請見本書附錄中的「JR 東日本關東地區路線圖」，懶懶哥並在下面介紹它們的行駛模式：

山手線（綠線）

山手線以環狀行經東京車站、品川站、澀谷站、原宿站、新宿站、池袋站、上野站、日暮里站、秋葉原站等東京市區最重要的鐵路車站及最熱鬧的區域，是東京交通的大動脈。

中央線（黃線＆橘線）

- 中央線是水平貫穿東京市區的鐵路路線，並分為兩種行駛模式「中央線快速」及「中央·總武緩行線」。
- 「中央線快速」東西兩端分別連接東京最重要的東京車站及新宿站，而且中間只停神田站、御茶之水站、四谷站等三個站，讓「中央線快速」成為了往來東京車站～新宿站最方便快速的鐵路路線。
- 「中央·總武緩行線」則連接了市區東側的秋葉原站，以及市區西側的新宿站，並停靠秋葉原站～新宿站之間的所有車站（共七站）。另外，由東往西的「中央線快速」及「中央·總武緩行線」列車過了新宿站後，大多數會繼續往西側郊區行駛，並停靠吉祥寺站、三鷹站（吉卜力美術館）等旅遊熱點。

京葉線（紅線）

京葉線是連接東京及千葉的鐵路路線，並行經東京迪士尼樂園，是該景點唯一的聯外鐵路系統。

N'EX 成田特快

N'EX 成田特快（全名「成田 EXPRESS」）是 JR 東日本推出的成田機場特急列車，可從成田機場直達東京、品川、澀谷、新宿等大站，以及橫濱、鎌倉（大船）等東京近郊的主要車站。

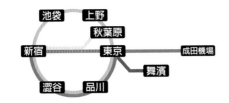

基本票價

JR 普通列車在東京市區的起跳價是 150 日圓,刷 Suica、PASMO 等 IC 卡較便宜,為 146 日圓,並依里程計費。

❀ 營運時間 & 班距

山手線、中央線及京葉線的營運時間為早上五點至凌晨十二點,班次非常密集,約二到五分鐘一班,不必查詢時刻即可搭乘。其他開往郊區的路線,或是特急列車、新幹線的班距和首末班車時間則差異較大,搭乘前請務必使用 Google 地圖或到 JR 東日本官網查詢時刻表。

❀ 在東京常用的 JR 優惠票券

如果您準備在東京或關東地區多次或長距離搭乘 JR 路線,建議購買 JR 東日本推出的優惠票券,懶懶哥將在下面一一介紹。

N'EX 東京去回車票	
票券說明	可從成田機場搭乘 N'EX 成田特快 (以下簡稱 N'EX) 到東京、品川、澀谷、新宿、橫濱、大船 (鎌倉) 來回一次,以及免費轉乘指定範圍內的 JR 普通列車
票券售價	成人 5000 日圓,兒童 (6〜12 歲) 2500 日圓
推薦對象	從成田機場往返東京車站、品川、澀谷、橫濱、鎌倉及 JR 沿線車站的旅客
划算程度	成田機場到東京車站的 N'EX 來回車票原價為 6140 日圓,到新宿站為 6500 日圓,到橫濱車站為 8740 日圓,但購買此票券都只要 5000 日圓,現省 1140〜3740 日圓,還可免費轉乘指定範圍內的 JR 普通列車,非常划算
售票地點	成田機場第一航廈、第二航廈的 JR 售票處、JR 東日本旅行服務中心
有效期限	【N'EX 去程車票】限購票時指定之車次有效 【N'EX 回程乘車券】限購票後 14 天內有效
注意事項	【1】購買時需出示護照,一本護照限買一張同效期之車票 【2】只能搭乘 N'EX 來回各一次 【3】免費轉乘指定範圍內的 JR 路線必須在站內轉乘,一出站車票即失效 【4】去程車票可於購票時劃位,回程車票可於 JR 東日本各站的 JR 售票處劃位 【5】N'EX 為全車指定席 (對號座),但未劃位也可上車尋找空位乘坐 【6】未劃位搭乘 N'EX 卻坐到他人指定席,請立刻讓位 【7】東京方向的 N'EX 抵達東京車站後,會前後分離並開往不同終點,為避免坐錯車廂,去程請務必劃位 【8】只能免費轉乘指定範圍內的 JR 路線

JR 東京都市地區通票

票券說明	可在一天內不限次數搭乘東京都 23 區內的所有 JR 路線（不含特急列車和新幹線）
票券售價	成人 760 日圓，兒童（6～12歲）380 日圓
推薦對象	會在一天內於東京市區搭乘 JR 列車六次，或是總車資超過 760 日圓的旅客
划算程度	JR 東京都市地區周遊券售價 760 日圓，但 JR 單趟車資起跳價為 150 日圓，所以一天只要搭六次，或總車資超過 760 日圓就回本
售票地點	東京都 23 區內的 JR 車站售票機、JR 售票處、JR 東日本旅行服務中心
有效期限	限購票當日有效
注意事項	【1】無法搭到吉祥寺站、三鷹站（三鷹之森吉卜力美術館）及舞濱站（東京迪士尼樂園） 【2】無法搭乘特急列車、新幹線以及地鐵、私鐵等 JR 以外的路線

東京一日券（東京環游通票、東京自由通票）

票券說明	可在一天內不限次數搭乘東京都 23 區內的 JR 路線（不含特急列車和新幹線），以及東京地鐵全線、都營地鐵全線、都營巴士全線、都電荒川線全線及日暮里・舍人線全線
票券售價	成人 1600 日圓，兒童（6～12歲）800 日圓
推薦對象	會在一天內於東京市區多次搭乘 JR、地鐵及都營巴士的旅客
划算程度	此票券雖然看似很划算，但東京各景點幾乎都有地鐵行經，而「東京地鐵＆都營地鐵 24～72 小時券」（Tokyo Subway Ticket）只要 800 日圓。所以除非您確定一天內於東京市區搭乘 JR、地鐵、都營巴士、都電荒川線的總車資會超過 1600 日圓，且地鐵部分的車資低於 800 日圓，懶懶哥才會建議您購買此票券，否則在東京市區觀光，使用「東京地鐵＆都營地鐵 24～72 小時券」（Tokyo Subway Ticket）搭乘地鐵便已足夠
售票地點	東京都 23 區內的 JR 售票處、JR 東日本旅行服務中心、東京地鐵各站售票機、都營地鐵各站售票機、日暮里・舍人線各站售票機
有效期限	限購票當日有效
注意事項	【1】無法搭到吉祥寺站、三鷹站（三鷹之森吉卜力美術館）及舞濱站（東京迪士尼樂園） 【2】無法搭乘特急列車、新幹線、各私鐵路線及百合海鷗線、東京臨海高速鐵道臨海線（臨海線） 【3】東京地鐵日比谷線的北千住站、中目黑站、中野站、代代木上原站、和光市站，半藏門線及副都心線的澀谷站、目黑站售票機不販售此票券 【4】都營地鐵押上站、白金高輪站、白金台站、目黑站、新宿站的售票機不販售此票券 【5】搭乘 JR 或地鐵至各私鐵的直通運轉區間，以及範圍外的 JR 路線須另補車資

JR 東京廣域周遊券	
票券說明	可在連續三天內不限次數搭乘東京車站～那須鹽原站的東北新幹線、東京車站～GALA 湯澤站的上越新幹線、東京車站～佐久平站的北陸新幹線、關東地區所有 JR 特急列車和普通列車，以及東京單軌電車全線、東京臨海高速鐵道線（臨海線）全線、富士急行線全線、伊豆急行線全線、上信電鐵全線、埼玉新都市交通（New Shuttle）大宮站～鐵道博物館站、東武鐵道東武日光站～鬼怒川溫泉站、JR 與東武鐵道直通運轉區間內的「日光號」、「鬼怒川號」、「SPACIA 鬼怒川號」
票券售價	成人 15000 日圓，兒童（6 ～ 12 歲）7500 日圓
推薦對象	會在三天內於關東地區多次或長距離搭乘新幹線和特急列車的旅客
划算程度	此票券不但可搭乘新幹線至輕井澤、宇都宮（日光）、GALA 湯澤等觀光勝地，也能乘坐往返成田機場的 N'EX 成田特快、羽田機場的東京單軌電車，以及到河口湖、橫濱、鎌倉等地的特急列車和普通列車，還有關東地區的所有 JR 路線及部分私鐵路線。對於計畫乘坐新幹線和特急列車前往關東各景點的旅客，使用此票券至少可省下數千到數萬日圓，極為划算
售票地點	成田機場、羽田機場、東京站、品川站、上野站、新宿站、澀谷站、池袋站、橫濱站、水戶站的 JR 售票處或 JR 東日本旅行服務中心
有效期限	購票時可指定啟用日期，啟用後的 3 天內有效
注意事項	【1】購買時需出示護照，一本護照限買一張同效期之車票 【2】無法搭乘東海道新幹線（即東京～大阪的新幹線）、JR 巴士 【3】無法搭乘東北新幹線的「隼號」列車及「小町號」列車 【4】搭乘新幹線和特急列車只能乘坐一般車廂的指定席（對號座）和自由席（自由座） 【5】乘坐「Green Car 綠色車廂」（商務艙）或「Gran Class 金色車廂」（頭等艙）須另外付費 【6】乘坐指定席前，須至 JR 售票處或售票機免費劃位 【7】「N'EX 成田特快」、「梓號」、「甲斐路號」、「富士回遊」、「日光號」、「鬼怒川號」、「SPACIA 日光號」、「草津・四萬號」為全車指定席，搭乘前請先劃位 【8】僅可在 JR 與東武鐵道直通運轉區間內搭乘「日光號」、「鬼怒川號」、「SPACIA 日光號」 【9】GALA 湯澤站僅於每年冬季到春季的 GALA 湯澤滑雪場營業期間內開放

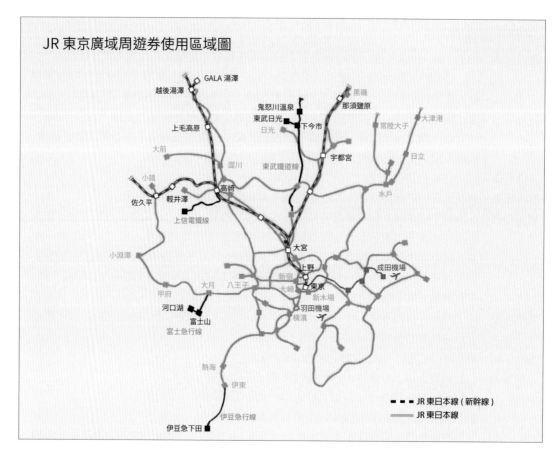

JR 東京廣域周遊券使用區域圖

- - - JR 東日本線（新幹線）
—— JR 東日本線

❀ 在東京購買 JR 車票

購買普通車票

　　若要購買普通車票，請先從售票機上方的票價看板確認目的地票價，接著將售票機切換為中文介面，再依照指示輸入張數、票價並付款取票。

JR售票機位於進站閘門旁

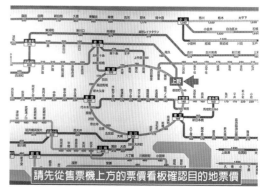

請先從售票機上方的票價看板確認目的地票價

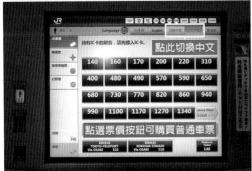

購買 JR 東京都市地區周遊券

　　若要購買「JR 東京都市地區周遊券」，請先將售票機切換為中文介面，再依序點選「打折票」、「車票」（實體車票），最後按下「Tokyo Metropolitan District Pass」並付款取票。

★ JR 購票注意事項

【1】「實體車票」為一般紙本車票，進出站時需插入閘門

【2】「虛擬車票」為 Suica 專用的加值式車票，機器會將優惠票資訊存進 Suica 內，進出站時需感應卡片

【3】其他 JR 優惠車票或 JR Pass 請至各主要車站的 JR 售票處購買

❀ 在東京搭乘 JR

　　請先找到有 JR 標誌的車站入口，接著持車票、JR Pass 或 IC 卡進站。

完成購票後，請前往進站閘門

搭乘正確方向的列車

車票取回出口
IC卡感應處
車票插入口
請插入車票並取回，或感應IC卡
※「IC專用」閘門只能感應Suica、PASMO等IC卡

請確認欲搭乘路線的發車時間及月台編號

上車後請保持安靜

依指標前往各路線月台

車門上方的螢幕會顯示停靠站名，請隨時注意

✿ JR 補票教學

　　如果您的車票車資不足，將無法出站。這時，您可以到人工閘門找站務人員補票，或是使用「精算機」（補票機）補票。使用精算機時，請先將車票插入，螢幕會顯示不足的車資。接著放入紙鈔或硬幣，機器就會吐出新車票（補票），持此車票即可通過閘門。

　　抵達月台後，請確認搭乘方向，並在正確的月台候車。

1 前往出口閘門旁的精算機

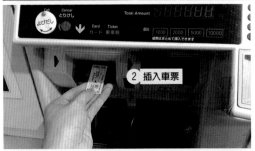

2 插入車票

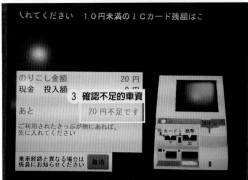

3 確認不足的車資

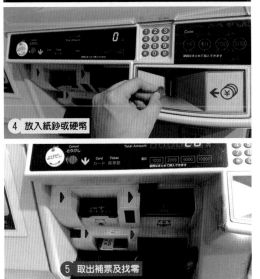

4 放入紙鈔或硬幣

5 取出補票及找零

★ JR 注意事項

【1】候車時，請記得先下後上
【2】車廂內請避免交談、聊天
【3】車廂內禁止講手機、博愛座附近必須關機
【4】請避免在通勤電車內飲食
【5】方向感不好，請避開大車站
【6】電車在尖峰時間極為擁擠，請盡量避開
【7】多數出入口沒有電扶梯及電梯
【8】最靠近東京迪士尼樂園的鐵路車站是「舞濱站」，該車站位於連接東京車站～千葉地區的「JR 京葉線」上，此路線也是東京迪士尼唯一的聯外鐵路路線。不過，懶懶哥非常不建議在東京車站轉乘京葉線去迪士尼。因為京葉線列車在東京車站停靠的是一九七〇年代為了已取消的成田機場新幹線（成田新幹線）而額外增建的地下月台，但該月台與 JR 山手線、JR 中央線、新幹線、東京地鐵丸之內線等其他東京車站各路線的月台相距至少五百公尺，非常遙遠，轉乘得花上十分鐘；距離東京車站旁的地鐵大手町站更長達一千公尺，轉乘至少要走個十五～二十分鐘。所以若您不想在東京車站走到精疲力盡，懶懶哥強烈建議您改搭東京地鐵日比谷線到八丁堀站轉乘京葉線，或搭 JR 埼京線、臨海線、東京地鐵有樂町線到新木場站轉乘京葉線，可省下不少體力和時間。

百合海鷗線

　　百合海鷗線是台場地區的主要鐵路路線之一，由「百合海鷗公司」經營。此路線的正式名稱為「東京臨海新交通臨海線」，不過因為名稱與台場地區的另一條鐵路路線「東京臨海高速鐵道臨海線」（臨海線）太相像，所以一般都稱呼為「百合海鷗線」或「百合海鷗號」（ゆりかもめ，Yurikamome）。

　　百合海鷗線為類似台北捷運文湖線的自動駕駛膠輪電車系統（日本稱為「新交通系統」），並在東京市區設有「新橋站」及「汐留站」。其中，「新橋站」可轉乘 JR 山手線、JR 京濱東北線、JR 東海道線等 JR 路線以及東京

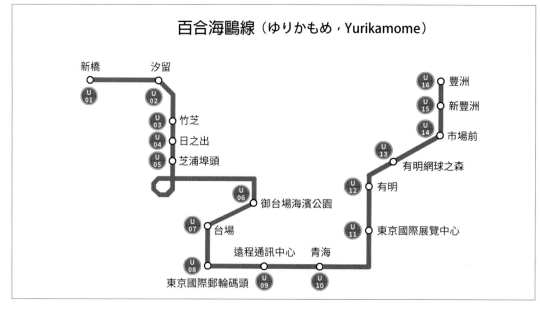

百合海鷗線（ゆりかもめ，Yurikamome）

地鐵銀座線、都營地鐵淺草線，「汐留站」則可轉乘都營地鐵大江戶線。

接著，百合海鷗線會沿彩虹大橋跨越東京灣抵達台場，並停靠富士電視台、DECKS Tokyo Beach、AQUA CiTY、DiverCity Tokyo Plaza 旁的「台場站」，日本科學未來館旁的「東京國際郵輪碼頭站」，Tokyo Big Sight 旁的「東京國際展覽中心站」，豐洲市場旁的「市場前」等站。終點「豐洲站」可轉乘東京地鐵有樂町線。

❀ 基本票價

百合海鷗線起跳價 190 日圓，刷 Suica、PASMO 等 IC 卡為 189 日圓，並依里程計費。

❀ 營運時間＆班距

百合海鷗線的營運時間皆為早上五點至凌晨十二點，班次非常密集，約三到五分鐘一班，因此無須查詢時刻表即可搭乘。

❀ 優惠票券

百合海鷗線是由「百合海鷗公司」經營，不屬於東京地鐵、都營地鐵或 JR，因此「東京地鐵＆都營地鐵 24～72 小時券」（Tokyo Subway Ticket）及所有地鐵車票、地鐵優惠票券、JR 車票、JR Pass 皆無法在百合海鷗線使用。不過若您會多次搭乘百合海鷗線，可考慮購買「百合海鷗線一日券」，懶懶哥將在下面詳細介紹。

百合海鷗線一日券	
票券說明	可在一天內不限次數搭乘百合海鷗線全線
票券售價	成人 820 日圓，兒童（6～12 歲）410 日圓
推薦對象	會在一天內搭乘百合海鷗線至少五次，或總車資超過 820 日圓的旅客
划算程度	百合海鷗線售價 820 日圓，但百合海鷗線單趟車資起跳價為 190 日圓，所以一天只要搭五次，或總車資超過 820 日圓就回本
售票地點	百合海鷗線售票機、百合海鷗線售票處
有效期限	限購票當日有效

❀ 購買百合海鷗線車票

購買百合海鷗線普通車票

　　若要購買百合海鷗線普通車票，請先從售票機上方的票價看板確認目的地票價，接著輸入張數、票價並付款取票。

售票機位於進站閘門旁

請先從售票機上方的票價看板確認目的地票價

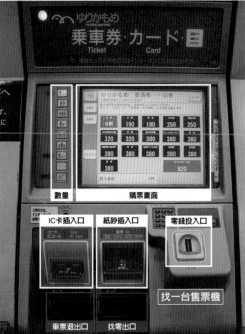

數量　　　　購票畫面

IC卡插入口　紙鈔插入口　零錢投入口

找一台售票機

車票退出口　找零出口

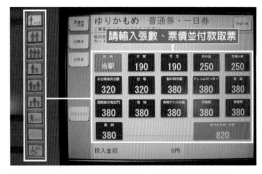

請輸入張數、票價並付款取票

在售票機購買百合海鷗線一日券

　　若要在售票機購買「百合海鷗線一日券」，請先輸入張數再點選螢幕右下角的「ゆりかもめ一日券」。

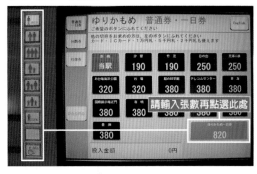

請輸入張數再點選此處

❀ 搭乘百合海鷗線

　　抵達新橋站或汐留站後，請依站內的「ゆりかもめ」（Yurikamome）指標前往百合海鷗線，接著持車票、一日券或IC卡進站。

抵達新橋站或汐留站後，請依站內的「ゆりかもめ」（Yurikamome）指標前往百合海鷗線

完成購票後，請前往進站閘門

請插入車票並取回，或感應IC卡

抵達月台後，請確認搭乘方向，並在正確的月台候車。

請確認搭乘方向，並在正確月台候車

上車後請保持安靜

車門上方的螢幕會顯示停靠站名，請隨時注意

臨海線

臨海線（りんかい線，Rinkai Line）是台場地區的主要鐵路路線之一，由「東京臨海高速鐵道」經營。起點為「大崎站」，終點為「新木場站」，並在台場地區設有四站。其中，「東京電訊站」是臨海線最靠近富士電視台、DECKS Tokyo Beach、AQUA CiTY、DiverCity Tokyo Plaza 等台場主要商場和景點的車站，但該站距離各商場和景點仍有點遙遠，不若「百合海鷗線」方便。

另外，臨海線會在大崎站與「JR 埼京線」直通運轉，並停靠池袋、新宿、澀谷等 JR 埼京線沿線各站，因此在上述各站搭乘 JR 埼京線直通運轉臨海線的列車即可直達台場地區。

臨海線的「天王洲島站」還可轉乘連接羽田機場的「東京單軌電車」，終點「新木場站」則可轉乘東京地鐵有樂町線，以及連接東京迪士尼的「JR 京葉線」。

❄ 基本票價

臨海線起跳價 210 日圓，刷 Suica、PASMO 等 IC 卡為 206 日圓，並依里程計費。

❄ 營運時間＆班距

臨海線的營運時間皆為早上五點至凌晨十二點，班次非常密集，約四到八分鐘一班，因此無須查詢時刻表即可搭乘。

❄ 優惠票券

臨海線是由「東京臨海高速鐵道」經營，不屬於東京地鐵、都營地鐵或 JR，但「JR 東京廣域周遊券」可搭乘臨海線，除此之外的 JR Pass、普通 JR 車票、地鐵車票、「東京地鐵＆都營地鐵 24 ～ 72 小時券」（Tokyo Subway Ticket）等所有地鐵優惠票券皆無法在臨海線使用。

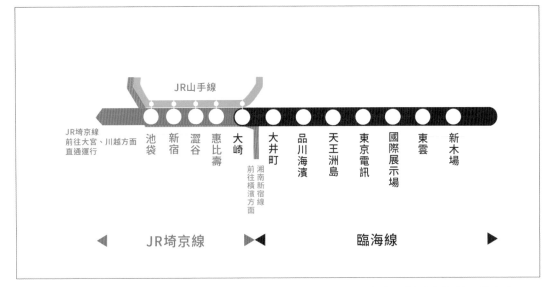

　　若您會多次搭乘臨海線，可考慮購買「臨海線一日券」。若您除了搭乘臨海線，還會在三天內多次使用 JR 特急列車或新幹線前往東京近郊，可考慮購買「JR 東京廣域周遊券」，詳細介紹請見 P.93。

臨海線一日券	
票券說明	可在一天內不限次數搭乘臨海線全線
票券售價	成人 730 日圓，兒童（6 ～ 12 歲）370 日圓
推薦對象	會在一天內搭乘臨海線至少四次，或總車資超過 730 日圓的旅客
划算程度	臨海線售價 700 日圓，但臨海線單趟車資起跳價為 210 日圓，所以一天只要搭四次，或總車資超過 730 日圓就回本
售票地點	臨海線售票機、臨海線售票處（大崎站除外）
有效期限	限購票當日有效

❀ 購買臨海線車票

購買臨海線普通車票＆直通運轉 JR 埼京線車票

若要購買臨海線普通車票，請先從售票機上方的票價看板確認目的地票價，接著請直接點選寫有各站名的票價按鈕並付款取票。

售票機位於進站閘門旁

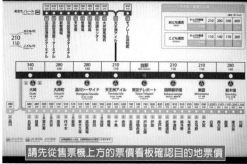

請先從售票機上方的票價看板確認目的地票價

成人
兒童
多張
種類

購票畫面

IC卡插入口　紙鈔插入口　零錢投入口

找一台售票機

車票退出口　找零出口

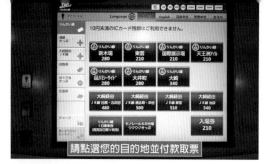

請點選您的目的地並付款取票

在售票機購買臨海線一日券

若要在售票機購買「臨海線一日券」，請點選螢幕左下角的「りんかい線一日乘車券」。

購買一日券請點選此處

購買 JR 埼京線直通運轉臨海線車票

若要在池袋、新宿、澀谷等 JR 埼京線各站購買直通運轉臨海線的連絡車票（跨系統車票），請先將 JR 售票機切換為中文介面，再點選最下方標示「RINKAI」的臨海線車站按鈕並付款取票。

點此切換中文

點此購買臨海線車票

❀ 搭乘臨海線

從 JR 埼京線各站出發

若您是從池袋、新宿、澀谷等 JR 埼京線各站出發，請先依站內的「埼京線」指標前往正確月台，再搭乘往「新木場」方向的列車。

JA 1~4 埼京線 Saikyō Line りんかい線・相鉄線方面 for Rinkai Line & Sōtetsu Line
JS 1・2・4 湘南新宿ライン Shōnan-Shinjuku Line

請先依站內的「埼京線」指標前往正確月台
再搭乘往「新木場」方向的列車

※ 往「大崎」的 JR 埼京線列車不會直通運轉
臨海線，請不要搭乘

從臨海線各站出發

請先依「TWR」（東京臨海高速鐵道）標
誌或「りんかい線」（臨海線）標誌找到臨海
線入口，接著持車票、一日券或 IC 卡進站。

請先依 TWR りんかい線 標誌找到臨海線入口

完成購票後，請前往進站閘門

車票取出口
IC卡感應處
車票插入口

請插入車票並取回，或感應 IC 卡

抵達月台後，請確認搭乘方向，並在正確
的月台候車。

請確認搭乘方向，並在正確月台候車

上車後請保持安靜

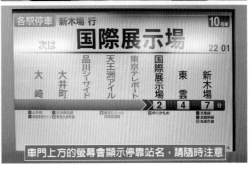

各駅停車 新木場 行　10号車
次は
国際展示場　22 01
大崎　大井町　品川シーサイド　天王洲アイル　東京テレポート　国際展示場　東雲　新木場
2　4　7 分

車門上方的螢幕會顯示停靠站名，請隨時注意

都電荒川線

都電荒川線全名「東京都電車荒川線」，
是東京都內碩果僅存的都營路面電車，由東
京都交通局營運，起點為早稻田大學旁的「早
稻田站」，之後行經東池袋、大塚、王子等交
通樞紐，終於東京地鐵日比谷線三之輪站旁的
「三之輪橋站」。

都電荒川線歷史悠久，前身為一九一一年
開通的「王子電氣軌道」轄下路線，由東京都
政府收購後改稱為東京都電車（都電）。二戰

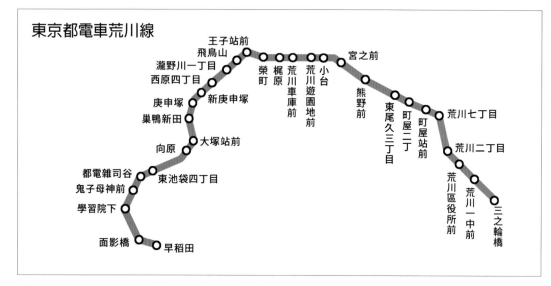

東京都電車荒川線

前是東京都電車的全盛期,路線總數超過四十條,全長逾兩百公里,是東京最重要的大眾運輸工具。但戰後汽車高速普及,路面電車被視為阻礙交通的舊時代產物,因此都電各路線陸續遭到廢除,僅荒川線因居民極力爭取保留而幸免於難。也由於其背後的歷史性與珍貴性,以及沿線濃厚的下町風情,讓都電荒川線近年成為熱門的東京觀光鐵路路線。

❀ 營運時間＆班距

都電荒川線的營運時間為早上五點三十分～晚上十一點,約五～十分鐘一班。由於收班時間較其他鐵路路線早,深夜轉乘請先用Google 地圖確認末班車時間,或到官網查詢時刻表。

❀ 票價

都電荒川線的單程票價不分遠近,一律為170 日圓,刷 Suica、PASMO 等 IC 卡為 165 日圓。

❀ 優惠票券

若您會多次搭乘都電荒川線,可考慮購買「都電一日券」。若您除了搭乘都電荒川線,還會在一天內多次使用都營地鐵、都營巴士、日暮里‧舍人線,可考慮購買「都營通票」,詳細介紹請見 P.83。若您除了搭乘上述交通工具,還會在一天內多次使用東京市區內的 JR 路線、東京地鐵,可考慮購買「東京一日券」,詳細介紹請見 P.84。

都電一日券	
票券說明	可在一天內不限次數搭乘都電荒川線
票券售價	成人 400 日圓,兒童（6 ～ 12 歲）200 日圓
推薦對象	會在一天內搭乘都電荒川線至少三次的旅客
划算程度	都電荒川線一日券售價 400 日圓,但都電荒川線單趟車資為 170 日圓,所以一天只要搭三次就回本,非常划算
售票地點	都電荒川線營業所、都電荒川線乘車券發售窗口、都電荒川線車內
有效期限	限購票當日有效

✿ 搭乘都電荒川線

　　都電荒川線大多數車站皆無人駐守，外型就如同公車候車亭般簡易，也沒設置進出站閘門與售票機。所以搭乘都電荒川線時，請先找到正確方向的車站月台，並直接進入月台候車。都電荒川線一律為上車收費，並從前門上車、後門下車。

請先找到正確方向的車站月台，並直接進入月台候車

- 上車時，請將 170 日圓投入運費箱（付費機）的車資投入口。若投入 500 日圓會自動找零。
- 如果只有紙鈔，可先插入兌幣口（只接受 1000 日圓紙鈔）換成零錢，再放入車資投入口。
- 若使用 Suica、PASMO 等 IC 卡，請將卡片靠近運費箱的 IC 卡感應處。
- 需要都電一日券的旅客，可在上車時向司機購票。已持有都電一日券或其他優惠票券的旅客，第一次使用時請將卡片插入讀卡機再取回，這時卡片會印上有效日期。第二次使用時，請將印有日期的那面向司機出示即可上車。

各種付費方式的操作流程，請參閱上方說明

消火器

車資投入口

IC卡感應處

卡片插入口

紙鈔兌幣口

兌幣‧找零出口

　　不過在上下班或假日尖峰時間，王子前站等部分車站會改採月台收費制，請依上方教學在月台先行支付車資或購買優惠車票。

部分車站尖峰時採月台收費，請先行支付車資

　　付費完成後，請找位子坐或抓好扶手，車廂前方螢幕或跑馬燈會顯示列車停靠資訊及下站名稱，請隨時注意。到站後，請等待列車停妥再走到後門下車。

上車後請找位子坐或抓好扶手

車廂前方的螢幕或跑馬燈會顯示停靠站名，請隨時注意

列車停妥後，請走到後門下車

私鐵

　　東京地區的私鐵業者多達七家，不過路線主要分布在郊區，並藉由和東京地鐵＆都營地鐵直通運轉進入市中心。雖然私鐵多位在郊區，但有幾家業者的路線因為行經機場及著名景點，而有不少觀光客搭乘。像是連接品川和羽田機場的「京急電鐵」，上野直達成田機場的「京成電鐵」，從吉祥寺經下北澤到澀谷的「京王電鐵」，穿越代官山、自由之丘並直達橫濱的「東急電鐵」，靠近藤子不二雄博物館、江之島、箱根的「小田急電鐵」，以及往返川越、日光、秩父的「東武鐵道」、「西武鐵道」等等。

❀ 東京常用的私鐵優惠票券如下表

東急電鐵一日券	
票券說明	可在一天內不限次數搭乘東急電鐵所有路線
票券售價	成人 780 日圓，兒童（6～12 歲）340 日圓
推薦對象	從澀谷搭乘東急電鐵往返橫濱，而且會在中途任兩站下車的旅客，或是東急電鐵總車資超過 780 日圓的旅客
划算程度	由於澀谷～橫濱的東急東橫線來回車資為 620 日圓，所以若您會在澀谷往返橫濱途中，於代官山、中目黑、自由之丘等東急東橫線任兩站中途下車，總車資至少要 920 日圓，但東急電鐵一日券皆只要 780 日圓
售票地點	東急電鐵各站售票機
有效期限	限購票當日有效

高尾山折扣乘車券	
票券說明	可在一天內於京王電鐵任一站往返高尾山口站一次，以及搭乘高尾山纜車或高尾山吊椅單程或來回各一次
票券售價	此票券售價依各站而異，新宿站出發並搭配高尾山纜車或高尾山吊椅來回車票的售價為成人 1390 日圓，兒童（6～12 歲）700 日圓
推薦對象	準備從東京前往高尾山遊玩的旅客
划算程度	皆以原價的八折（20% off）出售
售票地點	京王電鐵各站售票機
有效期限	限購票當日有效

上野

　　上野是東京市區東北側的重要交通樞紐，不但是東京都內的三個新幹線車站之一，還有多條JR路線、地鐵路線以及往返成田機場的「京成電鐵」行經，因此成為不少外國觀光客的下榻首選。除此之外，上野還擁有熱鬧的「阿美橫丁」和廣闊的「上野公園」，不論是要逛街購物、品嚐美食、還是想欣賞櫻花、楓葉，或是參觀東京知名博物館、美術館、動物園，都可在上野一次達成。

ヤマシロヤ

占七個樓層的巨大玩具店

　　上野車站不忍口斜對面、占地廣達七個樓層的玩具專賣店「ヤマシロヤ」（Yamashiroya）塞滿了各式各樣的動漫玩具、遊戲周邊、動物玩偶與精緻模型，還有日本及歐美的電影相關商品，您想得到的作品這裡幾乎都找得到，想逛完可得花上不少時間呢。

▎營業時間：11：00 ～ 20：30
▎公休日期：元旦
▎所在地點：東京都台東区上野 6-14-6

阿美橫丁

好吃好逛又便宜的生活市集

▋ 開放時間：因店家而異
▋ 公休日期：因店家而異
▋ 所在地點：上野站～御徒町站之間

　　「阿美橫丁」（アメヤ横丁，簡稱阿美橫／アメ横）指的是位於 JR 上野站到 JR 御徒町站之間，靠鐵路高架橋西側的商店街及市集，其歷史可追溯至二戰後。日本當時被美軍占領，物資又極為缺乏，上野站附近因此形成了黑市，販售被美軍管制的食品或原料，以及從美國進口的各種商品，因此被稱為「阿美橫丁」。也有一說，該名稱源自黑市販賣許多當時難以取得的砂糖及糖果（糖果的日文「飴」音同「阿美」）。

　　阿美橫丁發展至今，已成為了東京人的生活市集，街道兩側盡是專賣平價服飾、便宜藥妝、日常用品、生鮮蔬果、餅乾零食的店舖，並開設了不少小吃攤、拉麵店、壽司店和蓋飯店，氣氛就像白天版的夜市，熱鬧滾滾。對觀光客來說，好吃又好逛，價格又便宜的阿美橫丁，是來東京不可錯過的景點之一。

OS Drug

價格便宜的連鎖藥妝店

　　紅底白字招牌的日本藥妝連鎖店「OS Drug」雖然又小又擠，商品也未必齊全，又沒有退稅服務，但 OS Drug 的藥妝價格通常都是該商圈最便宜的。如果您懶得四處比價，建議直接在 OS Drug 買齊。

■ 營業時間：10：00 ～ 19：45
■ 公休日期：元旦
■ 所在地點：東京都台東區上野 6-11-5

三浦三崎港

上野超熱門迴轉壽司店

　　上野超熱門迴轉壽司店「三浦三崎港」可嚐到各種大塊、新鮮又甘甜的握壽司及生魚片，而且一盤從 100 日圓起跳，價格平實，師傅態度也十分親切。因此不分平日假日、不論白天晚上，三浦三崎港的店門口永遠擠滿了觀光客。

■ 營業時間：11：00 ～ 22：00
■ 公休日期：全年無休
■ 所在地點：東京都台東區上野 6-12-14

名代 宇奈とと

CP 值超高的連鎖鰻魚飯專賣店

以低價出名的日本鰻魚飯連鎖店「名代宇奈とと」（名代 宇奈 TOTO），最基本的「鰻魚丼」只要 590 日圓就吃得到。價格雖然便宜，但肉質、調味和處理功夫可毫不馬虎，鰻魚不但軟嫩多汁，醬汁也香濃可口。

- 營業時間：11：00 ～ 23：00，週日及國定假日至 22：30
- 公休日期：全年無休
- 所在地點：東京都台東區上野 6-11-15

肉の大山

熱門平價牛排及炸肉餅專賣店

「肉の大山」是由肉品批發商直營，上野人氣及評價最高的餐廳之一。店內賣的是高品質但平價的牛排、漢堡排等排餐。除了入內享用，店門口的櫃台也可買到和牛及海鮮製成，皮脆餡多的各種可樂餅，一份只要 100 ～ 200 日圓，人氣品項常常還沒傍晚就銷售一空。

- 營業時間：11：00 ～ 22：00
- 公休日期：元旦
- 所在地點：東京都台東區上野 6-13-2

上野藪蕎麥

高評價百年蕎麥麵老店

一八九二年創業至今已超過百年的上野蕎麥麵老店「上野藪蕎麥」，以湯頭香醇、麵條Q彈，鴨肉又多又肥嫩的「鴨肉蕎麥湯麵」聞名。雖然價格不便宜，但每逢用餐時間總是大排長龍。

- 營業時間：11：30 ～ 21：00，平日下午（15：00 ～ 17：30）休息
- 公休日期：每週三、每月第二個 & 第四個週二
- 所在地點：東京都台東區上野 6-9-16

みなとや

超大章魚燒和超平價生魚片蓋飯

「みなとや」（Minatoya）是專賣超大章魚燒、超平價生魚片蓋飯和各種冰淇淋的阿美橫丁高人氣店舖。招牌的大章魚燒一份四顆只要 200 日圓，而且料多實在，還能自己加柴魚片和醬汁調味。主打的「鐵火丼」等生魚片蓋飯味道普通，但只要 500 日圓～ 600 日圓，很適合想花小錢填飽肚子的旅客。

■ 營業時間：11：00 ～ 19：00
■ 公休日期：元旦
■ 所在地點：東京都台東区上野 4-1-9

二木の菓子

價格實惠的大型零食專賣店

在馬路對開兩間的超大型零食量販店「二木の菓子」，可買到日本各大食品公司生產的糖果、餅乾、和菓子、巧克力、洋芋片、果凍、

飲料、泡麵、調味料，以及各種您想得到的零食及乾貨，而且大部分價格都很便宜，是非常受觀光客喜愛的伴手禮及零嘴天堂。

■ 營業時間：10：00 ～ 19：00
■ 公休日期：全年無休
■ 所在地點：東京都台東区上野 4-1-8

山家

上野超熱門平價炸豬排店

遠近馳名的超熱門豬排餐廳「山家」，只要 800 日圓就能吃到豐盛的里肌豬排定食，因此開門前就有不少人前來排隊卡位，用餐時間更是人潮洶湧。雖然吃起來肉質很普通，麵衣也不算很酥脆，但山家豬排的分量的確是物超所值。

■ 營業時間：11：00 ～ 15：00，17：00 ～ 21：00
■ 公休日期：全年無休
■ 所在地點：東京都台東区上野 4-5-1

拉麵 鴨 to 蔥

上野超高人氣鴨湯拉麵店

擁有超高評價和人氣的「拉麵 鴨 to 蔥」（らーめん 鴨 to 葱）主打不加任何化學調味料且低溫熬煮兩天的濃郁鴨湯頭，並搭配日本國產的新鮮大白蔥。罕見又出色的滋味讓「鴨 to 蔥」開幕後迅速受到矚目，天天人潮爆滿。

■ 營業時間：10：00 ～～ 22：30
■ 公休日期：全年無休
■ 所在地點：東京都台東区上野 6-4-15

多慶屋

什麼都賣的超大間平價賣場

由多棟大樓組成的上野巨型商城「多慶屋」從蔬菜、水果、熟食、零嘴、藥妝、化妝品、生活用品、文具、電器、家具，到珠寶、手錶、男女服飾，您想得到的通通都有賣。雖然面積最大的本館「A 棟」與「B 棟」因重建工程而關閉拆除，但多慶屋 2022 年底又在本館後方巷弄內開設了新館「TAKEYA 1」，繼續販售各式各樣的豐富商品，樓上還進駐了百圓連鎖店「DAISO」（大創）。

■ 營業時間：10：00 ～ 20：00
■ 公休日期：元旦
■ 所在地點：東京都台東区台東 4-33-2

兔屋

名列東京三大銅鑼燒的超人氣老店

　　創業百年來歷經分家的「兔屋」（うさぎや），是與淺草的「龜十」、東十條的「草月」並列的東京三大銅鑼燒名店。歷史最悠久的上野本店販售的招牌銅鑼燒外皮鬆軟，內餡綿密，香甜不膩，但每日製作數量有限，太晚來買小心撲空。

▌ 營業時間：09：00 ～ 18：00
▌ 公休日期：每週三
▌ 所在地點：東京都台東區上野 1-10-10

みはし

上野超知名日式甜點老店

　　創立超過一甲子的日式甜點老店「みはし」（Mihashi），以甘甜可口、料多味美的餡密聞名，並提供豐富多樣的冰淇淋、葛餅和紅豆麻糬湯，是備受老東京人喜愛的好滋味。

▌ 營業時間：10：30 ～ 21：00
▌ 公休日期：不定期
▌ 所在地點：東京都台東區上野 4-9-7

伊豆榮

開業 260 年的鰻魚飯名店

　　開業超過兩百六十年的鰻魚飯專賣店「伊豆榮」販售江戶時代傳承至今的道地關東風味鰻魚飯。雖然價格不便宜，但生意還是極為興隆，位於上野公園正對面的本店更改建為高達七層的大樓，而且全都作為餐廳之用。

▌ 營業時間：11：00 ～ 21：00
▌ 公休日期：全年無休
▌ 所在地點：東京都台東區上野 2-12-22

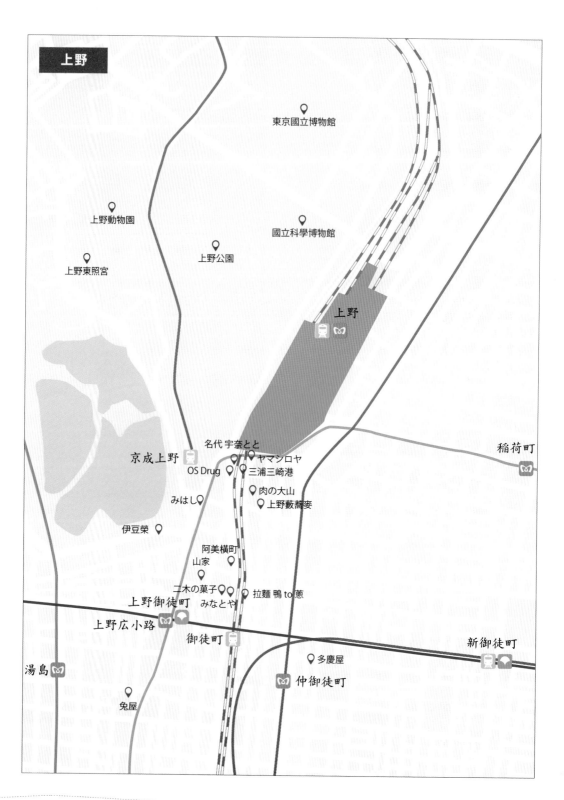

上野

東京國立博物館

上野動物園

國立科學博物館

上野公園

上野東照宮

上野

名代 宇奈とと

京成上野
OS Drug
三浦三崎港

ヤマシロヤ

稲荷町

肉の大山

みはし
上野藪蕎麥

伊豆榮

阿美横町

山家

二木の菓子
みなとや
拉麺 鴨 to 葱

上野御徒町

上野広小路
御徒町

湯島

多慶屋

仲御徒町

新御徒町

兔屋

上野公園

優美自然景觀與豐富藝文設施

··

　　上野公園全名為「上野恩賜公園」，是日本初次依照西方概念設立的現代化公園。園內除了多樣的自然景觀，廣闊的森林和池塘造景，珍貴的歷史遺跡，還有豐富的博物館、美術館、動物園等藝文及休憩設施，是一年四季都擠滿遊客的熱門觀光勝地。

　　上野公園人潮最多的時期就是賞櫻季和賞楓季。每到春天，沿著公園步道和「不忍池」綻放的壯觀櫻花，總會吸引數萬人前來欣賞。秋天時，散布在公園內的高聳楓樹和銀杏也是金黃豔麗，景緻優美。

■ 營業時間：24 小時開放
■ 公休日期：全年無休
■ 門票價格：免費參觀
■ 所在地點：東京都台東区上野公園・池之端三丁目

上野動物園

與各種可愛動物近距離接觸

一八八二年設立的日本最古老動物園「上野動物園」，展示著日本人超級喜愛的大貓熊，還有獅子、老虎、大象、猩猩、北極熊、長頸鹿、犀牛、斑馬、袋鼠等大型動物，以及海獅、海豹、企鵝、水獺、土撥鼠、貓頭鷹等可愛動物。由於展示區和參觀步道的間隔很小，所以遊客可以近距離觀察動物們的一舉一動，十分有趣。

■ 營業時間：09：30 ～ 17：00

■ 公休日期：每週一

■ 門票價格：16 ～ 64 歲 600 日圓、65 歲以上 300 日圓、13 ～ 15 歲 200 日圓，12 歲以下免費

■ 所在地點：東京都台東區上野公園 9-83

國立科學博物館

寓教於樂的知識型展館

上野公園東側的「國立科學博物館」是極具教育性的高人氣設施。資訊豐富的「日本館」展示從古至今的日本考古發現、生物化石、動植物標本以及科學儀器；最受歡迎的「地球館」將地球上的生命及文明完整呈現，包括壯觀的恐龍化石及海陸生物標本、詳細的動植物及人類演化史、當代科技的說明及展示，與豐富的物理、化學、天文儀器及模型，是親子旅遊、寓教於樂的絕佳景點。

■ 營業時間：09：00 ～ 17：00

■ 公休日期：每週一、元旦

■ 門票價格：大學或以上 630 日圓，高中或以下免費

■ 所在地點：東京都台東區上野公園 7-20

東京國立博物館

日本館藏量第一的博物館

創立於一八七二年的日本第一座博物館「東京國立博物館」收藏了大量日本國寶，包括歷史超過千年的繪卷、書畫、佛經、佛像及各種工藝品，還有專門展覽亞洲各國文物的「東洋館」，以及陳列奈良法隆寺進貢皇室的「法隆寺寶物館」。

▌營業時間：09：30～17：00

▌公休日期：每週一

▌門票價格：成人 1000 日圓，大學 500 日圓，高中或以下免費

▌所在地點：東京都台東区上野公園 13-9

上野東照宮

華麗的德川家族神社

建於一六二七年的「上野東照宮」是江戶時代祭拜德川家康的神社。一六五一年，德川家康的孫子德川家光依照日光東照宮的華麗風格大幅改建上野東照宮，以方便無法前往日光的江戶信眾參拜。之後歷經十九世紀的幕末戰爭、二十世紀的關東大地震以及二戰後期的東京大空襲，上野東照宮都幸運地逃過一劫，至今仍屹立不搖。

▌營業時間：夏季（3 月～ 9 月）09：00～17：30，冬季（10 月～ 2 月）09：00～16：30

▌公休日期：全年無休

▌門票價格：國中或以上 500 日圓，國小 200 日圓

▌所在地點：東京都台東区上野公園 9-88

東京車站

東京車站是日本最重要的車站之一，除了可搭乘 JR 東日本旗下的所有新幹線，以及往返名古屋、京都、大阪的「東海道新幹線」（JR 東海營運），還有以環狀連結市區各大車站的「山手線」，橫貫市中心的「中央線快速」，通往東京迪士尼的「京葉線」，直達成田機場的「N'EX 成田特快」等路線及列車行經，是大部分旅客都會經過或停留的重要站點。也因此，東京車站成為了百貨公司、餐廳與伴手禮店的一級戰場。從站內大廳、站外大樓到四通八達的地下街內，都有數不清的商店可逛、美食可嚐、名產可買。

丸之內口

「丸之內口」位於東京車站西邊，面對皇居，是車站的正門。東京地鐵的「丸之內線」，JR 東日本的「中央線快速」、「山手線」、「總武線」（N'EX 成田特快）也都在丸之內這側。進入車站閘門內，則是 JR 東日本經營，聚集眾多伴手禮店、便當店和餐廳的商場「GRANSTA」及「ecute」。

駅弁屋 祭

販售全國鐵路便當的人氣專賣店

位於東京車站一樓中央通道第六、七月台樓梯間的「駅弁屋 祭」為 JR 東日本開設，網羅日本各縣市知名鐵路便當的大型專賣店。不論是燒肉、海鮮、豬排、鰻魚、壽司便當，或是可愛的新幹線造型便當，還是北海道到九州的在地名產便當，都可以在「駅弁屋 祭」買到，種類多達兩百種以上。

- ■ 營業時間：05：30 ～ 23：00
- ■ 公休日期：全年無休
- ■ 所在地點：東京車站 1F 閘門內

The Maple Mania

年銷量破百萬片的超熱門楓糖餅乾

位於 B1「GRANSTA」商店街內的「The Maple Mania」，是東京車站的超人氣伴手禮名店。招牌商品「楓糖奶油餅乾」，看起來很像北海道的知名白巧克力餅乾「白色戀人」，卻有著與眾不同的濃郁楓糖香氣。酥脆的口感和迷人的楓糖滋味讓「The Maple Mania」連續多年奪得「東京車站最佳伴手禮」殊榮，年銷量高達六百萬片。

- ■ 營業時間：08：00 ～ 22：00，週日只到 21：00
- ■ 公休日期：全年無休
- ■ 所在地點：東京車站 B1 閘門內 GRANSTA 商場

東京中央郵局

豐富的東京風格及動漫主題伴手禮

一九三三年興建，位於東京車站丸之內南口對面的「東京中央郵便局大樓」，二〇〇九年被拆除改建成高兩百公尺的摩天大樓「JP Tower」。不過新大樓在設計時，特別保存了東京中央郵便局原本的大時鐘、白色外牆及部分結構，形成新舊交融的獨特模樣。而低樓層的白色外牆內部，就是日本郵便經營的商場「KITTE」。

KITTE 一樓入口右手邊的「東京中央郵便局」除了能寄信，還有販售各種精緻可愛的東京主題明信片、文件夾、紙膠帶、貼紙、文具、吊飾及布偶，並經常會有期間限定的吉卜力、

凱蒂貓、寶可夢、哆啦A夢角色卡片、背包、餐具等等動漫主題商品，好逛又好買，是東京車站的超高人氣伴手禮店。

- ■ 營業時間：09：00 ～ 21：00，週末及假日只到 18：00
- ■ 公休日期：全年無休
- ■ 所在地點：KITTE 1F

東京車站

日本最壯觀華麗的車站

　　由明治時代知名建築師辰野金吾設計，歐風磚造、紅白相間的東京車站，一九一四年啟用至今已逾百年，仍是東京最具代表性的優雅地標。位於丸之內北口及南口上方，二戰期間被美軍炸毀的站房東西側圓屋頂二〇一二年修復完成後，不但成功重現東京車站的昔日風華，更成為近年的熱門拍照景點。

▌公休日期：全年無休
▌所在地點：東京都千代田区丸の内 1-9

丸善書店

東京面積最大的書店之一

「丸之內 OAZO」是東京車站丸之內北口前的另一間大型商場，占據 1F～4F 的「丸善書店」是東京最大書店之一。從日本小說、漫畫、雜誌、專業書籍、文具、卡片、禮品到各種歐美作品及外文書刊，這裡應有盡有。

■ 營業時間：09：00～21：00
■ 公休日期：全年無休
■ 所在地點：丸之內 OAZO 1F～4F

M&C Cafe

紅酒燉牛肉燴飯創始名店

丸善書店經營的熱門餐廳「M&C Cafe」最出名的料理，是傳說由該品牌創辦人「早矢仕有的」百年前發明的早矢仕飯（ハヤシライス），也就是「紅酒燉牛肉燴飯」。這道菜在日本就跟咖哩飯一樣常見，從洋食料理店、家庭餐廳到學校的營養午餐都吃得到。

■ 營業時間：09：00～21：00
■ 公休日期：元旦
■ 所在地點：丸之內 OAZO 4F

KITTE
舊郵局改建的百貨與超棒觀景台

挑高壯觀的 KITTE 商場店面眾多，除了知名的日本橋高檔水果甜點店「千疋屋」、仙台牛舌名店「伊達」、高人氣秋田比內地雞料理店「本家あべや」（本家 ABEYA）、奈良和風雜貨店「中川政七」，五樓還有來自北海道的超熱門餐廳「迴轉壽司 根室花丸」（回転寿司 根室花まる）。

KITTE 的 B1 還有集結大量排隊名店的「拉麵激戰區」，可以一次品嚐到主打煮干湯頭的「かね田」（KANEDA）、味噌湯頭的「ど・みそ」（Do Miso）、魚介豚骨湯頭的「松戸富田麵絆」、醬油與雞白湯頭的「福味」等超人氣拉麵店。

KITTE 六樓的「屋上庭園」除了可欣賞東京車站建築主體和丸之內地區的高樓群，還能清楚見到高速奔馳的各種 JR 電車、特急列車和新幹線，可說是東京車站一帶最棒的免費觀景台。

■ 營業時間：商店 11：00 ～ 21：00，餐廳 11：00 ～ 23：00
■ 公休日期：全年無休
■ 所在地點：東京都千代田区丸の内 2-7-2

皇居

可申請參觀的日本天皇住所

占地達兩百三十萬平方公尺的皇居，是建立在德川家康及前後任城主修築的「江戶城」上。一八六七年的「大政奉還」後，日本天皇從德川幕府手上取回政權，江戶城也改名為「東京城」。一八六九年，天皇正式從京都遷至東京城內居住，並更名為「皇城」（皇居），結束了京都長達千年的日本首都地位。

江戶城分為皇居西側的「吹上御苑」，以及東側的「東御苑」兩部分。吹上御苑是現在的皇居主體，天皇與皇后居住的「御所」和舉辦各種儀式的「皇宮」都位於吹上御苑內。一般遊客只能在皇居前廣場遠眺「坂下門」、「皇居正門」、「二重橋」等外圍建築。想入內參觀，必須事先到日本宮內廳網站線上報名免費導覽行程。對天皇的生活環境好奇，或是想一窺日本皇城實際模樣的讀者，申請後便可跟著導覽人員的腳步深入參訪。

■ 開放時間：依區域而異
■ 公休日期：依區域而異
■ 門票價格：免費參觀
■ 所在地點：東京都千代田区千代田 1-1

東御苑

殘存部分江戶城遺跡的皇居庭園

　　「東御苑」是德川幕府時期的江戶城實際所在地，雖然德川家統御日本時所居住的「大奧」、「本丸御殿」，以及日本史上最高的「江戶城天守」等大部分建物都已不存，目前僅殘留「天守台」、「富士見櫓」、「百人番所」、「同心番所」等少數遺跡，讓東御苑看起來只是座漂亮遼闊的大公園。不過想親自走訪德川幕府統治中心，想像江戶城當年雄偉景況的歷史迷，不用申請就可直接從地鐵大手町站旁的「大手門」或竹橋站旁的「平川門」免費進入參觀。

▌開放時間：春夏為 09：00～17：00，秋冬提早
　至 16：00 或 16：30 關閉
▌公休日期：每週一、週五、元旦
▌門票價格：免費參觀
▌所在地點：東京都千代田区千代田 1-1

八重洲口

　　八重洲口位於東京車站東邊，是車站的後門。JR 東日本的「東北、山形、秋田、北海道、上越、北陸新幹線」，以及 JR 東海的「東海道・山陽新幹線」都在靠八重洲這一側。而八重洲閘門旁的 B1 ～ 2F 商場，就是觀光客最愛，超級好逛的「東京車站一番街」。

東京車站一番街

好逛又好買的超人氣地下街

　　由 JR 東海經營的「東京車站一番街」主題鮮明，並分為六大區塊。以 B1 的八重洲地下中央口為界，東側的「東京動漫人物街」（東京キャラクターストリート）匯集了日本各大電視台官方商店，以及動漫和玩具專賣店。包括朝日電視台、富士電視台、東京電視台、TBS 電視台、NHK 等日本最大的五家電視台全都在此開店，並販賣海賊王、七龍珠、火影忍者、進擊的巨人、鬼滅之刃、咒術迴戰、間諜家家酒、排球少年、灌籃高手、名偵探柯南、哆啦 A 夢、櫻桃小丸子等卡通節目、日劇和綜藝節目的各種周邊商品。

　　再走幾步路，還有 JUMP、吉卜力、精靈寶可夢（神奇寶貝）、迪士尼、凱蒂貓、蠟筆小新、史努比、嚕嚕米、拉拉熊、蛋黃哥、水豚君、米飛兔、角落小夥伴、光之美少女、超人力霸王、假面騎士、樂高、TOMICA、PLARAIL 的專賣店，整條街可說是動漫迷及玩具迷的地下天堂！

　B1 的八重洲地下中央口西側，則是 2022 年 12 月重新開幕的東京車站一番街「東京點心樂園」（東京おかしランド）。這裡一次找來了日本四大零嘴製造商「森永」、「卡樂比」（Calbee+）、「Glico」（ALMOND DAYS）、及「龜田製菓」在此設店。裡面除了可買到各種東京車站限定口味的森永牛奶糖、大嘴鳥巧克力球、北海道洋芋片、柿種米菓等知名點心，還供應「森永牛奶糖冰淇淋」、現炸「じゃがりこ」（Jagariko）薯條及洋芋片等美味小吃。

「東京點心樂園」的旁邊就是東京車站一番街的「東京拉麵街」（東京ラーメンストリート）。這裡共有八間熱門拉麵店齊聚一堂，口味從醬油、鹽味、豚骨到味噌任君挑選。其中最夯的四家店，分別是「六厘舍」、「斑鳩」、「ひるがお」（HIRUGAO）及「ソラノイロ・NIPPON」（天空之色NIPPON）。

六厘舍：這是主打豚骨結合鰹魚的濃厚沾汁，配上Q彈麵條的東京超熱門沾麵名店，也是全日本人氣最高的拉麵店之一。位於東京拉麵街的分店從早到晚都人潮爆滿，沒排隊排上一小時肯定吃不到。

斑鳩：這間曾登上日本美食節目《電視冠軍》的東京拉麵名店，位於九段下的本店早已聲名遠播。而東京車站的分店，主打的是豬大骨結合魚貝類等海鮮的豚骨魚介湯頭，加上招牌溏心蛋、筍乾和叉燒的「豚骨魚介東京車站拉麵」。

ひるがお（HIRUGAO）：東京知名拉麵連鎖店「世田谷屋」（せたが屋）旗下的這間鹽味拉麵專賣店，主打北海道國產小麥製作的Q彈麵條，以及雞骨、扇貝、貝柱、魚乾和越南天然海鹽所熬煮出的濃郁高湯，因為顛覆了傳統鹽味拉麵的清爽淡薄而大受食客好評。

ソラノイロ・NIPPON（天空之色 NIPPON）：在東京拉麵界掀起風潮的這家店，打造出了不論女性、素食者和異國旅客都能享受的各種美味拉麵。例如日本首見的純素「蔬菜拉麵」，以及採用九州知名土雞「天草大王」熬煮而成的醬油和鹽味拉麵。創新手法讓「天空之色 NIPPON」從二〇一五年起連續登上《東京米其林指南》的拉麵推薦名單。

「東京拉麵街」的對面，就是東京車站一番街的「日本美食街道」（にっぽん、グルメ街道）。這裡共有十家來自日本全國的知名餐廳在此齊聚。其中最熱門的，就是鹿兒島豬排名店「黑かつ亭」（黑豬排亭）、曾登上《米其林指南》的廣島燒名店「電光石火」，以及富山超人氣海鮮丼餐廳「白えび亭」（白蝦亭）。

往上到一樓，八重洲北口旁還有東京車站一番街的「TOKYO GIFT PALETTE」。這裡聚集了超多家東京甜點及伴手禮名店，包括人氣很高的「東京芭娜娜」（Tokyo Banana）、「東京芝麻蛋」（ごまたまご）、「小雞饅頭」（ひよこ）、「Tokyo Milk Cheese Factory」（東京牛奶起司工廠）等東京熱門名產都可以在這裡買到。

■ 營業時間：商店 10：00 ～ 20：30，餐廳 10：00 ～ 23：00
■ 公休日期：全年無休
■ 所在地點：東京車站八重洲口

大丸百貨

東京車站最強的美食名產集中地

八重洲北口外側的連鎖百貨公司「大丸百貨」東京店，高達十三層的商場內開設了多間來自日本各縣市的知名餐廳及名產店，可說是東京車站附近最強的美食及伴手禮集中地。

位於大丸東京店十樓的「茶寮都路里」是京都的超人氣抹茶甜點名店，可品嚐到各種宇治抹茶製成的冰淇淋、聖代、冰沙、飲品等，每天開店後總是一下子就座無虛席。

八樓的「INODA COFFEE」，是創業超過六〇年的京都代表性咖啡老店。在走洋風華麗裝潢的店裡點一杯 INODA 的香濃咖啡，再搭配招牌三明治、可頌、吐司及炒蛋，是許多老京都人心中最美味的歐式早餐，近幾年更成為備受各地民眾熱愛的知名咖啡店，連外國旅客都特地前來朝聖。

大丸百貨一樓是日本名產的超級戰區，眾多熱門伴手禮店都在此設櫃。例如長崎蛋糕老店「福砂屋」、法國馬卡龍名店「PIERRE HERMÉ」、鎌倉和風法蘭酥專賣店「鎌倉五郎」、日本年輪蛋糕名店「Juchheim」、名古屋高人氣蛋糕店「GRAMERCY NEWYORK」等。

這裡還有鎌倉鴿子餅乾老店「豐島屋」、東京和菓子老店「虎屋」、東京芭娜娜專賣店「Tokyo Banana 1F・Studio」、名古屋蝦餅老店「坂角總本舖」、小雞饅頭專賣店「ひよ子」、名古屋和菓子老店「兩口屋是清」、東京蕨餅老店「船橋屋」、淺草和菓子老店「舟和」等。

大丸百貨一樓最受歡迎的伴手禮名店，就是以東京芝麻蛋聞名的「東京玉子本舖」所開發的全新美式風格甜點品牌「N.Y.C.SAND」，招牌商品為濃郁香脆的「焦糖巧克力夾心餅乾」。二〇一五年 N.Y.C.SAND 開幕後立刻在日本造成轟動，不但每天都有超長排隊人龍，還吸引眾多媒體前來報導。雖然已爆紅多年，但由於 N.Y.C.SAND 只在大丸東京店、橫濱 SOGO 與羽田機場設櫃，所以購買人潮仍天天塞到百貨大門口，毫無減退跡象。

來自仙台的熱門名店「ずんだ茶寮」（毛豆泥茶寮），在大丸百貨一樓販賣仙台特產「毛豆」做成的麻糬、蛋糕、布丁、洋羹等和洋風點心。其中最受歡迎的就是「毛豆泥奶昔」，喝起來像是帶點淡淡毛豆味的香草冰淇淋，有許多日本人會買來當作消暑飲品。

「ねんりん家」（年輪家）是東京銀座的知名年輪蛋糕專賣店，酥脆可口的外皮和綿密香甜的口感，讓位於大丸百貨一樓的分店擁有超高評價與人氣，購買現烤年輪蛋糕的人潮經常滿到門外呢。

大丸百貨 B1 還有超多間日本名產店、熟食店及甜點店。例如東京高人氣黑毛和牛肉排＆漢堡餐廳「MEAT 矢澤＆ BLACOWS」（ミート矢澤＆ブラッカウズ）的外帶店、東京蛋包飯名餐廳「たいめいけん」（泰明軒）的外帶店、東京日本橋鰻魚老餐廳「伊勢定」的外帶店、東京熱門炸豬排餐廳「邁泉」的外帶店等。

這裡還有名古屋知名炸蝦飯糰「地雷也」、東京人氣豆皮壽司「神田志乃多」、東京知名肉包「五十番神樂坂」、東京麻布十番高人氣豆菓子「豆源」、東京淺草熱門拔絲地瓜店「興伸」等。日本法式甜點名店「Henri Charpentier」、法國世紀名廚麵包店「Brasserie PAUL BOCUSE BAKERY」也可在大丸百貨的 B1買到。

■ 營業時間：10：00 ～ 20：00
■ 公休日期：全年無休
■ 所在地點：東京都千代田区丸の内 1-9-1

秋葉原

　二戰結束後，電子零件店開始在秋葉原車站附近聚集。隨著電視、冰箱、相機、隨身聽、電腦、手機等電子產品快速普及，秋葉原的電子賣場和 3C 商店越開越多，越開越大，並逐漸成為日本最具規模的「電器街」。

　一九九〇年代後，個人電腦及軟體業興起，光碟專賣店、電動遊戲店陸續在秋葉原出現，客群類似的動漫商品店也跟著進駐。時至今日，秋葉原已成為全球數一數二的電器、電玩及動漫主題商圈，目光所及之處全都是家電、電子零件、中古軟硬體、玩具、模型、電玩商家。所以不論是御宅族或一般日本人，想找上述商品都會優先到秋葉原尋寶比價。

秋葉原無線電會館
御宅界的地標級商場

▌營業時間：10：00 ～ 20：00
▌公休日期：全年無休
▌所在地點：東京都千代田区外神田 1-15-16

　經常在動漫作品出現的地標級商場「秋葉原無線電會館」（秋葉原ラジオ会館）建於一九六二年。以前，裡面有許多電器及個人電腦專賣店，是秋葉原最知名的 3C 商品集中地。隨著時代轉變，電子產品漸由動漫商品取代。二〇一四年大樓拆除重建後，增高為十層的秋葉原無線電會館從裡到外都煥然一新，各樓層幾乎全變成了專賣模型、玩具或電玩的店家，好逛又好買。

animate 秋葉原本館

超大間的日本連鎖動漫商場

• •

　　中央通東側的知名日本連鎖動漫商場「animate」（安利美特）巨大的秋葉原本館，多達八層的大樓內塞滿了漫畫、小說、雜誌、CD、DVD、動漫周邊以及豐富的同人作品，是專業動漫迷的立體天堂。

■ 營業時間：平日 11：00 ～ 21：00，週末及假日 10：00 ～ 20：00

■ 公休日期：全年無休

■ 所在地點：東京都千代田区外神田 4-3-2

VOLKS 秋葉原 HOBBY 天國 2

塞滿動漫周邊商品的大樓

• •

　　二〇二一年搬遷至 Bic Cameara 旁邊的「VOLKS 秋葉原 HOBBY 天國 2」（ボークス秋葉原ホビー天国 2），七層樓的商場全都是VOLKS 公司或其他業者生產的各種模型、扭蛋、玩偶，還有塗裝模型的專業器具，很適合慢慢尋寶。

■ 營業時間：平日 11：00 ～ 20：00，週末及假日 10：00 ～ 20：00

■ 公休日期：全年無休

■ 所在地點：東京都千代田区外神田 4-2-10

唐吉軻德 秋葉原店

開到深夜的大型綜合賣場

日本綜合賣場「唐吉軻德」在中央通東側開了間巨大的秋葉原分店，各種生活用品、雜貨、藥妝、電器、玩具、餅乾、名產、泡麵、飲料、熟食，水果，或是您想都想不到的奇怪玩意兒這裡通通都有賣，而且還二十四小時營業，隨時都可來逛。

▋ 營業時間：24 小時營業
▋ 公休日期：全年無休
▋ 所在地點：東京都千代田区外神田 4-3-3

MANDARAKE COMPLEX

超大間的中古收藏品連鎖賣場

「MANDARAKE COMPLEX」是高達八層樓的中古收藏品連鎖賣場，裡面有各式各樣的珍稀玩具和古早模型，以及二手漫畫、電玩主機、遊戲卡帶、音樂唱片、電影光碟、偶像周邊等。雖然內部空間十分狹小壅擠，但豐富又獨特的新舊商品收藏，讓這裡成為秋葉原最具指標性的動漫寶庫之一。

▋ 營業時間：12：00 ～ 20：00
▋ 公休日期：全年無休
▋ 所在地點：東京都千代田区外神田 3-11-12

KOTOBUKIYA

知名玩具廠商的動漫商品專賣店

日本知名玩具廠商「KOTOBUKIYA」（壽屋）的專賣店，三層樓的商場內有超豐富的日本動漫，以及任天堂、SQUARE ENIX、星際大戰、MARVEL、DC、吉卜力等歐美日作品的角色模型和相關商品，店裡從早到晚都人山人海。

▋ 營業時間：12：00 ～ 20：00
▋ 公休日期：全年無休
▋ 所在地點：東京都千代田区外神田 1-8-8

秋葉原扭蛋會館

種類豐富的扭蛋專賣店

藏在巷子內的「秋葉原扭蛋會館」（秋葉原ガチャポン会館），小小的店內擺滿了上百台新舊不一的扭蛋機，不論是熱門動漫角色、冷門吉祥物、可愛動物模型或稀奇古怪的日式小物，這裡全都扭得到，種類極為豐富。

▋ 營業時間：11：00 ～ 20：00，週日及假日只到
　 19：00
▋ 公休日期：全年無休
▋ 所在地點：東京都千代田区外神田 3-15-5

mAAch ecute 神田萬世橋

百年舊車站改建的文創商場

中央通南端「萬世橋」旁的紅磚長拱橋，是一九四三年停用的「萬世橋車站」舊址，並在二○一三年以文創商場「mAAch ecute 神田萬世橋」之姿重新開幕。狹長的商店街上散布著數間高質感家具、廚具、服飾、皮件、生活

用品店。走道上還有販賣手工藝品的攤位，並展示著萬世橋車站的復原模型，氣氛十分優雅舒適。

商場二樓還有號稱全世界離電車最近的餐廳「白金魚」。這是利用萬世橋車站原本的月台空間所開設的鐵道觀景餐廳，可以一邊坐在鐵路中間欣賞兩旁呼嘯而過的中央線列車，一邊品嚐簡餐、海鮮、咖啡或美酒，可說是鐵道迷的夢幻聖地。若不想入內用餐，樓梯旁也有觀景窗和座位，可以免費捕捉電車近距離飛馳的獨特景色。

▌ 營業時間：11：00 ～ 20：00（依店家而異）
▌ 公休日期：全年無休
▌ 所在地點：東京都千代田区神田須田町 1-25-4

Bic Camera

觀光客最愛的 3C 綜合賣場

日本連鎖 3C 賣場「Bic Camera」樓高七層的秋葉原分店販賣豐富的家電、手機、相機、電腦、蘋果產品，還有各式各樣的生活用品、旅行用品、玩具、食品、飲料及名產，好買又好逛。

▌ 營業時間：10：00 ～ 21：00
▌ 公休日期：元旦
▌ 所在地點：東京都千代田区外神田 4-1-1

Sofmap

秋葉原大型連鎖 3C 動漫商場

■ 營業時間：11：00 ～ 20：00
■ 公休日期：全年無休
■ 所在地點：東京都千代田区外神田 3-13-12

連鎖電子賣場「Sofmap」位於轉角的「電腦・數位館」（パソコン・デジタル館）共有六層樓，裡面有全新或二手的桌上型電腦、筆記型電腦、電競周邊和 Apple 相關產品。中央通上的「娛樂館」（アミューズメント館）還有多達七層樓的玩具、模型、漫畫、雜誌、新舊遊戲光碟、遊戲機，少女向動漫商品、音樂 CD 等，讓您買個過癮。

牛かつ壱弍参

秋葉原超熱門炸牛排名店

炸牛排是種將牛肉片裹粉油炸至三分熟後，再讓顧客用陶板自行加熱烹調的日式洋食料理。專賣炸牛排的「壹貳參」（壱弍参）雖然菜單和吃法跟另一家高人氣炸牛排連鎖店「元村」（もと村）完全相同，不過在觀光客口耳相傳及網路推薦後，不起眼的這間小店已成為僅次於「元村」的東京第二熱門炸牛排專賣店，門口從早大晚都排滿了人，用餐時間至少得等上一小時。

■ 營業時間：平日 11：00 ～ 21：30，週末及假日 11：00 ～ 22：00
■ 公休日期：全年無休
■ 所在地點：東京都千代田区外神田 3-8-17

博多風龍

秋葉原熱門連鎖平價豚骨拉麵店

以平價聞名的高人氣豚骨拉麵店「博多風龍」雖然味道跟口感都不算特別出色，但由於最基本的豚骨拉麵只要 750 日圓，還可免費加麵兩次，超划算又吃得飽，生意已經好到已經在秋葉原連開了兩間分店，東京主要車站附近也都吃得到。

■ 營業時間：11：00 ～隔天 02：00，週日只到 20：00
■ 公休日期：全年無休
■ 所在地點：東京都千代田区外神田 3-15-6

卡樂星

以豐富漢堡種類聞名的美國速食店

美國西部的知名速食品牌「卡樂星」（Carl's Jr.）進軍日本的一號店就在秋葉原，並提供超多種類的牛肉和雞肉漢堡讓顧客選擇。例如售價破千日圓的高檔安格斯黑牛系列，以及被稱為「FAMOUS STAR」的經典漢堡，還可加點整顆馬鈴薯切塊製成的超酥脆帶皮薯條。

■ 營業時間：10：00 ～ 20：00
■ 公休日期：全年無休
■ 所在地點：東京都千代田区外神田 4-4-3

丸五

東京超人氣豬排名店

東京評價第一的超知名豬排專賣店「丸五」雖然一份定食要價約兩千日圓，但採用低溫油炸、呈現淡粉色的豬排口感軟嫩又多汁，讓丸五在網路上得到超高評價，天天都人潮爆滿。

▌營業時間：11：30 ～ 14：00，17：00 ～ 20：00
▌公休日期：每週一及週二
▌所在地點：東京都千代田区外神田 1-8-14

2k540 Aki-Oka Artisan

鐵路橋下的高質感文創商店街

▌營業時間：11：00 ～ 19：00
▌公休日期：每週三
▌所在地點：東京都台東区上野 5-9

秋葉原和御徒町附近在江戶時代曾聚集許多珠寶和皮件工匠（職人）。二〇一一 年，JR 東日本決定利用秋葉原站～御徒町站的鐵路高架橋閒置設立「2k540 Aki-Oka Artisan」，希望讓「職人街」的景象在當代重現。隱含玄機的名稱，源自於該商場與東京車站的距離「2540 公尺」，再加上秋葉原站（Akihabara）跟御徒町站（Okachimachi）的簡稱。Artisan 則是法語「職人」之義。

走進黑白色系的 2k540 Aki-Oka Artisan，兩側有數十家販賣手工皮件、家具、廚具、餐盤、服飾、配件、鐘錶、雜貨、文具、藝術品的精緻小店及攤位，還有幾間咖啡廳和簡餐店，氛圍舒適優雅，讓人一時忘記仍身處於繽紛熱鬧的秋葉原。

Yodobashi Akiba

秋葉原最大規模的綜合賣場

　　日本連鎖 3C 綜合賣場「Yodobashi Camera」在秋葉原車站東口開設的超巨大秋葉原分店「Yodobashi Akiba」共有九層樓，其中 1F～6F 是主要商場，販賣家電、手機、相機、電腦、蘋果產品、電動、模型、玩具，還有食品、鐘錶、燈具、單車、樂器、生活用品、運動用品、旅行用品等。種類不但極為豐富，而且每層樓都無敵寬廣，一不小心還會迷路呢。

Yodobashi Akiba 的 7F 還有生活商店街聚集了日本百元雜貨連鎖店「DAISO」（大創）、連鎖鞋店「ABC-Mart」、連鎖服飾店「UNIQLO」等。

8F 的餐廳大街可說是秋葉原的美食天堂，開設了東京澀谷超人氣醬煎豬排名店「東京トンテキ」（東京豚極）、東京熱門壽司店「まぐろ人」（鮪魚人）、關西風鰻魚飯名店「うな匠」（鰻匠）、京都炸牛排連鎖店「勝牛」、富山知名黑拉麵店「麵家いろは」（麵家 IROHA）、壽喜燒吃到飽餐廳「但馬屋」等，眾多美食任君挑選。

■ 營業時間：09：30 ～ 22：00
■ 公休日期：元旦
■ 所在地點：東京都千代田区神田花岡町 1-1

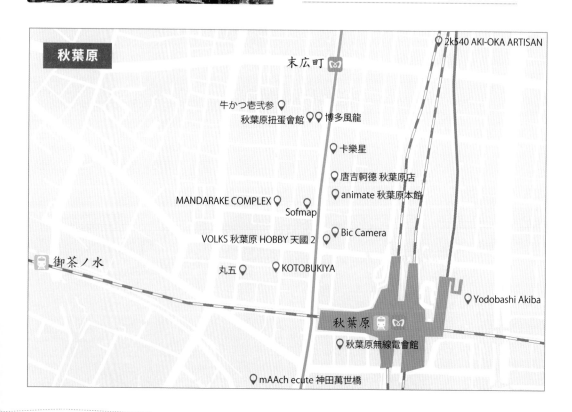

淺草

西元六二八年，位於隅田川旁，長滿矮草的高地因「淺草寺」的設立而得名。隨著參拜人潮增加，淺草一帶逐漸繁榮。江戶時代，由於全國的總米倉就設在淺草，此地的白米交易日益熱絡，來自四面八方的商人和武士都在淺草雲集、店家也迅速增多，讓淺草成為江戶最大的商業和娛樂中心。十九世紀末到二十世紀初，東京最新最豪華的劇場、遊樂場、聲色場所、百貨公司全都選在淺草開業。

但是到了二十世紀中葉，新宿、澀谷、池袋等副都心高速發展，商業機能逐漸轉移，使得淺草慢慢沒落。但隨著連接機場和郊區的鐵路開通，懷念昭和年代的日本觀光客以及喜愛復古和風的外國遊客不斷湧入。加上東京晴空塔等新地標的帶動，讓淺草再度受到大眾矚目，並成為現今最熱門的東京旅遊景點之一。

淺草文化觀光中心

可眺望晴空塔和淺草寺的免費觀景台

造型猶如方盒堆疊的「淺草文化觀光中心」，是日本知名建築大師隈研吾融合木材、竹子、石板、玻璃等天然素材與光、風、水等自然元素打造而成的代表性作品。裡面除了有精通各國語言的導覽人員提供旅遊諮詢服務，也設置了廁所、哺乳室、插座、免費 Wi-Fi 供旅客使用。八樓的免費展望台還可毫無遮蔽地遠眺隅田川另一端的東京晴空塔，或欣賞道路對側的雷門、仲見世通商店街和淺草寺等地標。

■ 開放時間：09：00 ～ 20：00
■ 公休日期：全年無休
■ 門票價格：免費參觀
■ 所在地點：東京都台東區雷門 2-18-9 8F

龜十

日本第一的銅鑼燒名店

··

　　創立超過九十年的超熱門和菓子名店「龜十」以日本傳統點心「銅鑼燒」聞名。其美味程度不但被譽為「東京三大銅鑼燒」，與上野的「兔屋」、東十條的「草月」兩家老店並列，還曾被《日經》的評鑑專家選為日本銅鑼燒排行榜第一名。也因此，龜十的門口不分早晚都大排長龍。

■ 營業時間：10：00 ～ 19：00
■ 公休日期：不定期
■ 所在地點：東京都台東区雷門 2-18-11

並木藪蕎麥

東京超熱門蕎麥麵老店

———————————

　　雷門正前方大街上的蕎麥麵百年老店「並木藪蕎麥」，與神田的「神田藪蕎麥」（かんだやぶそば）、上野的「池之端藪蕎麥」並列為「藪蕎麥御三家」。雖然後兩家都是從「神田藪蕎麥」分出，三間店也都有血緣關係，但味道略有不同。而淺草的並木藪蕎麥就是其中人氣最高，網路評價也最好的一間。該店的招牌料理則是可吃到鮮嫩鴨肉片和鴨肉丸的「鴨南蠻蕎麥湯麵」，以及口感酥脆的「天婦羅蕎麥麵」。

■ 營業時間：11：00 ～ 19：30
■ 公休日期：元旦
■ 所在地點：東京都台東区雷門 2-11-9

葵丸進

高人氣淺草天婦羅丼老店

———————————

　　雷門西側的高人氣淺草天婦羅丼老店「葵丸進」，一九四六年創立至今已開業超過七十年，是淺草數一數二受歡迎的天丼名店。這裡不但提供各種由炸蝦（海老）、炸烏賊、炸魚（旬魚）、炸星鰻（穴子）等食材組成的天婦羅丼和天婦羅定食，還有壽司等日式料理，選擇非常豐富。

■ 營業時間：11：30 ～ 21：00
■ 公休日期：全年無休
■ 所在地點：東京都台東区浅草 1-4-4

雷門

聞名全球的紅色大門

雷門最初建於西元九四二年，之後曾多次遭遇祝融而重建。但是在一八六五年的一場大火中，雷門再度被燒毀殆盡。直到一九六〇年，松下電器（Panasonic）的創辦人松下幸之助罹病到淺草寺祈願並順利康復後，決定出資重建雷門以表達恩情，才讓這座消失了近一個世紀的東京地標重新在淺草矗立。

雷門最醒目的，就是中間這顆長約四公尺、重約七百公斤的超大燈籠，每隔十年都會請京都老店手工重新打造。雷門還在二〇一七年進行了五十年來首次的大整修，讓外觀變得更加新穎閃耀。鎮守在雷門兩側，一八六五年雕製的風神、雷神像也是充滿魄力。

▌ 開放時間：24 小時開放
▌ 公休日期：全年無休
▌ 門票價格：免費參觀
▌ 所在地點：東京都台東區淺草 2-3-1

仲見世通

通往淺草寺的熱鬧商店街

「仲見世通」是雷門後方到淺草寺之間一條長約兩百五十公尺的商店街,當初隨著日益增多的參拜人潮而逐漸發展成形,至今已有近三百年歷史。直到二十世紀初期,仲見世通和淺草寺周遭仍是東京最熱鬧的地方,各種娛樂場所林立。不過隨著城市發展重心轉移至別處,淺草寺和仲見世通逐漸沒落。所幸近年靠著絡繹不絕的外國觀光客,和鄰近的東京晴空塔所帶來的大量人潮,讓仲見世通的熱鬧程度更勝以往。

★重要提醒

　　仲見世通因人潮眾多,為避免弄髒他人衣物,部分店家不允許顧客邊走邊吃,並會強制要求顧客於店內空間或路邊吃完手上食物才能離開。所以用餐時請務必停留在店內或路邊食用,勿隨意離開或走動,以免遭到店家斥責。

▌開放時間:因店家而異
▌公休日期:因店家而異
▌所在地點:雷門～淺草寺之間

花月堂

比臉大的菠蘿麵包名店

隱藏在仲見世通小巷內的淺草超人氣日式喫茶店「花月堂」,是一間販售和風甜點及飲品的老店。這裡的招牌名物就是每日現烤、比人臉還要大的「菠蘿麵包」。就因為這驚人的尺寸,讓花月堂成為了淺草數一數二知名的熱門店家,最多曾在一天內賣出超過三千個菠蘿麵包,並吸引了無數美食節目及旅遊雜誌前來採訪。

▌營業時間:11:00～售完為止
▌公休日期:全年無休
▌所在地點:東京都台東区浅草 2-7-13

浅草メンチ

高人氣炸豬肉餅排隊名店

「浅草メンチ」（淺草 Mince）是被眾多媒體採訪過的超人氣炸豬肉餅排隊名店。金黃酥脆的外皮一咬下就肉汁四溢，軟嫩的豬肉餡還伴著些許洋蔥丁，讓滋味更加鮮甜。

- ▌營業時間：10：00 ～ 19：00
- ▌公休日期：全年無休
- ▌所在地點：東京都台東区浅草 2-3-3

淺草吉備糰子 Azuma

道地和風糰子和冰抹茶

吉備糰子源自桃太郎的童話故事，是用黍米和糯米製成的日本傳統甜點。雖然「淺草吉備糰子 Azuma」只賣吉備糰子和冰抹茶，但充滿和風的店面和商品，不但吸引了許多外國人排隊購買，也經常被旅遊節目採訪報導，連日本人都特地前來品嚐。

- ▌營業時間：09：00 ～ 19：00
- ▌公休日期：全年無休
- ▌所在地點：仲見世通商店街

舟和 淺草仲見世 3 號店

大受歡迎的超濃郁和風冰淇淋

創立於淺草的知名百年和菓子老店「舟和」開設了多家分店，但只有少數幾間販賣大受觀光客歡迎的牛奶、抹茶及甜番薯冰淇淋，味道都極為香醇濃郁，最獨特的甜番薯口味還會附上羊羹及餅乾。

- ▌營業時間：10：00 ～ 19：00
- ▌公休日期：全年無休
- ▌所在地點：仲見世通商店街

梅園

以小米善哉聞名的日式甜點百年老店

創立於一八五四年的「梅園」開業至今已超過一百六十年。除了販售大福（麻糬）、銅鑼燒等傳統和菓子，店內還提供用抹茶、紅豆、白玉（湯圓）、栗子、年糕、寒天、水果等配料組成的各種紅豆湯和餡蜜。

梅園最知名的甜點就是「小米善哉」（あわぜんざい）。日式甜點裡的「善哉」，指的是加入麻糬（糯米年糕）的紅豆湯。顧名思義，梅園的「小米善哉」放的不是麻糬，而是用小米（實際上是糯黍）製成的年糕。這道口感獨特的甜點在江戶時代就聞名遐邇，傳承百年至今，仍是梅園的招牌美食。

■ 營業時間：10：00 ～ 17：00

■ 公休日期：週三（每月隔週休兩次）

■ 所在地點：東京都台東區浅草 1-13-12

大黑家

超熱門淺草天婦羅丼百年老店

創立於一八八七年的淺草超熱門天婦羅丼百年老店「大黑家」可說是淺草天婦羅丼的代名詞，也是這一帶名聲最響亮的餐廳。每到假日中午，門口總會出現綿延數十公尺的排隊長龍，人多時得等上一個鐘頭才吃得到。不過，大黑家的天婦羅是以淺草老店慣用的麻油所炸，香氣較為獨特，而且淋上的特製醬汁又多又濃，導致天婦羅口感偏軟，味道也較鹹，因此評價非常兩極。

■ 營業時間：11：00 ～ 20：30，週六及國定假日延長至 21：00

■ 公休日期：全年無休

■ 所在地點：東京都台東區浅草 1-38-10

淺草燈籠最中

香濃又酥脆的人氣小點心

「最中」是種在薄餅內填入紅豆泥等內餡的日本傳統點心，但仲見世通上的「淺草燈籠最中」（淺草ちょうちんもなか）改放入清涼的香草、抹茶或紅豆冰淇淋。輕咬燈籠造型的外皮，口感薄而酥脆，裡面的冰淇淋也香醇濃郁，是個頗適合夏日消暑的小點心。

■ 營業時間：10：00 ～ 17：30
■ 公休日期：不定期
■ 所在地點：仲見世通商店街

木村家本店

造型可愛的人形燒老店

淺草名產「人形燒」類似台灣的雞蛋糕，只是皮較厚，而且包的是紅豆沙，造型也因地而異，像淺草的人形燒都是做成燈籠、五重塔等風格。雖然仲見世通上有不少販賣人形燒的店面，但歷史最悠久的就是一八六八年創業的「木村家本店」，不只造型精緻可愛，口感扎實綿密，內餡的紅豆泥也塞得飽滿。

■ 營業時間：9：00 ～ 19：00
■ 公休日期：全年無休
■ 所在地點：仲見世通商店街

淺草寺

參拜人數破千萬的日本第一名寺

西元六二八年，一對捕魚維生的兄弟從河中撈到一尊觀世音菩薩像，便將自宅改建為寺廟供俸，此即淺草寺的最初樣貌。歷經數百年發展，淺草寺逐漸形成今日規模。在江戶幕府時期被德川家康指定為幕府祈願寺廟後，香火更為興盛，如今每年參拜人數超過三千萬，排名日本第一，熱鬧程度可見一斑。

進到挑高壯麗的淺草寺本堂後，可以參拜供奉於此的觀音像，也可在一旁選購御守祈求好運。本堂前方也有籤筒可抽籤測運勢，一次只要 100 日圓。不過，淺草寺是以兇籤很多著名，據說有高達三成的籤都是兇籤，抽之前請做好心理準備。萬一真的抽到兇或大兇，也可綁在兩旁的籤架祈求轉運。

■ 開放時間：06：00～17：00
■ 公休日期：全年無休
■ 所在地點：東京都台東区浅草 2-3-1

壽壽喜園

世界最濃抹茶冰淇淋

‧‧‧‧‧‧‧‧‧‧‧‧‧‧‧‧‧‧‧‧‧‧‧‧‧‧‧‧

　　淺草寺北側大馬路邊的超人氣抹茶冰淇淋專賣店「壽壽喜園」（壽々喜園），是由東京茶葉批發商開設的零售店。裡面不僅可買到綠茶、抹茶、煎茶等各種日本茶，還跟靜岡抹茶甜點店「ななや」（NANAYA）在店內合作販售七種濃度的抹茶冰淇淋。其中號稱「世界最濃抹茶口味義式冰淇淋」的「No.7 抹茶Premium」，被日本及各國媒體報導後一炮而紅，讓壽壽喜園成為了淺草超級名店，天天都湧進大批觀光客，假日的店門口更是大排長龍。

■ 營業時間：11：00～17：00
■ 公休日期：不定期
■ 所在地點：東京都台東区浅草 3-31-5

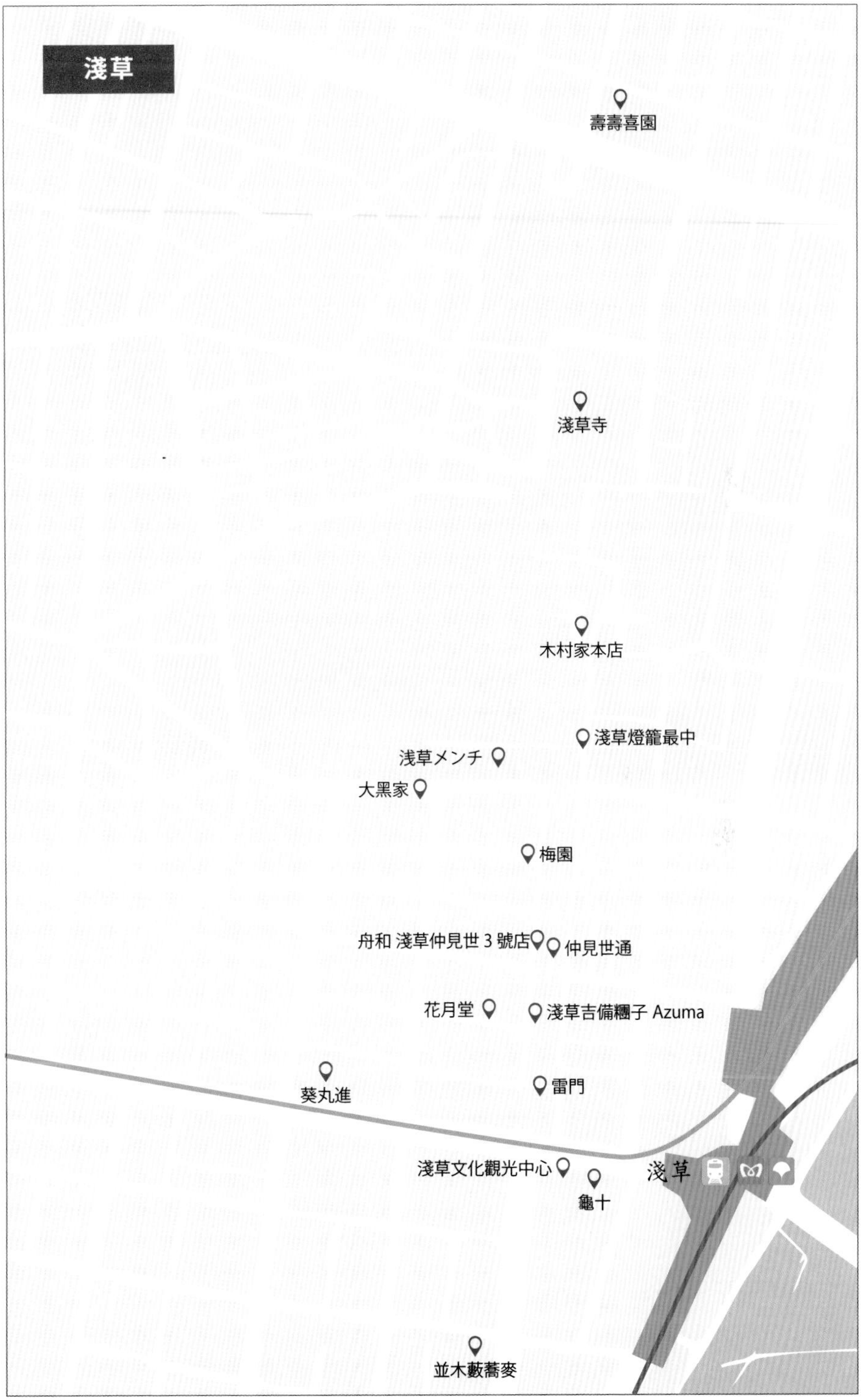

淺草

壽壽喜園

淺草寺

木村家本店

淺草燈籠最中

浅草メンチ

大黒家

梅園

舟和 淺草仲見世 3 號店　仲見世通

花月堂　　淺草吉備糰子 Azuma

葵丸進　　雷門

淺草文化觀光中心　淺草

龜十

並木藪蕎麥

東京晴空塔

　　由於市區高樓越來越多，東京鐵塔的無線電視訊號發送品質漸受影響。為了改善干擾問題並迎接數位電視時代的來臨，日本各大電視台便聯手推動新鐵塔的興建計畫。最後由東武鐵道提供押上的貨物車站作為基地，並出資興建這座高達六百三十四公尺的「東京晴空塔」（Tokyo Skytree）。二〇一二年完工啟用後，東京晴空塔不但成為世界第一高塔，也躍升為東京最熱門的觀光景點。

　　但東京晴空塔不只是座塔，東武鐵道還以晴空塔為中心，打造了一座微型城市。整個園區包含購物商場「東京晴空街道」（東京ソラマチ，Tokyo Solamachi）、餐廳、辦公大樓、水族館、天文館、博物館及車站，這些附屬設施與東京晴空塔合稱為「東京晴空鎮」（Tokyo Skytree Town）。所以來到東京晴空塔，吃喝玩樂都可在此一網打盡，待上一整天都沒問題呢！

▌營業時間：商店 10：00 ～ 21：00／餐廳 11：00 ～ 23：00／觀景台：10：00 ～ 21：00
▌公休日期：全年無休
▌所在地點：東京都墨田区押上 1-1-2

東京晴空街道 1F

　　東京晴空塔商場「東京晴空街道」的一樓匯聚了眾多知名餐廳和店家，包括販售麵包超人等動漫角色周邊的專賣店，以及各種藥妝店、日本服飾店和手工藝品店，還有超熱門的原宿可麗餅連鎖店「Marion Crepes」與大阪章魚燒店「たこ家道頓堀くくる（章魚家道頓堀 Kukuru）」。

東京晴空街道 2F

　　東京晴空街道二樓西側的西庭院除了有間中型超市「北野エース」（北野 Ace）外，還有上野的知名平價糖果餅乾大型專賣店「二木の菓子」；東側的東庭院則有大型連鎖書店「三省堂」、西班牙連鎖平價服飾店「ZARA」、日本潮流選貨店「BEAMS」、吉卜力工作室相關商品專賣店「どんぐり共和國」（橡子共和國）、連鎖生活雜貨店「PLAZA」、奈良生活雜貨品牌「中川正七商店」、日本廚具專賣店「212 KITCHEN STORE」等等。

二樓中間的高塔庭院還有多間東京超熱門的日式＆西式甜點專櫃和餐廳，包括海鹽起司餅乾專賣店「TOKYO MILK CHEESE FACTORY」、奶油焦糖餅乾專賣店「PRESS BUTTER SAND」、甜點大師辻口博啟的豆菓子專賣店「Feve」、栃木超知名起司蛋糕專賣店＆餐廳「Cheese Garden」、靜岡超熱門水果塔專賣店＆餐廳「Qu'il fait bon」等。

東京晴空街道 3F

東京晴空街道三樓西側的美食廣場聚集了幾間日本常見的連鎖餐廳，包括「一風堂拉麵」、「築地銀章魚燒」、「宮武讚岐烏龍麵」、「築地虎杖」、「燒肉チャンピオン」（燒肉Champion）等。

三樓的東庭院則有拉拉熊＆米飛兔＆史努比專賣店、TOMICA 玩具店、迪士尼商店、ABC-MART、UNIQLO、URBAN RESEARCH、LoFt 等卡通、玩具、服飾及生活用品店，想買動漫商品、衣服或雜貨都可一次滿足。

東京晴空街道 4F

　　東京晴空街道四樓西庭院有集合日本電視台、朝日電視台、TBS 電視台、東京電視台、富士電視台等大型電視台相關商品的「テレビ局公式ショップ」（電視台官方商場）。想找日劇、日本綜藝節目或是動畫角色的紀念品或相關商品，這裡就能全部買齊；NHK 則另外開了間專賣店「NHK Character SHOP」，還在門口放了隻巨大的 Domo 君。

　　四樓東庭院的商店街則聚集了多間有趣店舖與人氣品牌。例如群馬縣冰淇淋＆鮮奶專賣店「東毛酪農 63 ℃」、專業級食物模型商店「元祖食品サンプル屋」（元祖食物模型屋）、超大間的寶可夢官方商品旗艦店「Pokémon Center」、任天堂超人氣遊戲《星之卡比》的主題咖啡廳「KIRBY CAFÉ」、《週刊少年 JUMP》的動漫商品專賣店、凱蒂貓官方商店「Hello Kitty Japan」、Marvel 電影商品專賣店、百圓雜貨連鎖店「DAISO」（大創）等。

東京晴空街道 5F

　　東京晴空街道五樓是東京晴空塔觀景台的電梯出口層，並開了間「THE SKYTREE SHOP」（東京晴空塔紀念品店），裡面販賣東京晴空塔的各種精緻模型、吊飾、玩偶、衣服、文具、明信片、造型礦泉水、蛋糕和餅乾等，值得大家挑幾樣帶回家做紀念。

東京晴空街道 6F & 7F

　　東京晴空街道六樓有多間超熱門日式料理店，像是北海道平價迴轉壽司店「回転寿しトリトン」（迴轉壽司 Toriton）、仙台超人氣烤牛舌專賣店「利久」、北海道超熱門蝦味豚骨拉麵「一幻」、東京沾麵超級名店「六厘舍」、名古屋鰻魚飯三吃專賣店「ひつまぶし名古屋 備長」（鰻魚飯三吃 名古屋備長）、餃子超巨大的東京中華料理名店「銀座天龍」、高人氣廣島燒名店「みっちゃん」（滿將）、京都百年抹茶老店「祇園辻利」等。

　　七樓還有東京淺草的兩百年歷史鰻魚飯老店「駒形 前川」、來自東京日本橋的 250 年歷史超熱門親子丼創始老店玉ひで（玉秀）開設的姊妹店「たまひで いちの」（玉秀 Ichino）等。

觀景台

　　東京晴空塔的觀景台共有兩處，分別是三百四十～三百五十公尺高的「天望甲板」，以及四百四十五～四百五十公尺高，需要另外加購門票的「天望迴廊」。搭乘超高速電梯上樓後，可以在窗邊盡情欣賞新宿都廳、東京巨蛋、東京鐵塔、富士山等地標，以及台場、汐留、淺草地區的都市景致。

　　天望甲板還有號稱全日本最高的咖啡廳「Skytree Cafe」，店內提供飲品、甜點以及咖哩飯、三明治等輕食。另一側則是東京晴空塔禮品店「The Skytree Shop」，以及價格昂貴的高級法式料理店「Sky Restaurant 634（Musashi）」。

六本木

六本木在二戰後由於美軍基地及各國大使館群聚，成為了異國餐廳、酒吧、俱樂部、聲色場所林立的熱鬧區域。不過，位於此處的大型都市更新計畫「六本木之丘」（六本木 Hills，又稱六本木新城）和「Tokyo Midtown」（東京中城）近年陸續啟用後，六本木的風貌也產生了巨大改變，並成為東京最時尚新潮的購物及觀光區之一。

六本木之丘

結合商場、大樓與住宅的巨大都市空間

由日本知名地產開發商「森大廈」（Mori Building）主導的超大型都市更新計畫「六本木之丘」，將當地的老舊房舍及街道拆除，並重新規劃為一處擁有超高層辦公大樓、住宅、公園、飯店、劇場、美術館、電視台、觀景台和購物中心的新型態都市空間。為了說服地主與居民，六本木之丘從籌畫到興建完成共耗費十七年。時間雖然漫長，不過成果也極出色。六本木之丘啟用後，不但讓六本木轉變為東京最時髦的辦公、購物、居住和觀光地，也造就了一則都市更新計畫的精彩實例。

六本木之丘的中心就是高達五十四層的「森大樓」。底層挑高氣派的商場內多是連鎖品牌與國際精品，但有幾間知名甜點店也進駐，例如來自巴黎的巧克力老店「La Maison du Chocolat」、米其林主廚侯布雄的法式甜點＆麵包店「LA BOUTIQUE de Joël Robuchon」、以及日本高人氣水果千層蛋糕名店「HARBS」。

　　森大樓與地鐵日比谷線出口連通的「Metro Hat」地下美食街內，還有大受歡迎的六本木豬排名店「豚組食堂」、遠近馳名的米其林雞湯拉麵店「銀座 篝」，以及東京超高人氣柚子拉麵店「AFURI」（阿夫利）。

　　二〇二〇年進駐六本木之丘的「蔦屋書店」，不但在店內展售多達三萬本設計、時尚、藝術類的西洋書籍，還開設了星巴克、酒吧與藝廊，打造出獨一無二的閱讀空間。

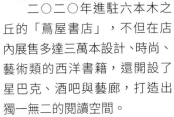

森大廈的 52 樓還有室內觀景台「Tokyo City View」，遊客可以在超大片的落地窗前一覽無遺地鳥瞰整個東京市區。有時間的話可以點杯咖啡，坐在窗邊慢慢享受高空美景。

如果再加價 500 日圓，還能走到屋頂的「SKYDECK」露天觀景台。這裡其實是森大樓最頂端的直升機停機坪，因此周遭沒有任何物體遮蔽，讓遊客毫無阻礙地在兩百三十八公尺的高空中全方位欣賞東京的城市美景。

▌營業時間：商店 11：00 ～ 20：00，餐廳 11：00 ～ 23：00，觀景台：10：00 ～ 22：00
▌門票價格：成人 2000 日圓，高中或大學 1400 日圓，4 歲至國中 800 日圓，65 歲以上 1700 日圓
▌公休日期：全年無休
▌所在地點：東京都港区六本木 6-10-1

朝日電視台

可欣賞可愛卡通布景的電視台總部

••••••••••••••••••••••••••••••••

　　森大樓旁邊的「朝日電視台」是日本五大電視台之一。除了日劇，也播映《哆啦A夢》、《蠟筆小新》、《我們這一家》、《美少女戰士》、《灌籃高手》等熱門動畫作品，以及在台灣頗受歡迎的《黃金傳說》、《男女糾察隊》、《Music Station》等綜藝節目。朝日電視台的大廳也擺放著招牌動畫的各種塑像及模型，入口旁的商店還可以買到各種朝日電視台動畫、日劇及綜藝節目的相關商品。

▌開放時間：10：00～19：00
▌公休日期：全年無休
▌門票價格：免費參觀
▌所在地點：東京都港区六本木 6-9-1

Tokyo Midtown

多棟大樓與公園構成的新潮區域

••••••••••••••••••••••••••••••••

　　「Tokyo Midtown」（東京中城）是與六本木之丘相距約十分鐘腳程的另一個大型再開發案，底層的購物中心聚集了多間甜點名店和熱門餐廳。像是米其林三星主廚鎧塚俊彥開設的同名手作甜點店「Toshi Yoroizuka」、日本甜點大師青木定治的蛋糕店「pâtisserie Sadaharu AOKI paris」、法國頂級巧克力＆馬卡龍品牌「JEAN-PAUL HÉVIN」、五百年歷史的日本知名和菓子老店「虎屋」（とらや）、名古屋超人氣鰻魚飯三吃專賣店「丸屋」、日本高人氣水果千層蛋糕名店「HARBS」、山形縣高品質豬排專賣店「平田牧場」等。三樓還有日本飲料大廠 SUNTORY（三得利）設立，經常舉辦熱門藝術展的「SUNTORY 美術館」（サントリー美術館）。

▌營業時間：商店 11：00～20：00，餐廳 11：00～23：00
▌公休日期：全年無休
▌所在地點：東京都港区赤坂 9-7

21_21 DESIGN SIGHT

三宅一生與安藤忠雄打造的藝術空間

坐落於 Tokyo Midtown 公園內的「21_21 DESIGN SIGHT」，是日本時尚設計大師三宅一生和建築大師安藤忠雄等人攜手打造的藝術空間。安藤忠雄利用長片鐵板、水泥和鋼筋的彎折，透過建築展現出三宅一生對服裝設計的「一塊布」概念。前衛的外型和各種風格獨特的藝術展覽，讓「21_21 DESIGN SIGHT」成為六本木的知名文化地標。

- ▌開放時間：10：00～19：00
- ▌公休日期：每週二、年末年初、換展期間
- ▌門票價格：成人 1400 日圓，大學 800 日圓、高中 500 日圓，國中或以下免費
- ▌所在地點：東京都港区赤坂 9-7-6

國立新美術館

壯觀獨特的日本最大藝術展廳

由日本建築教父黑川紀章設計，用大片波浪狀玻璃帷幕構成的「國立新美術館」本身就是一件壯觀的藝術品，也是日本面積最大的藝術展覽空間。館內的兩個巨大倒圓錐體上方，還有在動畫電影《你的名字》中出現的《VOGUE》雜誌咖啡廳「Salon de Thé ROND」，以及法國傳奇神廚 Paul Bocuse 在亞洲的首間餐廳「Brasserie Paul Bocuse Musée」。地下一樓的國立新美術館商店「SFT GALLERY」也能買到各種精緻獨特的藝術作品、文創商品和禮品。

- ▌開放時間：10：00～18：00
- ▌公休日期：每週二
- ▌門票價格：館內空間免費參觀，展覽門票需另購
- ▌所在地點：東京都港區六本木 7-22-2

台場

台場原本是個堆放船運貨櫃、杳無人跡的人工島，但一九九〇年代東京都政府大力推動「臨海副都心計畫」，陸續有企業來台場設立總部，各種大型商場、博物館和展覽館也接連興建，加上沿岸美麗的東京灣景色，讓台場在二〇〇〇年後逐漸成為東京最熱門的購物休閒地區之一。

從東京市區到台場可以搭乘連接新橋站、汐留站的「百合海鷗線」，以及行經池袋站、新宿站、澀谷站的「臨海線」。不過，百合海鷗線在台場地區的車站多而密集，較接近各大景點和商場，並設有大片觀景窗及觀景座位，搭車途中不論是寬闊的東京灣、林立的摩天大樓、鮮紅的東京鐵塔都能盡收眼底。

DECKS Tokyo Beach

集結娛樂設施的高人氣複合型商場

台場熱門商場「DECKS Tokyo Beach」（デックス東京ビーチ）有小孩最愛的「東京樂高樂園」、全球知名的「杜莎夫人蠟像館」，以及日本最大室內遊樂園「東京 JOYPOLIS」等超人氣設施。

DECKS Tokyo Beach 的四樓還有打造成昭和三〇年代日本街景的「台場一丁目商店街」。這裡開設了好幾間專賣古早味糖果、玩偶、吊飾、抽獎福袋的雜貨店及玩具店，販售各種老派俗氣衣服、皮包、配件的奇特店面，還有數家餐廳和鬼屋，讓遊客走進時光隧道，回到那純樸且別具風情的年代。

台場一丁目商店街另一側的「台場章魚燒博物館」，是條聚集了六家知名章魚燒店的美食街。不論是大阪道頓堀的熱門章魚燒店「たこ家道頓堀くくる」（章魚家道頓堀Kukuru），大阪黑門市場的知名山藥章魚燒店「芋蛸」，還是大阪章魚燒創始老店「會津屋」，都能在這裡一次嚐遍。

DECKS Tokyo Beach 的三樓和四樓分別還有來自澳洲的超人氣鬆餅名店「bills」，以及很大間的百圓生活用品店「DAISO」（大創），讓您花小錢就能買個夠。

■ 營業時間：11：00 ～ 20：00，週末及假日延長至 21：00
■ 公休日期：全年無休
■ 所在地點：東京都港区台場 1-6-1

AQUA CiTY

眾多連鎖品牌和餐廳的大型商場

台場大型商場「AQUA CiTY」除了有 GAP、adidas、PUMA、Reebok 等服飾及運動連鎖店，還有很大間的「玩具反斗城」、北歐知名平價生活雜貨店「Flying Tiger Copenhagen」、迪士尼直營商店「Disney Store」、連鎖家居賣場「宜得利」（NITORI）等。

擁有超高人氣的「Eggs'n Things」是 AQUA CiTY 最受歡迎的餐廳。這間主打「奶油塔鬆餅」並與 bills 齊名的夏威夷鬆餅專賣店，在東京市區的分店經常客滿。但來到 AQUA CiTY 只要小排一下就能入座，還可以從陽台欣賞壯觀的彩虹大橋和東京灣景。

AQUA CiTY 五樓的拉麵美食街「東京拉麵國技館 舞」（東京ラーメン国技館 舞），可以一次品嚐到川越沾麵名店「頑者」、博多豚骨拉麵名店「達摩」（だるま）、川崎魚介醬油拉麵名店「玉」、東京鹽味拉麵名店「ひるがお」（HIRUGAO）等超人氣拉麵。

■ 營業時間：11：00 ～ 21：00

■ 公休日期：全年無休

■ 所在地點：東京都港區台場 1-7-1

自由女神像

可欣賞東京灣景的台場地標

　　AQUA CiTY 旁邊的台場知名地標「自由女神像」，是一九九八年為了「日本法國年」活動而特地從巴黎塞納河畔運送到日本。該雕像原本是一八八九年美國回贈給法國的小型複製品，高度為十二公尺，尺寸只有紐約原版的七分之一。由於太受日本人歡迎，展期結束後法國又額外贈送了一尊巴黎自由女神像的複製品，並擺放於原處。

▋ 開放時間：24 小時開放
▋ 公休日期：全年無休
▋ 所在地點：東京都港区台場 1 丁目

DiverCity Tokyo Plaza

品牌齊全的超大型購物中心

　　「DiverCity Tokyo Plaza」是台場地區人潮最多、流行品牌最豐富齊全的購物中心，包括「H&M」、「ZARA」、「Hollister」、「GU」、「UNIQLO」、「ABC-MART」等大型服裝配飾連鎖店，以及「3COINS」、「DAISO」（大創）等日本平價生活雜貨店都陸續進駐，店面類型應有盡有。

　　這裡還有全世界第一家「哆啦 A 夢未來百貨」（ドラえもん未来デパート），裡面不只販售各式各樣的哆啦 A 夢周邊和限定商品，還可以購買「哆啦 A 夢郵票」寄信到未來世界，並設置了哆啦 A 夢主題互動空間「祕密道具體驗區」。商場一樓也有報時裝置「哆啦 A 夢時代廣場」，每天早上十點到晚上十一點的整點都有音樂和機械表演。

DiverCity Tokyo Plaza 的美食街還有東京超熱門天丼專賣店「金子半之助」、高評價博多長濱風味拉麵店「田中商店」、超夯沾麵店六厘舍的姊妹店「久臨」、美國知名漢堡連鎖店「卡樂星」（Carl's Jr.），以及名古屋知名親子丼 & 炸雞翅專賣店「鳥開總本家」開設的「TORIKAI EXPRESS」、東京生魚丼飯名店「築地虎杖」開設的「築地〆虎」（SHIME 虎）等，選擇十分多元。

高度近二十公尺的台場地標「RX-0 獨角獸鋼彈」1：1 實物大模型就位在 DiverCity Tokyo Plaza 的戶外廣場。每到表演時間，獨角獸鋼彈就會在「獨角獸模式」和「毀滅模式」之間切換，角、臉、肩、腰、膝也會跟著改變及伸展，並同步打上超華麗的光影特效，後方的商場牆壁也會投影精彩的動畫片段。

■ 營業時間：11：00 ～ 20：00，週末及假日延長至 21：00

■ 公休日期：全年無休

■ 所在地點：東京都江東区青海 1-1-10

富士電視台

掛著巨大球體的酷炫建築

　　由日本建築大師丹下健三設計的「富士電視台本社大樓」，最大特色就是高掛在屋頂的那顆巨大球體。這顆大鐵球直徑長三十二公尺，重達一千兩百公噸，目前作為觀景台使用，稱為「球體展望室」，是台場的熱門景點之一。

　　位於7樓廣場的富士電視台商品專賣店「FUJISAN」（F island），不但在入口擺放《海賊王》中巨大的梅利號船頭和魯夫、喬巴的等身塑像，商店裡更有玲瑯滿目的海賊王周邊商品可選購。同樣在富士電視台播映的《七龍珠》、《櫻桃小丸子》的各種相關商品也可在此買到。

■ 開放時間：觀景台＆商店 10：00 ～ 18：00
　（觀景台最後入場 17：30）
■ 公休日期：每週一
■ 門票價格：觀景台高中或以上 700 日圓，國中或國小 450 日圓，其餘區域免費參觀
■ 所在地點：東京都港區台場 2-4-8

日本科學未來館

未來世界與科技主題博物館

　　位於百合海鷗線東京國際郵輪碼頭站旁的「日本科學未來館」，是以未來世界的科技和社會為主題的前瞻性博物館。館內除了有關於太空、地球、生命、機械、物理、化學等各種領域的最新技術和知識介紹，以及各式各樣的互動設施，還有一顆直徑達六公尺的超巨大動態懸浮地球，很適合對新科技或科學發明有興趣的孩童來此遊玩探索。

■ 營業時間：10：00 ～ 17：00
■ 公休日期：每週二
■ 門票價格：成人 630 日圓，高中或以下 210 日元
■ 所在地點：東京都江東區青海 2-3-6

豐洲市場

全新啟用的現代化漁產批發市場

由於築地市場過於老舊，空間及衛生條件不符合現代需求，東京都政府決定在台場旁的豐洲打造全新的漁產批發市場，並於二〇一八年啟用。原本位於築地場內市場的所有商家和餐廳也全部搬遷至豐洲市場。雖然離東京市區有段距離，但遊客只要在新橋、汐留、台場或透過東京地鐵有樂町線轉乘百合海鷗線，並於「市場前站」下車，就能迅速抵達豐洲市場。

豐洲市場依設施功能區隔成四棟主要建築，按照與車站的距離，由近到遠分別是「青果棟」、「管理設施棟」、「水產卸賣場棟」和「水產仲卸賣場棟」，築地市場的知名老店也分散在這四棟建築中。

例如以超大炸蝦丼和炸海鮮天婦羅蓋飯聞名的築地老店「天房」，以及超熱門壽司名店「大和壽司」就位於「青果棟」；海鮮炸物定食名店「八千代」、創業超過一百一十年的築地代表性和菓子老店「茂助」、以及人氣最旺的牡蠣拉麵店「やじ滿」（YAJI 滿）則搬進了「管理設施棟」。

「水產仲卸賣場棟」是豐洲市場最大的建築，總共有五層樓，其中的一、二樓是海鮮中盤商批發區，只限業者進入；三樓是餐廳區，剩餘的築地市場名店全部集中在此；四樓則是商店街，以前的築地市場小店都搬來這裡。

位於三樓的築地市場名店包括最熱門的「壽司大」、海鮮丼老店「大江戶」、雞肉料理專賣店「鳥藤」、平價握壽司名店「磯壽司」、貝類壽司名店「岩佐壽司」、高評價握壽司老店「鮨文」、鰻魚飯專賣店「福せん」（Fukusen）、魚料理專賣店「高橋」（高はし）、印度咖哩飯老店「中榮」、炸物老店「小田保」、洋食餐廳「祿名軒」、以豬排三明治聞名的喫茶店「千里軒」（センリ軒）等。

在這裡嚐到知名的「丸武」和「大定」玉子燒，或選購漬物、味噌、茶葉、日本酒、調味料、廚房用具、餐盤、刀具、衣物等各種食品及商品。

位於四樓的商店街「魚河岸橫丁」（魚がし橫丁）把原本在築地市場內四散的五金行、雜貨店、物產店、小吃店全部集中。遊客可以

■ 開放時間：05：00～17：00（餐廳只營業到中午）

■ 公休日期：週日、國定假日、部分週三等休市日

■ 所在地點：東京都江東區豐洲 6-5-1

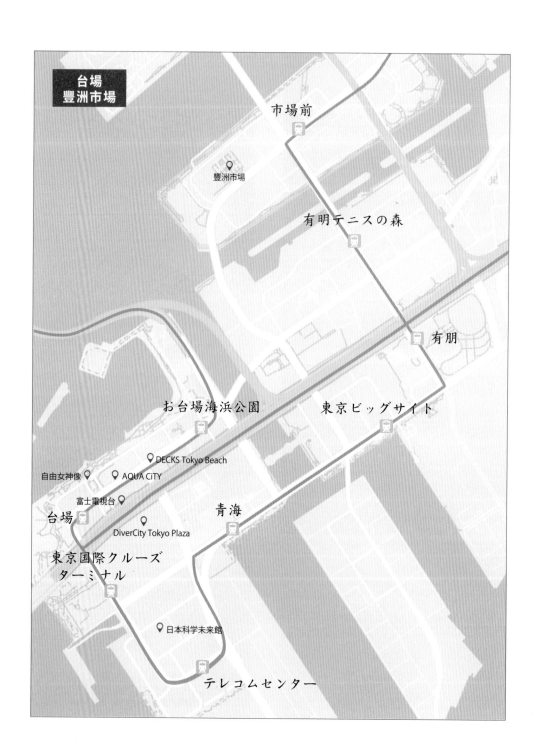

台場
豊洲市場

市場前

豊洲市場

有明テニスの森

有朋

お台場海浜公園　　　東京ビッグサイト

DECKS Tokyo Beach

自由女神像　　AQUA CiTY

富士電視台

台場

青海

DiverCity Tokyo Plaza

東京国際クルーズ
ターミナル

日本科学未来館

テレコムセンター

銀座

銀座地名源自於十七世紀在此設立的「銀錠鑄造所」。十九世紀末,銀座一帶的木造房舍遭大火焚毀。明治維新後積極西化的日本政府,決定聘請英國建築師規劃全磚造、可防火的現代化街道,稱作「銀座磚瓦街」(銀座煉瓦街),讓銀座一舉成為當年最先進的時髦區域。各種洋食餐廳、洋服店、高級名牌店也陸續在銀座設立,逐漸發展成東京最熱鬧繁華的街道。時至今日,銀座仍是東京首屈一指的購物區,各大國際精品店、連鎖服飾店、百貨公司都在此齊聚,還有許多熱門餐廳,逛街吃飯都十分方便。

伊東屋

東京知名百年文具老店

- 營業時間:10:00～20:00,週日及假日至 19:00
- 公休日期:全年無休
- 所在地點:東京都中央区銀座 2-7-15

創立於一九〇四年的東京知名百年文具老店「伊東屋」,高達十二層樓的銀座旗艦店販賣著精緻又豐富,日本國產及歐美進口的各種文具、筆記本、明信片、美術用紙、飾品與旅行用品,送禮自用都非常適合。

無印良品銀座

全球最大 MUJI 旗艦店與旅館

　　全球面積最大的 MUJI 旗艦店「無印良品銀座」多達七層的商場內，可買到全系列文具、家具、家電、服飾、食品及生活用品，還有獨特的無印良品食堂、生鮮超市、麵包坊、果汁吧、特調茶工房、設計工房等日本或世界首見的無印良品特色服務。商場樓上更開設了日本第一間「MUJI HOTEL」，讓您入住由無印良品全系列商品及家具構成，精心設計的整套 MUJI 起居空間。

▌營業時間：11：00 ～ 21：00
▌公休日期：全年無休
▌所在地點：東京都中央区銀座 3-3-5

銀座 Loft

高達六層樓的超大生活用品店

　　二〇一九年擴大開幕的「銀座 Loft」是東京市區最大的 Loft 分店之一，占據六層樓的寬廣店面涵蓋了文具、廚房、美容、清潔、旅行等各種可愛實用的生活用品。三樓還進駐了紐約現代藝術博物館的設計商店「MoMA Design Store」，是其在東京的第二間分店。

▌營業時間：11：00 ～ 21：00
▌公休日期：全年無休
▌所在地點：東京都中央区銀座 2-4-6

和光百貨

鐘聲響亮的銀座地標

　　建於一九三二年的銀座地標「和光百貨」不只是棟優雅的歐式建築，也是日本鐘錶品牌「SEIKO」（精工）的創始地。大樓內部為販售 SEIKO 自家鐘錶與各種精品的高級百貨公司。屋頂的大時鐘每逢整點都會報時，響徹街口的鐘聲是銀座的知名象徵。

▌營業時間：11：00 ～ 19：00
▌公休日期：元旦
▌所在地點：東京都中央区銀座 4-5-1

木村家

酒種紅豆麵包創始名店

「木村家」是一八六九年創立的東京最老烘焙坊之一，並利用日本酒的酵母菌和紅豆，創造出世界第一個純日式風味的「酒種紅豆麵包」（あんぱん），奠定了木村家在日本麵包界的地位。如今，位於銀座的木村家本店還是天天湧進大批顧客，為的就是品嚐熱賣百年、Q彈可口的始祖酒種麵包。

▋ 營業時間：10：00 ～ 20：00
▋ 公休日期：元旦
▋ 所在地點：東京都中央区銀座 4-5-7

數寄屋 BURGER

高人氣平價和牛漢堡排

「數寄屋 BURGER」（数寄屋バーグ）是銀座超熱門的和牛漢堡排餐廳，因為只要1000 ～ 2000 日圓就能品嚐到 A4、A5 等級和牛製成的鮮嫩漢堡排，經常被媒體報導而成為當地名店。

▋ 營業時間：11：00 ～ 22：30
▋ 公休日期：每週三
▋ 所在地點：東京都中央区銀座 4-2-12

GINZA PLACE

酷炫 NISSAN 汽車展示中心

以白色菱格紋外牆包覆的「GINZA PLACE」商場一樓及二樓，有超酷炫的 NISSAN 汽車展示中心「NISSAN CROSSING」，可一窺日產的新車與未來概念車。四樓到六樓則是 SONY 的銀座旗艦店，可購買或體驗 SONY 的電視、相機、耳機、音響、遊戲機等最新產品及周邊。

▋ 營業時間：10：00 ～ 20：00
▋ 公休日期：全年無休
▋ 所在地點：東京都中央区銀座 5-8-1

東急廣場銀座

熱門品牌眾多的大型商場

■ 營業時間：商店 11：00 ～ 21：00，餐廳 11：00 ～ 23：00
■ 公休日期：全年無休
■ 所在地點：東京都中央区銀座 5-2-1

　　「東急廣場銀座」（東急プラザ銀座）是美食極為豐富的大型百貨。例如 B2 就有來自紐約的超熱門麵包店「THE CITY BAKERY」、日本高人氣和風義大利麵店「こなな」（CONANA）、抹茶甜點名店「SALON GINZA SABOU」、來自北海道的超人氣迴轉壽司店「根室花丸」的無座位餐廳「立食い寿司 根室花まる」（立食壽司 根室花丸）等。10F ～ 11F 的餐廳大街還有仙台碳烤牛舌名店「撰 利久」、東京超人氣時尚烏龍麵店「つるとんたん」（TsuruTonTan）、靜岡鰻魚飯老店「うなぎ徳」（鰻魚 德）、超熱門的「回転寿司 根室花まる」（迴轉壽司 根室花丸）等。

鳩居堂

三百年歷史京都文具老店

．．．．．．．．．．．．．．．．．．

　　晴海通與中央通路口旁的三百年歷史京都
文具老店「鳩居堂」，販賣許多精緻可愛的和
風明信片，還有豐富的日式線香、染布藝品、
禮品、和紙及書法用具，商品全都充滿了日本
風味，很適合當作伴手禮。

▌營業時間：11：00 ～ 19：00
▌公休日期：新年期間及設施維修日
▌所在地點：東京都中央区銀座 5-7-4

朧月

超濃厚豚骨魚介沾麵名店

．．．．．．．．．．．．．．．．．．

　　以超濃厚豚骨魚介沾汁配上 Q 彈的粗捲
麵，以及肥嫩叉燒塊聞名的「朧月」，是銀座人
氣最旺的沾麵店。出色的滋味及口感讓朧月在
網路上擁有高評價，門口總是擠滿了用餐人潮。

▌營業時間：11：30 ～ 22：00（下午 15：30 ～
　17：30 休息）
▌公休日期：全年無休
▌所在地點：東京都中央区銀座 6-3-5

GU

日本平價服飾的銀座旗艦店

．．．．．．．．．．．．．．．．．．

　　中央通上的日本平價服飾品牌「GU」，
巨大的銀座旗艦店共有五層樓，不論男裝、女
裝及童裝都十分豐富，還經常有特價活動，好
逛又好買。

▌營業時間：11：00 ～ 21：00
▌公休日期：全年無休
▌所在地點：東京都中央区銀座 5-7-7

GINZA SIX

銀座面積最大的百貨公司

....

　　「GINZA SIX」是銀座地區最大的百貨公司，挑高氣派的購物空間內聚集了不少話題名店。像是位於 B2 的舊金山超人氣連鎖咖啡店「BLUE BOTTLE COFFEE」（藍瓶咖啡）、神奈川布丁名店「MARLOWE」、熱門奈良和風雜貨店「中川政七」、宇治抹茶老店「中村藤吉」、高質感連鎖書店「蔦屋」等。

Ginza Noodles
むぎとオリーブ

米其林推薦新潮歐風拉麵店

銀座超人氣新潮歐風拉麵店「Ginza Noodles むぎとオリーブ」（Mugi to Olive），主打鳥取縣大山雞與國產醬油熬煮的濃厚湯頭，搭配北海道細麵的「雞 SOBA」（雞湯拉麵），以及在醬油雞湯底添加蛤蜊精華的「雞蛤濃厚沾麵」（鶏と蛤の濃厚つけ麵）。罕見又出色的滋味讓該店被《東京米其林指南》多次推薦，成為銀座最熱門的拉麵店之一。

■ 營業時間：11：30 ～ 21：45，週末及假日只到 20：45
■ 公休日期：每週日
■ 所在地點：東京都中央区銀座 6-12-12

博品館

高達五層樓的大型玩具專賣店

坐落於中央通尾端的「博品館」，是東京市區最熱門且面積最大的玩具專賣店之一。高達五層樓的商場內全是鋼彈、海賊王、七龍珠、火影忍者、哆啦 A 夢、櫻桃小丸子、寶可夢、吉卜力的模型、玩偶和扭蛋，還有樂高、TOMICA、遙控車、遊戲機等，就算逛上半天也沒問題呢。

■ 營業時間：11：00 ～ 20：00
■ 公休日期：全年無休
■ 所在地點：東京都中央区銀座 8-8-11

銀座鴨そば 九代目けいすけ

日本少見的高評價鴨肉拉麵專賣店

人氣和評價都很高的「銀座鴨そば 九代目けいすけ」（銀座鴨拉麵 九代目 KEISUKE）是日本少見的鴨肉拉麵專賣店，並主打「芳醇鴨そば」（鴨清湯拉麵）與「鴨白湯そば」（鴨濃湯拉麵）兩種料理，還提供鴨肉片和鴨肉燥蓋飯。

■ 營業時間：11：00 ～ 22：00
■ 公休日期：全年無休
■ 所在地點：東京都中央区銀座 6-12-15

伊藤

低調的醬油魚介拉麵名店

獲得《東京米其林指南》連續推薦的銀座拉麵名店「伊藤」，最大特色是自家製的超 Q 彈細麵，以及擁有濃厚海鮮風味的醬油魚介湯頭。雖然藏身於不起眼的大樓地下室，而且煮干高湯的腥味非常強烈，但還是得到許多饕客的好評。

■ 營業時間：平日 11：00 ～ 24：00，週六只到 23：00，週末及假日只到 21：00
■ 公休日期：不定期
■ 所在地點：東京都中央区銀座 6-12-2

You

口感超軟嫩的蛋包飯排隊名店

地鐵東銀座站旁的「You」是以蛋包飯聞名全東京的超人氣日式喫茶老店，曾登上日本各大電視節目和旅遊書，可說是銀座最受歡迎的洋食餐廳。但是想品嚐這道名聞遐邇的蛋包飯可不容易，由於座位不多，You 的店門口總是大排長龍。

■ 營業時間：11：00 ～ 16：00
■ 公休日期：元旦
■ 所在地點：東京都中央区銀座 8-9-11

UNIQLO 銀座店

12 層樓的全球最大旗艦店

高達十二層樓的「UNIQLO 銀座店」是這間日本平價服飾品牌面積最大的全球旗艦店。不論男裝、女裝、童裝、配件，或是聯名T恤、季節商品、限量周邊，都能在這間超級大的 UNIQLO 找到。

■ 營業時間：11：00 ～ 21：00
■ 公休日期：全年無休
■ 所在地點：東京都中央区銀座 6-9-5

ZARA 銀座

西班牙平價服飾的大型旗艦店

西班牙平價服飾「ZARA」的銀座旗艦店占地達四層樓，是東京最大最好逛的分店之一，不論男女服飾都非常齊全，折扣商品也不少。

■ 營業時間：10：30 ～ 21：00
■ 公休日期：全年無休
■ 所在地點：東京都中央区銀座 7-9-19

Abercrombie & Fitch

美國潮牌服飾的東京旗艦店

美國服飾品牌「Abercrombie & Fitch」（A&F）八層樓高的銀座旗艦店，是全日本唯一開在市區的獨立店。設計宛如高塔內部、樓梯層層上升的暗色系商場中，除了陳列各種最新款服飾，有時也可買到過季出清的特價商品。

■ 營業時間：11：00 ～ 20：00
■ 公休日期：全年無休
■ 所在地點：東京都中央区銀座 6-9-10

Apple 銀座

重新開幕的地標級蘋果旗艦店

因原址重建而在二○二二年搬遷至博品館對面的蘋果官方旗艦店「Apple 銀座」，多達四層樓的商場內陳列著 iPhone、iPad、Mac 等完整齊全的蘋果全系列產品及配件，並提供使用諮詢和現場維修服務。

■ 營業時間：10：00 ～ 21：00
■ 公休日期：全年無休
■ 所在地點：東京都中央区銀座 3-5-12

銀座天國

午餐划算的老字號天丼餐廳

▌營業時間：11：30 ～ 22：00

▌公休日期：每週日

▌所在地點：東京都中央区銀座 8-9-11

創立於一八八六年的老字號天丼餐廳「銀座天國」，是東京知名的天婦羅蓋飯百年老店。這裡人氣最高的餐點，就是只在下午三點前販售、特價 1500 日圓的「午間天丼」（お昼天丼），裡面有滿滿的炸蝦和炸魚天婦羅，豐盛又美味。

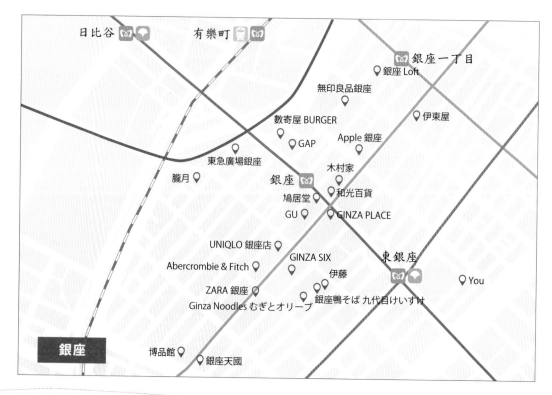

築地

東京最知名的海鮮批發市場「築地市場」，分為「場內市場」和「場外市場」兩部分。「場內市場」指的是築地漁市的批發區，是由市場主建物、拍賣場、餐廳、商店街及倉庫組成的一個半封閉區域。但該區已經在二〇一八年關閉並搬遷至台場東北邊，離現址2.3公里遠的「豐洲市場」。

「場外市場」則是指在築地漁市外頭營業的商家，所有店舖在豐洲市場開幕後都留在原處，沒有離開。因此，築地依舊有數不清，專賣海鮮、壽司、生魚片、蓋飯、玉子燒的美食餐廳、小吃攤販及特色店家等著您品嚐探索。

丸武

滋味香甜的玉子燒老店

場外市場最受歡迎的玉子燒專賣店「丸武」已有八十年歷史。將剛出爐的玉子燒吹涼後咬下，濃郁香甜的蛋香充盈口中，軟嫩又可口，難怪店門口總是被觀光客擠得水洩不通。

█ 營業時間：04：00 ～ 14：30，週日08：30 ～ 14：00

█ 公休日期：國定假日、市場休市日、每年1月及8月的週日

█ 所在地點：東京都中央区築地4-10-10

築地どんぶり市場

滋味媲美烤牛排的獨特鮪魚丼

■ 營業時間：06：00～16：00
■ 公休日期：每週三
■ 所在地點：東京都中央区築地 4-9-5

　　高人氣海鮮丼飯專賣店「築地どんぶり市場」（築地丼物市場）最有名的，不是菜單上的各式海鮮丼，而是號稱滋味媲美烤牛排的「鮪魚臉頰肉排丼」（まぐろホホ肉ステーキ丼）。將偽

裝成牛肉的鮪魚片放進口中，烤得略焦、泛著油光的鮪魚片竟然真的有著近似牛肉的香味及嚼勁，再搭配底下的蔥絲和高麗菜葉，的確很像在吃炭烤牛肉片呢！

狐狸屋

得提心吊膽用餐的超熱門牛丼名店

■ 營業時間：06：30～13：30
■ 公休日期：週日、假日、部分週三等休市日
■ 所在地點：東京都中央区築地 4-9-12

　　「狐狸屋」（きつねや）不但是築地最熱門的牛丼專賣店，還在日本美食網站的牛丼排行榜拿下全國第一名。該店受歡迎的原因，就是滷得格外入味、口感又十分柔嫩的牛丼，以及將各種牛內臟煮到鬆軟綿密的牛雜丼。不過經營這家店的老闆娘脾氣也差得出名。像是拍照、沒排好隊、兩人共食等行為都有可能被她大罵一頓並趕走，再加上狐狸屋的牛丼醬汁甜度和鹹度都偏高，因此網路評價頗為兩極。

瀨川

築地鐵火丼老店

■ 營業時間：07：30～12：30
■ 公休日期：週日、假日、部分週三等休市日
■ 所在地點：東京都中央区築地 4-9-12

　　「瀨川」是專賣鮪魚丼（鐵火丼）的築地知名老店，特色是將生鮪魚片用獨門醬油醃漬後再舖到醋飯上，並撒上紫蘇和海苔。雖然道地的日式滋味讓瀨川得到很高的評價，不過強烈的醃漬味和紫蘇味也讓有些人難以接受。

壽司三味

築地人氣第一的平價壽司店

▌ 營業時間：24 小時
▌ 公休日期：全年無休
▌ 所在地點：東京都中央区築地 4-10-2

　　「すしざんまい」（壽司三味）是築地最知名、生意也最好的平價連鎖壽司店，料多又新鮮的生魚片丼和握壽司組合只要 1000 ～ 3000 日圓。雖然位於築地的本店高達三層樓，座位非常多，還二十四小時營業，但由於太受觀光客歡迎，午餐時間來訪至少得等個二十～三十分鐘才能入內。

迴轉壽司三味

便宜又美味的迴轉壽司連鎖店

▌ 營業時間：平日 11：00 ～ 22：30，週末及假日 10：00 ～ 22：30
▌ 公休日期：全年無休
▌ 所在地點：東京都中央区築地 4-10-2

　　若您不想花上千日圓品嚐海鮮丼和生魚片，也可以改到すしざんまい（壽司三味）開設的平價迴轉壽司店「廻るすしざんまい」（迴轉壽司三味），一盤只要 107 日圓起，讓您花點小錢就能在築地吃到新鮮美味的握壽司。

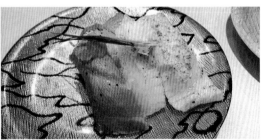

築地虎杖 魚河岸千兩

人氣獨創料理「元祖海鮮丼三吃」

▌ 營業時間：08：00 ～ 16：00
▌ 公休日期：全年無休
▌ 所在地點：東京都中央区築地 4-10-5

　　以海鮮丼＋海膽拌飯＋湯泡飯的獨創料理「元祖海鮮丼三吃」（元祖 海鮮ひつまぶし）聞名的築地熱門壽司店「築地虎杖 魚河岸千兩」，因為曾經登上日本電視節目的美食排行榜，還能品嚐到各種料多味美的生魚片蓋飯而廣受喜愛。

築地魚河岸

代替場內市場的全新建築

■ 營業時間：05：00 ～ 15：00（九點前限批發人員進入）
■ 公休日期：週日、假日、部分週三等休市日
■ 所在地點：東京都中央区築地 6-27-1

「築地魚河岸」是因應場內市場轉移到豐洲，由築地店家和攤商共同打造的室內生鮮市場。裡面共有約六十間販賣新鮮漁獲、生魚片、蔬菜、水果、廚具、雜貨的批發商和零售商，樓上還有供應海鮮丼、炸物、咖哩飯的美食街「魚河岸食堂」，以及寬闊的空中庭園，逛起來就像是迷你版的豐洲市場。但築地魚河岸的設立目的是為了服務原先來築地批貨的餐廳及商家，所以早上不開放一般民眾入內，觀光客要等到九點過後才能進去採買。

築地本願寺

日本罕見的印度風格佛寺

::

築地本願寺的前身為一六一七年在淺草創建的「淺草御堂」。一六五七年被大火燒毀後，淺草御堂遷移到東京佃島的岸邊填海造陸重建，並改稱為「築地御坊」，此即「築地」（築起陸地）的地名由來。由於設計採用了印度佛教風格，因此在築地本願寺內外不但會看到牛、雞、虎、象等極具南亞特色的動物雕飾，寺院裡頭還有彩繪玻璃、管風琴等等日本寺廟中不曾出現的物件，十分有趣。不過築地本願寺會固定舉行法事等祭祀活動，參觀時請務必保持肅穆。

■ 營業時間：06：00 ～ 16：00
■ 公休日期：全年無休
■ 門票價格：免費參觀
■ 所在地點：東京都中央區築地 3-15-1

池袋

池袋是全世界人潮第三多的鐵路車站，每天在此上下車的乘客高達兩百七十萬人。由於交通便捷、旅客眾多，池袋聚集了大量百貨公司、商店街、購物中心、旅館、遊樂園、水族館，是東京最熱鬧的交通、購物及娛樂中心之一。

東武百貨

餐廳超多的池袋西口巨大商場

■ 營業時間：商店 10：00 ～ 20：00，餐廳 11：00 ～ 22：00
■ 公休日期：全年無休
■ 所在地點：東京都豐島區西池袋 1-1-25

　　東武鐵道的「東武百貨」位於池袋車站西口，是池袋品牌最多，也是關東地區面積最大的百貨公司。高達十五層的商場中，擠滿了大量人氣商家、話題餐廳及伴手禮名店。

　　這裡的 B1 伴手禮區就有日本法式甜點名店「Henri Charpentier」、年輪蛋糕老店「Juchheim」、東京豆菓子名店「豆源」、滋賀超人氣年輪蛋糕「CLUB HARIE」、東京百年和菓子老店「虎屋」、大阪知名蛋糕捲「Mon cher」（堂島 Roll）、超人氣那須高原起司蛋糕「CHEESE GARDEN」、巴黎蒙布朗百年老店「Angelina」等。

CHEESE GARDEN

　　東武百貨 1F ～ 2F 有占地兩層樓的美國平價服飾品牌「Gap」的大型店，3F 是西班牙平價服飾連鎖店「ZARA」，6F 則有日本家居賣場「宜得利」的中型分店，9F ～ 10F 還有面積不小的「UNIQLO」。

　　東武百貨的高樓層全是知名餐廳，例如北海道迴轉壽司店「トリトン」（TORITON）、巨大餃子中華料理店「銀座天龍」、東京百年蕎麥麵老店「永坂更科 布屋太兵衛」、蛋包飯及洋食餐廳「66DINING 六本木六丁目食堂」、水果甜點專賣店「果實園」、東京鯛鹽拉麵排隊名店「灯花」、京都 3D 拉花抹茶拿鐵名店「茶寮翠泉」、東京惠比壽牛腸鍋名店「蟻月」、A5 和牛燒肉店「燒肉 Champion」（燒肉チャンピオン）等。

LUMINE 池袋

人氣商店與連鎖餐廳眾多的大型百貨

■ 營業時間：商店 11：00～21：00，餐廳 11：00～22：00
■ 公休日期：全年無休
■ 所在地點：東京都新宿区西新宿 3-38-2

　　JR 東日本經營的「LUMINE 池袋」位於池袋車站西口的南側。這裡的商店及餐廳陣容也不容小覷，各樓層分別有日本水果千層蛋糕名店「HARBS」、熱門法式可麗餅連鎖店「gelato pique cafe」、水果塔甜點餐廳「La Maison ensoleille table」、三百日圓＋千圓生活雜貨店「3COINS+plus」、日本生活用品連鎖店「PLAZA」、「無印良品」等。

　　八樓及九樓的美食街還有仙台牛舌名店「喜助」、東京人氣漢堡店「J.S. BURGERS CAFE」、日式濃湯簡餐店「Soup Stock Tokyo」、日式漢堡排老店「つばめグリル」（Tsubame Grill）、新宿天婦羅老店「綱八」、和風義大利麵店「こなな」（CONANA）、健康蔬食火鍋吃到飽餐廳「はーべすと」（WA — BEST）、涮涮鍋及壽司吃到飽餐廳「菜の庵」等。

西武百貨

伴手禮名店超多的池袋東口地標級商場

....

　　西武鐵道的「西武百貨」位於最熱鬧的池袋車站東口，客流量極高，因此聚集了大量商家、餐廳及伴手禮店。尤其 B1 的伴手禮區可說是名產天堂，包括巴黎馬卡龍名店「Pierre Hermé」、日本法式甜點名店「Henri Charpentier」、日本料理鐵人高木康政蛋糕店「Le Patissier Takagi」、鎌倉日式法蘭酥名店「鎌倉五郎本店」、鎌倉知名鴿子餅乾「豐島屋」、名古屋蝦餅老店「桂新堂」、名古屋和菓子老店「兩口屋是清」、九州長崎蛋糕百年老店「福砂屋」&「文明堂」、京都和菓子老店「鶴屋吉信」、東京銀座紅豆麵包創始名店「木村家」、東京百年和菓子老店「虎屋」等，日本各地的人氣名產都可在此買到。

　　八樓的美食街還有東京超人氣「美登利壽司」旗下的平價迴轉壽司店「活美登利」、大阪燒名店「千房」、東京超熱門義式餐廳「LA BETTOLA da Ochiai」、連鎖九州豚骨拉麵店「九州じゃんがら」（九州 JANGARA）等餐廳。9F～12F 也開了日本生活雜貨店「Loft」的超大旗艦店，從文具、生活用品、旅行用品，到寵物周邊、美妝產品、保健產品這裡全都有賣，種類十分豐富。

▌營業時間：平日 10：00～21：00，週日及假日只到 20：00；餐廳 11：00～23：00

▌公休日期：全年無休

▌所在地點：東京都豊島区南池袋 1-28-1

池袋 PARCO

有多間熱門商店與餐廳的大型百貨

■ 營業時間：10：00 ～ 21：00
■ 公休日期：全年無休
■ 所在地點：東京都豊島区南池袋 1-28-2

　　西武百貨北側的「池袋 PARCO」是另一間熱門大型商場，並在池袋車站旁擁有兩間分館。較大間的本館進駐了生活用品店「PLAZA」、大型連鎖鞋店「ABC-Mart」、銀座洋食老店「三笠會館」、日式蓋飯連鎖店「マルモキッチン」（MARUI Kitchen）、連鎖平價炸豬排餐廳「和幸」、博多知名牛雜鍋餐廳「おおやま」（OOYAMA）、名古屋鰻魚飯名店「備長」等。

P'PARCO

潮流服飾與動漫店眾多的 PARCO 分館

■ 營業時間：11：00 ～ 21：00
■ 公休日期：全年無休
■ 所在地點：東京都豊島区東池袋 1-50-35

　　藏在 PARCO 本館的北側巷弄，以潮流服飾與動漫店家構成的分館「P'PARCO」內開設了日本連鎖中古玩具店「MANDARAKE」、《新世紀福音戰士》的首間官方商店「EVANGELION STORE」、各式各樣的當紅動漫主題店、百圓生活雜貨店「Seria」、連鎖唱片行「Tower Records」等。

無敵家

觀光客最愛的東京超級拉麵名店

主打豚骨醬油湯頭的池袋超級拉麵名店「無敵家」，不只在台灣觀光客間名聲響亮，就連日本美食網站的評價和熱門度也名列前茅。雖然無敵家從早上十點半營業到清晨四點，但每天開店前就有不少人到門口卡位，排隊人潮直至午夜都不會中斷，用餐時間沒等上一兩個小時絕對吃不到。

■ 營業時間：10：30～隔日 04：00
■ 公休日期：12 月 31 日～1 月 3 日
■ 所在地點：東京都豊島区南池袋 1-17-1

元祖明太煮沾麵

獨創明太子蔬菜魚介沾麵名店

以獨創「九州明太子蔬菜魚介沾汁」聞名的池袋超人氣沾麵店「元祖 めんたい煮こみつけ麵」（元祖明太煮沾麵），店裡就只有賣這一款招牌料理。除了將 Q 彈的麵條放進濃稠的明太子沾汁內享用，還可以倒入白飯後攪拌做成「明太子雜炊」，用不同食材來感受明太子的多重滋味。

■ 營業時間：11：00～23：00
■ 公休日期：全年無休
■ 所在地點：東京都豊島区南池袋 1-21-5

雀屋

東京四大銅鑼燒名店之一

店面非常低調不起眼的「すずめや」（雀屋），是與上野的「兔屋」（うさぎや）、淺草的「龜十」、東十條的「草月」並列的東京四大銅鑼燒老店。遠近馳名的銅鑼燒不但外皮蓬鬆有彈性，內餡的紅豆泥也是香濃綿密。

■ 營業時間：11：00～售完為止
■ 公休日期：週日～週三
■ 所在地點：東京都豊島区南池袋 2-18-5

Bic Camera 池袋本店

池袋站東口最大的 3C 綜合商場

　　轟立在馬路邊的 3C 綜合賣場「Bic Camera」池袋本店，是棟高達八層樓的巨型商場。不論要買家電、手機、相機、電腦、蘋果產品，還是電動玩具、模型、食品或生活用品，都能在這間超大的 Bic Camera 池袋本店，以及鄰近巷子裡的五間分館買齊。

▌營業時間：10：00 ～ 21：00
▌公休日期：全年無休
▌所在地點：東京都豊島区東池袋 1-41-5

鶏の穴

池袋高人氣雞湯拉麵名店

　　池袋高人氣雞湯拉麵名店「鶏の穴」（雞之穴），特色是用大量雞骨結合蔬菜熬煮六小時而成的金色雞白湯。由於口感極為濃稠、味道格外香濃，所以每到用餐時間總是排滿慕名而來的饕客。

▌營業時間：11：00 ～ 22：00
▌公休日期：全年無休
▌所在地點：東京都豊島区東池袋 1-39-20

馳走麵 狸穴

池袋高評價魚介沾麵名店

　　池袋超熱門沾麵店「馳走麵 狸穴」，可品嚐到結合多種海鮮熬煮出的超濃郁魚介沾汁，還有極富彈性的粗麵，出色的味道和口感在網路上得到高評價，不論平日假日都得要排隊用餐。

▌營業時間：11：00 ～ 22：00，週日只到 21：00
▌公休日期：週二
▌所在地點：東京都豊島区東池袋 1-32-2

animate 池袋本店

巨大的動漫商品專賣店

．．．．．．．．．．．．．．．．．．．．．．．．．．．．．

　　日本動漫商品連鎖店「animate」（安利美特）巨大的池袋本店，高達九層樓的商場內有超豐富的漫畫、小說、玩具、模型、電玩、影音等日本漫畫、動畫及遊戲相關週邊，少女向作品尤其多。

■ 營業時間：11：00 ～ 23：00，週日及假日只到
　22：00
■ 公休日期：全年無休
■ 所在地點：東京都豊島区東池袋 1-23-8

Sunshine City

池袋地標級購物商場、娛樂設施與水族館

．．．．．．．．．．．．．．．．．．．．．．．．．．．．．

　　Sunshine City 是一九七八年落成的超大型複合式商業設施，主體為高達兩百四十公尺的「Sunshine 60」（太陽城 60）摩天大樓，曾雄踞日本第一高樓十二年之久。大樓頂端設有「SKY CIRCUS Sunshine 60 展望台」，可俯瞰東京城市美景。底部則有購物中心「alpa」及「ALTA」，室內遊樂園「NAMJA TOWN」，以及超熱門的「Sunshine 水族館」。所以來到 Sunshine City，不論吃飯、購物或娛樂都能一次解決，待上一整天也沒問題呢。

　　Sunshine City 的購物中心「alpa」及「ALTA」有超多知名商店及餐廳。例如位於 B1 的夏威夷漢堡名店「KUA`AINA」、日本百圓雜貨連鎖店「DAISO」（大創）、東京拉麵連鎖店「青葉」、東京生活用品及服飾店「niko and...」、三百日圓生活雜貨店「3COINS」、迪士尼商店「Disney Store」、吉卜力商品專賣店「どんぐり共和国」（橡子共和國）、三麗鷗周邊專賣店「Sanrio vivitix」、三麗鷗主題咖啡廳「SANRIO CAFE」、日式懷舊童玩糖果雜貨店「1丁目 1 番地」、美國連鎖玩具專賣店「玩具反斗城」等。

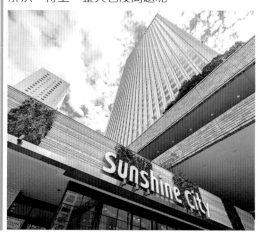

樓上還有日本生活雜貨店「Loft」、日系時尚休閒服飾店「GLOBAL WORK」、連鎖鞋店「ABC-Mart」、390 日圓均一價吊飾及配件店「THANK YOU MART」、寶可夢官方商品旗艦店「Pokémon Center MEGA TOKYO」、寶可夢主題甜點店「Pikachu Sweets by Pokémon Cafe」、《海賊王》官方商店「草帽專賣店」、《蠟筆小新》電影主題商店、《櫻桃小丸子》動畫公司官方商店「ANi ★ CUTE」、玩具連鎖店「KIDDY LAND」、大型室內主題樂園「NAMJA TOWN」等。

三樓美食街則開設了北海道帶廣豚丼名店「一番」（ぶたいち）、高人氣午間親子丼及串燒店「伊勢ろく」（伊勢 ROKU）、東京和牛燒肉連鎖店「燒肉 TORAJI」、連鎖平價炸豬排餐廳「和幸」等。

■ 營業時間：商場 10：00 ～ 20：00，餐廳 11：00 ～ 22：00
■ 公休日期：全年無休
■ 所在地點：東京都豐島區東池袋 3-1-1

Sunshine 水族館

東京超人氣都市型水族館

　　位於頂樓的「Sunshine 水族館」自一九七八年開幕以來，一直是東京市區最熱門的水族館。館內巨大的「陽光岩礁水槽」可欣賞穿梭於珊瑚礁間的刺魟和鯊魚，以及潛水員和魚兒們的親切互動。再往前走還有奇幻繽紛的「水母隧道」，以及住滿七彩熱帶魚的美麗水缸。

　　走到戶外空間，還可以近距離欣賞超人氣的水獺、在遊客頭頂透明環形水槽悠游的海獅、在寬達十二公尺的大型懸垂式水槽玩耍的企鵝等可愛動物。另外，Sunshine 水族館天天都有免費的海獅表演秀、企鵝潛水秀，以及企鵝、海獅、鵜鶘餵食秀可觀賞。

■ 營業時間：春夏 09：30 ～ 21：00，秋冬 10：00 ～ 18：00
■ 公休日期：全年無休
■ 門票價格：高中或以上 2600 ～ 2800 日圓，國中或國小 1300 ～ 1400 日圓，4 歲以上 800 ～ 900 日圓
■ 所在地點：Sunshine City World import Mart 頂樓

大勝軒

發明沾麵的東京傳奇拉麵店

　　「大勝軒」是位於地鐵東池袋站旁的東京傳奇拉麵店。已經在日本隨處可見的「沾麵」（つけ麵）最早就是由大勝軒的創辦人，被稱為「拉麵之神」的山岸一雄在一九五五年發明。雖然山岸一雄已經離世，但他位於東池袋的本店仍由其弟子持續經營。想了解日本沾麵源頭的顧客，仍能來此品嚐傳承半世紀的原始滋味。

▋ 營業時間：11：00 ～ 22：00
▋ 公休日期：每週三
▋ 所在地點：東京都豊島区南池袋 2-42-8

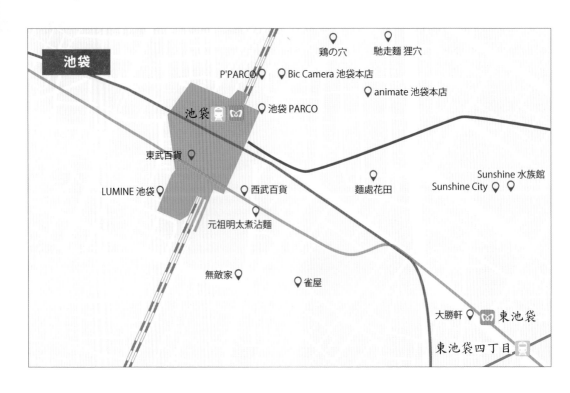

池袋

雞の穴　馳走麺 狸穴

P'PARCO　Bic Camera 池袋本店

animate 池袋本店

池袋　池袋 PARCO

東武百貨

Sunshine 水族館
Sunshine City

LUMINE 池袋　西武百貨　麵處花田

元祖明太煮沾麵

無敵家　雀屋

大勝軒　東池袋

東池袋四丁目

新宿

新宿是以鐵路車站為中心發展出的東京超巨大交通、辦公、購物及娛樂中心。光是 JR，新宿車站就有「山手線」、「湘南新宿線」、「中央線」、「埼京線」、往返成田機場的「N'EX 成田特快」，以及通往河口湖或西部各縣市的各種快速列車與特急列車停靠。這裡還有東京地鐵「丸之內線」、都營地鐵「新宿線」、「大江戶線」行經，以及「小田急電鐵」、「京王電鐵」、「西武鐵道」這三間重要的私鐵業者。再加上四通八達的都營巴士（市區公車）與高速巴士（國道客運），讓新宿車站成為全世界人潮最多的交通樞紐，每天在此上下車的乘客超過三百萬人。

新宿車站

新宿車站本身除了鐵路，還與多間百貨公司共構或相互連結。例如「LUMINE」、「NEWoMan」、「京王百貨」、「高島屋」等。但由於新宿車站人潮極多、路線極多、出口極多，再加上站體長年處於施工改建的狀態，幾乎每條進出轉乘的通道都十分擁擠混亂。若您方向感不好、攜帶大件行李或害怕人潮，最好避免在上下班尖峰時間前往新宿車站轉乘或停留。但是準備來新宿搭車、逛街、用餐時也別擔心，只要好好注意路線指標及出口編號，通常就能順利抵達目的地。

LUMINE 1

話題店家眾多的新宿南口商場

‧‧

　　JR 東日本經營的「LUMINE」系列百貨位於新宿車站各大出口。南口西側的「LUMINE 1」擁有眾多話題餐廳及知名店家，例如東京超熱門柚子拉麵店「AFURI」、靜岡知名年輪蛋糕「治一郎」、東京牛奶起司夾心餅乾「Tokyo Milk Cheese Factory」、東京惠比壽的超人氣手沖咖啡店「猿田彥」、奈良和風雜貨及服飾店「中川政七」、日式炊飯定食餐廳「大かまど飯 寅福」、日式漢堡排老店「つばめグリル」（Tsubame Grill）等。

■ 營業時間：商店 11：00 ～ 21：00，餐廳
　 11：00 ～ 22：00
■ 公休日期：全年無休
■ 所在地點：東京都新宿區西新宿 1-1-5

LUMINE 2

新宿南口的熱門百貨

‧‧

　　南口正上方的「LUMINE 2」也有許多知名店家，包括比利時鬆餅專賣店「Mr.waffle」、日式濃湯簡餐店「Soup Stock Tokyo」、紐約早餐女王「Sarabeth's」、日本生活雜貨連鎖店「PLAZA」、水果塔甜點餐廳「La Maison ensoleille table」和「無印良品」等。

　　如果您常收看日本的綜藝節目，或很喜歡日本的搞笑藝人，LUMINE 2 的七樓就是日本最大諧星經紀公司「吉本興業」的新宿劇場「ルミネ the よしもと」（LUMINE the YOSHIMOTO）。這裡除了可購票欣賞吉本藝人的漫才表演，劇場門口還有官方專賣店，販售藝人主題衣服、吊飾、月曆、文具、餅乾等有趣商品。

■ 營業時間：商店 11：00 ～ 21：00，餐廳
　 11：00 ～ 22：00
■ 公休日期：全年無休
■ 所在地點：東京都新宿區西新宿 3-38-2

MYLORD

小田急新宿站上方的中型商場

　　「LUMINE 1」跟「LUMINE 2」之間的小田急新宿站南口正上方，還有小田急電鐵經營的百貨公司「MYLORD」。這裡的熱門店家與餐廳眾多，例如夏威夷風鬆餅餐廳「Hawaiian Pancake Factory」、日本連鎖食器與雜貨店「Natural Kitchen」、生日賀卡及禮品店「BIRTHDAY BAR」、舊金山創新拉麵店「MENSHO SAN FRANCISCO」、連鎖蛋包飯專賣店「卵と私」、連鎖平價炸豬排餐廳「和幸」等。

■ 營業時間：商店 11：00 ～ 21：00，餐廳
　 11：00 ～ 23：00
■ 公休日期：全年無休
■ 所在地點：東京都新宿区西新宿 1-1-3

LUMINE EST

新宿東口上方的大型商場

　　位於 JR 新宿站東口上方的「LUMINE EST」也有一堆好吃好逛的餐廳及店家。像是水果千層蛋糕名店「HARBS」、義大利百年冰淇淋老店「Giolitti」、杯子蛋糕專賣店「la petite mercerie」、三百日圓生活雜貨店「3COINS」、日本生活用品連鎖店「PLAZA」、仙台碳烤牛舌餐廳「利久」、美國高人氣鬆餅店「The Original Pancake House」、日本創意歐風烏龍麵「めん、色いろ。いつでも、おやつ」、和風義大利麵店「こなな」（CONANA）、甜點及洋食吃到飽餐廳「Bittersweets Buffet」等。

■ 營業時間：商店 11：00 ～ 21：00，餐廳
　 11：00 ～ 22：00
■ 公休日期：全年無休
■ 所在地點：東京都新宿区西新宿 3-38-1

NEWoMan

與高速巴士站共構的高質感商場

‧‧‧‧‧‧‧‧‧‧‧‧‧‧‧‧‧‧‧‧‧‧‧‧‧‧‧‧‧‧

二○一六年落成啟用的「Busta 新宿」（新宿高速巴士總站）可以搭乘往返河口湖、成田機場、東京迪士尼或各縣市的高速巴士，是全日本規模最大的巴士轉運站。而 Busta 的樓下就是 JR 東日本開設的商場「NEWoMan」。

NEWoMan 的一樓總是人潮洶湧，因為這裡進駐了舊金山連鎖咖啡店「藍瓶咖啡」（Blue Bottle Coffee）、米其林三星主廚侯布雄的烘焙坊「LE PAIN de Joël Robuchon」與輕食咖啡廳「LE CAFÉ de Joël Robuchon」、東京銀座米飯主題商店「AKOMEYA TOKYO」等。二樓還有輕井澤歐式麵包店＆歐風餐廳「澤村」、洛杉磯義式披薩名店「800°DEGREES NEAPOLITAN PIZZERIA」、美國加州高品質咖啡店「VERVE COFFEE ROASTERS」等。

■ 營業時間：商店 11：00～20：30，餐廳 11：00～22：000
■ 公休日期：全年無休
■ 所在地點：東京都新宿区新宿 4-1-6

新宿高島屋
東急手創館、宜得利旗艦店與超多餐廳

位於新宿車站東南口的巨型百貨公司「新宿高島屋」，最厲害的就是占據本館 2F～8F 的日本生活用品綜合賣場「東急手創館」旗艦店。從文具、廚具、家具、五金，到旅行用品、園藝用品、美容用品、清潔用品，您想得到的東西通通都能在這間多達七層樓的東急手創館找得到，逛上半天也沒問題呢。

新宿高島屋南館的 1F～5F 還有日本連鎖平價家居賣場「宜得利」的旗艦店，不論要找各式家具，還是想買餐盤、擺飾或收納用具，這裡應有盡有，而且價格便宜實惠。

新宿高島屋樓上的美食街也有不少知名餐廳。例如京都炸豬排連鎖店「名代」、新宿天婦羅老店「綱八」、東京鰻魚飯名店「赤坂ふきぬき」（赤阪 FUKINUKI）、東京壽喜燒老店「人形町今半」等。

新宿高島屋的 B1 則是伴手禮店集散地，包括名古屋高人氣蛋糕店「GRAMERCY NEWYORK」、東京銀座法式甜點名店「Henri Charpentier」、年輪蛋糕老店「Juchheim」、名古屋蝦餅老店「坂角総本舖」、東京和菓子老店「虎屋」都在此設店。

■ 營業時間：商店 10：30～19：30，餐廳 11：00～23：00
■ 公休日期：全年無休
■ 所在地點：東京都渋谷区千駄ヶ谷 5-24-2

新宿東口

新宿東口是新宿最早發展的區域，東京老牌百貨「伊勢丹」、皇室庭園「新宿御苑」、遠近馳名的紅燈區「歌舞伎町」、熱門地標「哥吉拉頭部全尺寸模型」都位於此，各式商店及連鎖餐廳林立，是東京主要的購物及娛樂中心之一。

新宿高野本店

高人氣日本水果及甜點專賣店

「新宿高野」是以日本高級水果及甜點聞名的超人氣店家。這裡不只可買到哈密瓜、草莓、水蜜桃、葡萄等日本當季水果，店內還販售水果塔、水蜜桃蛋糕、草莓聖代等各種精緻甜點。

- 營業時間：商店 10：00 ～ 20：00，咖啡廳 11：00 ～ 21：00
- 公休日期：元旦
- 所在地點：東京都新宿区新宿 3-26-11

紀伊國屋

高達九層樓的巨大書店

日本連鎖書局「紀伊國屋」高達九層樓的新宿本店內，從小說、漫畫、雜誌、專業書籍、文具、卡片、禮品到各種歐美作品及外文書刊，商品種類應有盡有，不論想買什麼書都找得到。

- 營業時間：10：30 ～ 20：30
- 公休日期：全年無休
- 所在地點：東京都新宿区新宿 3-17-7

東京迪士尼旗艦店

日本最大迪士尼商店

二○二一年開幕的「東京迪士尼旗艦店」（Disney FLAGSHIP TOKYO）是日本最大的迪士尼商品專賣店。多達三層樓的商場內販售著米奇、米妮、唐老鴨、小熊維尼等迪士尼經典角色周邊，還有冰雪奇緣、獅子王、阿拉丁、史迪奇、皮克斯、星際大戰、MARVEL 等旗下電影主題商品，以及獨一無二的限定款玩偶和吊飾，東京迪士尼樂園的門票也可在此提前購入。

- 營業時間：10：00 ～ 21：00
- 公休日期：全年無休
- 所在地點：東京都新宿区新宿 3-17-5

0101 ／丸井百貨

Apple 旗艦店與哥吉拉專賣店

日本連鎖百貨公司「0101」（丸井百貨）在新宿通上開了兩間大型分店。西側的「0101 新宿本館」一樓有寬廣的「Apple 新宿旗艦店」，可買到 iPhone、iPad、Mac 等全系列蘋果產品及配件。東側的「0101 新宿別館」一樓則有全球首間哥吉拉商品專賣店「Godzilla Store Tokyo」（ゴジラ・ストア Tokyo），店內販售模型、海報、吊飾、背包、明信片、文件夾、手機殼、DVD、馬克杯到衣服、帽子、雨傘等各式各樣的哥吉拉周邊。

■ 營業時間：11：00 ～ 20：00
■ 公休日期：全年無休
■ 所在地點：東京都新宿区新宿 3-30-13（本館）／3-1-26（別館）

世界堂

超大間的文具和美術器材專賣店

「世界堂」可說是日本文具迷和美術工作者的夢幻寶庫。五層樓高的商場內販售各式各樣的文具、畫筆、畫紙和顏料，種類齊全又豐富，而且大部分都有八折優惠，想找專業美術器材或是想買便宜文具都能滿足。

■ 營業時間：09：30 ～ 20：00
■ 公休日期：全年無休
■ 所在地點：東京都新宿区新宿 3-1-1

伊勢丹

伴手禮名店超多的新宿老牌百貨公司

- 營業時間：10：00 ～ 20：00，餐廳 11：00 ～ 22：00
- 公休日期：全年無休
- 所在地點：東京都新宿区新宿 3-14-1

　　一九三三年開業的東京老字號百貨公司「伊勢丹」，氣派的歐風商場內不但有各種奢華精品專櫃，B1 的伴手禮區更是東京首屈一指的名產店集中地。包括長崎蛋糕老店「福砂屋」、東京豆菓子名店「豆源」、東京百年和菓子老店「虎屋」、東京銀座紅豆麵包創始名店「木村家」、福岡和菓子老店「鈴懸」、京都和菓子老店「老松」&「仙太郎」&「笹屋伊織」、廣島高人氣麵包店「ANDERSEN」、日本法式甜點名店「Henri Charpentier」、大阪知名蛋糕捲「Mon cher」（堂島 Roll）、甜點大師青木定治的糕餅店「Pâtisserie Sadaharu AOKI Paris」等日本伴手禮專櫃，以及維也納皇室糕餅百年老店「DEMEL」、巴黎馬卡龍名店「Pierre Hermé」、德國年輪蛋糕老店「HOLLANDISCHE KAKAO-STUBE」等歐洲名產專櫃，這裡全都找得到。

花園神社

保佑生意興隆及戀愛順利的百年神社

- 營業時間：09：30 ～ 16：30
- 公休日期：全年無休
- 所在地點：東京都新宿区新宿 5-17-3

　　德川家康十七世紀入主江戶前就已存在，創立超過四百年的「花園神社」雖然規模不大，但這裡不只被視為庇佑新宿商業繁榮發展的總鎮守（守護者），還可祈求生意興隆及戀愛順利。社境內另有保佑演藝人員的「藝能淺間神社」，使得來此參拜的人潮終年不絕。

追分糰子本舖

新宿知名日式糰子老店

▌營業時間：11：00 ～ 18：00
▌公休日期：元旦
▌所在地點：東京都新宿区新宿 3-1-22

　　創立於一九四五年的「追分糰子本舖」（追分だんご本舖），提供甜醬油、紅豆、艾草、抹茶、櫻花等豐富口味的道地糰子，以及大福、草餅、剉冰、餡蜜、麻糬湯等日式甜食，全都可以外帶或在餐廳享用，是新宿最具代表性的和菓子老店。

新宿御苑

可賞櫻花、楓葉及各式花卉的超大皇室庭園

　　「新宿御苑」是原屬於日本皇室的花園，一九四九年開放給民眾使用後，便成為東京的旅遊勝地。廣達五十八公頃的草地上種滿了六十五種、總數約一千一百棵的櫻花樹，是東京最優美、舒適、壯麗的賞櫻景點。秋天時，園中的紅葉也是濃豔繽紛。再加上精心修剪的林木、碧綠雅致的池塘，以及和風涼亭與歐風庭院，非常適合想悠閒漫步或野餐，並愜意欣賞櫻花、紅葉與庭園建築的遊客造訪。

▌營業時間：09：00 ～ 16：00
▌公休日期：每週一、元旦
▌門票價格：成人 500 日圓，高中或 65 歲以上 250 日圓，國中以下免費
▌所在地點：東京都新宿区内藤町 11

綱八

新宿知名天婦羅老店

．．．．．．．．．．．．．．．．．．．．．．．．．

創立於一九二三年的新宿知名天婦羅老店「綱八」（つな八），是東京評價最高的天婦羅餐廳之一。雖然分量不多，而且店內油煙味很重，但只要兩千多日圓就能品嚐到包含炸蝦、炸魚、炸蔬菜、炸星鰻的正統日式天婦羅套餐。

■ 營業時間：11：00 ～ 22：00
■ 公休日期：元旦
■ 所在地點：東京都新宿区新宿 3-31-8

麵屋海神

新宿超人氣魚骨湯頭拉麵店

．．．．．．．．．．．．．．．．．．．．．．．．．

主打海鮮魚骨湯頭的超人氣拉麵店「麵屋海神」，就隱身在新宿車站旁的老舊大樓內。該店每天都用不同的魚類骨頭熬煮湯底，獨特的海鮮滋味不但吸引各家電視台採訪，還有許多藝人前來用餐，是新宿首屈一指的拉麵名店。

■ 營業時間：11：00 ～ 23：30（平日 15：00 ～ 16：30 休息）
■ 公休日期：不定期
■ 所在地點：東京都新宿区新宿 3-35-7

Flags

與新宿東南口相連的熱門商場

．．．．．．．．．．．．．．．．．．．．．．．．．

與新宿站東南口相連的熱門商場「Flags」，B1 ～ 1F 是美國平價服飾連鎖店「GAP」，4F ～ 5F 是日本生活服飾品牌「UNIQLO」，7F ～ 8F 還有日本平價服飾連鎖店「GU」。9F ～ 10F 則是唱片行「Tower Records」的大型旗艦店，日本及西洋歌手的 CD 或 DVD 全都找得到，還經常有當紅藝人在此舉辦活動。

■ 營業時間：11：00 ～ 22：00
■ 公休日期：全年無休
■ 所在地點：東京都新宿区新宿 3-37-1

歌舞伎町

日本最大的紅燈區與熱鬧商店街

二戰結束後，日本商人在被燒成廢墟的新宿東口興建大型歌舞伎表演場，後來成為當地最熱鬧的娛樂中心，該區域因此被命名為「歌舞伎町」。一九六〇年代，隨著日本經濟高速發展及鐵道興建，大量人潮湧入新宿，歌舞伎町內的居酒屋、酒吧、電影院、保齡球館、卡拉OK、俱樂部迅速增加，酒店、牛郎店、色情按摩店也一併興起，讓歌舞伎町成為日本最大的紅燈區，晚上比白天還熱鬧，而有了「不夜城」的稱號。但也由於黑道勢力盤據，許多不良分子和罪犯在歌舞伎町群聚滋事，治安敗壞。

隨著歌舞伎町在日本的影劇、小說、動漫、電玩中頻繁出現，名聲日益響亮，外國觀光客也逐年增加，讓歌舞伎町成為東京的熱門觀光景點，連鎖餐廳、大型旅館接連進駐，日本警方也開始大力掃蕩非法活動。雖然治安和環境比以往改善許多，但歌舞伎町身為紅燈區的本質並未改變。大街和小巷內仍隨處可見各種陪酒小姐及牛郎宣傳看板、酒店及按摩店廣告、無料案內所（色情介紹所）招牌、成人光碟店家，還有許多店員在街上攬客。

不過，近年傳出非常多起外國觀光客在歌舞伎町的居酒屋或酒店遭敲詐、勒索的事件，店家不但要求支付數十萬日圓的高昂酒費或服務費，還以暴力威脅。所以來歌舞伎町最好路過看一看就好，不要理會拉客或入店消費，以免受騙或發生危險。

另外，週五及週六晚上是歌舞伎町人潮最多的時候，大批日本人下班後來此喝酒歡聚，因此極為擁擠吵雜。過了九點，就陸續會有人在街上喧嘩、唱歌、跳舞，甚至吵架、嘔吐、小便、醉倒在路邊等等，非常混亂，所以建議平日白天或傍晚來此參觀會比較合適。

▌營業時間：依店家而異
▌公休日期：依店家而異
▌所在地點：東京都新宿区歌舞伎町

新宿東寶大樓
超壯觀的哥吉拉頭部全尺寸模型

走進歌舞伎町東側的中央大街，最醒目的就是街道尾端的「新宿東寶大樓」，因為屋頂上竟然出現了哥吉拉！這其實是東寶電影公司特別打造的新地標「哥吉拉頭部1：1全尺寸模型」，每逢整點還會有哥吉拉吼叫的聲光表演。

新宿東寶大樓 8F～30F 的「格拉斯麗新宿酒店」（Hotel Gracery Shinjuku）也配合推出擺滿哥吉拉特殊裝飾和電影海報的「哥吉拉套房」。如果不想花大錢入住，只要在八樓的飯店附設咖啡廳「Cafe Terrace Bonjour」用餐，即可免費到戶外平台欣賞十二公尺高的哥吉拉頭部模型。咖啡廳還提供特製的「哥吉拉蛋糕套餐」，一次滿足粉絲的視覺與味覺。

■ 營業時間：11：00～19：00
■ 公休日期：全年無休
■ 所在地點：東京都新宿区歌舞伎町 1-19-1

PePe
西武新宿站上方的熱門商場

歌舞伎町西側鐵路橋旁的紅磚大樓，就是「西武鐵道」的新宿車站，建築下方為西武鐵道經營的百貨公司「PePe」。這裡的四樓有東急手創館的中型分店「hands be」，五樓是平價流行服飾連鎖店「GU」，七樓則有連鎖鞋店「ABC-Mart」及「無印良品」，八樓還有很大間的日本連鎖百圓雜貨店「Can Do」。

■ 營業時間：11：00～21：30
■ 公休日期：全年無休
■ 所在地點：東京都新宿区歌舞伎町 1-30-1

新宿西口

西口是新宿的辦公區，摩天大樓林立，東京都政府的總部「東京都廳」也位於此。因為新宿西口的上班族非常多，這一帶聚集了不少知名美食，每到中午及傍晚的用餐時間總是人潮洶湧。

思い出横丁

擠滿居酒屋及小吃店的熱鬧巷道

正式名稱為新宿西口商店街的「思い出横丁」（回憶横丁），狹小的巷子內共有超過三百家店舖，其中大多數為居酒屋及小吃店，還有數間連鎖餐廳，是附近上班族吃宵夜的熱門去處。

- 開放時間：因店家而異
- 公休日期：因店家而異
- 所在地點：地鐵新宿西口站旁

かめや

新宿高人氣平價蕎麥麵店

蕎麥麵店「かめや」（KAMEYA）是思出横丁人氣最高的店家，招牌為獨創的「天玉そば」（天玉蕎麥麵），也就是加了蔬菜天婦羅和溫泉蛋的蕎麥麵，一份只要 400 日圓，便宜又美味。

- 營業時間：24 小時
- 公休日期：週日
- 所在地點：東京都新宿区西新宿 1-2-10

但馬屋珈琲店

新宿知名 50 年老咖啡廳

擁有五十年歷史的新宿老咖啡廳「但馬屋珈琲店」，是思出横丁最熱門的喫茶店。顧客可在充滿懷舊歐風的高雅空間品嚐自家烘焙的手沖咖啡和甜點，因而得到非常多老饕的好評。

- 營業時間：10：00 ～ 23：00
- 公休日期：元旦
- 所在地點：東京都新宿区西新宿 1-2-6

元村

東京超人氣炸牛排連鎖店

「元村」（もと村）是人氣超高的東京炸牛排連鎖店。將生軟的炸牛排片放到烤盤上煎到七分熟，再沾一點鹽巴、芥末或醬油，肥嫩多汁的牛肉十分下飯。不過新宿西口的元村排隊人潮非常多，遊客也可以改到新宿東口的另外三間分店用餐。

■ 營業時間：11：00 ～ 22：00
■ 公休日期：全年無休
■ 所在地點：東京都新宿区西新宿 7-1-2

讚岐うどん大使 東京麺通団

新宿熱門平價烏龍麵店

高人氣的「讚岐烏龍大使 東京麵通團」除了有數十種烏龍麵可選，還能自助式夾取炸蝦、炸魚、炸蔬菜、炸肉餅、炸竹輪、炸雞蛋、飯糰、小菜等超豐富的配料，不但美味，價格也十分便宜。

■ 營業時間：11：00 ～ 22：00
■ 公休日期：全年無休
■ 所在地點：東京都新宿区西新宿 7-9-15

龍の家

來自福岡的超熱門九州豚骨拉麵店

來自福岡的超熱門九州豚骨拉麵店「龍の家」，提供加入豬背脂的濃厚（こく味）博多豚骨湯頭，以及清爽的純味博多豚骨湯頭，很受新宿上班族喜愛，中午用餐時間總是大排長龍。

■ 營業時間：11：00 ～ 22：00
■ 公休日期：全年無休
■ 所在地點：東京都新宿区西新宿 7-9-15

新宿西口拉麵名店

新宿西口是東京拉麵店的一級戰區，這附近就有新宿創立的拉麵名店「麵屋武藏」、知名麻辣拉麵連鎖店「蒙古湯麵中本」（蒙古タンメン中本）、來自北海道的超人氣蝦味拉麵「一幻」、主打鹽味雞湯拉麵的新宿超級排隊名店「麵屋翔」，還有以巨大叉燒聞名的「滿來」。

麵屋武藏

▌營業時間：11：00 ～ 22：30
▌公休日期：全年無休
▌所在地點：東京都新宿区西新宿 7-2-6

蒙古湯麵中本

▌營業時間：10：00 ～ 23：00
▌公休日期：全年無休
▌所在地點：東京都新宿区西新宿 7-9-15

一幻

▌營業時間：11：00 ～ 23：00
▌公休日期：全年無休
▌所在地點：東京都新宿区西新宿 7-8- 2

麵屋翔

▌營業時間：11：00 ～ 15：00，18：00 ～ 22：00
▌公休日期：全年無休
▌所在地點：東京都新宿区西新宿 7-22-34

滿來

▌營業時間：11：00 ～ 23：00
▌公休日期：全年無休
▌所在地點：東京都新宿区西新宿 1-4-10

新宿西口 3C 賣場

新宿站西口的「小田急 HALC」百貨 2F ～ 7F 是大型 3C 賣場「Bic Camera」（ビックカメラ）的新宿西口店。繼續往西南邊走，京王電鐵對面的巷子內還有日本知名連鎖電子商場「Yodobashi Camera」（ヨドバシカメラ）的總店。要在新宿西口買家電、手機、相機、電腦、蘋果產品、電動玩具或生活用品，來這兩家 3C 賣場逛一圈絕對能搞定。

Bic Camera

- 營業時間：平日 10：00 ～ 20：30，週日或假日只到 20：00
- 公休日期：全年無休
- 所在地點：東京都新宿区西新宿 1-5-1

Yodobashi Camera

- 營業時間：09：30 ～ 22：00
- 公休日期：全年無休
- 所在地點：東京都新宿区西新宿 1-11-1

豚珍館

新宿超人氣平價炸豬排名店

「豚珍館」是新宿的超人氣平價炸豬排名店。大塊又肥嫩的招牌炸豬排定食，以及分量同樣豐盛的炸雞排與炸海鮮定食全都只要 700 ～ 1000 日圓，每到用餐時間總是擠滿了上班族和觀光客。

- 營業時間：11：00 ～ 15：00，17：00 ～ 22：00
- 公休日期：每週日、假日
- 所在地點：東京都新宿区西新宿 1-13-8

風雲兒

人氣爆表的東京超級拉麵名店

主打超濃厚雞白湯魚介湯頭的「風雲兒」，是在日本美食網站人氣排名榜上位居全東京第三的超級拉麵名店。由於太受歡迎，風雲兒每天開店前半小時就會出現長長的卡位人龍，用餐時間的排隊陣仗更會滿到旁邊的公園內。

- 營業時間：11：00 ～ 15：00，17：00 ～ 21：00
- 公休日期：全年無休
- 所在地點：東京都渋谷区代々木 2-14-3

慎

新宿超熱門高級烏龍麵店

• • • • • • • • • • • • • • • •

　　新宿超熱門高級烏龍麵店「慎」不但能吃到現點現切的超 Q 彈手打烏龍麵，還有冷熱口味的豆皮、叉燒、雞肉、和牛、炸蝦、炸牡蠣、蔬菜天婦羅等豐富美味的配料可選擇，因此很受外國觀光客歡迎，並在日本美食網站獲得超高評價。

■ 營業時間：11：00 ～ 22：00
■ 公休日期：全年無休
■ 所在地點：東京都渋谷区代々木 2-20-16

東京都廳

視野絕佳的 45 層樓免費觀景台

• • • • • • • • • • • • • • • •

　　日本知名建築師丹下健三設計的「新宿都廳」是棟高達四十八層的雙塔形大樓。這裡不只是東京都政府的所在地，45 樓還分別設有南、北兩座免費觀景台，不用花錢就能來此欣賞壯觀的東京城市美景。除了俯視新宿一帶的摩天大樓，還能用相機拍到遠方的東京鐵塔和東京晴空塔，運氣好的話甚至有機會看見富士山呢。

■ 營業時間：09：30 ～ 22：00
■ 公休日期：不定期
■ 門票價格：免費參觀
■ 所在地點：東京都新宿区西新宿 2-8-1

新宿

麺屋翔
龍の家
蒙古湯麺中本
一幻
麺屋武藏
新宿東寶大樓
西新宿
西武新宿
讚岐うどん大使 東京麺通団
元村　PePe
歌舞伎町
花園神社
新宿西口
かめや
思い出横丁
滿來
Bic Camera
但馬屋珈琲店
紀伊國屋
東京
迪士尼旗艦店
伊勢丹
新宿高野本店
LUMINE EST
Apple 新宿
綱八
新宿三丁目
都廳前
Yodobashi Camera
MYLORD
Flags
追分糰子本舖
Godzilla Store Tokyo
東京都廳
豚珍館
LUMINE 2
麺屋海神
世界堂
LUMINE 1
NEWoMan
新宿
新宿御苑
風雲兒
慎
新宿高島屋

吉祥寺

　　吉祥寺是新宿西側約十分鐘車程的一處商圈。由於交通便捷、環境優美，大型商店街和百貨公司林立，吉祥寺成為東京人最理想的居住地之一，並擁有不少名聞遐邇的景點、小吃及美食。像是賞櫻及賞楓勝地「井之頭恩賜公園」，以及超熱門的「三鷹之森吉卜力美術館」全都在吉祥寺一帶，讓此地成為觀光客最愛的東京近郊購物、旅遊及踏青景點。

atre

與車站共構的熱門百貨公司

■ 營業時間：10：00～21：00，餐廳 11：00～22：00
■ 公休日期：全年無休
■ 所在地點：東京都武藏野市吉祥寺南町 1-1-24

　　與吉祥寺車站共構的人氣商場「atre」可以找到許多知名餐廳及商家，像是超熱門水果千層蛋糕店「HARBS」、高人氣花店及庭園風餐廳「Aoyama Flower Market TEA HOUSE」、東京壽司排隊名店「美登立」、熱門仙台炭烤牛舌店「利久」、美國知名肉桂捲「Cinnabon」、三百日圓連鎖生活用品店「3COINS」、日本連鎖綜合雜貨店「PLAZA」等。

UNIQLO
超大間的服飾旗艦店

高達七層樓、超級大間的「UNIQLO」吉祥寺旗艦店，可買到男裝、女裝、童裝等全系列服飾和穿搭配件，商品種類十分豐富。

▌營業時間：10：00～20：00
▌公休日期：全年無休
▌所在地點：東京都武蔵野市吉祥寺本町 2-2-17

SUNROAD 商店街
好吃好買又好逛的購物天堂

吉祥寺北口對面就是吉祥寺最熱鬧、聚集了近百間藥妝店、服飾店、鞋襪店、飾品店、生活雜貨店、小吃店、餐廳的「SUNROAD 商店街」，是當地居民以及外國遊客採買生活用品和伴手禮的必到之處，進去後沒待上半天可是走不出來呢。

▌開放時間：因店家而異
▌公休日期：因店家而異
▌所在地點：吉祥寺站北口前方

SHOE PLAZA
空間寬廣的大型連鎖鞋店

日本大型連鎖鞋店「SHOE PLAZA」位於 SUNROAD 入口處的吉祥寺本店商品種類十分豐富，不論歐美日品牌的鞋子都能在此找到，還能享受價格折扣及退稅服務。

▌營業時間：10：00～21：00
▌公休日期：全年無休
▌所在地點：東京都武蔵野市吉祥寺本町 1-9-10

DAISO

高人氣連鎖百圓商品店

百圓商品連鎖店「DAISO」（大創）位在
SUNROAD 商店街大樓內的商場非常寬廣，品
項也比起其他分店更加齊全，各式各樣的生活
用品、料理廚具、清潔工具、家居擺飾、零食
飲料都可在此找到，而且通通只要 100 日圓。

▌營業時間：09：30 ～ 21：00
▌公休日期：全年無休
▌所在地點：東京都武藏野市吉祥寺本町 1-9-10

OS Drug

東京最平價的連鎖藥妝店

SUNROAD 商店街上的平價連鎖藥妝店
「OS Drug」雖然店面又小又擠，商品也未必
齊全，又沒有退稅服務，但 OS Drug 的藥妝價
格通常都是該商圈最便宜的，而且吉祥寺等郊
區分店的商品售價還會比起市區分店更低一
些，很建議不喜歡四處比價的遊客到此掃貨。

▌營業時間：10：00 ～ 19：45
▌公休日期：全年無休
▌所在地點：東京都武藏野市吉祥寺本町 1-9-9

一蘭

超熱門九州豚骨拉麵連鎖店

超熱門九州豚骨拉麵連鎖店「一蘭」的吉
祥寺分店，人潮比起東京市區少很多。想品嚐
可自調濃淡、配料及辣度的一蘭豚骨拉麵，可
考慮在吉祥寺用餐，通常不必排隊就能輕鬆入
座。

▌營業時間：10：00 ～隔天 06：00
▌公休日期：全年無休
▌所在地點：東京都武藏野市吉祥寺本町 1-9-8

Yodobashi Camera

結合許多商店的大型 3C 賣場

連鎖 3C 賣場「Yodobashi Camera」吉祥寺分店高達八層樓的商場內，除了販賣各式各樣的電子產品、家電、生活用品及玩具，還有平價服飾店「GU」、百圓連鎖店「DAISO」（大創）和連鎖鞋店「ABC-MART」的大型分店。

- ■ 營業時間：09：30 ～ 22：00
- ■ 公休日期：全年無休
- ■ 所在地點：東京都武藏野市吉祥寺本町 1-19-1

西友

日本大型連鎖超市

連鎖綜合商場「西友」的 B1 ～ 1F 是旗下的大型生鮮超市，商品豐富且價格便宜，生鮮蔬果和餅乾熟食都非常齊全。樓上還有「無印良品」的大型分店和百元商品連鎖店「Seria」，可以順道在此採購生活用品。

- ■ 營業時間：10：00 ～ 23：00
- ■ 公休日期：全年無休
- ■ 所在地點：東京都武藏野市吉祥寺本町 1-12-10

青葉

中野高人氣連鎖拉麵店

　　發跡自東京中野的高人氣連鎖拉麵店「青葉」，特色是用豚骨與海鮮熬煮、香濃不鹹膩的拉麵湯頭與沾麵湯汁，以及Q彈的中捲麵。出色的味道和口感很受日本人喜愛，已在關東各縣市開設多間分店。

▌營業時間：10：00～24：00
▌公休日期：全年無休
▌所在地點：東京都武蔵野市吉祥寺本町 1-8-21

さとう

吉祥寺超熱門現炸黑毛和牛肉丸

　　遠近馳名的吉祥寺超熱門黑毛和牛專賣店「さとう」（SATOU），除了販賣生的和牛燒肉片及牛排片，還有各種炸物料理。其中最受歡迎的，就是黑毛和牛製成的招牌小吃「元祖炸牛肉丸」（元祖丸メンチカツ）。酥脆可口的金黃麵衣包覆著鮮甜多汁的黑毛和牛碎肉，

一顆卻不用 300 日圓，讓 SATOU 從早到晚都擠滿了人，想買顆元祖炸牛肉丸至少得排上半小時呢。

▌營業時間：10：00～19：00
▌公休日期：元旦
▌所在地點：東京都武蔵野市吉祥寺本町 1-1-8

おかしのまちおか

便宜實惠的零食餅乾專賣店

　　日本連鎖零食餅乾專賣店「おかしのまちおか」（Okashi No Machioka）小小的空間內販賣著上百種日本各大品牌生產的牛奶糖、巧克力、洋芋片和夾心餅乾，種類豐富而且價格實惠。

▌營業時間：10：00～21：00
▌公休日期：全年無休
▌所在地點：東京都武蔵野市吉祥寺本町 1-8-2

小笹

年營收高達三億日圓的「夢幻羊羹」

吉祥寺和菓子超級名店「小笹」（小ざさ）的店面雖然只有小小一坪，而且賣的是「洋羹」及「最中」這兩種尋常不過的和菓子，年營業額卻高達三億日圓，被媒體稱為「一坪的奇蹟」而聲名大噪。

■ 營業時間：10：00 ～ 19：30
■ 公休日期：週二
■ 所在地點：東京都武蔵野市吉祥寺本町 1-1-8

天音

吉祥寺超人氣鯛魚燒名店

藏在小巷內的吉祥寺超人氣鯛魚燒名店「天音」，金黃色的香脆外皮包覆著滿滿的紅豆泥，嚐起來甜而不膩，料多味美。由於聲名遠播，天音的門口總是大排長龍，但鯛魚燒每日販售數量有限，想品嚐的遊客請盡早前往。

■ 營業時間：11：00 ～ 18：00
■ 公休日期：不定期
■ 所在地點：東京都武蔵野市吉祥寺本町 1-1-12

くりこ庵

難得一見且超可愛的「鯉魚王鯛魚燒」

來自橫濱的連鎖鯛魚燒專賣店「くりこ庵」（KURIKO 庵），不但可買到基本的紅豆及奶油鯛魚燒，還有招牌的「くりこあん」（紅豆栗子內餡），季節限定的櫻花、抹茶、黑糖、地瓜、起司、水果等豐富多樣的鯛魚燒。

吉祥寺分店還可吃到只在少數幾處販售、源自寶可夢知名角色的「鯉魚王鯛魚燒」（コイキング焼き）。雖然鯉魚王不是鯛魚，但外型也十分精緻可愛，還有奶油、紅豆及牛奶巧克力三種口味可選。

■ 營業時間：10：00 ～ 21：00
■ 公休日期：全年無休
■ 所在地點：東京都武蔵野市吉祥寺本町 1-1-7

東急百貨

聚集眾多美食的大型百貨

．．．．．．．．．．．．．．．．．．．．．．．．．

　　吉祥寺地標級商場「東急百貨」內擁有
眾多人氣品牌，像是水果甜點排隊名店「果實
園」、連鎖鞋店「ABC-Mart」、三百圓生活雜
貨店「3COINS+plus」、日本連鎖平價家居賣
場「宜得利」（NITORI）、京都熱門炸豬排店
「名代」、高檔和牛燒肉店「牛兵衛 草庵」、
東京百年蕎麥麵老店「神田まつや」（神田
MATSUYA）、高級湯葉豆腐懷石料理店「梅の
花」等。

▌營業時間：10：00～20：00，餐廳11：00～22：00
▌公休日期：全年無休
▌所在地點：東京都武蔵野市吉祥寺本町 2-3-1

Can Do

超級大間的連鎖綜合生活商場

　　搬至東急百貨旁邊擴大開幕的連鎖百圓雜
貨店「Can Do」共有三層樓，裡面可以買到各
式各樣可愛又實用的生活、旅行、美容、清潔
和廚房用品，價格幾乎都只要 100 日圓，因此
很受當地居民和外國遊客喜愛。

▌營業時間：09：00～21：00
▌公休日期：全年無休
▌所在地點：東京都武蔵野市吉祥寺本町 1-8-6

金子屋

「金子半之助」的高人氣姊妹店

．．．．．．．．．．．．．．．．．．．．．．．．．

　　東急百貨旁邊的黑色低調店面，就是東京
日本橋超熱門天丼專賣店「金子半之助」的高
人氣姊妹店「金子屋」。雖然和本店的菜單略
有不同，但不必大排長龍，就可在此吃到金子
半之助招牌的巨大炸星鰻、炸蝦等美味食材。

▌營業時間：11：00～22：00
▌公休日期：元旦、不定期
▌所在地點：東京都武蔵野市吉祥寺本町 2-4-17

Loft

超級大間的連鎖綜合生活商場

日本連鎖綜合商場「Loft」的吉祥寺旗艦店高達四層樓，從文具、生活用品、旅行用品到寵物周邊、美妝產品、保健產品全都有賣。五樓還有「無印良品」的大型分店，不論服飾、雜貨或食品都十分齊全。

- 營業時間：10：30 ～ 20：00
- 公休日期：全年無休
- 所在地點：東京都武藏野市吉祥寺本町 1-10-1

えん寺

吉祥寺站南口的超熱門沾麵名店

位於吉祥寺站南口旁的超熱門沾麵名店「えん寺」（EN 寺），主打獨創的「蔬菜豚骨魚介濃湯沾麵」（ベジポタつけ麵），以及非常特別的「胚芽麵條」。充滿特色的滋味和口感在網路上頗受好評，用餐時間總是大排長龍。

- 營業時間：11：00 ～ 22：00（平日下午 16：00 ～ 17：30 休息）
- 公休日期：全年無休
- 所在地點：東京都武藏野市吉祥寺南町 1-1-1

いせや

吉祥寺高人氣日式串燒及居酒屋店

井之頭恩賜公園入口階梯前的日式串燒及居酒屋店「いせや」（ISEYA），現烤的美味雞肉串只要 100 日圓起，味美價廉而成為吉祥寺一帶的超熱門餐廳，並開設了多間分店。

- 營業時間：12：00 ～ 22：00
- 公休日期：週一
- 所在地點：東京都武藏野市吉祥寺南町 1-15-8

井之頭恩賜公園

風景秀麗、幅員廣大的賞櫻&賞楓聖地

　　「井之頭恩賜公園」原本是江戶幕府及日本皇室的御用林，一九一七年才交由東京政府整理開放，成為日本第一座郊外公園。中央廣闊的「井之頭池」是公園核心及名稱由來。每到春天，沿著湖畔生長的壯觀櫻花樹就會依序綻放，讓井之頭恩賜公園成為東京的超高人氣賞櫻勝地。秋天時，池邊的茂密楓樹和金黃銀杏也是美不勝收，是東京最熱門的紅葉景點之一。

　　井之頭公園內還有祭拜辯才天的寺廟，以及可近距離觀賞企鵝、水豚、狐狸、浣熊、山羊、日本鹿等可愛動物的小型動物園「井之頭自然文化園」，很適合順道一遊。

■ 營業時間：24 小時開放
■ 公休日期：全年無休
■ 門票價格：免費參觀
■ 所在地點：東京都武藏野市御殿山 1-18-31

三鷹之森吉卜力美術館

充滿奇幻風格的東京超熱門美術館

　　位於井之頭恩賜公園南側，由動畫大師宮崎駿創立的「三鷹之森吉卜力美術館」（三鷹の森ジブリ美術館）是東京人氣最高的藝文場館。館內不只展示豐富的吉卜力工作室美術資料、精緻的動畫造景和模型，還有動畫技術的教學和示範道具。戶外也有躲著《龍貓》的售票亭、《天空之城》的機械兵模型、《魔法公主》的彩繪玻璃等電影佈景，是吉卜力迷及動畫迷必訪的夢幻聖地。

■ 營業時間：10：00 ～ 18：00
■ 公休日期：每週二及長期休館日
■ 門票價格：大學或以上 1000 日圓，高中或國中 700 日圓，小學 400 日圓，4 歲以上 100 日圓（採預約制，現場不售票）
■ 所在地點：東京都三鷹市下連雀 1-1-83

吉祥寺

金子屋
西友
Loft
東急百貨
Yodobashi Camera
一蘭
Can Do
青葉
OS Drug
DAISO
SHOE PLAZA
おかしのまちおか
さとう 小笹
UNIQLO
くりこ庵 天音
SUNROAD 商店街
atre 吉祥寺 吉祥寺
えん寺
いせや
井之頭恩賜公園
井之頭公園
三鷹之森吉卜力美術館

原宿・表參道

位置相連的原宿及表參道是東京的流行時尚中心之一。從國際知名精品、連鎖服飾品牌，到各種獨創設計潮店和生活雜貨，以及飄洋過海的熱門異國餐廳，全都在原宿及表參道齊聚。廣闊的原宿商圈又分為年輕活潑的「竹下通」以及服飾品牌落腳的「明治通」。與明治通相交的「表參道」則是被名牌旗艦店包夾的寬闊林蔭大道。

WITH 原宿

原宿站前的地標級新商場

充滿綠意的地標級商場「WITH 原宿」（WITH HARAJUKU）是由建築大師伊東豐雄設計，外觀運用大量木材與植物表現出山丘意象。除了開闊的觀景平台，商場內還有重返原宿的「UNIQLO」旗艦店，以及「IKEA」的日本首間都會型店面。

■ 營業時間：商店 11：00 ～ 21：00，餐廳
　 11：00 ～ 23：00
■ 公休日期：全年無休
■ 所在地點：東京都渋谷区神宮前 1-14-30

竹下通

充滿年輕活力的熱鬧巷弄

⋯⋯⋯⋯⋯⋯⋯⋯⋯⋯⋯⋯⋯⋯⋯

　　竹下通之於東京，如同西門町之於台北，是青少年流行文化及商品的匯集地。一踏進去，滿街都是活潑鮮豔的低價服裝、配件、玩偶、吊飾店及生活雜貨店，沿路也有不少小吃店、咖啡廳或餐廳，路上也多是穿著制服的日本國高中生，充滿著年輕活力。

■ 開放時間：因店家而異
■ 公休日期：因店家而異
■ 所在地點：原宿站竹下口前方

DAISO

超大間的百圓商品旗艦店

⋯⋯⋯⋯⋯⋯⋯⋯⋯⋯⋯⋯⋯⋯⋯

　　100 日圓日本生活雜貨「DAISO」（大創）位在竹下通入口處的原宿旗艦店高達三層樓，商品種類十分齊全，各式各樣的生活用品、料理廚具、清潔工具、家居擺飾、零食飲料都可在此買到。

■ 營業時間：09：30 ～ 21：00
■ 公休日期：全年無休
■ 所在地點：東京都渋谷区神宮前 1-19-24

Marion Crepes

鬆軟香甜的可麗餅名店

⋯⋯⋯⋯⋯⋯⋯⋯⋯⋯⋯⋯⋯⋯⋯

　　「Marion Crepes」是專賣竹下通名產「可麗餅」的超人氣店家。不同於台灣可麗餅的酥脆口感，Marion Crepes 採用軟式餅皮，裡頭包覆著香甜的水果、餅乾、鮮奶油和冰淇淋，柔順綿密的口感就像在吃蛋糕，滋味甜美。

■ 營業時間：10：30 ～ 20：00，假日 10：00 開門
■ 公休日期：全年無休
■ 所在地點：東京都渋谷区神宮前 1-6-15

WEGO

街頭風平價服飾與生活雜貨店

原宿知名街頭風平價連鎖服飾品牌「WEGO」，不但可以買到時下流行款式的衣物和鞋襪，還設立了首間綜合雜貨賣場「WEGO 1.3.5...」，從吊飾、文具、玩具、家居擺飾到生活用品通通都只要 100 ～ 500 日圓，便宜又好買。

▎營業時間：11：00 ～ 20：00
▎公休日期：全年無休
▎所在地點：東京都渋谷区神宮前 1-5-10

明治通

東京的潮流時尚大街

走出竹下通就會接上原宿的主要幹道「明治通」，流行服飾品牌的旗艦店在此林立，也有多家大型百貨商場。愛尋寶的遊客還可到明治通兩側，和台北東區氛圍近似，被稱作「裏原宿」的巷弄內，逛逛各種原創品牌和個性服飾店，或是特色精品和運動用品店。

▎開放時間：因店家而異
▎公休日期：因店家而異
▎所在地點：東京地鐵副都心線明治神宮前站～澀谷站之間

星期三的愛麗絲

愛麗絲夢遊仙境主題商店

藏在明治通巷弄內的「星期三的愛麗絲」（水曜日のアリス），是來自名古屋的高人氣《愛麗絲夢遊仙境》主題商品專賣店。從模仿作品設定的歐風平房與迷你小門進入店內，架上滿滿都是小說背景和電影角色的首飾、吊飾、玩偶、生活用品和點心餅乾。各樓層還有不同主題並擺放精緻的場景模型，就算不購物也能盡情拍照。

▌營業時間：11：00～20：00

▌公休日期：全年無休

▌所在地點：東京都渋谷区神宮前 6-28-3

RedRock

來自神戶的高人氣烤牛肉丼

明治通北端的「RedRock」是來自神戶的超熱門烤牛肉丼專賣店。在堆得像小山的五分熟烤牛肉片打上一顆香濃的半熟蛋，令人看了垂涎三尺。吸睛外觀和軟嫩口感，也讓 RedRock 一進軍東京便成為人氣名店。

▌營業時間：11：30～21：00

▌公休日期：全年無休

▌所在地點：東京都渋谷区神宮前 3-25-12

3COINS 原宿本店

三百日圓雜貨品牌的大型旗艦店

．．．．．．．．．．．．．．．．．．．．．．．．．．

　　日本高人氣三百圓生活雜貨連鎖店「3COINS」，二〇二一年底在原宿開設的全國最大旗艦店內不但可以買到豐富多樣的平價生活用品，還為大阪雜貨品牌「ASOKO」設立專區，並獨家銷售 3COINS 原創零食系列「GOOD MOOD FOOD」的餅乾糖果和現做甜點。

■ 營業時間：11：00～20：00

■ 公休日期：全年無休

■ 所在地點：東京都渋谷区神宮前 6-12-22

---

niko and ...

高質感歐美日服飾及雜貨

．．．．．．．．．．．．．．．．．．．．．．．．．．

　　高質感日本＆歐美雜貨、服飾、餐飲複合品牌「niko and ...」位在明治通的東京旗艦店內，除了販售豐富多樣的潮流衣物、穿搭配件、居家擺飾及生活雜貨，還可買到與電影作品、動畫角色或藝術家聯名的期間限定商品，一樓並設有供應咖啡及輕食的用餐區。

■ 營業時間：11：00～21：00

■ 公休日期：全年無休

■ 所在地點：東京都渋谷区神宮前 6-12-20

bills

來自澳洲的超人氣鬆餅名店

擁有全世界最美味早餐稱號的澳洲鬆餅名店「biils」，東京市區的第一間分店就位在 Tokyu Plaza 百貨頂樓。招牌的「瑞可塔起司香蕉蜂蜜鬆餅」口感細緻軟綿，每天都吸引了大批人潮前來排隊品嚐。

- 營業時間：08：30 ～ 22：00
- 公休日期：全年無休
- 所在地點：東京都渋谷区神宮前 4-30-3

Eggs 'n Things

夏威夷的超熱門奶油塔鬆餅

夏威夷超熱門美式餐廳「Eggs 'n Things」的日本一號店就藏在明治通及表參道路口後方。招牌料理「奶油塔鬆餅」不只外觀驚人，鮮奶油更是香濃滑順，甜而不膩，鬆餅也十分厚實Q彈，就算一個人吃也能輕鬆掃光。

- 營業時間：08：00 ～ 21：30
- 公休日期：全年無休
- 所在地點：東京都渋谷区神宮前 4-30-2

表參道

國際精品匯聚的林蔭大道

「參道」指的是到神社參拜所經的道路，表參道最初就是為了「明治神宮」而闢建。不過，現今的表參道已變成國際精品匯聚的時尚大街，LV、CHANEL、PRADA、Gucci、Burberry、Dior、Tod's⋯⋯ 等等你想得到的名牌，全都齊聚於此。各家旗艦店更請來全球知名建築師打造，每棟都極具特色，讓表參道成了建築名作大街。

- 開放時間：因店家而異
- 公休日期：因店家而異
- 所在地點：JR 原宿站～地鐵表參道站之間

Flying Tiger Copenhagen

丹麥高人氣平價生活雜貨店

··

來自丹麥的高人氣平價生活雜貨店「Flying Tiger Copenhagen」，進軍東京的首間分店就位在表參道的小巷裡。充滿北歐簡約風格的文具及生活用品不但便宜、好看又實用，外型設計也十分活潑繽紛，饒富趣味。

■ 營業時間：11：00 ～ 20：00
■ 公休日期：全年無休
■ 所在地點：東京都渋谷区神宮前 4-3-2

KIDDY LAND

五層樓高的超大玩具店

··

高達五層樓的超巨大玩具專賣店「KIDDY LAND」就位在表參道上。店裡從迪士尼吊飾、凱蒂貓布偶、寶可夢周邊到鋼彈模型通通都有賣，不論大人小孩、男生女生都能逛得開心、買得過癮。

■ 營業時間：11：00 ～ 20：00
■ 公休日期：全年無休
■ 所在地點：東京都渋谷区神宮前 6-1-9

Apple Store

挑高氣派的蘋果旗艦店

··

擁有大片落地窗、極為挑高氣派的「Apple Store」表參道旗艦店，可體驗並購買蘋果全系列產品和配件，並提供使用諮詢及現場維修服務。

■ 營業時間：10：00 ～ 21：00
■ 公休日期：全年無休
■ 所在地點：東京都渋谷区神宮前 4-2-13

表參道之丘

建築大師安藤忠雄的都更代表作

由舊公寓改建而成的三層樓複合型建築「表參道之丘」，是建築大師安藤忠雄的代表作之一。低樓層的商場配合表參道的坡度建造，並聚集多家時尚品牌及餐廳，頂樓則是住

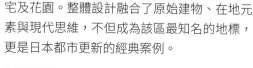

宅及花園。整體設計融合了原始建物、在地元素與現代思維，不但成為該區最知名的地標，更是日本都市更新的經典案例。

▍營業時間：11：00 ～ 21：00，週日至 20：00
▍公休日期：全年無休
▍所在地點：東京都渋谷区神宮前 4-12-10

Luke's Lobster

美國超熱門龍蝦堡專賣店

用酥脆的現烤麵包夾著豐盛內餡的紐約超熱門龍蝦堡專賣店「Luke's Lobster」，位於表參道的日本首間分店二〇一五年開幕至今仍有高人氣。從世界各地前來品嚐的觀光客經常擠爆小巷，沒排隊等個半小時可吃不到呢。

▍營業時間：11：00 ～ 20：00
▍公休日期：不定期
▍所在地點：東京都渋谷区神宮前 4-30-2

邁泉

東京超人氣炸豬排餐廳

位於表參道巷弄內的「邁泉」（まい泉）是東京人氣最高的豬排餐廳之一。該店最知名的就是採用九州鹿兒島的優質「茶美豚」和高級「黑豚」製成的里肌豬排和腰內豬排，以及每天中午限量販售的「黑豚炸肉餅特惠套餐」，但常常剛開店就銷售一空。

▍營業時間：11：00 ～ 22：00
▍公休日期：全年無休
▍所在地點：東京都渋谷区神宮前 4-8-5

藍瓶咖啡

知名美國連鎖精品咖啡店

　　來自舊金山的超人氣「藍瓶咖啡」（Blue Bottle Coffee），進軍日本的二號店就位在表參道東側的青山小巷內。雖然入口十分低調不顯眼，但極簡風格的店內總是人山人海、座無虛席。如果沒位子或沒時間等候，這裡也有許多藍瓶咖啡周邊商品及咖啡禮盒可購買。

▌營業時間：08：00 ～ 19：00
▌公休日期：全年無休
▌所在地點：東京都港区南青山 3-13-14

Qu'il fait bon

味道鮮甜的超人氣靜岡水果塔專賣店

　　靜岡知名水果塔專賣店「Qu'il fait bon」，使用日本各縣市當季生產的草莓、水梨、葡萄、水蜜桃、哈密瓜等新鮮水果製成的水果塔，每一款都色彩繽紛而且大塊、鮮甜又多汁。雖然已在東京市區開設多間分店，但附設的咖啡廳通常要等候半小時以上才有位子，如果沒時間排隊也可以外帶。

▌營業時間：11：00 ～ 19：00
▌公休日期：全年無休
▌所在地點：東京都港区南青山 3-18-5

明治神宮

供奉明治天皇的遼闊神社

興建於一九二〇年，供奉明治天皇的「明治神宮」社境廣達七十公頃，是僅次於皇居的東京第二大綠地。裡頭種滿數十萬株二戰前從台灣、朝鮮及中國東北取得的各式林木，猶如一座原始森林。明治神宮也是舉辦日本神道教結婚儀式（神前式）的熱門場所，神殿前經常會看到穿著傳統服飾、舉行婚禮的新人們。

- ■ 開放時間：夏天 05：00 ～ 18：30，冬天 06：40 ～ 16：00
- ■ 公休日期：全年無休
- ■ 所在地點：東京都渋谷区代々木神園町 1-1

澀谷

由於交通便捷，澀谷在一九七○年代後逐漸發展為年輕人的流行時尚中心。車站附近開起各種新潮商場、百貨公司，以及連鎖服飾店、鞋店、配件店、生活用品店，讓澀谷成為日本潮流文化的發信地，也躍升為東京最熱鬧的購物區之一。由於澀谷跟東京另一個逛街天堂「原宿・表參道」南北相連，您也可以花上一整天，從原宿・表參道一路往南逛到澀谷，來個一日血拚購物之旅。

宮下公園
全新落成的立體都市公園

位於 JR 澀谷站東側的「宮下公園」（MIYASHITA PARK）已有五十年歷史。因結構老化，東京都政府二○二○年將其重建，並改造為一處擁有運動、休閒、購物、旅遊等功能的全方位現代化公園。

由三井不動產經營的宮下公園商場名為「RAYARD」，除了有 PRADA、COACH、GUCCI、LV 等精品店進駐，還有名為「澀谷橫丁」的懷舊風美食街，裡面集結了北海道、東北、北陸、近畿、四國、九州、沖繩等日本各地的主題料理餐廳。

屋頂的都會運動公園不只設置了攀岩場、

滑板場、沙灘排球場及大草皮，正中間還有日本潮流教父藤原浩操刀設計的星巴克咖啡廳。二○二一年底還增設《哆啦A夢》誕生五十週年紀念雕像，包含了作者藤子·F·不二雄創作的多位動漫角色，是人氣很高的拍照景點。

▎營業時間：商店 11：00 ～ 21：00，餐廳 11：00 ～ 23：00
▎公休日期：全年無休
▎所在地點：東京都渋谷区神宮前 6-20-10

Tower Records
全球最大音樂 CD 專賣店

宮下公園旁邊的連鎖唱片行「Tower Records」澀谷店，是號稱全球規模最大的音樂 CD 專賣店。高達八層樓的商場內，從 J-POP、K-POP、西洋樂、搖滾樂、古典樂、爵士樂到電視、電影及動畫原聲帶通通都找得到，還有咖啡店、書店和活動場地，經常有知名歌手來此舉辦簽唱會或見面會，可說是日本音樂人和歌迷的聖地。

▎營業時間：10：00 ～ 22：00
▎公休日期：全年無休
▎所在地點：東京都渋谷区神南 1-22-14

忠狗八公像
聞名全球的澀谷地標

出生於一九二三年的秋田犬「小八」（ハチ），在飼主病逝後仍天天忠心耿耿地在澀谷車站前等候主人下班，一等就長達十年。感人事蹟登上媒體後，小八一舉成為日本最有名的狗狗。一九三四年，「日本犬保存協會」決定在澀谷站前設立「忠犬八公」銅像表揚，並成為觀光客最愛拍照合影的知名地標。

▎開放時間：24 小時
▎所在地點：東京都渋谷区道玄坂 2-1

澀谷 Mark City

與車站共構的澀谷大型商場

與澀谷車站共構的大型複合式建築「澀谷 Mark City」，不只集結了澀谷高速巴士總站、鐵路車站、辦公室及飯店，底下還開了不少熱門餐廳。像是日本平價炸豬排連鎖店「和幸」、東京百年啤酒餐廳「銀座 LION」、日式漢堡排老店「つばめグリル」（Tsubame Grill）、來自法國的麵包名店「JEAN FRANCOIS」、日式濃湯簡餐店「Soup Stock Tokyo」等。

▎營業時間：10：00～21：00，餐廳 11：00～22：00

▎公休日期：全年無休

▎所在地點：東京都渋谷区道玄坂 1-12-1

美登利壽司

東京超人氣排隊壽司名店

東京超人氣壽司名店「美登利」由於肉質新鮮、肥嫩甘甜，在日本國內外累積了高知名度，並開設多間分店。其中，澀谷 Mark City 四樓的美登利因為交通便捷，可說是人潮最洶湧的一間，用餐時間抽完號碼牌，通常還得等上一兩個小時才吃得到。

▎營業時間：11：00～20：30（平日下午 14：30～17：00 休息）

▎公休日期：元旦

▎所在地點：澀谷 Mark City 4F

澀谷 Hikarie

聚集甜點名店與熱門餐廳的地標大樓

　　高達三十六層的「澀谷 Hikarie」除了辦公室及音樂劇場，大樓底部由東急百貨經營的「ShinQs」可說是澀谷最熱門的商場之一，並擁有超多甜點名店和餐廳。像是巴黎馬卡龍名店「Pierre Hermé」、日本甜點大師辻口博啟的巧克力專賣店「LE CHOCOLAT DE H」、米其林三星主廚侯布雄的烘焙坊「LE PAIN de Joël Robuchon」、法式糕餅名師青木定治的「Pâtisserie Sadaharu AOKI Paris」、水果千層蛋糕名店「HARBS」、京都超人氣和菓子店「然花抄院」開設的「茶庭 然花抄院」等。

　　樓上還有東京炸豬排餐廳「邁泉」、東京迴轉壽司連鎖店「三浦三崎港」的高質感分店「惠み」、仙台碳烤牛舌店「利久」、水果甜點名店「果實園」、迪士尼復古風咖啡廳「Disney HARVEST MARKET」、集結全日本 47 個都道府縣名產、食材及人氣料理的「d47 食堂」等。

■ 營業時間：商店 11：00 ～ 21：00，餐廳 11：00 ～ 23：00
■ 公休日期：全年無休
■ 所在地點：東京都渋谷区渋谷 2-21-1

澀谷 Scramble Square

澀谷新地標與超熱門觀景台

二〇一九年開幕的「澀谷 Scramble Square」是由 JR、東急電鐵、東京地下鐵合資興建的壯觀建築物。底層的大型商場有和風文具禮品店「中川政七商店」與「鳩居堂」，以及高質感連鎖書店「TSUTAYA BOOKSTORE」（蔦屋書店）、生活用品連鎖店「東急手創館」等。

樓上還有月島文字燒老店「もへじ」（MOHEJI）、東京超熱門蕎麥麵店「玉笑」的姊妹店「半笑」、惠比壽牛腸鍋名店「蟻月」、時尚風烏龍麵店「つるとんたん」（TsuruTonTan）、日式甜點老店「神楽坂茶寮」等。

澀谷 Scramble Square 最熱門之處，就是位於頂樓的觀景台「SHIBUYA SKY」。遊客可以在四十六層樓高、兩百二十九公尺處的平台上毫無遮蔽地欣賞城市美景，因此從開幕的第一天起便成為澀谷乃至於全東京的超人氣新景點。

▌營業時間：商店 10：00 ～ 21：00，餐廳 11：00 ～ 23：00，觀景台 10：00 ～ 22：30

▌公休日期：全年無休

▌門票價格：大學或以上 2500 日圓，高中或國中 2000 日圓，國小 1200 日圓，3 歲～ 5 歲 700 日圓

▌所在地點：東京都渋谷区渋谷 2-24-12

澀谷十字路口
人潮超壯觀的澀谷代表性場景

▌營業時間：24 小時
▌公休日期：全年無休
▌所在地點：東京都渋谷区道玄坂 2-2-1

由於 JR、地鐵與私鐵的澀谷車站集中在馬路的東南側，但澀谷最熱鬧的商店街及購物區都在馬路的西側與北側，因此所有旅客下車後，幾乎都會聚集在十字路口等紅燈。待號誌一變，東西南北四邊的數百名行人便會同時起步，萬馬奔騰地在路口縱橫穿越、彼此交錯，畫面極為壯觀，也是各國觀光客來澀谷最愛體驗與拍攝的場景。

ZARA

很大間的西班牙平價服飾連鎖店

....

　　西武百貨對面的西班牙平價服飾品牌「ZARA」澀谷旗艦店高達五層樓，男裝、女裝、童裝和配件都能在此一次買遍。如果逛不夠，不遠處還有面積更寬廣的澀谷宇田川町分店方便您繼續購物血拚。

- 營業時間：11：00～22：00
- 公休日期：全年無休
- 所在地點：東京都渋谷区神南 1-22-4

Loft

超大的日本生活雜貨旗艦店

....

　　藏在西武百貨後方小巷內的「Loft」旗艦店高達七層樓。從文具、筆記本、日常用品、旅行配備到居家擺飾、寵物周邊、美妝產品、保健商品都可以在這間超大的日本生活賣場買到，種類極為豐富多元，逛上半天也沒問題呢。

- 營業時間：11：00～21：00
- 公休日期：全年無休
- 所在地點：東京都渋谷区宇田川町 21-1

草帽專賣店

超人氣動漫《海賊王》官方商店

....

　　位於「MAGNET by SHIBUYA 109」商場六樓的超人氣動漫作品《海賊王》大型主題商店「草帽專賣店」（ONE PIECE 麦わらストア），可以買到各式各樣的海賊王角色吊飾、玩偶、衣服、海報、文具、餐具等周邊商品。

- 營業時間：10：00～21：00
- 公休日期：全年無休
- 所在地點：MAGNET by SHIBUYA 109 6F

Disney Store

風格奇幻的迪士尼官方商店

....

　　外觀奇幻逗趣的迪士尼官方商店「Disney Store」陳列著米奇、米妮、唐老鴨、小熊維尼等豐富的迪士尼經典角色周邊，還有冰雪奇緣、獅子王、阿拉丁、史迪奇、皮克斯等全系列動畫電影主題商品。

- 營業時間：平日 11：00～20：00，週末及假日 10：00～20：00
- 公休日期：全年無休
- 所在地點：東京都渋谷区宇田川町 20-15

無印良品

非常大間的 MUJI 旗艦店

••••••••••••••••••••••••••••

　　占據六層樓、面積廣大的「無印良品」澀谷旗艦店販賣著 MUJI 的全系列服飾、文具、家具、電器、食品、旅行、生活及清潔用品，你想得到的 MUJI 產品幾乎都能在此找到。

▌營業時間：11：00 ～ 21：00
▌公休日期：全年無休
▌所在地點：東京都渋谷区宇田川町 21-1

MANDARAKE

隱身在地下室的中古收藏品寶庫

••••••••••••••••••••••••••••

　　擁有奇特機械風入口的中古收藏品連鎖賣場「MANDARAKE」，隱身在地下室的澀谷分店可以找到各式各樣的珍稀玩具、古早模型、二手書籍、遊戲卡帶、音樂唱片、電影光碟等，商品種類極為豐富。

▌營業時間：12：00 ～ 20：00
▌公休日期：全年無休
▌所在地點：東京都渋谷区宇田川町 31-2

Apple Store

蘋果產品的大型官方商店

••••••••••••••••••••••••••••

　　Apple 澀谷旗艦店展示著完整齊全的 iPhone、iPad、Mac 等全系列蘋果產品及配件。顧客除了來此試用體驗，也可以維修裝置或諮詢使用問題。

▌營業時間：10：00 ～ 21：00
▌公休日期：全年無休
▌所在地點：東京都渋谷区神南 1-20-9

東急手創館

巨大的日本生活用品綜合賣場

••••••••••••••••••••••••••••

　　日本生活用品綜合賣場「東急手創館」占地九層樓的的澀谷旗艦店內，從文具、廚具、家具、五金、玩具、模型到旅行用品、園藝用品、美容用品、清潔用品，通通都能在這裡找到。

▌營業時間：10：00 ～ 21：00
▌公休日期：全年無休
▌所在地點：東京都渋谷区宇田川町 12-18

PARCO

翻新重建的澀谷超人氣商場

二〇一九年翻新重建的「澀谷 PARCO」不但進駐了日本首間任天堂官方專賣店「Nintendo TOKYO」、超大間的寶可夢周邊商品旗艦店「Pokémon Center SHIBUYA」，還有卡普空專賣店「CAPCOM STORE TOKYO」、《週刊少年 JUMP》官方商店「JUMP SHOP」等，可說是遊戲和動漫迷的夢幻天堂。

澀谷 PARCO 的餐廳陣容也是極為豐富，像是 B1 美食街就有東京超人氣烏龍麵店「おにやんま」（ONIYANMA）、京都 3D 拉花抹茶拿鐵名店「茶寮翠泉」、福岡超熱門和牛漢堡排餐廳「極味や」（極味屋）、惠比壽咖哩名店「GOOD LUCK CURRY」、從美國紅回日本的拉麵品牌「Jikasei MENSHO」、東京高人氣和風海鮮漢堡「deli fu cious」、以雞蛋三明治聞名的東京老喫茶店「はまの屋パーラー」（Hamanoya Parlour）等。

往上到七樓，還有北陸連鎖壽司名店「金沢まいもん寿司」（金澤 MAIMON 壽司）、東京人氣燒肉連鎖店「KINTAN」、博多天婦羅名店「たかお」（TAKAO）等，美食選擇極為多元。

▌營業時間：商店 11：00～21：00，餐廳11：30～23：00
▌公休日期：全年無休
▌所在地點：東京都渋谷区宇田川町 15-1

Can Do

可愛又好買的百圓雜貨店

．．．．．．．．．．．．．．．．．．．．．．．．．．．．

　　日本連鎖百圓雜貨店「Can Do」由於商品設計可愛獨特，很受到年輕人歡迎。店內各式各樣的生活配件豐富又齊全，而且通通只要100 日圓起。

■ 營業時間：10：00 ～ 22：00

■ 公休日期：全年無休

■ 所在地點：東京都渋谷区宇田川町 36-6

DAISO

商品種類豐富的百圓雜貨店

．．．．．．．．．．．．．．．．．．．．．．．．．．．．

　　日本連鎖百圓雜貨店「DAISO」（大創）位於澀谷巷道內的分店雖然只有兩層樓，面積也不大，但商品種類十分豐富，不論熱賣品項或冷門小物都能在此找到。

■ 營業時間：10：00 ～ 21：30

■ 公休日期：全年無休

■ 所在地點：東京都渋谷区宇田川町 35-2

GU

日本平價服飾的澀谷旗艦店

．．．．．．．．．．．．．．．．．．．．．．．．．．．．

　　平價流行服飾品牌「GU」多達四層樓的澀谷旗艦店內，可買到全系列男女服裝，還經常舉辦特價活動，想撿便宜的年輕人及觀光客很適合來此血拚。

■ 營業時間：11：00 ～ 21：00

■ 公休日期：全年無休

■ 所在地點：東京都渋谷区宇田川町 32-13

VIRON

主打法國麵粉的東京超熱門麵包店

　　主打法國麵粉的東京超熱門麵包店「VIRON」除了在一樓設置烘焙坊，每天早上還在二樓的法式餐廳「Brasserie VIRON」限時供應早餐，客人可以自選兩份 VIRON 的現烤麵包並免費搭配八種法國高級果醬和咖啡，因此備受當地民眾喜愛。

▌營業時間：09：00 ～ 22：00
▌公休日期：全年無休
▌所在地點：東京都渋谷区宇田川町 33-8

H&M

瑞典平價服飾的澀谷旗艦店

　　瑞典平價服飾品牌「H&M」高達四層樓的澀谷旗艦店，不只空間十分寬廣，還可以買到全系列的男裝、女裝、童裝和配件，而且天天都有折扣出清商品，是在澀谷買衣服的好去處。

▌營業時間：10：00 ～ 22：00
▌公休日期：全年無休
▌所在地點：東京都渋谷区宇田川町 33-6

MEGA 唐吉訶德

什麼都有賣的 24 小時商場

　　日本綜合賣場「唐吉軻德」的超大型分店「MEGA 唐吉訶德」，從各種生活用品、雜貨、藥妝、電器、玩具、餅乾、名產、泡麵、飲料、熟食、蔬果到您想都想不到的奇怪玩意兒，全都可以在「MEGA 唐吉訶德」買到，而且還 24 小時營業，想半夜來逛也沒問題。

▌營業時間：24 小時營業
▌公休日期：全年無休
▌所在地點：東京都渋谷区宇田川町 28-6

109 百貨

引領日本流行時尚的澀谷地標級商場

••••••••••••••••••••••••••••••••

　　轟立在路口的銀色圓柱體大樓，就是澀谷地標級商場「109 百貨」。這是由繽紛多樣的少女服飾店、配件店、鞋店及美妝店組成的大型購物空間。一九七九年開幕以來，109 百貨就一直引領著東京甚至是全日本的流行時尚，還曾經是日式辣妹風格的源頭及代名詞。

■ 營業時間：10：00 ～ 21：00
■ 公休日期：元旦
■ 所在地點：東京都渋谷区道玄坂 2-29-1

UNIQLO

日本平價服飾的澀谷大型分店

••••••••••••••••••••••••••••••••

　　空間寬廣的日本平價服飾「UNIQLO」澀谷道玄坂分店內，販售著全系列男裝、女裝、童裝、配件、聯名 T 恤、季節商品與限量周邊，種類齊全又好逛。

■ 營業時間：11：00 ～ 21：00
■ 公休日期：全年無休
■ 所在地點：東京都渋谷区道玄坂 2-29-5

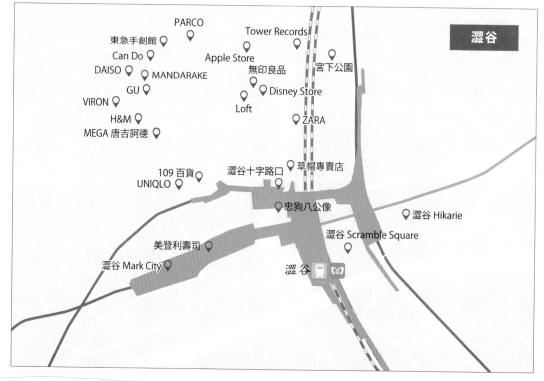

澀谷

PARCO
東急手創館　　　　　Tower Records
Can Do　　　Apple Store
DAISO　　MANDARAKE　　無印良品　　宮下公園
　　GU　　　　　　　　　Disney Store
VIRON　　　　　　Loft
H&M　　　　　　　　　　ZARA
MEGA 唐吉訶德

109 百貨　　澀谷十字路口　草帽專賣店
UNIQLO
　　　　　　　　忠狗八公像　　　　　　澀谷 Hikarie
　　　　　　　　　　　澀谷 Scramble Square
美登利壽司
澀谷 Mark City　　　　　澀谷

東京迪士尼度假區

讓夢想成真的奇幻國度

·····································

　　位於千葉縣海邊的東京迪士尼度假區，是由「東京迪士尼樂園」與「東京迪士尼海洋」兩座獨立園區以及多間大型飯店所組成。不論在什麼季節造訪東京迪士尼度假區，每逢指定時間都會上演動感十足的迪士尼角色花車遊行，晚上更有燦爛繽紛的煙火秀，是各國遊客及日本民眾來到東京最愛造訪的奇幻國度。

　　一九八三年開幕的東京迪士尼樂園擁有「太空山」、「巨雷山」、「飛濺山」等高速刺激設施，以及「小熊維尼獵蜜記」、「怪獸電力公司迷藏巡遊車」、「巴斯光年星際歷險」等卡通主題遊具，可體驗到最經典純粹的迪士尼風格與樂趣。

　　二〇〇一年登場的東京迪士尼海洋，主打「憤怒雙神」、「驚魂古塔」、「地心探險之旅」等嚇破人心的驚險設施，以及「海底兩萬哩」、「海底總動員巡遊艇」等水下世界主題遊具，適合追求刺激感或冒險感的大朋友挑戰。

▌營業時間：09：00 ～ 21：00

▌公休日期：全年無休

▌門票價格：全票 7900 ～ 10900 日圓，學生票 6600 ～ 9000 日圓，兒童票 4700 ～ 5600 日圓

▌所在地點：千葉県浦安市舞浜 1-1

▌交通方式：從東京車站搭乘 JR 京葉線至舞濱站，再轉乘單軌電車或步行到各園區

大宮鐵道博物館

超巨大的夢幻鐵路樂園

．．．．．．．．．．．．．．．．．．．．．．．．．．

　　JR 東日本設立，跟東京市區只有四十分鐘車程的埼玉縣「大宮鐵道博物館」，是日本最大的鐵路主題展館。這裡不但有極為豐富，在日本實際行駛過並退役的各種蒸汽火車、柴油機車、電車與新幹線車輛，還有巨大的可動式鐵路模型場景、能夠駕駛體驗的迷你電車和超擬真模擬器、可欣賞新幹線飛馳而過的景觀餐廳，以及詳盡的鐵路知識與文物介紹，是不論大人小孩都會著迷的夢幻鐵路樂園。

▌營業時間：10：00 ～ 17：00
▌公休日期：每週二、元旦
▌門票價格：大學或以上 1330 日圓，高中～國小 620 日圓，3 歲～ 6 歲 310 日圓
▌所在地點：埼玉県さいたま市大宮区大成町 3-47
▌交通方式：從東京市區搭乘 JR 至大宮站，再轉乘 New Shuttle 電車到鐵道博物館站下車

藤子 ·F· 不二雄美術館

超可愛哆啦 A 夢互動裝置與模型

．．．．．．．．．．．．．．．．．．．．．．．．．．

　　一九九六年逝世，本名藤本弘的「藤子 ·F· 不二雄」，是《哆啦 A 夢》、《叮噹貓》、《奇天烈大百科》、《小超人帕門》等日本知名動漫作品的作者。二○一一年，其生前居住的神奈川縣川崎市政府，與「藤子 ·F· 不二雄製作公司」及作者遺孀合作成立了「藤子 ·F· 不二雄美術館」，負責保存與展示藤子 ·F· 不二雄所遺留的大量漫畫手稿及文物。館內並放置許多獨特有趣的互動裝置與可愛的角色模型，還有高人氣主題餐廳，不只能讓小孩盡情遊玩，大人也可深入瞭解這位傳奇漫畫家的豐富創作與精采人生。

▌營業時間：10：00 ～ 18：00
▌公休日期：每週二、元旦及臨時休館日
▌門票價格：大學或以上 1000 日圓，高中或國中 700 日圓，小學或 4 歲以上 500 日圓（採預約制，現場不售票）
▌所在地點：神奈川県川崎市多摩区長尾 2-8-1
▌交通方式：從新宿站搭乘小田急線至登戶站，再轉乘接駁公車或步行到園區入口

東京行程建議

東京名勝三日遊

Day 1
上午：上野阿美橫丁逛街撿便宜（停留約兩～三小時）
下午：淺草看雷門、逛寺廟、買名產、嚐小吃（停留約兩～三小時）
晚上：東京晴空塔購物用餐看夜景（停留約三～四小時）

Day 2
上午：築地場外市場嚐海鮮（停留約兩～三小時）
下午：六本木逛街吃飯（停留約兩～三小時）
晚上：東京鐵塔看夜景（停留約兩～三小時）

Day 3
上午：東京車站逛街吃飯買名產（停留約兩～三小時）
下午：銀座購物血拼（停留約三～四小時）
晚上：台場看鋼彈、逛商場（停留約三～四小時）

東京時尚三日遊

Day 1
上午：明治神宮參拜（停留約一～兩小時）
下午：竹下通、原宿、表參道逛街（停留約三～四小時）
晚上：澀谷購物用餐看夜景（停留約三～四小時）

Day 2
上午：井之頭恩賜公園、吉卜力美術館散步參觀（停留約三～四小時）
下午：吉祥寺商店街購物買藥妝（停留約兩～三小時）
晚上：新宿百貨公司逛街用餐（停留約兩～三小時）

Day 3
上午：東京車站逛街吃飯買名產（停留約兩～三小時）
下午：銀座購物血拼（停留約兩～三小時）
晚上：台場逛大型百貨（停留約兩～三小時）

東京親子三日遊

Day 1
上午：上野國立科學博物館看恐龍化石、科學展覽（停留約兩～三小時）
下午：上野動物園看貓熊、獅子、北極熊（停留約兩～三小時）
晚上：東京晴空塔逛街用餐看夜景（停留約三～四小時）

Day 2
全天：東京迪士尼一日遊（停留約六～八小時）

Day 3
上午：井之頭恩賜公園、吉卜力美術館散步參觀（停留約三～四小時）
下午：吉祥寺商店街購物用餐（停留約三～四小時）
晚上：新宿都廳觀景台看夜景、百貨公司購物用餐（停留約三～四小時）

光資源。

橫濱概述

　　位於東京西南邊的橫濱原本只是座小漁村，直到一八五三年的「黑船事件」，美國海軍率艦隊到日本，要求實行鎖國的江戶幕府開港通商。日本政府只得兩度簽訂不平等條約，並答應開放港口進行貿易。一八五九年橫濱正式開港，各國商館和領事館陸續設立，外國人也不斷湧入，讓橫濱逐漸發展成為重要的國際貿易港。橫濱目前是日本人口第二多的都市，百年來和東西方繁盛的經貿交流，也在橫濱留下大量的異國文化和建築，成為今日重要的觀

東京到橫濱交通指南

　　橫濱的交通十分方便，選擇也非常多樣。從東京出發，不論搭 JR、地鐵、東急電鐵、京急電鐵都能抵達。橫濱市區也有便捷的 JR、地鐵、港未來線、海岸線等鐵路路線可搭乘，還有觀光巴士與空中纜車載您輕鬆前往各個景點。

從東京市區或機場到橫濱

　　連接東京市區、成田機場、羽田機場及橫濱的鐵路業者有五家：JR、東京地鐵、都營地鐵、東急電鐵、京急電鐵，懶懶哥大略介紹如下：

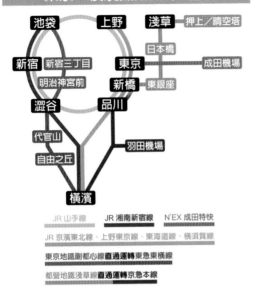

東京—橫濱鐵路路線簡圖

- 池袋
- 上野
- 淺草 — 押上／晴空塔
- 日本橋
- 新宿 — 新宿三丁目
- 東京 — 成田機場
- 明治神宮前
- 新橋 — 東銀座
- 澀谷
- 品川
- 代官山
- 羽田機場
- 自由之丘
- 橫濱

JR 山手線　　JR 湘南新宿線　　N'EX 成田特快
JR 京濱東北線、上野東京線、東海道線、橫須賀線
東京地鐵副都心線 **直通運轉** 東急東橫線
都營地鐵淺草線 **直通運轉** 京急本線

- JR 在東京市區有「JR 京濱東北線」、「JR 上野東京線」、「JR 東海道線」、「JR 橫須賀線」、「JR 湘南新宿線」等路線可直達橫濱；在成田機場有「N'EX 成田特快」列車直達橫濱。
- 東京地鐵「副都心線」和東急電鐵的「東橫線」直通運轉，兩家業者的路線分別連接東京市區及橫濱。
- 都營地鐵「淺草線」和京急電鐵的「京急本線」直通運轉，兩家業者的路線分別連接東京市區、羽田機場及橫濱。

　　不過這麼多家鐵路業者和路線，到底該如何選擇呢？懶懶哥建議以出發地及持有的優惠票券決定，請看下列說明：

靠近品川、新橋、東京車站、秋葉原、上野等東京東半部 JR 車站的所有旅客

　　建議搭乘「JR 京濱東北線」、「JR 上野東京線」、「JR 東海道線」、「JR 橫須賀線」前往橫濱。

※「JR 上野東京線」為上野站以北的「JR 宇都宮線」、「JR 高崎線」、「JR 常磐線」與東京車站以南的「JR 東海道線」直通運轉的路線合稱

靠近東銀座、日本橋、淺草、押上（東京晴空塔／ Tokyo Skytree）等都營地鐵淺草線沿線車站的所有旅客

　　建議搭乘「都營地鐵淺草線」直通運轉「京急本線」的列車前往橫濱。

持有範圍包含東京及橫濱的 JR Pass，且靠近澀谷、新宿、池袋等東京西半部 JR 車站的旅客

　　建議搭乘「JR 湘南新宿線」前往橫濱。

未持有 JR Pass，且靠近明治神宮前／原宿、新宿三丁目／新宿、池袋等東京地鐵副都心線沿線車站的所有旅客

　　建議搭乘「東京地鐵副都心線」直通運轉「東急東橫線」的列車前往橫濱。

未持有 JR Pass，且靠近澀谷的旅客

　　建議搭乘「東急東橫線」前往橫濱。

從成田機場出發的旅客

　　建議購買「N'EX 外國旅客優惠來回車票」並搭乘 JR 的「N'EX 成田特快」前往橫濱。

從羽田機場出發的旅客

　　建議搭乘「京急本線」前往橫濱。

　　看完上方介紹，還是不確定該如何選擇交通路線的讀者們，或是想知道各站往返橫濱的票價、行駛時間、班次的讀者們，懶懶哥建議在搭車前使用 Google 地圖查詢，系統會推薦最方便的路線及班次。另外，東海道新幹線雖然也有到橫濱，速度也最快。但新幹線的票價不但最貴，又不接受 JR 東日本推出的 JR Pass，而且停靠的是位於郊區的新橫濱車站，到市區還得再轉車，所以不建議搭乘。

❀ 時間及票價

從品川、新橋、東京車站、秋葉原、上野等東京東半部的 JR 車站出發

- 從上述各站搭乘「JR 京濱東北線」、「JR 上野東京線」、「JR 東海道線」、「JR 橫須賀線」到橫濱車站的單程票價為 310～580 日圓，行駛時間約十六～三十二分鐘，約五～十分鐘一班。

- 上述 JR 路線皆可使用 JR 東京廣域周遊券、JR 東日本鐵路周遊券・東北地區、JR 東日本鐵路周遊券・長野、新潟地區、JR 東日本・南北海道鐵路周遊券、JR Pass 全國版直接搭乘。

都營地鐵淺草線

- 從東銀座、日本橋、淺草、押上（東京晴空塔／Tokyo Skytree）搭乘「都營地鐵淺草線」直通運轉「京急本線」的列車到橫濱車站的單程票價為 550～610 日圓，行駛時間約二十八～四十三分鐘，約十分鐘一班。

- 若您持有「東京地鐵＆都營地鐵 24～72 小時券」（Tokyo Subway Ticket），只需在出站時支付泉岳寺站～橫濱車站的「京急本線」車資 330 日圓。

- 另外，京急電鐵有推出優惠票券「橫濱一日車票」（横浜 1DAY きっぷ），可在一天內於京急電鐵任一站往返橫濱一次，以及不限次數搭乘港未來線全線、紅鞋觀光巴士（紅鞋觀光循環車）全線、BAYSIDE BLUE 雙節巴士全線、橫濱市營巴士（市區公車）指定範圍內路線、京急電鐵橫濱車站～上大岡站、橫濱地鐵藍線橫濱車站～伊勢佐木長者町站、上大岡站。此票券售價依各站而異，品川站出發為成人 1120 日圓、兒童（6～12歲）570 日圓。

- 由於從品川搭乘京急本線往返橫濱就要 640 日圓，「港未來線一日觀光乘車票」則要

460 日圓，涵蓋紅鞋觀光巴士（紅鞋觀光循環車）、BAYSIDE BLUE 雙節巴士、橫濱市營巴士（市區公車）及橫濱地鐵的「港灣漫遊車票」則要 500 日圓，購買「橫濱一日車票」等於現省 480 日圓，因此懶懶哥十分推薦搭乘都營地鐵淺草線或京急本線往返橫濱，而且計畫多次使用港未來線、紅鞋觀光巴士（紅鞋觀光循環車）、BAYSIDE BLUE 雙節巴士、橫濱市營巴士（市區公車）、橫濱地鐵前往各景點的讀者們購買此票券。

JR 湘南新宿線

- 從澀谷、新宿、池袋搭乘「JR 湘南新宿線」到橫濱車站的單程票價為 410～660 日圓，行駛時間約 二十四～三十五分鐘，約 五～十五分鐘一班。

- 「JR 湘南新宿線」可使用 JR 東京廣域周遊券、JR 東日本鐵路周遊券・東北地區、JR 東日本鐵路周遊券・長野、新潟地區、JR 東日本・南北海道鐵路周遊券、JR Pass 全國版直接搭乘。

東京地鐵副都心線

- 從明治神宮前、新宿三丁目、池袋搭乘「東京地鐵副都心線」直通運轉「東急東橫線」的列車到橫濱車站的單程票價為 490～520 日圓，行駛時間約 三十～三十八分鐘，約五～十分鐘一班。

- 若您持有「東京地鐵＆都營地鐵 24～72 小時券」（Tokyo Subway Ticket），只需在出站時支付澀谷站～橫濱車站的「東急東橫線」車資 280 日圓。

- 另外，東急鐵道有推出優惠票券「東急港未來車票」（みなとみらいチケット），可在一天內於東急電鐵任一站往返橫濱一次，以及不限次數搭乘港未來線全線，詳細介紹請見下段。

東急東橫線

- 從澀谷站搭乘「東急東橫線」到橫濱車站的單程票價為 310 日圓，行駛時間約二十七分鐘。另外，東急鐵道有推出優惠票券「東急港未來車票」（みなとみらいチケット），可在一天內於東急電鐵任一站往返橫濱一次，以及不限次數搭乘港未來線全線。此票券售價依各站而異，澀谷站為成人 920 日圓，兒童（6～12 歲）470 日圓。
- 由於從澀谷搭乘東急東橫線往返橫濱就要 620 日圓，「港未來線一日觀光乘車票」則要 460 日圓，購買「東急港未來車票」等於現省 150 日圓，因此懶懶哥十分推薦搭乘東京地鐵副都心線或東急東橫線往返橫濱，而且計畫多次使用港未來線前往各景點的讀者們購買此票券。

❀ 搭乘各種電車到橫濱

從品川、新橋、東京車站、秋葉原、上野等東京東半部的 JR 車站出發

- 準備從上述各站搭乘「JR 京濱東北線」、「JR 上野東京線」、「JR 東海道線」、「JR 橫須賀線」前往橫濱的讀者們，抵達車站後，請先到售票機購買普通車票，或直接持 IC 卡、JR Pass 進站，再依站內的「京濱東北線」、「上野東京線」、「東海道線」、「橫須賀線」指標及列車資訊看板到正確月台搭乘往橫濱方向的列車。
- 由於「京濱東北線」、「上野東京線」、「東海道線」、「橫須賀線」的列車行駛模式眾多，請讀者們搭車前務必用 Google 地圖查詢會停靠橫濱車站的路線及班次，再前往月台候車。

請依站內的「京濱東北線」、「上野東京線」、「東海道線」、「橫須賀線」指標到正確月台候車

都營淺草線

- 準備搭乘「都營地鐵淺草線」直通運轉「京急本線」的列車前往橫濱的讀者們，抵達地鐵站後，請直接持 IC 卡或「東京地鐵 & 都營地鐵 24～72 小時券」（Tokyo Subway Ticket）進站。沒有 IC 卡或地鐵優惠票券的旅客，請先到售票機購買「地鐵接續京急線車票」。進站後，請依站內指標及列車資訊看板到正確月台搭乘往橫濱方向的列車。
- 由於「都營地鐵淺草線」的列車行駛模式眾多，請讀者們搭車前務必用 Google 地圖查詢會停靠橫濱車站的班次，再前往月台候車。另外，在「京急本線」內有「特急」列車行駛，但「特急」列車只差在停靠站數較少，車廂內裝與其他非特急列車完全相同，所以不用劃位也無須加價，請讀者們放心搭乘。
- 持「東京地鐵 & 都營地鐵 24～72 小時券」（Tokyo Subway Ticket）搭乘「都營地鐵淺草線」直通運轉「京急本線」的列車前往橫濱的旅客，請記得在出站時走人工閘門，另補泉岳寺站～橫濱車站的「京急本線」車資 330 日圓。

請到正確月台搭乘往橫濱方向的列車

如果想使用「橫濱一日車票」，請在品川站或京急電鐵各站的售票機或售票處購票（泉岳寺站除外）。

請在京急電鐵各站售票機或售票處購買橫濱一日車票

JR 湘南新宿線

- 準備搭乘「JR 湘南新宿線」前往橫濱的讀者們，抵達車站後，請直接持 JR Pass 進站，再依站內的「湘南新宿線」指標及列車資訊看板到正確月台搭乘往橫濱方向的列車。

- 由於「湘南新宿線」的列車行駛模式眾多，請讀者們搭車前務必用 Google 地圖查詢會停靠橫濱車站的班次，再前往月台候車。

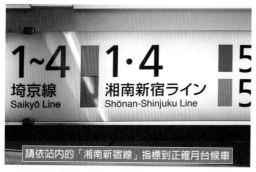
請依站內的「湘南新宿線」指標到正確月台候車

東京地鐵副都心線

- 準備搭乘「東京地鐵副都心線」直通運轉「東急東橫線」的列車前往橫濱的讀者們，抵達車站後，請直接持 IC 卡或「東京地鐵＆都營地鐵 24～72 小時券」（Tokyo Subway Ticket）進站。沒有 IC 卡或地鐵優惠票券的旅客，請先到售票機購買「地鐵接續東急線車票」。

- 要注意的是，開往橫濱的列車會行駛至橫濱車站，開往元町‧中華街的列車也會停靠橫濱車站並直通運轉「港未來線」，但其餘方向的列車一概不會進入橫濱市區。所以進站後，請依站內指標及列車資訊看板到正確月台搭乘往橫濱或元町‧中華街的列車。

請到正確月台搭乘往橫濱或元町‧中華街的列車

- 另外，在「東急東橫線」和「港未來線」內有各種特急列車行駛，但這兩線內的所有特急列車只差在停靠站數較少，車廂內裝與其他非特急列車完全相同，所以不用劃位也無須加價，請讀者們放心搭乘。

- 不過，東京地鐵副都心線、東急東橫線、港未來線在週末假日會有全車指定席（對號座）列車「S-Train」行駛，必須加購指定席券才能乘坐。所以當列車資訊看板或車廂外側標有「S-Train」的列車進站時，請不要上車，否則會被加收指定席費用。

- 持「東京地鐵＆都營地鐵 24～72 小時券」（Tokyo Subway Ticket）搭乘「東京地鐵副都心線」直通運轉「東急東橫線」的列車前往橫濱的旅客，請記得在出站時走人工閘門，另補澀谷站～橫濱車站的「東急東橫線」車資 310 日圓。

- 如果持有「東京地鐵＆都營地鐵 24～72 小時券」（Tokyo Subway Ticket），又想在橫濱使用「東急港未來車票」的旅客，抵達澀谷站後請記得先出閘門，並至東急電鐵售票機購買「東急港未來車票」，再持「東急港未來車票」進站搭乘「東急東橫線」。

東急東橫線

- 準備搭乘「東急東橫線」前往橫濱的讀者們，請先抵達澀谷站，並依照站內的「副都心線」、「東急電鐵」或「東橫線」指標前往副都心線與東急東橫線共用的進出站閘門。接著，請在閘門旁的東急電鐵售票機購買普通車票或「東急港未來車票」，或直接持 IC 卡進站。

- 由於開往橫濱的列車才會停靠橫濱車站，開往元町・中華街的列車則會在停靠橫濱車站後直通運轉「港未來線」。其餘方向的列車則一概不會進入橫濱市區。所以進站後，請依站內指標及列車資訊看板，到第 3、4 月台搭乘往橫濱或元町・中華街方向的列車。

請到正確月台搭乘往橫濱或元町・中華街的列車

- 另外，在「東急東橫線」和「港未來線」內有各種特急列車行駛，但這兩線內的所有特急列車只差在停靠站數較少，車廂內裝與其他非特急列車完全相同，所以不用劃位也無須加價，請讀者們放心搭乘。

- 不過，東京地鐵副都心線、東急東橫線、港未來線在週末假日會有全車指定席（對號座）列車「S-Train」行駛，必須加購指定席券才能乘坐。所以當列車資訊看板或車廂外側標有「S-Train」的列車進站時，請不要上車，否則會被加收指定席費用。

橫濱市區交通指南

橫濱市區除了多條 JR 和私鐵，還有行經各大景點的港未來線、橫濱地鐵、觀光巴士、海岸線，以及可欣賞大樓與海景的「橫濱空中纜車」。

港未來線

港未來線（みなとみらい線、Minatomirai Line）是「橫濱高速鐵道公司」營運的鐵路路線，全線只有六站。不過，港未來線沿線各站皆在橫濱知名景點附近，包括交通中樞「橫濱車站」，緊鄰麵包超人博物館的「新高島站」，橫濱地標塔旁的「港未來站」（みなとみらい駅），靠近日清泡麵博物館、橫濱太空世界遊樂園、紅磚倉庫的「馬車道站」，位於大棧橋附近的「日本大通站」，還有鄰近山下公園、橫濱鋼彈工廠、元町商店街、橫濱中華街、港見丘公園、山手地區的「元町・中華街站」。

另外，港未來線會與橫濱連接澀谷的「東急東橫線」，以及澀谷連接池袋的「東京地鐵副都心線」直通運轉。因此對大部分觀光客來說，港未來線是往返東京市區，以及在橫濱各景點移動時最常用到的鐵路路線。

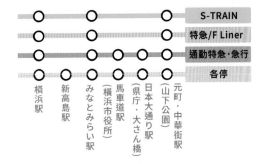

❀ 基本票價

港未來線起跳價是 200 日圓，刷 Suica、PASMO 等 IC 卡較便宜，為 193 日圓，並依里程計費。

☸ 營運時間＆班距

港未來線的營運時間為早上五點至凌晨十二點，班次非常密集，約二到五分鐘一班，因此無須查詢時刻表即可搭乘。

☸ 優惠票券

港未來線是由「橫濱高速鐵道公司」經營，跟橫濱市交通局營運的「橫濱地鐵」屬於不同業者，因此無法使用一般橫濱地鐵車票，或不包含港未來線的橫濱地鐵優惠票券搭乘。不過港未來線除了有專用一日券，還有跟 JR、東急電鐵、京急電鐵等鐵路業者合作推出多種優惠票券，詳細介紹請見下方。

港未來線一日券	
票券說明	可在一天內不限次數搭乘港未來線全線
票券售價	成人 460 日圓，兒童（6～12 歲）230 日圓
推薦對象	港未來線各站售票機
划算程度	港未來線一日觀光乘車票售價 460 日圓，但港未來線單趟車資起跳價為 180 日圓，所以 一天只要搭三次，或總車資超過 460 日圓就回本
售票地點	港未來線各站售票機
有效期限	限購票當日有效
注意事項	【1】此票券無法搭乘橫濱地鐵 【2】搭乘至東急電鐵、東京地鐵副都心線各站須另補車資

橫濱港未來通票	
票券說明	可在一天內不限次數搭乘 JR 根岸線橫濱車站～新杉田站及港未來線全線
票券售價	成人 530 日圓，兒童（6～12 歲）260 日圓
推薦對象	會搭乘港未來線參觀橫濱市區各景點，並前往「三井 Outlet Park 橫濱港灣」或「橫濱八景島海島樂園」的旅客
划算程度	要前往「三井 Outlet Park 橫濱港灣」或「橫濱八景島海島樂園」，必須先從橫濱車站搭乘 JR 根岸線到新杉田站，再轉乘海岸線。橫濱車站～新杉田站的 JR 來回車資為 440 日圓，而港未來線的單趟車資起跳價為 190 日圓，兩者加起來至少要 630 日圓。但購買橫濱港未來通票只要 530 日圓，就能不限次數搭乘 JR 根岸線及港未來線，非常划算
售票地點	橫濱車站～新杉田站的指定席售票機、JR 售票處、橫濱車站旅遊服務中心（View Plaza）
有效期限	限購票當日有效
注意事項	【1】此票券無法搭乘海岸線，要從新杉田站轉乘海岸線前往「三井 Outlet Park 橫濱港灣」及「橫濱八景島海島樂園」的旅客，需另外購買海岸線車票 【2】搭乘港未來線至東急電鐵和東京地鐵的直通運轉區間須另補車資 【3】搭乘 JR 根岸線至橫濱車站～新杉田站以外的 JR 車站須另補車資

橫濱一日車票	
票券說明	可在一天內於京急電鐵任一站往返橫濱一次，以及不限次數搭乘港未來線全線、紅鞋觀光巴士（紅鞋觀光循環車）全線、BAYSIDE BLUE 雙節巴士全線、橫濱市營巴士（市區公車）指定範圍內路線、京急電鐵橫濱車站～上大岡站、橫濱地鐵藍線橫濱車站～伊勢佐木長者町站、上大岡站
票券售價	此票券售價依各站而異，品川站出發為成人 1120 日圓，兒童（6～12 歲）570 日圓
推薦對象	會在一天內搭乘都營地鐵淺草線或京急本線往返橫濱，而且計畫多次使用港未來線、紅鞋觀光巴士（紅鞋觀光循環車）、BAYSIDE BLUE 雙節巴士、橫濱市營巴士（市區公車）、橫濱地鐵前往各景點的旅客
划算程度	以品川出發為例，搭乘京急本線往返橫濱就要 640 日圓，「港未來線一日觀光乘車票」則要 460 日圓，涵蓋紅鞋觀光巴士（紅鞋觀光循環車）、BAYSIDE BLUE 雙節巴士、橫濱市營巴士（市區公車）及橫濱地鐵的「港灣漫遊車票」則要 500 日圓，但可搭乘上述 交通工具的「橫濱一日車票」只要 1120 日圓，等於現省 480 日圓
售票地點	京急電鐵各站售票處（泉岳寺站除外）
有效期限	限購票當日有效
注意事項	【1】泉岳寺站不販售此票券 【2】只能搭乘去程及回程的京急電鐵列車各一次，且來回車站必須相同 【3】此票券適用範圍不包含都營地鐵淺草線 【4】無法在橫濱地鐵藍線伊勢佐木長者町站～上大岡站之間的四個車站上下車

東急港未來車票	
票券說明	可在一天內於東急電鐵任一站往返橫濱一次，以及不限次數搭乘港未來線全線
票券售價	此票券售價依各站而異，澀谷站為成人 920 日圓，兒童（6～12 歲）470 日圓
推薦對象	準備搭乘東京地鐵副都心線或東急東橫線往返橫濱，而且計畫多次使用港未來線前往各景點的旅客
划算程度	以澀谷出發為例，搭乘東急東橫線往返橫濱就要 620 日圓，「港未來線一日券」則要 460 日圓，購買「東急港未來車票」等於現省 160 日圓
售票地點	東急電鐵各站售票機
有效期限	限購票當日有效
注意事項	【1】只能搭乘去程及回程的東急電鐵列車各一次，且來回車站必須相同 【2】橫濱站不販售此票券 【3】此票券適用範圍不包含東京地鐵副都心線

購買港未來線車票

購買普通車票

若要購買普通車票，請先從售票機上方的票價看板確認目的地票價，接著點選售票機螢幕的「きっぷ」（普通車票）或「みなとみらい線」（港未來線）按鈕，再輸入張數、票價並付款取票。

港未來線售票機位於進站閘門旁

請先從售票機上方的票價看板確認目的地票價

在橫濱車站購票
請點選此處

請輸入張數、票價並付款取票

找一台售票機

數量　　　購票畫面

IC卡插入口　紙鈔插入口　零錢投入口

車票退出口　找零出口

在一般車站購票
請點選此處

購買港未來線一日觀光乘車票（港未來線一日券）

若要購買港未來線一日觀光乘車票（港未來線一日券），請先進入普通車票購票畫面，再點選左下角的「おトクなきっぷ」（優惠車票）或「一日券」，接著按下張數及一日券按鈕並付款取票。

在一般車站購票
請點選此處

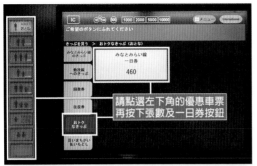

請點選左下角的優惠車票
再按下張數及一日券按鈕

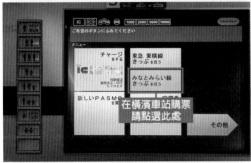

在橫濱車站購票
請點選此處

請點選左下角的一日券
再按下張數及一日券按鈕

搭乘港未來線

請先依港未來線（みなとみらい線、Minatomirai Line）指標找到車站入口，接著持車票、一日券或 IC 卡進站。抵達月台後，請確認搭乘方向，並在正確的月台候車。

請先依站內外的港未來線
（なとみらい線、Minatomirai Line）指標找到入口

完成購票後，請前往進站閘門

車票取出口

IC卡感應處

車票插入口

請插入車票或一日券並取回，或感應IC卡

請確認搭乘方向，並在正確月台候車

上車後請保持安靜

行駛方向
みなとみらい 元町・中華街 接続
11 58

急行 10両 元町・中華街 12:00
各停 8両 元町・中華街 12:05
っています。【お知ら+】東横線は、1

列車種類　　發車時間

請確定進站車種會停靠您的目的地再上車

車門上方的跑馬燈會顯示停靠站名，請隨時注意

❄ 港未來線注意事項

各車種的停靠站不同、S-Train 需加購指定席券

- 港未來線內有多種列車行駛，包括 S-Train、特急、F Liner 特急（F ライナー）、通勤急行、急行、各站停車（各停／普通）等。除了 S-Train 為全車指定席（對號座）且須加購指定席券才能搭乘，其餘各車種的票價都相同且無須劃位。
- 另外，S-Train、特急、F Liner（F ライナー）在港未來線內只停橫濱車站、港未來站、元町・中華街站；通勤急行、急行不停新高島站；各站停車（各停／普通）則停靠所有車站。所以候車時，請先從月台上的列車資訊看板確認進站的車種為何，並確定該車種會停靠您的目的地再上車。
- 也由於 S-Train 須加購指定席券才能乘坐，因此讀者們看到列車資訊看板或車廂外側標有「S-Train」的列車進站時，請不要上車，否則會被加收指定席費用。

觀光巴士

由於日清泡麵博物館、橫濱太空世界樂園（Cosmo World）、紅磚倉庫的所在區域離鐵路車站有段距離，港見丘公園、山手西洋館則位在山丘上，因此橫濱市交通局特別開闢繞行港未來 21、新港、山下、山手等地的「紅鞋觀光巴士」（紅鞋觀光循環車，あかいくつ）與「BAYSIDE BLUE 雙節巴士」以方便旅客前往上述景點，非常適合想節省體力或時間的讀者們搭乘。

「紅鞋觀光巴士」固定以逆時針循環繞駛櫻木町站、橫濱錘頭、紅磚倉庫、中華街、元町商店街、港見丘公園、山下公園、大棧橋等景點；「BAYSIDE BLUE 雙節巴士」從橫濱車站出發後，先往東行經麵包超人博物館、日清泡麵博物館、大棧橋、山下公園、山下埠頭（橫濱鋼彈工廠），再從山下埠頭往西折返停靠元町商店街、中華街、紅磚倉庫等景點。

紅鞋觀光巴士

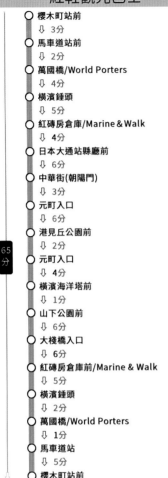

- 櫻木町站前
  - ↓ 3分
- 馬車道站前
  - ↓ 2分
- 萬國橋/World Porters
  - ↓ 4分
- 橫濱錘頭
  - ↓ 5分
- 紅磚房倉庫/Marine & Walk
  - ↓ 4分
- 日本大通站縣廳前
  - ↓ 6分
- 中華街(朝陽門)
  - ↓ 3分
- 元町入口
  - ↓ 6分
- 港見丘公園前
  - ↓ 2分
- 元町入口
  - ↓ 4分
- 橫濱海洋塔前
  - ↓ 1分
- 山下公園前
  - ↓ 6分
- 大棧橋入口
  - ↓ 6分
- 紅磚房倉庫前/Marine & Walk
  - ↓ 5分
- 橫濱錘頭
  - ↓ 2分
- 萬國橋/World Porters
  - ↓ 1分
- 馬車道站
  - ↓ 5分
- 櫻木町站前

65分

❀ 基本票價

　　觀光巴士不分路線及里程，一律為 220 日圓，刷 Suica、PASMO 等 IC 卡的票價相同。

❀ 營運時間＆班距

紅鞋觀光巴士

　　平日營運時間為早上十點～晚上六點，約三十分鐘一班；假日營運時間為早上十點～晚上七點，約十五分鐘一班。

BAYSIDE BLUE 雙節巴士

　　平日營運時間為早上十點～晚上七點，約三十～六十分鐘一班；假日營運時間為早上十點～晚上八點，約二十～四十分鐘一班。

❀ 優惠票券

　　觀光巴士有多種優惠票券，不過最適合觀光客使用的是「港灣漫遊車票＆港灣漫遊車票廣域版（港灣漫遊聯運優待車票）」，以及京急電鐵的「橫濱一日車票」，詳細介紹如下：

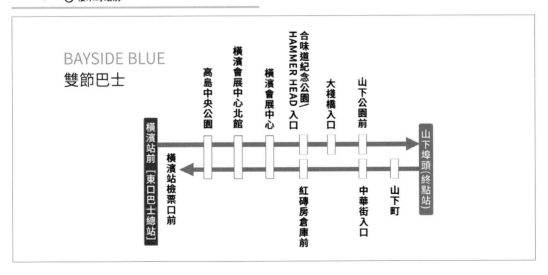

BAYSIDE BLUE
雙節巴士

橫濱站前〔東口巴士總站〕 — 橫濱站檢票口前 — 高島中央公園 — 橫濱會展中心北館 — 橫濱會展中心 — 合味道紀念公園/HAMMER HEAD 入口 — 紅磚房倉庫前 — 大棧橋入口 — 中華街入口 — 山下公園前 — 山下町 — 山下埠頭(終點站)

港灣漫遊車票

票券說明	【一般版】可在一天內不限次數搭乘橫濱地鐵藍線橫濱車站～伊勢佐木長者町站、紅鞋觀光巴士（紅鞋觀光循環車）、BAYSIDE BLUE 雙節巴士、PIER LINE（碼頭線）、Burari 三溪園觀光巴士、Burari 野毛山動物園觀光巴士，以及指定區域內的橫濱市營巴士 【廣域版】除了可用範圍增加橫濱地鐵藍線新橫濱站，其餘優惠和港灣漫遊車票相同
票券售價	【一般版】成人 500 日圓，兒童（6～12歲）250 日圓 【廣域版】成人 550 日圓，兒童（6～12歲）280 日圓
推薦對象	【一般版】會在一天內多次搭乘橫濱地鐵及觀光巴士前往橫濱各景點的旅客 【廣域版】會在一天內多次搭乘橫濱地鐵及觀光巴士前往橫濱各景點及新橫濱站的旅客
划算程度	橫濱地鐵的單程車資為 210 日圓，觀光巴士及橫濱市營巴士的單程車資為 220 日圓，但港灣漫遊車票＆港灣漫遊車票廣域版（港灣漫遊聯運優待車票）只要 500～550 日圓，等於只要在一天內搭乘上述交通工具 三次就回本
售票地點	【一般版】橫濱地鐵藍線橫濱車站～伊勢佐木長者町站售票處、觀光巴士內、橫濱市營巴士內 【廣域版】橫濱地鐵藍線橫濱車站～伊勢佐木長者町站＆新橫濱站售票處
有效期限	限購票當日有效
景點優惠	在部分橫濱景點出示此票券可享有門票折扣
注意事項	【1】此票券無法搭乘港未來線 【2】Burari 三溪園觀光巴士、Burari 紅磚房觀光巴士只在假日行駛 【3】搭乘橫濱地鐵或巴士至適用範圍外路線須另補車資

橫濱一日車票

票券說明	可在一天內於京急電鐵任一站往返橫濱一次，以及不限次數搭乘港未來線全線、紅鞋觀光巴士（紅鞋觀光循環車）全線、BAYSIDE BLUE 雙節巴士全線、橫濱市營巴士（市區公車）指定範圍內路線、京急電鐵橫濱車站～上大岡站、橫濱地鐵藍線橫濱車站～伊勢佐木長者町站、上大岡站
票券售價	此票券售價依各站而異，品川站出發為成人 1120 日圓，兒童（6～12歲）570 日圓
推薦對象	會在一天內搭乘都營地鐵淺草線或京急本線往返橫濱，而且計畫多次使用港未來線、紅鞋觀光巴士（紅鞋觀光循環車）、BAYSIDE BLUE 雙節巴士、橫濱市營巴士（市區公車）、橫濱地鐵前往各景點的旅客
划算程度	以品川出發為例，搭乘京急本線往返橫濱就要 640 日圓，「港未來線一日觀光乘車票」則要 460 日圓，涵蓋紅鞋觀光巴士（紅鞋觀光循環車）、BAYSIDE BLUE 雙節巴士、橫濱市營巴士（市區公車）及橫濱地鐵的「港灣漫遊車票」則要 500 日圓，但可搭乘上述交通工具的「橫濱一日車票」只要 1120 日圓，等於現省 480 日圓
售票地點	京急電鐵各站售票處（泉岳寺站除外）
有效期限	限購票當日有效
注意事項	【1】泉岳寺站不販售此票券

【2】 只能搭乘去程及回程的京急電鐵列車各一次，且來回車站必須相同

【3】 此票券適用範圍不包含都營地鐵淺草線

【4】 無法在橫濱地鐵藍線伊勢佐木長者町站～上大岡站之間的四個車站上下車

❀ 在櫻木町站轉乘紅鞋觀光巴士

紅鞋觀光巴士的起點為「櫻木町站前」巴士站，而且不會行經橫濱車站。所以要搭乘紅鞋觀光巴士的旅客，必須先乘坐橫濱地鐵或 JR 到櫻木町站，再前往「櫻木町站前」巴士站候車。

橫濱地鐵

乘坐橫濱地鐵到櫻木町站的旅客，請依站內的「北 1 出口」及「巴士總站」指標出站上樓，並向前穿越 JR 櫻木町站南改札（南剪票口）大廳，就會抵達站前廣場。

就會抵達站前廣場

接著，請朝廣場左前方走，就會在纜車站後方看到紅鞋觀光巴士停靠的 3 號巴士站牌，請在此候車。

抵達地鐵櫻木町站後，請依站內的「北1出口」及「巴士總站」指標出站上樓

朝廣場左前方走，就會在纜車站後方看到紅鞋觀光巴士停靠的3號巴士站牌，請在此候車

JR

乘坐 JR 到櫻木町站的旅客，請依站內的「南改札」（南剪票口）指標出站，再遵循「東口」及「巴士」指標穿越 JR 櫻木町站南改札大廳，就會抵達站前廣場。接著，請朝廣場左前方走，就會看到紅鞋觀光巴士停靠的 3 號巴士站牌，請在此候車。

上樓後，請向前穿越JR櫻木町站的南改札大廳

抵達JR櫻木町站後，請依照站內的「南改札」（南剪票口）指標出站

出站後，請遵循「東口」及「巴士」指標穿越JR櫻木町站南改札大廳

就會抵達站前廣場

朝廣場左前方走，就會在纜車站後方看到紅鞋觀光巴士停靠的3號巴士站牌，請在此候車

✽ 在橫濱車站轉乘 BAYSIDE BLUE 雙節巴士

BAYSIDE BLUE 雙節巴士的起點為「橫濱車站東口巴士總站」（橫浜駅東口バスターミナル）。所以要搭乘 BAYSIDE BLUE 雙節巴士的旅客，必須先乘坐 JR、橫濱地鐵、港未來線、東急電鐵或京急電鐵到橫濱車站，再前往「橫濱

車站東口巴士總站」候車。抵達橫濱車站後，請依照「東口」指標出站並往前走，就會進入「PORTA 地下街」。

抵達橫濱車站後，請依照「東口」指標出站並往前走就會進入PORTA地下街

請繼續依照地下街的「巴士」符號往前走，就會抵達「橫濱 SOGO」（そごう橫浜店）的門口。

請繼續依照地下街的「巴士」符號往前走就會抵達SOGO百貨門口

請搭乘 SOGO 門口右前方、藍色柱子後面的電扶梯上樓，就會抵達橫濱車站東口巴士總站。請繼續往右走，就會看到紅色的「A」巴士月台入口。

請搭乘右前方藍色柱子後面的電扶梯上樓
就會在右手邊看到紅色的「A」巴士月台入口

請上樓並走到 4 號站牌排隊等候 BAYSIDE BLUE 雙節巴士。

請上樓並走到4號站牌排隊候車

❀ 搭乘觀光巴士

請先查詢時刻表，並提前至觀光巴士站牌旁候車。

請先找到觀光巴士專用站牌

觀光巴士一律為上車收費，並從前門上車、後門下車。

觀光巴士到站後，請依序從前門上車

- 上車時，使用 Suica、PASMO 等 IC 卡的旅客，請將卡片靠近運賃箱的 IC 卡感應處。
- 付現的旅客，請將 220 日圓投入運賃箱（付費機）的車資投入口，若投入 500 日圓會自動找零。
- 若沒有零錢，請先將紙鈔放入兌幣口中兌換成零錢，再放入車資投入口。
- 需要港灣漫遊車票的旅客，可在上車時向司機購票。
- 若已持有港灣漫遊車票、橫濱一日車票或其他可搭乘觀光巴士的一日券，請向司機出示寫有日期的那面。

各種付費方式的操作流程，請參閱上方說明

車資投入口　IC卡感應處

紙鈔兌幣口

找零出口

兌幣出口

接著，請找位子坐或抓好扶手，車廂前方螢幕會顯示巴士停靠資訊及下站名稱，請隨時注意。

上車後請找位子坐或抓好扶手

車廂前方螢幕會顯示停靠站名，請隨時注意

到站前，記得按下車鈴，待巴士停妥後再走到後門下車。

到站前記得按下車鈴

巴士停妥後，請走到後門下車

★觀光巴士注意事項

【1】日本道路靠左通行，請在左側站牌候車
【2】公車未停妥請勿走動
【3】司機可幫忙加值 IC 卡
【4】紅鞋觀光巴士僅於「櫻木町前站」～「紅磚倉庫」之間，以及「元町入口」站採雙向運行，在「紅磚倉庫」～「大棧橋」之間各站則是逆時針單向運行且單邊設站，安排行程及候車時請特別留意。
【5】BAYSIDE BLUE 雙節巴士的東向終點為山下埠頭，巴士到站後將停止載客，要繼續前往元町、中華街、紅磚倉庫等西向單邊站牌的旅客必須在山下埠頭換乘下一班車，無法原車續乘。

橫濱地鐵

橫濱地鐵由橫濱市交通局負責營運，共有「藍線」及「綠線」兩條路線。不過，綠線的車站大多都位於郊區，觀光客不太會用到。藍線則除了在港未來 21 地區附近設有「高島町站」及「櫻木町站」，還連接了市中心的「橫濱車站」及東海道新幹線的「新橫濱站」。由於橫濱地鐵藍線從橫濱車站直達新橫濱站的班次比起 JR 密集許多，因此旅客大多會選擇搭乘橫濱地鐵往返橫濱車站與新橫濱站。

❀ 基本票價

橫濱地鐵起跳價為 210 日圓，刷 Suica、PASMO 等 IC 卡的票價相同，並依里程計費。

營運時間＆班距

橫濱地鐵的營運時間為早上五點至凌晨十二點，班次非常密集，約四到七分鐘一班，因此無須查詢時刻表即可搭乘。

❀ 優惠票券

橫濱地鐵有多種優惠票券，不過最適合觀光客使用的是「港灣漫遊車票」，以及京急電鐵的「橫濱一日車票」，詳細介紹請見 P.264。

❀ 購買橫濱地鐵車票

請先從售票機上方的票價看板確認目的地票價，接著點選售票機螢幕左上方的「普通券」（普通車票），再輸入張數、票價並付款取票。

地鐵售票機位於進站閘門旁

請先從售票機上方的票價看板確認目的地票價

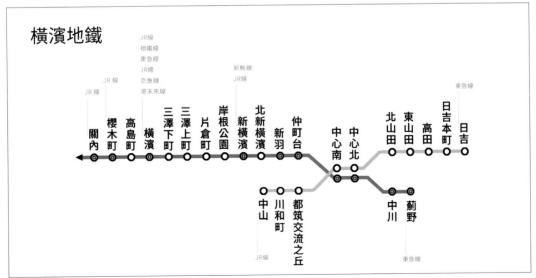

橫濱地鐵

JR線
相鐵線
東急線
JR線
京急線
港未來線
新幹線
JR線
東急線

JR線
JR線

關內　櫻木町　高島町　橫濱　三澤下町　三澤上町　片倉町　岸根公園　新橫濱　北新橫濱　新羽　仲町台　中心南　中心北　北山田　東山田　高田　日吉本町　日吉

中山　川和町　都筑交流之丘

中川　薊野

JR線
東急線

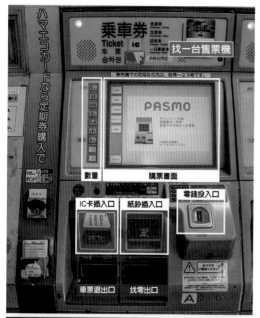

ハマエコカードなら定期券購入で

找一台售票機

數量　購票畫面

IC卡插入口　紙鈔插入口　零錢投入口

車票退出口　找零出口

購票請點選此處

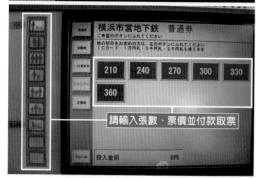

横浜市營地下鉄　普通券

210　240　270　300　330
360

請輸入張數、票價並付款取票

投入金額　0円

搭乗横濱地鐵

請先找到横濱地鐵站入口，接著，持普通車票或 IC 卡的旅客，請插入車票或感應 IC 卡進站。

請先依「地下鐵」指標找到横濱地鐵入口

車票取出口

IC卡感應處

車票插入口

持普通車票或IC卡的旅客
請插入車票並取回，或感應IC卡

持港灣漫遊車票或横濱一日車票的旅客，請向人工閘門的站務人員出示車票進站。

持港灣漫遊車票或横濱一日車票的旅客
請向人工閘門的站務人員出示車票

抵達月台後，請確認搭乗方向，並在正確的月台候車。

請確認搭乗方向，並在正確月台候車

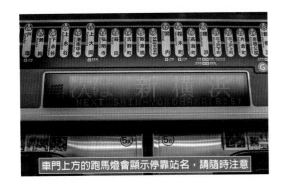

車門上方的跑馬燈會顯示停靠站名，請隨時注意

★橫濱地鐵注意事項

橫濱地鐵在平日 10：00～16：00，以及假日 09：30～20：30，每小時會有兩班快速列車行駛，在戶塚～新羽之間只停靠上永谷、上大岡、關內、櫻木町、橫濱、新橫濱。若您要前往的車站不在其中，請不要搭到快速列車。

JR

橫濱地區的 JR 路線都是由 JR 東日本公司經營（往返新橫濱站的的「東海道新幹線」除外）。在眾多 JR 路線中，橫濱觀光客最常用的路線是「JR 根岸線」及「JR 橫濱線」。

JR 根岸線

JR 根岸線兩端分別為橫濱車站北側的東神奈川站，以及鎌倉市區北側的大船站。此路線行經橫濱車站、港未來 21 地區附近的櫻木

町站，並可在新杉田站轉乘「海岸線」到三井 Outlet Park 橫濱港灣、橫濱八景島海島樂園等景點。

JR 橫濱線

JR 橫濱線連接橫濱車站北側的東神奈川站，以及東京西側的八王子站，途經東海道新幹線的新橫濱站。少部分班次會直通運轉 JR 根岸線並停靠橫濱車站。

❀ 基本票價

JR 普通列車在橫濱市區的起跳價是 150 日圓，刷 Suica、PASMO 等 IC 卡較便宜，為 146 日圓，並依里程計費。

❀ 營運時間＆班距

JR 根岸線及 JR 橫濱線的營運時間為早上五點至凌晨十二點，班次非常密集，約二到五分鐘一班，不必查詢時刻即可搭乘。

❀ 橫濱常用的 JR 優惠票券

如果您準備在橫濱或關東地區多次或長距離搭乘 JR 路線，建議購買 JR 東日本推出的優惠車票，例如 N'EX 東京去回車票、JR 東京廣域周遊券等。如需詳細介紹，請見 P.91。橫濱地區專用的 JR Pass，目前有「橫濱港未來通票」，詳細介紹如下：

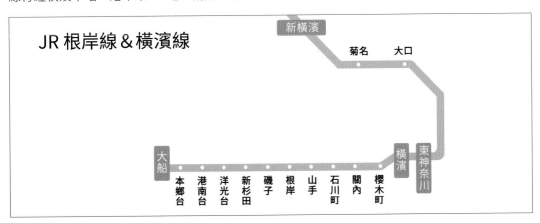

JR 根岸線＆橫濱線

新橫濱　菊名　大口　橫濱　東神奈川

大船　本鄉台　港南台　洋光台　新杉田　磯子　根岸　山手　石川町　關內　櫻木町

橫濱港未來通票	
票券說明	可在一天內不限次數搭乘 JR 根岸線橫濱車站～新杉田站及港未來線全線
票券售價	成人 530 日圓，兒童（6～12 歲）260 日圓
推薦對象	會搭乘港未來線參觀橫濱市區各景點，並前往「三井 Outlet Park 橫濱港灣」或「橫濱八景島海島樂園」的旅客
划算程度	要前往「三井 Outlet Park 橫濱港灣」或「橫濱八景島海島樂園」，必須先從橫濱車站搭乘 JR 根岸線到新杉田站，再轉乘海岸線。橫濱車站～新杉田站的 JR 來回車資為 460 日圓，而港未來線的單趟車資起跳價為 200 日圓，加起來至少要 660 日圓。但購買橫濱港未來通票只要 530 日圓，就能不限次數搭乘 JR 根岸線及港未來線，非常划算
售票地點	橫濱車站～新杉田站的售票機、JR 售票處、橫濱車站旅遊服務中心（View Plaza）
有效期限	限購票當日有效
注意事項	【1】此票券無法搭乘海岸線，要從新杉田站轉乘海岸線前往「三井 Outlet Park 橫濱港灣」及「橫濱八景島海島樂園」的旅客，需另外購買海岸線車票 【2】搭乘港未來線至東急電鐵和東京地鐵的直通運轉區間須另補車資 【3】搭乘 JR 根岸線至橫濱車站～新杉田站以外的 JR 車站須另補車資

❀ 在橫濱購買 JR 車票

在橫濱購買 JR 車票的方式與東京相同，詳細介紹請見 P.94。

❀ 在橫濱搭乘 JR

在橫濱搭乘 JR 的方式與東京相同，詳細介紹請見 P.95。

橫濱空中纜車

橫濱空中纜車（Yokohama Air Cabin，又稱橫濱索道）是泉陽興業經營的都市型纜車。路線起點「櫻木町站」為最靠近港未來 21 地區的 JR 與地鐵車站，終點「運河公園站」為日清泡麵博物館、橫濱太空世界樂園（Cosmo World）所在的新港地區。

橫濱空中纜車不但是往返櫻木町站與新港地區最快速方便的交通工具，沿途還可欣賞優美的海港景色與壯闊的都市風貌，因此二〇二一年初啟用後便立即成為橫濱的超人氣新景點。

❀ 基本票價

橫濱空中纜車單程票價為 1000 日圓，來回車票為 1800 日圓（3～12 歲半價）。

❀ 營運時間

橫濱空中纜車的營運時間為早上十點至晚上九點（週末假日延長到晚上十點），每月固定停駛一天檢修。

❀ 優惠票券

橫濱空中纜車尚未與其他交通業者合作推出一日券等優惠車票，但有提供「橫濱空中纜車＋ Cosmo Clock 21 摩天輪」的優惠套票，詳細介紹請見下方。

橫濱空中纜車＋ Cosmo Clock 21 摩天輪套票	
票券說明	可搭乘橫濱空中纜車單程或來回各一次，以及 Cosmo Clock 21 摩天輪一次
票券售價	【纜車單程＋摩天輪】成人 1500 日圓，3 ～ 12 歲 1200 日圓 【纜車來回＋摩天輪】成人 2300 日圓，3 ～ 12 歲 1500 日圓
推薦對象	想在一天內搭乘橫濱空中纜車與 Cosmo Clock 21 摩天輪的遊客
划算程度	單程纜車票＋摩天輪門票原價 1900 日圓，購買優惠套票只要 1500 日圓，現省 400 日圓；來回纜車票＋摩天輪門票原價 2700 日圓，購買優惠套票只要 2300 日圓，現省 400 日圓
售票地點	橫濱空中纜車各站售票處
有效期限	限購票當日有效

❀ 在櫻木町站轉乘橫濱空中纜車

櫻木町站是橫濱空中纜車的起點與唯一的鐵路轉乘站，所以要搭乘纜車的旅客，必須先乘坐橫濱地鐵或 JR 到櫻木町站，再前往站前廣場的纜車站購票及搭車。

橫濱地鐵

乘坐橫濱地鐵到櫻木町站的旅客，請依站內的「北 1 出口」指標出站上樓，並向前穿越 JR 櫻木町站南改札（南剪票口）大廳，就會抵達站前廣場。接著，請朝廣場左前方走，就會看到橫濱空中纜車的灰白色站體，請上樓購票及搭車。

上樓後，請向前穿越 JR 櫻木町站的南改札大廳

就會看到橫濱空中纜車的站體，請上樓購票及搭車

JR

乘坐 JR 到櫻木町站的旅客，請依站內的「南改札」（南剪票口）指標出站，再遵循「東口」指標穿越 JR 櫻木町站南改札大廳，就會抵達站前廣場。接著，請朝廣場左前方走，就會看到橫濱空中纜車的灰白色站體，請上樓購票及搭車。

抵達地鐵櫻木町站後，請依站內的「北 1 出口」指標出站上樓

抵達JR櫻木町站後，請依站內的「南改札」（南剪票口）指標出站

出站後，請遵循「東口」指標穿越JR櫻木町站南改札大廳

就會看到橫濱空中纜車的站體，請上樓購票及搭車

❀ 購買橫濱空中纜車的車票

橫濱空中纜車的售票處位於纜車站二樓，請在櫃台或售票機排隊購買單程票（片道券）或來回票（往復券），可使用現金、Suica、PASMO 等 IC 卡或信用卡付款。

售票處位於纜車站二樓，請至櫃檯或售票機排隊購票

❀ 搭乘橫濱空中纜車

購票完成後請上樓，並在出發閘門排隊感應車票上的 QR Code，通過閘門後即可進入月台乘坐纜車。

請在出發閘門排隊感應車票上的QR Code

通過閘門後即可進入月台乘坐纜車

海岸線（シーサイドライン

鳥濱急行線 金澤八景站徒步3分　　　　　　　　　　　　JR根岸線 新杉田站轉接

金澤八景　野島公園　海之公園南口　海之公園柴口　八景島　市大醫學部　福浦　產業振興中心　幸浦　並木中央　並木北　鳥濱　南部市場　新杉田

海岸線

海岸線（シーサイドライン，Seaside Line，正式路線名稱為「金澤海岸線」）是由「橫濱海岸線」公司所營運的鐵路路線。海岸線位於橫濱南部近郊的金澤區，起點「新杉田站」和 JR 根岸線相連，路線向南會行經三井 Outlet Park 橫濱港灣旁的「鳥濱站」，以及橫濱八景島海島樂園旁的「八景島站」，終點「金澤八景站」可轉乘京急本線。

❀ 基本票價

海岸線起跳價為 240 日圓，刷 Suica、PASMO 等 IC 卡較便宜，為 234 日圓。

營運時間＆班距

海岸線的營運時間為早上五點至凌晨十二點，班次非常密集，約四到八分鐘一班，因此無須查詢時刻表即可搭乘。

❀ 優惠票券

海岸線目前唯一的優惠票券是「海岸線一日乘車券」，詳細介紹請見下方。

海岸線一日乘車券	
票券說明	可在一天內不限次數搭乘海岸線全線
票券售價	成人 680 日圓，兒童（6～12 歲）340 日圓
推薦對象	會在一天內多次搭乘海岸線的旅客
划算程度	海岸線一日乘車券售價 680 日圓，但海岸線單趟車資起跳價為 240 日圓，所以一天只要搭三次，或總車資超過 680 日圓就回本。不過，新杉田站到「三井 Outlet Park 橫濱港灣」旁的鳥濱站來回車資只要 540 日圓，新杉田站到「橫濱八景島海島樂園」旁的八景島站來回車資只要 640 日圓，所以只有同一天前往「三井 Outlet Park 橫濱港灣」及「橫濱八景島海島樂園」的旅客，購買海岸線一日乘車券才會比較划算。若您當天只會去「三井 Outlet Park 橫濱港灣」，或只會去「橫濱八景島海島樂園」，請購買普通車票或刷 IC 卡搭乘海岸線即可
售票地點	海岸線各站售票機
有效期限	限購票當日有效

在新杉田站轉乘海岸線

　　要前往海岸線各站的旅客，請先從橫濱市區搭乘往大船的 JR 根岸線列車到 JR 新杉田站，並依站內的海岸線（シーサイドライン，Seaside Line）指標出站。出站後進入商店街，步行約三十秒就會在左手邊看到電扶梯，上樓後即抵達海岸線新杉田站大廳。

抵達 JR 新杉田站後，請依站內的海岸線
（シーサイドライン，Seaside Line）指標出站

<u>※ 只有往「大船」的 JR 根岸線列車會行經新杉田
站，其餘往「櫻木町」、「磯子」的列車都不會
開到新杉田站，請勿搭乘</u>

出站後，請繼續遵循海岸線指標進入商店街

步行約30秒，就會在左手邊看到往海岸線的電扶梯

上樓後即抵達海岸線新杉田站大廳

❀ 購買海岸線車票

購買普通車票

　　若要購買普通車票，請先從海岸線售票機上方的票價看板確認目的地票價，接著到售票機輸入張數、票價並付款取票。

售票機位於進站閘門旁

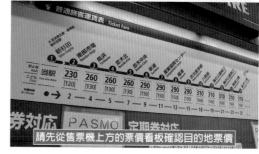
請先從售票機上方的票價看板確認目的地票價

找一台售票機

數量　購票畫面

IC卡插入口　紙鈔插入口　零錢投入口

車票退出口　找零出口

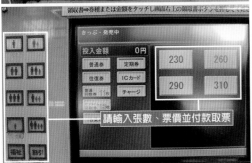

請輸入張數、票價並付款取票

購買海岸線一日乘車券

　　若要購買海岸線一日乘車券，請點選售票機螢幕左下角的「一日乘車券」再輸入張數，接著按下右側的票價按鈕並付款取票。

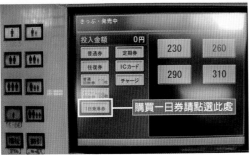

購買一日券請點選此處

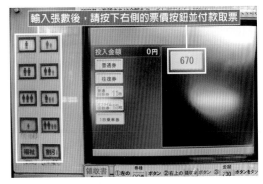

輸入張數後，請按下右側的票價按鈕並付款取票

❁ 搭乘海岸線

　　請先找到海岸線入口，接著持車票、一日券或 IC 卡進站。抵達月台後，請確認搭乘方向，並在正確的月台候車。

完成購票後，請前往進站閘門

車票取出口

IC卡感應處

車票插入口

請插入車票或一日券並取回，或感應IC卡

請確認搭乘方向，並在正確月台候車

上車後請保持安靜

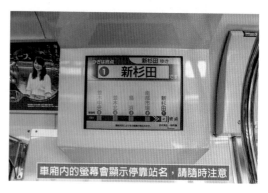

車廂內的螢幕會顯示停靠站名，請隨時注意

【橫濱鋼彈工廠】

港未來 21

擠滿觀光景點的濱海娛樂區

「港未來 21」（みなとみらい 21）是一九八〇年代展開，將橫濱港的工業和鐵路用地重新打造成現代化商業、觀光、生活、娛樂及住宅區的超大型都市更新計畫。原先塞滿造船廠、鐵路調車場和貨櫃碼頭的橫濱港搖身一變，蓋起了一棟棟新穎時髦的辦公大樓、購物中心和博物館。包括「橫濱地標塔」、「日清杯麵博物館」、「紅磚倉庫」等知名景點都位在港未來 21 內，是觀光客來橫濱旅遊一定會到訪的地方。

▌開放時間：因店家而異
▌公休日期：因店家而異
▌所在地點：港未來站、馬車道站、櫻木町站旁

橫濱地標塔

橫濱最具代表性的建築、商場及觀景台

一九九三年落成、總高達兩百九十六公尺的「橫濱地標塔」曾經穩居日本最高大樓長達二十年之久。灰白色的龐大身軀是橫濱最代表性的標誌，在各種宣傳照及明信片中都會看到它的身影。登上超高速電梯直達六十九樓，在高空俯瞰整個橫濱市區及橫濱港，是日本人來橫濱旅遊或約會時的熱門選擇。

底下的「地標塔廣場」進駐了「H&M」、「Gap」等連鎖服飾及生活雜貨的超大型分店，還有「JUMP SHOP」、「橡子共和國」、「LEGO」等動漫及玩具專賣店，以及柚子拉麵「AFURI」、「沾麵 TETSU」、「和幸豬排」、親子丼「雞三和」、水果千層蛋糕「HARBS」等日本知名連鎖餐廳。

■ 營業時間：商場 11：00 ～ 20：00，餐廳 11：00 ～ 22：00，觀景台 10：00 ～ 21：00
■ 公休日期：全年無休
■ 門票價格：觀景台成人 1000 日圓，高中或 65 歲以上 800 日圓、國中或國小 500 日圓，幼兒（4 ～ 6 歲）200 日圓
■ 所在地點：神奈川縣橫浜市西区みなとみらい 2-2-1

帆船日本丸

保存良好的大型老帆船

一九三○年製造的海洋訓練船「日本丸」目前作為博物館長期停靠在橫濱地標塔前方，遊客可以購票入內參觀包括寢室、浴室、食堂、醫護室、會議室、船長室和駕駛艙等當年訓練水手的各種房間和航海器具，以及早年的帆船內部設施及構造。

- ■ 營業時間：10：00 ～ 17：00
- ■ 公休日期：每週一、元旦及特定日期
- ■ 門票價格：成人 400 日圓，高中或以下 200 日圓
- ■ 所在地點：神奈川縣橫浜市西区みなとみらい 2-1-1 神奈川

橫濱港博物館

認識橫濱港歷史並觀賞精緻船隻模型

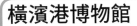

日本丸前方的「橫濱港博物館」（橫浜みなと博物館）除了詳述橫濱開港一百五十年來的各階段發展，還有完整的港口規劃介紹、港務運作說明和未來發展藍圖，以及非常豐富多樣的近代及現代船隻模型展示。

- ■ 營業時間：10：00 ～ 17：00
- ■ 公休日期：每週一、元旦及特定日期
- ■ 門票價格：成人 500 日圓，高中或以下 200 日圓
- ■ 所在地點：神奈川縣橫浜市西区みなとみらい 2-1-1

橫濱麵包超人博物館

全新開幕的兒童天堂

二○一九年搬遷至港未來線新高島站旁重新開幕的「麵包超人博物館」，是橫濱最受歡迎的兒童樂園。館內除了有豐富的麵包超人互動設施、表演劇場、主題餐廳，還有果醬爺爺麵包店和卡通紀念品店，絕對能讓孩子開心玩上一整天。

- ■ 營業時間：10：00 ～ 17：00
- ■ 公休日期：元旦及設施維修日
- ■ 門票價格：一歲以上 2200 ～ 2600 日圓
- ■ 所在地點：神奈川縣橫浜市西区みなとみらい 6-2-9

Pokémon Center Yokohama

大人小孩都瘋狂的橫濱寶可夢中心

日本超人氣遊戲動漫作品《寶可夢》巨大的橫濱官方商品旗艦店「Pokémon Center Yokohama」，就位在橫濱丸井百貨（0101）的8F。這裡不僅可買到超豐富的寶可夢布偶、扭蛋、文具、餅乾、遊戲和海報，假日還會舉辦人氣角色見面活動，是寶可夢迷的快樂天堂。

- ▊ 營業時間：10：30～20：30
- ▊ 公休日期：全年無休
- ▊ 所在地點：神奈川県横浜市西区高島 2-19-12 マルイシティ横浜 8F

NISSAN GALLERY

日產汽車全球總部的免費博物館

NISSAN（日產汽車）的全球總部就位在港未來線的新高島站旁，並與0101百貨透過天橋相連。一樓的「NISSAN GALLERY」（日產畫廊）展示各式各樣的NISSAN最新量產車、高性能跑車、珍貴古董車與未來概念車，以及日產歷史與車輛構造介紹，不用門票即可參觀，還設有全球唯一的日產周邊商品專賣店「NISSAN BOUTIQUE」。

- ▊ 營業時間：10：00～20：00
- ▊ 公休日期：全年無休
- ▊ 門票價格：免費參觀
- ▊ 所在地點：神奈川県横浜市西区高島 1-1-1

原鐵道模型博物館

展示大量鐵道模型的中型博物館

位在橫濱車站與新高島站之間的「原鐵道模型博物館」，展示日本鐵道專家「原信太郎」親手製作及蒐集的數千件各國鐵道模型，是全世界模型藏量最多的鐵道博物館。館內除了詳細介紹原信太郎的模型製作史及生平，還有超擬真的橫濱及歐洲鐵道場景。

- ▊ 營業時間：10：00～17：00
- ▊ 公休日期：每週二、週三、元旦、年度檢修期間（二月上旬）
- ▊ 門票價格：大學或以上 1000 日圓，高中或國中700 日圓，國小或 4 歲以上 500 日圓
- ▊ 所在地點：神奈川県横浜市西区高島 1-1-2

活 美登利

熱門連鎖迴轉壽司店

東京超受歡迎的壽司店「美登利」開設的平價迴轉壽司店「活 美登利」，位於橫濱車站的分店一樣有著超高人氣。新鮮美味又大塊的各種握壽司和軍艦壽司只要 100 日圓起，用餐時間至少要排上一個小時才吃得到呢。

- 營業時間：11：00 ～ 22：00
- 公休日期：全年無休
- 所在地點：神奈川県横浜市西区高島 2-16-12

勝烈庵

遠近馳名的橫濱炸豬排老店

一九二七年創立至今已開業超過九十年，位在關內站附近的橫濱知名豬排餐廳「勝烈庵」，以花費三天兩夜熬煮並結合蔬果美味的自製醬汁，於昭和初期創造出具有和風的獨特炸豬排而一舉成名，在日本各大美食網站都擁有超好評價及超高人氣。

- 營業時間：11：00 ～ 21：00
- 公休日期：全年無休
- 所在地點：神奈川県横浜市中区常盤町 5-58-2

吉村家

超人氣橫濱家系拉麵創始店

位於橫濱車站西口商店街尾端的「吉村家」，是在日本遠近馳名的超高人氣「家系拉麵」創始店。現在日本各地都吃得到的「〇〇家拉麵」，就是所謂的「家系拉麵」，其皆源自一九七四年在橫濱創立的「吉村家」。特色為豚骨醬油湯底，並搭配粗麵、海苔、菠菜和肥厚叉燒，香醇濃郁又豐盛。為了一嚐橫濱家系拉麵的道地滋味，吉村家門口每天的排隊人龍都綿延數十公尺長。

- 營業時間：11：00 ～ 20：00
- 公休日期：每週一
- 所在地點：神奈川県横浜市西区岡野 1-6-31

橫濱空中纜車

往返新港地區的都市型纜車

　　二〇二一年啟用的「橫濱空中纜車」是連接櫻木町站及新港地區的都市型纜車，不僅能讓旅客輕鬆往返日清泡麵博物館、橫濱太空世界樂園（Cosmo World）、橫濱錘頭、橫濱紅磚倉庫等新港地區人氣景點，搭車途中還可以眺望優美的橫濱港灣景色，因此啟用後立即成為橫濱最受歡迎的觀光設施之一。

■ 營業時間：10：00 ～ 21：00，週末及假日延長到 22：00
■ 公休日期：每月固定停駛一天檢修
■ 門票價格：單程票 1000 日圓，來回票 1800 日圓，3 ～ 12 歲半價
■ 所在地點：橫浜市中区新港 2-1-2

Cosmo Clock 21

可眺望海港美景的超大摩天輪

　　高達一百一十二點五公尺還掛著數位時鐘的巨型摩天輪「Cosmo Clock 21」，一九八九年啟用時曾擁有「全球最大摩天輪」和「全球最大時鐘」的頭銜，不但在白天高聳醒目，夜間五彩繽紛的燈光秀也是璀璨耀眼，可說是橫濱港邊最具代表性的地標之一，經常在日劇和電影中出現，也成為觀光客拍照打卡和情侶約會的熱門景點。

■ 營業時間：10：00 ～ 21：00，週末及假日延長到 22：00
■ 公休日期：每週四
■ 門票價格：900 日圓
■ 所在地點：神奈川縣橫浜市中区新港 2-8-1

日清杯麵博物館

可動手自製速食麵的超人氣博物館

「日清」是日本最大的食品公司之一，由台灣人吳百福（安藤百福）在大阪創立。一九五八年，日清推出了全世界第一款泡麵「雞湯拉麵」打響名號，之後又在一九七一年發售全球首創的速食杯麵「CUP NOODLE」（合味道），成為世界知名的日本食品製造商。為紀念創始人安藤百福 100 歲誕辰及「CUP NOODLE」上市四十週年，日清公司二〇一一年在橫濱開設了「杯麵博物館」，是日清繼大阪後的第二間杯麵主題博物館。

館內除了有安藤百福的生平介紹與日清各年代商品展示，以及還原安藤百福當年發明出泡麵的「百福研究小屋」，還有「麵條街」（NOODLES BAZAAR）讓遊客品嚐安藤百福在世界各地找尋靈感時吃過的麵食。

館內最受歡迎的設施，就是讓遊客動手做杯麵的「My CUPNOODLES Factory」。在販賣機花 500 日圓購買空白杯麵盒並坐下彩繪，再到櫃台選擇喜歡的湯粉和配料，即可把獨一無二的自製杯麵帶回家。

■ 營業時間：10：00 ～ 18：00

■ 公休日期：每週二、元旦

■ 門票價格：大學或以上 500 日圓，高中或以下免費

■ 所在地點：神奈川県橫浜市中区新港 2-3-4

橫濱錘頭

結合碼頭與商場的人氣設施

‧‧‧‧‧‧‧‧‧‧‧‧‧‧‧‧‧‧‧‧‧‧‧‧‧‧

橫濱市政府二○一七年邀請民間公司在新港地區興建結合碼頭、購物商場與五星級飯店的複合型設施「新港埠頭客船大樓」，並於二○一九年正式啟用。因為地點就位在一九一四年建造，外型類似鐵槌頭（Hammerhead）的日本第一台港口貨用起重機旁，所以又稱做「橫濱錘頭」。

橫濱錘頭不只可以停靠大型國際郵輪，室內還有兩層樓高的商業空間。裡面最受歡迎的店家，就是以松鼠核桃糕聞名的名產店「鎌倉紅谷」開設的工廠型咖啡廳「Kurumicco Factory The Cafe」，以及全日本第二間「彼得兔咖啡廳」，還有聚集五家拉麵名店的「JAPAN RAMEN FOOD HALL」。

■ 營業時間：11：00 ～ 21：00
■ 公休日期：全年無休
■ 所在地點：橫浜市中区新港 2-14-1

橫濱紅磚倉庫

轉變為文創商場的優美老倉庫

‧‧‧‧‧‧‧‧‧‧‧‧‧‧‧‧‧‧‧‧‧‧‧‧‧‧

建於二十世紀初的「橫濱紅磚倉庫」當年是新港碼頭的保稅倉庫，負責存放準備轉口至其他國家的貨物。一九七○年後，海運多以大型貨櫃裝載，沒有現代化設施的新港碼頭及紅磚倉庫使用率驟降，並於一九八九年正式廢除。但在長達九年的修復工程後，紅磚倉庫以文化商業設施之姿於二○○二年重新啟用，並成為橫濱港邊的高人氣景點。

紅磚倉庫有較小的「一號館」及較大的「二號館」兩棟，分別販售日本及歐美的服飾、文具、禮品、雜貨、家具、零食等。裡面最受歡迎的店家就是澳洲鬆餅名店「Bills」。雖然人潮沒有東京市區的分店那麼誇張，但用餐時間還是要排隊才吃得到。另外，來自夏威夷的漢堡連鎖店「KUA'AINA」，以及東京的蘋果派專賣店「GRANNY SMITH APPLE PIE」也有高人氣。

■ 營業時間：一號館 10：00 ～ 19：00，二號館
　 11：00 ～ 20：00
■ 公休日期：全年無休
■ 門票價格：免費參觀
■ 所在地點：神奈川県橫浜市中区新港 1-1

大棧橋

可欣賞橫濱港景色的國際客船碼頭

‧‧‧‧‧‧‧‧‧‧‧‧‧‧‧‧‧‧‧‧‧‧‧‧‧‧‧‧‧‧‧‧‧‧‧‧‧‧‧

　　十九世紀末興建的「鐵棧橋」是橫濱港第一座供貨船及客船直接停靠的碼頭。後來改名「大棧橋」並逐漸成為往返日本的國際客輪據點。隨著旅客量增加，大棧橋多次擴建，並於二〇〇二年全面翻修，成為結合廣場、草地、出入境大廳的超大型三層國際客船碼頭。而屋頂的開放設計和遼闊視野，也讓大棧橋變身為橫濱市民放鬆散步的海濱公園，以及拍攝風景照的絕佳地點。

▌營業時間：24 小時開放

▌公休日期：全年無休

▌門票價格：免費參觀

▌所在地點：神奈川県横浜市中区海岸通 1-1-4

山下公園

擁有美麗紅葉的大型海濱公園

‧‧‧‧‧‧‧‧‧‧‧‧‧‧‧‧‧‧‧‧‧‧‧‧‧‧‧‧‧‧‧‧‧‧‧‧‧‧‧

　　一九二三年的關東大地震造成橫濱數千棟房屋倒塌，並產生大量瓦礫，橫濱市政府便決定用這些用瓦礫填海造陸，「山下公園」因而誕生。園內除了能欣賞壯觀的橫濱港灣景緻，也有廣闊舒適的草地及步道供市民休憩娛樂。秋天時，豔紅的楓葉及佈滿道路兩側的金黃銀杏，讓山下公園成為橫濱最熱門的紅葉勝地之一。

▌營業時間：24 小時開放

▌公休日期：全年無休

▌門票價格：免費參觀

▌所在地點：神奈川県横浜市中区山下町 279

冰川丸

高貴華麗的大型老郵輪

‧‧‧‧‧‧‧‧‧‧‧‧‧‧‧‧‧‧‧‧‧‧‧‧‧‧‧‧‧‧‧‧‧‧‧‧‧‧‧

　　停靠在山下公園旁的「冰川丸」是日本郵船公司一九三〇年建造的高級遠洋郵輪，專門航行於日本與北美之間，直到一九六〇年才退役。原本要被拆除解體，但在橫濱市民發起保留請願活動後改作為博物館，是日本唯一現存的二戰前客船，並開放民眾購票參觀。

　　身為跨洋高級郵輪，冰川丸的內裝極為奢華貴氣。充滿歐風的客房和餐廳，用的全是高檔的絨布沙發、寢具和銀製餐盤，加上難得一見的船長室、駕駛艙和機械室，讓人彷彿走進了電影《鐵達尼號》的場景內，新奇又獨特。

▌營業時間：10：00 ～ 17：00

▌公休日期：每週一

▌門票價格：大學或以上 300 日圓，65 歲以上 200 日圓，國中或以下 100 日圓

▌所在地點：神奈川県横浜市中区山下町山下公園地先

橫濱鋼彈工廠

期間限定的超巨大可動式 1：1 鋼彈

位於山下碼頭的「橫濱鋼彈工廠」（GUNDAM FACTORY YOKOHAMA）是為了紀念鋼彈四十週年而限時舉辦至二○二四年三月底的特別活動。工廠內的主角就是高達十八公尺、重達二十五噸的「1：1 大小可動式 RX-78 鋼彈」。

這台真實比例 RX-78 鋼彈的可動部位多達 24 處，並擁有前所未見的抬腿、揮手及移動能力。想要仔細觀賞的民眾，只要加購參觀券就可以登上維修基座「GUNDAM-DOCK TOWER」的觀景台，近距離感受這台可動式鋼彈的超強震撼力。

維修基座另一側的鋼彈模型專賣店「THE GUNDAM BASE」與鋼彈主題空間「GUNDAM-LAB」不只能買到展場限定的鋼彈周邊商品，還有可動式鋼彈的設計過程和技術介紹。二樓則有鋼彈咖啡廳「GUNDAM Café」，遊客可以一邊享用特製的鋼彈主題餐點，一邊在露天座位區欣賞 RX-78 鋼彈的定時表演。

■ 營業時間：11：00 ～ 19：00，週末及假日 10：00 ～ 19：00
■ 公休日期：每週二
■ 門票價格：13 歲以上 1650 日圓，7 ～ 12 歲 1100 日圓；GUNDAM-DOCK TOWER 專用參觀券 3200 日圓
■ 所在地點：神奈川縣橫浜市中區山下町 279-25 山下ふ頭內

橫濱海洋塔

可眺望海港景色的燈塔觀景台

　　總高達一百零六公尺的「橫濱海洋塔」（橫浜マリンタワー）是一九五九年為了慶祝橫濱開港一百週年而建，並在二〇二二年底完成了長達三年的全面翻修工程。橫濱海洋塔除了是座可眺望海港景色的高空觀景台，還曾經是全世界最高的燈塔，不過相關設備已在二〇〇八年停用。

- 營業時間：10：00 ～ 22：00
- 公休日期：全年無休
- 門票價格：平日 1000 日圓，週末及假日 1200 日圓，兒童（6 ～ 12 歲）半價
- 所在地點：神奈川県橫浜市中区山下町 14-1

橫濱中華街

繽紛熱鬧的亞洲最大唐人街

　　橫濱開港後，從事中日貿易的華人開始在山下地區的外國人居留地聚集，中式餐館、商店和廟宇跟著出現，逐漸發展成亞洲最大的唐人街「橫濱中華街」。街上幾乎都是販賣小籠包、肉包、餃子、麵食、粥飯和點心的中式餐館，還有不少提供珍珠奶茶、雪花冰等台灣小吃的店家。

- 營業時間：因店家而異
- 公休日期：因店家而異
- 所在地點：神奈川県橫浜市中区山下町

模範生點心麵樂園

觀賞製作過程並品嚐現炸點心麵

　　位於中華街橫濱博覽館樓上的「模範生點心麵樂園」（Baby Star Land），不只可買到點心麵的全系列口味和限定商品，還能免費觀賞點心麵的製作過程，並提供現點現炸的酥脆點心麵，讓遊客享用最道地又最熟悉的兒時滋味。

- 營業時間：10：00 ～ 20：00，假日前一天延長至 21：00
- 公休日期：全年無休
- 門票價格：免費參觀
- 所在地點：神奈川県橫浜市中区山下町 145

元町商店街

舒適高雅的歐風購物區

　　橫濱開港後，日本政府將港邊的「山下地區」和山丘上的「山手地區」畫定為外國人居留地，讓前來日本經商洽公的各國商人及駐外使節租屋或蓋房。連接山下和山手的「元町地區」也就順理成章地發展成外國人商業區。各種異國餐廳、歐式烘焙坊、西洋服飾店陸續在元町設立，形成今日的「元町商店街」。

　　走進元町商店街彷彿踏入了歐洲小鎮的市區巷道，兩側都是帶著洋風的建築及商家。高貴典雅的精品店和小巧精緻的服飾店、麵包店、咖啡店彼此錯落著，舒適悠閒的異國氛圍很受當地民眾和外地遊客喜愛。

▌營業時間：因店家而異
▌公休日期：因店家而異
▌所在地點：神奈川縣橫浜市中區元町

山手西洋館

外國人居留區內的精緻洋樓

　　十九世紀末有大量歐美商人及官員在元町山丘上的外國人居留區買地蓋房，留下了許多精緻優雅的洋樓，被統稱為「山手西洋館」。目前共有九棟洋房開放參觀或用餐，是見證橫濱近代發展的重要文化資產。

▌營業時間：因店家而異
▌公休日期：因店家而異
▌所在地點：港見丘公園、元町公園、山手公園、
　　　　　　JR 石川町站附近

横濱市區

横濱
Pokémon Center Yokohama
活 美登利
吉村家
麵包超人博物館
原鐵道
NISSAN GALLERY
模型博物館
新高島
平沼橋
高島町
戶部
港灣未來
日清杯麵博物館
横濱錘頭
横濱地標塔
Cosmos Clock 21
西横濱
帆船日本丸
横濱港博物館
横濱空中纜車
横濱紅磚倉庫
大棧橋
櫻木町
馬車道
冰川丸
勝烈庵
日之出町
日本大通
山下公園
横濱鋼彈工廠
關內
模範生點心麵樂園
横濱海洋塔
伊勢佐木長者町
横濱中華街
元町·中華街
元町商店街
黃金町
阪東橋
石川町
山手西洋館

新橫濱拉麵博物館

在懷舊街道上品嚐拉麵名店

••••••••••••••••••••••••••••••••

　　位於新橫濱站的「新橫濱拉麵博物館」是日本第一間拉麵主題展示館。以一九五八年的昭和時代為背景的懷舊街道上，除了有古早味的糖果店、喫茶店及占卜店，每天還會安排街頭藝人表演。來自日本全國和世界各地的人氣拉麵店則聚集在中庭廣場旁，而且會定期更換陣容。每間店還提供分量較小的迷你碗，方便拉麵愛好者一次嚐遍所有滋味。

　　博物館一樓的展示區則詳細介紹了日本拉麵的發展史，以及日本各地不同的拉麵口味與流派。紀念品店則有館內各大拉麵店的相關商品，包含文具、吊飾、點心，以及泡麵、生麵條、調味料、醬汁等等，讓您買回家自行調理。

▌ 營業時間：平日 11：00 ～ 21：00，週末假日
　 10：30 ～ 21：00

▌ 公休日期：元旦

▌ 門票價格：成人 380 日圓，國小～高中 100 日圓

▌ 所在地點：神奈川県横浜市港北区新横浜 2-14-21

橫濱郊區

新橫濱拉麵博物館
新橫濱

橫濱

櫻木町

三溪園

上大岡

新杉田　　　三井 Outlet Park 橫濱港灣

金澤文庫　八景島

三溪園

可欣賞花卉及古蹟的大型日式庭園

位於橫濱市區東南方海濱的「三溪園」是二十世紀初由日本生絲貿易大亨「原富太郎」闢建的日式庭園。園內不但有從日本各地移築的十五～十七世紀佛塔、佛寺以及德川家建築，還有建於十八世紀的白川鄉合掌造民房，並種植了大量櫻花及各式花卉，是橫濱非常知名的賞花勝地，秋天的紅葉也是繽紛壯觀。

- 營業時間：09：00～17：00
- 公休日期：年末
- 門票價格：高中或以上 700 日圓，國中或以下 200 日圓
- 所在地點：神奈川縣橫浜市中区本牧三之谷 58

三井 Outlet Park 橫濱港灣

橫濱最大美式折扣賣場

二○二○年重新開幕的橫濱最大暢貨中心「三井 Outlet Park 橫濱港灣」就位於海岸線的鳥濱站旁。從橫濱車站出發只需要半小時，主打橫濱海景與美式港口風情的商場內聚集了超過一百七十間店家和餐廳，舒適宜人的逛街環境吸引了許多觀光客特地搭車來此購物。

結合公園與兒童遊樂場的日本第一間「UNIQLO PARK」也與全新的三井 Outlet Park 橫濱港灣同步登場。除了販售全系列男裝、女裝及童裝的超大間 UNIQLO 和 GU，還有寬廣的觀海平台與豐富的兒童遊具讓孩子們盡情跑跳玩耍。

- 營業時間：10：00～20：00
- 公休日期：全年無休
- 所在地點：神奈川縣橫浜市金沢区白帆 5-2

橫濱行程建議

橫濱經典一日遊	上午：搭 JR 或地鐵到櫻木町站，再乘坐橫濱空中纜車到日清杯麵博物館 　　　參觀（停留約兩～三小時） 中午：步行到橫濱錘頭和橫濱紅磚倉庫逛街用餐（停留約一～兩小時） 下午：搭紅鞋觀光巴士到橫濱中華街和元町商店街參觀（停留約兩～ 　　　三小時） 晚上：搭港未來線到港未來站的橫濱地標塔購物、吃飯或看夜景（停留 　　　約兩～三小時）

橫濱親子一日遊	上午：搭港未來線到新高島站的橫濱麵包超人博物館遊玩（停留約兩～ 　　　三小時） 中午：搭 BAYSIDE BLUE 雙節巴士到日清杯麵博物館參觀（停留約一～兩 　　　小時），再步行到橫濱錘頭和橫濱紅磚倉庫逛街用餐（停留約一～ 　　　兩小時） 下午：搭 BAYSIDE BLUE 雙節巴士到山下埠頭，再步行到橫濱鋼彈工廠參 　　　觀（停留約一～兩小時） 晚上：搭港未來線到港未來站的橫濱地標塔購物、吃飯或看夜景（停留 　　　約兩～三小時）

【大棧橋】

鎌倉
江之島
KAMAKURA
ENOSHIMA

「江島神社」。除了宗教古蹟，江之島上優美的風景和海景，以及充滿特色餐廳和商家的神社參道，一年四季都吸引了大批遊客登島觀光。

鎌倉・江之島概述

　　鎌倉・江之島是在東京西南邊近郊的旅遊勝地。十二世紀末，由源賴朝建立的幕府政權將全國政治中心設於鎌倉，創立了「鎌倉幕府」。此時期除了地標「鶴岡八幡宮」被大幅擴建，源自中國的佛教各流派也繁盛發展，在這一百多年間留下了豐富的佛寺和佛像，成為鎌倉今日最主要的觀光資源。

　　位於鎌倉市區西南側湘南岸邊的「江之島」是座面積僅約零點四平方公里的陸連島。整座島的核心就是五世紀創立，歷史悠久的

鎌倉・江之島交通指南

　　東京到鎌倉・江之島的交通十分方便，旅客可以搭乘 JR 或小田急電鐵，再轉乘「江之電」（江之島電鐵）或獨特的「湘南單軌電車」前往各景點。

❀ 從東京市區或機場到鎌倉・江之島

　　連接東京市區及鎌倉・江之島鐵路業者有 JR 和小田急電鐵兩家，懶懶哥介紹如下：

JR

- 東京往返鎌倉・江之島的 JR 路線及服務共有五種，分別是從上野、東京、新橋、品川等站出發的「JR 京濱東北線」、「JR 東海道線」（JR 上野東京線）、「JR 橫須賀線」，以及從池袋、新宿、澀谷等站出發的「JR 湘南新宿線」，還有從成田機場出發的「N'EX 成田特快」。

- JR 在鎌倉・江之島地區則有四個車站，分別是鎌倉市區北部的大船站、北鎌倉站，鎌倉市區內的鎌倉站，以及江之島北邊的藤澤站。其中，大船站可轉乘「湘南單軌電車」到江之島；藤澤站、鎌倉站則可轉乘「江之電」（江之島電鐵）到鎌倉・江之島各景點。

小田急電鐵

- 東京往返鎌倉・江之島的小田急電鐵的路線是由新宿站～相模大野站的「小田急小田原線」，以及相模大野站～藤澤站、片瀨江之島站的「小田急江之島線」構成。開往鎌倉・江之島的小田急列車從新宿站出發後，會先行駛「小田急小田原線」到相模大野站，再直通運轉「小田急江之島線」至藤澤站、片瀨江之島站。

- 其中，藤澤站可轉乘「江之電」（江之島電鐵）到鎌倉・江之島各景點，片瀨江之島站則是最靠近江之島的鐵路車站。

成田機場

成田機場往返鎌倉・江之島的鐵路服務是 JR 的「N'EX 成田特快」，可從成田機場一車直

達鎌倉市區北邊的大船站，持「N'EX 優惠來回車票」還可從大船站免費轉乘「JR 橫須賀線」的普通或快速列車到北鎌倉站或鎌倉站。

羽田機場

羽田機場沒有往返鎌倉・江之島的鐵路路線或服務，旅客必須先搭乘京急電鐵到橫濱車站，再轉乘 JR 到鎌倉・江之島地區各車站。

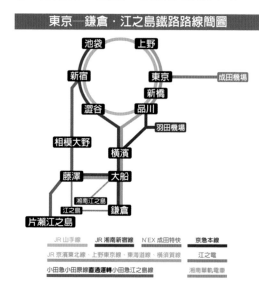

東京—鎌倉・江之島鐵路路線簡圖

❀ 時間及票價

- 搭乘 JR 或小田急電鐵從東京市區到鎌倉・江之島地區的時間差不多，都需約五十～六十分鐘。但 JR 的票價較高，從東京市區各站出發的單程票價約 950 日圓起；小田急電鐵較便宜，單程約 650 日圓起。

- 不過，小田急電鐵和江之電都有另外推出優惠票券，懶懶哥在下面仔細介紹。

江之島—鎌倉周遊券

　　小田急電鐵推出的「江之島－鎌倉周遊券」，可在一天內搭乘新宿～藤澤間的小田急普通列車來回各一趟，以及不限次數搭乘江之電全線（等同「江之電1日車票」），還有藤澤～片瀨江之島間的小田急普通列車，售價1640日圓，兒童（6～12歲）430日圓。

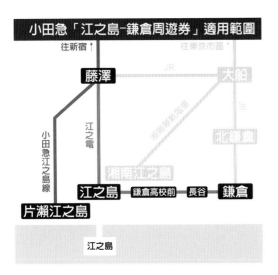

江之電1日車票

　　「江之電1日車票」是江之島電鐵獨自推出的優惠車票，可在一天內不限次數搭乘江之電全線，售價800日圓，兒童（6～12歲）400日圓。

- 由於小田急電鐵的「江之島－鎌倉周遊券」不僅能從新宿搭乘小田急線往返鎌倉・江之島（價值1300日圓），還可不限次數乘坐江之電全線（等同「江之電1日車票」／價值800日圓），卻只賣1640日圓。如果改坐JR，光是從東京市區來回鎌倉・江之島就至少得花上1900日圓，貴了一大截。因此懶懶哥非常推薦從東京往返鎌倉・江之島的讀者們購買小田急電鐵的「江之島－鎌倉周遊券」。

- 要注意的是，「江之島－鎌倉周遊券」無法搭乘湘南單軌電車。不過，鎌倉・江之島的著名景點全都在江之電沿線，而搭乘小田急電鐵可直接在藤澤站或片瀨江之島站轉乘江之電，完全用不到湘南單軌電車。

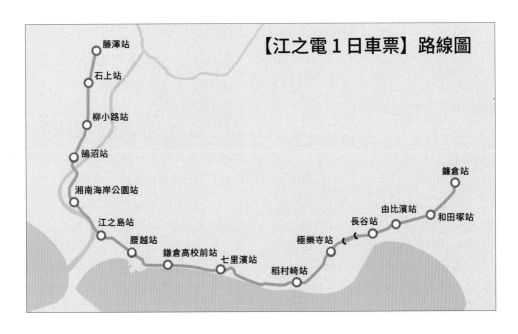

- 不過，若您已持有或打算購買「JR 東京廣域周遊券」、「JR 東日本鐵路周遊券·東北地區」、「JR 東日本鐵路周遊券·長野、新潟地區」、「JR 東日本·南北海道鐵路周遊券」、「JR Pass 全國版」等適用範圍包括東京～鎌倉·江之島的 JR Pass，則建議持上述票券免費搭乘 JR 到大船站或鎌倉站，再購買湘南單軌電車單程票或「江之電 1 日車票」至江之島等景點。
- 另外，從成田機場或橫濱出發的旅客，則可以先搭乘 N'EX 或 JR 到大船站或鎌倉站，再購買湘南單軌電車單程票或「江之電 1 日車票」至江之島等景點。

箱根鎌倉周遊券

如果還會到箱根遊玩，可以考慮購買小田急電鐵的「箱根鎌倉周遊券」。此即「江之島－鎌倉周遊券」&「箱根周遊券」的組合版，可在三天內不限次數搭乘小田急電鐵全線、江之島電鐵（江之電）全線，以及不限次數搭乘箱根登山電車、箱根登山纜車、箱根空中纜車、箱根海賊船、箱根登山巴士，還有箱根、三島、沼津、御殿場地區的沼津登山東海巴士、小田急箱根高速巴士。此票券只能持護照至新宿站的小田急旅遊服務中心購買，售價為成人7520 日圓，兒童（6～12 歲）1480 日圓。

❀ 搭乘 JR、小田急電鐵

搭乘 JR 京濱東北線、上野東京線、東海道線、橫須賀線到鎌倉·江之島

準備搭乘「JR 京濱東北線」、「JR 上野東京線」、「JR 東海道線」、「JR 橫須賀線」前往鎌倉·江之島的讀者們，抵達車站後，請直接持 JR Pass 進站，再依站內的「京濱東北線」、「上野東京線」、「東海道線」、「橫須賀線」指標及列車資訊看板到正確月台搭乘往鎌倉·江之島方向的列車。由於「京濱東北線」、「上野東京線」、「東海道線」、「橫

須賀線」的列車行駛模式眾多，請讀者們搭車前務必用 Google 地圖查詢會停靠大船、藤澤、北鎌倉或鎌倉的班次，再前往月台候車。

搭乘 JR 湘南新宿線到鎌倉·江之島

準備搭乘「JR 湘南新宿線」前往鎌倉·江之島的讀者們，抵達車站後，請直接持 JR Pass 進站，再依站內的「湘南新宿線」指標及列車資訊看板到正確月台搭乘往鎌倉·江之島方向的列車。由於「湘南新宿線」的列車行駛模式眾多，請讀者們搭車前務必用 Google 地圖查詢會停靠大船、藤澤、北鎌倉或鎌倉的班次，再前往月台候車。

搭乘小田急電鐵到鎌倉·江之島

準備從東京市區搭乘「小田急電鐵」前往箱根的讀者們，請先至新宿站購買或兌換周遊券。小田急電鐵的「江之島－鎌倉周遊券」、「箱根鎌倉周遊券」，可在新宿站西口或南口的「小田急旅遊服務中心」取得。搭乘地鐵或 JR 各路線前往小田急旅遊服務中心的詳細教學，請見下方：

- 搭乘「東京地鐵丸之內線」前往新宿站的旅客，由於距離西口最近，建議到新宿站西口的小田急旅遊服務中心購票或取票。抵達新宿站後，請依照站內外的「小田急線」指標出站，就會抵達位於「西口地下改札」的小田急旅遊服務中心。

搭乘東京地鐵丸之內線抵達新宿站後
請依站內的「小田急線」指標上樓出站

出站後請繼續依照「小田急線」指標往前直走

就會抵達新宿西口地下廣場，請往玻璃柱左後方走

進入玻璃柱左後方的通道後，繼續往前走就會看到
「小田急線 西口地下改札」的指標

請繼續往右前方走，就會抵達小田急旅遊服務中心

- 搭乘「都營地鐵新宿線」、「都營地鐵大江戶線」前往新宿站的旅客，由於距離南口最近，建議到新宿站南口的小田急旅遊服務中心購票或取票。抵達新宿站後，請依照站內外的「JR線」、「小田急線」、「南口」指標出站上樓，就會看到小田急旅遊服務中心。

請先依站內的「JR線」、「小田急線」指標上樓出站

出站後，請繼續依照「南口」、
「小田急線」、「JR線」指標上樓往前走

就會看到新宿站南口的小田急旅遊服務中心

- 搭乘「JR」前往新宿站的旅客，由於距離南口最近，建議到新宿站南口的小田急旅遊服務中心購票或取票。抵達新宿站後，請先依站內的「南改札」指標上樓出站，再依照「小田急線」指標往右走，就會看到小田急旅遊服務中心。

請先依站內的「南改札」指標上樓出站

接著依照「小田急線」指標往右走

就會看到新宿站南口的小田急旅遊服務中心

新宿西口的小田急旅遊服務中心營業時間為每天早上八點到下午四點，新宿南口的營業時間則為每天早上八點到晚上七點。櫃台通常會有中文服務人員，旅客可在此購買各種小田急周遊券、浪漫特急車票（特急券）或辦理網路取票。完成購票或取票後，就會拿到周遊券及鎌倉·江之島地區的交通工具時刻表。

購票後會得到周遊券及
新宿～藤澤、片瀬江之島的列車時刻表

購票或取票完成後，請到售票機旁邊的閘門進站。粉紅色閘門為 IC 卡專用，無法插入周遊券，請改走一旁的藍色閘門，並將周遊券插入後取回。

進站閘門位於售票機旁邊，請將周遊券插入藍色閘門

進站後，請依照列車資訊看板到正確月台搭乘往藤澤或片瀬江之島的各停、準急、急行、快速急行列車。

請到正確月台搭乘往藤澤或片瀬江之島的
各停、準急、急行、快速急行列車

各停、準急、急行、快速急行列車內裝皆和地鐵相同，所以無法劃位。若擔心沒位子坐，只要加購「特急券」就可在第 2、3 月台搭乘可劃位的高速對號列車「小田急浪漫特急」。新宿～藤澤、片瀨江之島的特急券費用為 750 日圓。

各停、準急、急行、快速急行列車內裝皆和地鐵相同，所以無法劃位

若擔心沒位子坐，只要加購特急券就可劃位搭乘高速對號列車「小田急浪漫特急」

新宿～藤澤、片瀨江之島的特急券費用為750日圓

如果出發前就已經確定要搭乘的小田急浪漫特急去程或回程班次，可在「e-Romancecar」浪漫特急訂票網站、特急券售票機、小田急旅遊服務中心預先購買特急券。不過，「e-Romancecar」不但有全中文介面，讓您輕鬆查詢時刻表並劃位預訂，還能在線上刷卡付款。而且付款成功後，可直接進站搭乘小田急浪漫特急，不用再換票或取票，只需在車上

用手機向車掌出示電子信箱收到的購買完成通知和信用卡即可，非常方便，所以懶懶哥建議所有想搭乘小田急浪漫特急的讀者們到「e-Romancecar」預訂特急券。

e-Romancecar為全中文介面可輕鬆查詢時刻表並劃位預訂

線上刷卡後不必換票或取票，可直接搭乘浪漫特急只需在車上用手機向車掌出示付款通知和信用卡即可

★ e-Romancecar
浪漫特急訂票網站：

轉乘江之電和湘南單軌電車

❀ 在藤澤站轉乘江之電

搭乘小田急電鐵或 JR 到鎌倉・江之島的讀者們，可以在藤澤站轉乘江之電。不過，江之

電藤澤站位於小田急和 JR 藤澤站對面的「湘南 GATE」（小田急百貨）二樓。所以下車後，請依照「江之電」指標走天橋到對面的湘南 GATE（小田急百貨）二樓搭乘江之電。

下車後，請注意看板的江之電標示

出站後，搭乘小田急的旅客請依「JR藤澤站」指標上樓
搭乘JR的旅客請依「南口」指標往右前方走

搭乘小田急的旅客抵達二樓後，請向左轉
就會跟搭JR的旅客一起進入連接南口的通道

走出南口就會看到對面的「湘南GATE」
請從二樓右手邊的天橋前往

依照天橋上的「江之電」指標往前走
就會看到湘南GATE跟江之電藤澤站的入口

往百貨大門右側的通道走，便會抵達江之電進站閘門

閘門旁有江之電的售票機及售票窗口
可購買一般車票、優惠車票或儲值IC卡

進站時，請將票券插入左側的閘門
也可使用PASMO、Suica等IC卡

右側月台是下車專用，進站後請至左側月台候車

接著按照標示，往星巴克方向走

下樓梯後，在前方右轉走到底

🌸 在大船站轉乘湘南單軌電車

搭乘 JR 到鎌倉・江之島的讀者們，可以在大船站轉乘湘南單軌電車。湘南單軌電車大船站離 JR 大船站不遠，依照站內的「湘南モノレール」（湘南單軌電車）指標從南改札（南剪票口）出站後，再從星巴克旁邊的樓梯下樓，約兩分鐘就會抵達湘南單軌電車的進站閘門。

就會抵達湘南單軌電車的大船站

下車後，請依照站內的湘南單軌電車指標
或南改札（南剪票口）指標出站

請將車票插入左側的進站閘門或感應IC卡

右側月台是下車專用，進站後請於左側月台候車

懸吊式單軌電車行駛時的晃動幅度大，請記得抓緊扶手

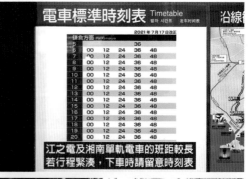

江之電及湘南單軌電車的班距較長
若行程緊湊，下車時請留意時刻表

部分車站為單月台且雙向共用
上車前請留意該班車的行駛方向

❀ 搭乘江之電、湘南單軌電車

- 江之電和湘南單軌電車的路線都只有一條，也都沒有快慢車之別，全部是站站停的普通車。兩條線還有一個共同特色，就是除了部分車站和區段，都只有一條軌道（單線），所以無法雙向通行。

- 這導致兩者的班距都不短，江之電為十二分鐘一班，湘南單軌電車為七～八分鐘一班，因此行程安排較緊湊的讀者們，建議事前查好時刻表，或在下車時留意月台上的時刻表，並依時刻表安排行程，以免搭車時久候。

- 也由於部分車站只有一條軌道，因此同一個月台會有順向及逆向列車停靠，所以上車前請務必確認該列車的行駛方向，以免搭到反方向的列車。

❀ 江之島站、湘南江之島站、片瀨江之島站的差別

　　第一次安排江之島行程的讀者可能會困惑，怎麼會有「江之島站」、「湘南江之島站」、「片瀨江之島站」這三個站名都有「江之島」的車站？到底哪個才靠近江之島？其實，他們全都在江之島旁，但是因為分屬不同鐵路公司，而且彼此都相隔一段距離，因此才取了不同的站名：

- 「江之島站」是江之電的車站，「湘南江之島站」是湘南單軌電車的車站，這兩站都離連接江之島的江之島大橋較遠。

- 「片瀨江之島站」是小田急電鐵的車站，出入口就在江之島大橋旁。

　　所以想多省點體力的讀者們，可以選擇在小田急電鐵的「片瀨江之島站」上下車，往返江之島時可以少走個五～十分鐘喔！

江之島小屋

超人氣海鮮丼專賣店

　　「江之島小屋」是主打吻仔魚丼和海鮮丼等當地名產的超人氣餐廳。店內從天花板、牆壁、地板到餐桌、椅子都用粗曠的木板組成，充滿了大自然的原始感。臨海的一側也設置了半露天的觀海區，可邊用餐邊眺望海景。

- 營業時間：08：00 ～ 19：00
- 公休日期：元旦、不定期
- 所在地點：神奈川県藤沢市片瀬海岸 2-20-12

新江之島水族館

觀賞相模灣海洋生物與海豚表演

　　知名的「新江之島水族館」裡面有超巨大的魚缸和海底隧道，展示著來自江之島外海和日本各地的常見魚類及珍稀生物。戶外則有精彩的海豚表演與企鵝、海豹、海龜、水瀨等海洋動物展示區，是非常受歡迎的親子景點。

- 營業時間：09：00 ～ 17：00，冬季（12 月～ 2 月）10：00 ～ 17：00
- 公休日期：全年無休
- 門票價格：成人 2500 日圓，高中 1700 日元，國中或國小 1200 日圓，幼兒（3 ～ 6 歲）800 日元
- 所在地點：神奈川県藤沢市片瀬海岸 2-19-1

しらす問屋 とびっちょ

超熱門吻仔魚料理專賣店

　　江之島上最負盛名的「しらす問屋 とびっちょ」（吻仔魚問屋 Tobiccho）專賣江之島名產「吻仔魚丼」和各種海鮮丼，是島上數一數二熱門的餐廳。該店的招牌菜色就是江之島

才有的「生吻仔魚丼」。不過生吻仔魚只能每天現捕現吃，所以除了每年一～三月的禁漁期間不提供外，產季期間依據每日的捕撈量，販售數量也有限，想吃也未必吃得到呢。

- 營業時間：11：00 ～ 20：00
- 公休日期：元旦、不定期
- 所在地點：神奈川県藤沢市江の島 2-1-9

紀之國屋本店

以女夫饅頭聞名的百年老店

傳說鎌倉鶴岡八幡宮內曾有塊紀念源義經和靜御前真摯情感的「女夫石」（夫婦石），一間糕餅老店便借用女夫石的意象，將棕色和白色的日式饅頭湊成對並取名為「女夫饅頭」，成為當地知名甜點，創業超過兩百年的「紀之國屋本店」就是江之島上最受歡迎的女夫饅頭專賣店。黑糖口味的棕色饅頭包的是紅豆粒，清酒口味的白色饅頭包的是紅豆泥，兩款嚐起來都甜而不膩。

紀之國屋本店的人氣甜點還有貝殼形狀的各種「最中冰淇淋」。最中是用糯米做的黃色薄餅，通常會夾進紅豆泥，改包入冰淇淋也十分常見，嚐起來薄脆、香濃又可口。

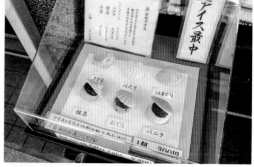

■ 營業時間：08：30 ～ 18：00

■ 公休日期：週三

■ 所在地點：神奈川県藤沢市江の島 2-1-12

朝日堂

尺寸和人氣都第一名的超大海鮮仙貝店

江之島超人氣海鮮仙貝專賣店「朝日堂」可不只是放幾塊魚肉調味，而是在您面前直接將章魚、龍蝦、水母等海鮮整隻連殼帶頭壓入機器，和麵糊一起用高溫高壓煎烤成仙貝，十分霸氣，難怪會擠滿愛嚐鮮的觀光客。

▌營業時間：09：00～18：00
▌公休日期：週四
▌所在地點：神奈川県藤沢市江の島 1-4-10

江島神社

社境遍布全島的知名宗教聖地

傳說西元六世紀時有天女降臨相模灣，江之島隨後從海面浮出，天皇於是下令在島上的洞窟內建立「江島神社」祭拜神明。歷經數百年發展，江島神社的範圍逐漸擴大到整座島，讓江之島成為關東的知名宗教聖地。通過商店街末端的紅色大鳥居，再穿越白色的「瑞心門」，並爬樓梯到「邊津宮」、「中津宮」、「奧津宮」——參拜，是來江之島必走的觀光行程。

江之島其實是座小山，要前往島上各景點的遊客，通過瑞心門後即可走又陡又長的階梯免費上山參觀。但您若懶得爬樓梯或想節省體力，只要在大鳥居左邊的售票處花 360 日圓購票，就能搭乘「江之島電扶梯」輕鬆登山參拜。

▌營業時間：24 小時開放
▌公休日期：全年無休
▌門票價格：免費參觀
▌所在地點：神奈川県藤沢市江の島 2-3-8

Samuel Cocking 花園

可欣賞各國庭園建築的島上植物園

....

英國商人 Samuel Cocking 於一八八二年自行向江島神社購地，建造別墅及熱帶植物園，園內融合歐洲與日本風格，還蓋了座當年亞洲最大的溫室，可惜在一九二三年的關東大地震中全毀。二戰後，當地政府接手重整為「江之島植物園」，並於二〇〇三年整修後更名成「Samuel Cocking 花園」，園內有各種南洋花卉和亞洲植物，以及各國庭園建築。

▌營業時間：09：00 ～ 20：00
▌公休日期：全年無休
▌門票價格：白天免費，夜間點燈期間（17：00 後離場）國中或以上 500 日圓，國小 250 日圓
▌所在地點：神奈川県藤沢市江の島 2-2-3

LONCAFE

可眺望海景的日本第一間法式吐司專賣店

....

超熱門的日本第一間法式吐司專賣店「LONCAFE」就位於 Samuel Cocking 花園內，招牌的「奶油烤布蕾」法式吐司口感像布丁一樣鬆軟，入口即化。表皮的焦糖又香又脆，搭配的藍莓醬和香草冰淇淋也十分香濃美味。

▌營業時間：平日 11：00 ～ 20：00，假日 11：00 ～ 21：00
▌公休日期：全年無休
▌所在地點：神奈川県藤沢市江の島 2-3-38

江之島展望燈台

盡情眺望相模灣海景與江之島風光

....

總高約六十公尺，海拔約一百多公尺的地標「江之島展望燈台」位於 Samuel Cocking 花園西側，並分為較低的室內展望台和較高的室外展望台。登上頂端除了可眺望相模灣的壯闊海景和江之島的自然風光，天氣晴朗時還能看到富士山。

▌營業時間：09：00 ～ 20：00
▌公休日期：全年無休
▌門票價格：國中或以上 500 日圓，國小 250 日圓（門票包含 Samuel Cocking 花園）
▌所在地點：Samuel Cocking 花園內

龍宮

祭拜成為戀愛守護神的五頭龍

‧‧‧‧‧‧‧‧‧‧‧‧‧‧‧‧‧‧‧‧‧‧‧‧‧‧‧‧‧‧‧‧‧‧

　　傳說相模灣上曾有條五頭龍到處作怪，不久後大地震動，天女和十五童子一起下凡收服。沒想到五頭龍卻愛上天女的美貌，停止惡行、改過向善，以求與天女結婚。之後五頭龍化成了守護居民的「龍口山」，天女降臨處則隆起了「江之島」。也由於五頭龍對弁財天的一片癡情，讓龍神成了戀愛守護神。一九九三年在江之島建造的「龍宮」祭拜的就是傳說中的五頭龍神。

　　龍宮斜前方的小坡道上還有一座「龍戀之鐘」，相傳情侶只要一起敲響此鐘，並將寫有兩人名字的鎖頭鎖在鐘旁的牆上，就可獲得永恆的愛情，讓此處成為戀人必訪的江之島熱門景點。

稚兒之淵

擁有淒美故事的海蝕觀景平台

‧‧‧‧‧‧‧‧‧‧‧‧‧‧‧‧‧‧‧‧‧‧‧‧‧‧‧‧‧‧‧‧‧‧

　　據古書記載，鎌倉建長寺的僧人「自休」來江之島參拜時，遇到了一名美麗的稚兒（著女裝的少年修行僧），名叫「白菊」。自休對白菊一見鍾情，並向其告白。然而，白菊曉得這段戀情無法開花結果，便在兩人相遇的崖上投海自盡。自休得知後，也跟隨白菊的腳步跳海自殺。一九二三年的關東大地震後，兩人殉情處的海面隆起了一塊海蝕平台，並因此被命名為「稚兒之淵」。

　　雖然名字由來十分淒美，但稚兒之淵其實是以眺望相模灣和富士山聞名的觀景勝地，也有很多人在此戲水和釣魚。不過平台上礁石銳利，還經常會有海浪打上岸，非常濕滑，行走時請務必小心。

江之島岩屋

充滿祕境感的古老岩洞

由海浪侵蝕而成的「江之島岩屋」是兩條分別長約一百五十二公尺及五十六公尺的洞窟，也是江島神社初創之地。傳說六世紀時江之島從海面浮出，欽明天皇便下令在島上的洞窟內建立江島神社以祭神明。之後佛教傳入日本，空海、日蓮等名僧接連來此洞窟修練參拜。源賴朝、德川家康等大將軍也曾到此祈願，保佑戰事順利、身體健康。

江之島岩屋分為「第一岩屋」和「第二岩屋」兩條。購票後，由於洞內黑暗，工作人員會給您一盞燭燈照亮岩壁，通道旁也有燈飾，所以不至於看不到路。高低起伏的洞內除了擺放江之島的歷史照片，還有許多佛像和石碑，以及巨大的龍神雕像，探險感十足。

- ■ 營業時間：09：00～17：00
- ■ 公休日期：全年無休
- ■ 門票價格：國中或以上 500 日圓，小學 200 日圓
- ■ 所在地點：神奈川縣藤沢市江の島 2-5-2

弁天丸遊覽船

節省體力又能欣賞海景的遊覽船

參觀完江之島後返回市區最輕鬆的方法，就是在稚兒之淵北邊搭乘遊覽船「弁天丸」（べんてん丸），只要十分鐘即可抵達登島時的大橋入口，不但輕鬆省力，途中還可觀賞江之島和海景風光，天氣好時更能見到富士山呢。

- ■ 營業時間：10：00～17：00（11月～2月至16：00）
- ■ 公休日期：3月～10月僅天氣惡劣時停駛，11月～2月平日停駛
- ■ 門票價格：國中或以上 400 日圓，國小 200 日圓，六歲以下免費
- ■ 所在地點：稚兒之淵北邊／弁天橋北邊

灌籃高手平交道

可拍攝優美海景和電車的動漫景點

■ 營業時間：24 小時開放
■ 公休日期：全年無休
■ 所在地點：鎌倉高校前站旁

　　江之電鎌倉高校前站旁邊的平交道，就是超人氣作品《灌籃高手》的動畫片頭中，櫻木花道與赤木晴子相遇的地方。由於這短短幾秒的畫面就是以此平交道作為背景，所以世界各國的《灌籃高手》迷都蜂擁而至，試圖捕捉江之電通過平交道的瞬間。

★注意事項

由於太多觀光客站在馬路上或鐵軌旁取景，甚至闖入鄰近的「鎌倉高校」等未開放場所參觀，嚴重影響當地交通秩序、旅客安全及居民安寧。鎌倉市政府因此於二〇一九年修訂《關於提升鎌倉市公共場所禮儀》條例以規勸上述行為。條例內雖無明文禁止或罰則，但請遊客到訪時務必自我警惕，攝影時切勿妨礙車輛通行、太靠近鐵路設施或進入非公共場所，以免造成當地民眾困擾或自身危險。

bills

聞名全球的澳洲超熱門鬆餅店

　　號稱世界最美味早餐的澳洲超熱門鬆餅店「bills」，全球首間海外分店就位在江之電七里濱站附近的白色商場二樓。bills 最初會選在七里濱而不是東京落腳，就是看中這裡的壯闊海景和悠閒氛圍。畢竟能邊享用鬆餅，邊欣賞藍天、大海、江之島和富士山的地方可是極為罕見呢。

■ 營業時間：07：00 ～ 21：00（週一只到 17：00）
■ 公休日期：全年無休
■ 所在地點：神奈川縣鎌倉市七里ガ浜 1-1-1

珊瑚礁

充滿南洋風情的咖哩飯名店

　　裝潢及擺飾充滿南洋度假風格的七里濱咖哩飯名店「珊瑚礁」，提供多種牛、雞、豬和海鮮口味的超濃郁咖哩飯，還有炸薯條、烤肋排等料理。除了美食，坐落在七里濱的珊瑚礁還能欣賞湘南海岸的超讚景色，讓它成為了鎌倉・江之島最受歡迎、評價最高的餐廳之一。

■ 營業時間：10：30 ～ 14：30，16：30 ～ 20：00
■ 公休日期：週四
■ 所在地點：神奈川縣鎌倉市七里ガ浜 1-3-22

鎌倉大佛

聞名全國的壯觀地標

靠近江之電長谷站的知名地標「鎌倉大佛」是座高達十一公尺，重達一百二十一噸的巨型青銅佛像。其雕塑風格保留了頭大、駝背等鎌倉時代流行的宋朝佛像特徵，十分珍貴，因此被日本政府指定為國寶。但史書對於大佛的鑄造過程並沒有詳細記載，專家只能推測這座大佛像是在一二五二年建造完成。另外，大佛原先應是擺放在木造的「大佛殿」內，並非曝於室外，但佛殿可能在十五世紀末的海嘯中被沖毀，才變成坐在外頭的樣貌。

遊客若額外支付50日圓，還可從佛像基座的小洞進到大佛的肚子裡，仔細欣賞七百多年前的古老佛像結構。不過裡面只靠窗戶透光，十分昏暗，樓梯也極為狹窄陡峭，進出不太容易。

- ■ 營業時間：8：00～17：30（10月～3月至17：00）；大佛胎內（肚子）一律至16：30
- ■ 公休日期：全年無休
- ■ 門票價格：國中或以上300日圓，國小150日圓；大佛胎內（肚子）50日圓
- ■ 所在地點：神奈川縣鎌倉市長谷2-2-28

長谷寺

以十一面觀音像聞名的鎌倉古寺

創建於七三六年的長谷寺是鎌倉最知名且最悠久的古寺之一，鎮寺之寶就是高達九點一八公尺的「十一面觀音像」。其左手拿蓮花瓶，微翹小指，右手持錫杖的造型皆傳承自奈良的「大和長谷寺」，風格被歸類為「長谷寺式十一面觀音」，也是日本最大的木造佛像之一。

- ■ 營業時間：08：00～16：30（4月～6月延長至17：00）
- ■ 公休日期：全年無休
- ■ 門票價格：國中或以上400日圓，國小200日圓
- ■ 所在地點：神奈川縣鎌倉市長谷3-11-2

力餅家

三百年歷史的麻糬名店

　　長谷站旁的知名和菓子老店「力餅家」已有三百年歷史，傳承至今的招牌美食就是「權五郎力餅」，是種以濃郁綿密的紅豆泥包裹Q彈麻糬的和風小點心，味道甘甜、口感獨特。

■ 營業時間：09：00 ～ 18：00
■ 公休日期：每週三，每月第三個週二
■ 所在地點：神奈川縣鎌倉市坂ノ下 18-18

鎌倉五郎

口感硬脆的獨創名產「鎌倉半月」

　　熱門和菓子店「鎌倉五郎」販售的獨創名產「鎌倉半月」外型像是半片法蘭酥，但尺寸更大，口感也更硬脆，內餡則是頗具和風的抹茶奶油及紅豆奶油。香濃不甜膩的味道以及酥脆的餅皮，讓鎌倉半月成為了當地知名伴手禮。

■ 營業時間：10：00 ～ 18：00
■ 公休日期：全年無休
■ 所在地點：神奈川縣鎌倉市小町 2-9-2

小町通

鎌倉最熱鬧的購物區

　　鎌倉車站東口的紅色大鳥居就是鎌倉最熱鬧的「小町通」商店街入口。這條長約五百公尺的商店街兩側聚集了近百間名產店、禮品店、服飾店、小吃店、咖啡店和日式餐廳，不但是鎌倉最熱鬧的購物區，也是觀光客採買伴手禮或吃飯用餐的必到之處。

■ 開放時間：因店家而異
■ 公休日期：因店家而異
■ 所在地點：鎌倉車站東口

IWATA COFFEE

鎌倉最古老咖啡店

一九四八年開幕的「IWATA COFFEE」據說是鎌倉第一家咖啡廳，每位顧客來此必嚐的招牌甜點就是顏色金黃，模樣樸實，狀似雙層圓筒蛋糕的「Hot Cake」（日式厚煎鬆餅）。搭配奶油及蜂蜜、溫熱甜蜜的好滋味讓這道看似單純的甜點在鎌倉飄香七十年不絕。但由於堅持現點現做，想吃上 Hot Cake 至少要等個半小時，店門口因此經常大排長龍。

- 營業時間：09：30 ～ 18：00
- 公休日期：週二，每月第二個週三
- 所在地點：神奈川縣鎌倉市小町 1-5-7

鎌倉まめや

香甜酥脆的美味豆菓子

生產各種調味花生、黃豆、黑豆的鎌倉高人氣豆菓子專賣店「鎌倉まめや」（鎌倉Mameya）除了販賣基本的甜味和鹹味豆豆，還有抹茶、梅子、栗子、咖啡、蘋果、咖哩、起司、山葵、蝦子、海苔、辣油、美乃滋、黑胡椒、明太子等各種特殊或季節限定口味，令人看到眼花撩亂。但不知道怎麼挑也沒關係，店內大方提供各口味試吃，還有多種組合包幫您把所有熱賣口味預先裝一起，輕鬆帶回家。

- 營業時間：10：00 ～ 17：00，週末假日延長至 18：00
- 公休日期：全年無休
- 所在地點：神奈川縣鎌倉市雪ノ下 1-5-38

キャラウェイ

鎌倉超人氣咖哩飯名店

從早到晚都被人潮包圍的鎌倉超熱門咖哩飯專賣店「キャラウェイ」（Caraway）提供

牛肉、豬肉、雞肉、干貝、起士、雞蛋共六種口味。每一款都經過長時間熬煮，將肉塊和材料燉得軟爛，幾乎與咖哩醬融為一體。不但口感綿密、味道香濃，分量也十分豐盛，價格卻只要 700 ～ 1000 日圓，因此在網路上得到超高人氣和超高評價，假日和用餐時間總是大排長龍。

- 營業時間：11：30 ～ 19：30
- 公休日期：週一
- 所在地點：神奈川縣鎌倉市小町 2-12-20

段葛 こ寿々

以蕨餅聞名的鎌倉蕎麥麵老店

大名鼎鼎的鎌倉老店「段葛 こ寿々」（段葛 Kosuzu）除了販賣冷的醬油海苔蕎麥麵及胡麻醬烏龍麵，也提供熱的鴨南蕎麥麵及釜揚烏龍麵，以及加入各種菜葉、蘿蔔泥及炸麵衣屑的特製「Kosuzu 蕎麥麵」（こ寿々そば）。該店的招牌料理還有遠近馳名的蕨餅，不但口感十分 Q 彈，上頭的花生粉以及底下的黑糖汁也都香甜濃郁。

- ■ 營業時間：11：30 ～ 18：00，週末假日延長至
  19：00
- ■ 公休日期：週一、每月第一個和第三個週二
- ■ 所在地點：神奈川縣鎌倉市小町 2-13-4

豐島屋

香濃酥脆的鎌倉代表性伴手禮

「豐島屋」是專賣鎌倉代表性名產「鴿子餅乾」的百年老店。造型可愛的鴿子餅乾是以鶴岡八幡宮匾額上「鳩」為原型，只用奶油、雞蛋與砂糖調和，沒有任何內餡，卻有著濃厚奶香，味道單純又香醇，是不論大人小孩都會喜歡的酥脆甜點。

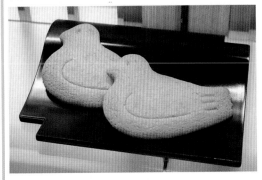

- ■ 營業時間：9：00 ～ 19：00
- ■ 公休日期：週三（不定期）
- ■ 所在地點：神奈川縣鎌倉市小町 2-11-19

鎌倉市區

鶴岡八幡宮

鎌倉まめや

キャラウェイ

段葛 こ寿々

鎌倉五郎

豐島屋

小町通

IWATA COFFEE

鎌倉

鶴岡八幡宮

鎌倉地標與信仰中心

源賴朝於十二世紀末創立鎌倉幕府後，將祖先在鎌倉海邊設立的「鶴岡若宮」遷移至現址重建，並在其上方山坡新建「本宮」，與下方的「若宮」構成如今的「鶴岡八幡宮」。源賴朝將鶴岡八幡宮作為源家及武士的守護者，並以其為中心建設鎌倉、開闢城市。

鳥居後方陡峭的小橋為「太鼓橋」，東西兩側分別為代表源家的「源氏池」，以及代表平家的「平氏池」。兩池池水經太鼓橋下互通，並合稱為「源平池」。源氏和平氏是死對頭，當年源賴朝就是消滅平家後，才得以統領天下。所以兩池的方位除了代表尊卑，源氏池中還留了三座小島，取「產（生）」之諧音；平氏池中則刻意放了四座小島，取「死」之諧音。

沿著參道往前走便會看到矗立在正中央的紅色建築，此即「舞殿」，舞殿的右後方則是「若宮」。史書記載，源賴朝與其同父異母的弟弟源義經反目後，擄走源義經的愛妾靜御前，並命其在懷有身孕的狀況下於若宮迴廊表演。沒想到靜御前卻在歌舞中吟詠對源義經的思念，激怒源賴朝，差點丟了性命。後來，若宮前方興建了舞殿，平時除了會舉行各種祭祀活動，每年四月還有稱為「靜之舞」的表演，重現靜御前傳承千年的深情歌舞。

陡峭的階梯上方就是鶴岡八幡宮的「本宮」。樓門匾額上的「八」字其實是由兩隻背對的鳩（鴿子）組成，十分有趣。本宮內祭拜的就是八幡神，為日本神道教的戰神，也是源家的氏神（守護神）。本宮旁還有「寶物殿」，收藏多項古代武具和文物。本宮左側也有販售許願的繪馬，以及保佑健康和運勢的各種御守。

■ 開放時間：5：00 ～ 21：00（10月～ 3月為6：00 開放）
■ 公休日期：全年無休
■ 門票價格：免費參觀
■ 所在地點：神奈川縣鎌倉市雪ノ下 2-1-31

建長寺

排行五山第一的雄偉佛寺

鎌倉時代末期，幕府仿造南宋的五山制度設立了「鎌倉五山」。一二五三年創建，排行鎌倉五山第一的「建長寺」擁有眾多壯觀雄偉且歷史悠久的佛教古蹟。包括建於一七七五年，高達二十公尺的「三門」，一六四七年自東京增上寺遷建的「佛殿」及「唐門」，一八二五年完工並在天頂繪有華麗雲龍圖的「法堂」，一二五五年鑄造的國寶級「梵鐘」，以及從十三世紀保存至今的優美庭園等。

■ 開放時間：8：30 ～ 16：30

■ 公休日期：全年無休

■ 門票價格：高中或以上 500 日圓，國中或國小 200
日圓

■ 所在地點：神奈川縣鎌倉市山ノ內 8

圓覺寺

排行五山第二的肅穆古寺

一二八二年創立的圓覺寺名列五山第二。壯觀的「三門」建於一七八五年，門上藏有十一面觀音與十六羅漢像。中央的「佛殿」為關東大地震後於一九六四年重建，天井繪有一幅獨特的白龍圖。寺內最珍貴的國寶「舍利殿」推測為十五世紀完成，內部供俸著南宋時從中國能仁寺請來的佛牙舍利，但每年僅有數天公開。另外，圓覺寺每個週末都會讓一般民眾參加坐禪會，夏目漱石、島崎藤村等知名文人都曾來此參禪。

■ 開放時間：8：00 ～ 16：30（12 月～ 2 月為 16：
00 關門）

■ 公休日期：全年無休

■ 門票價格：高中或以上 500 日圓，國中或國小 200
日圓

■ 所在地點：神奈川縣鎌倉市山ノ內 409

明月院

超人氣繡球花與紅葉名所

‧‧‧‧‧‧‧‧‧‧‧‧‧‧‧‧‧‧‧‧‧‧‧‧‧‧‧‧‧‧‧‧‧

　　繡球花（紫陽花）是鎌倉最具代表性的
花卉，當地不少寺院和庭園都種滿了繡球花，
其中最著名的就是位於建長寺與圓覺寺之間的
「明月院」。每到夏天，沿著步道綻放的球形
花瓣便會將明月院妝點得五顏六色，許多觀光
客都會趁此時到訪。只限秋天開放的紅葉庭園
也是明月院的著名景點。

■ 營業時間：9：00 ～ 16：00（六月為 8：30 ～
17：00）
■ 公休日期：全年無休
■ 門票價格：300 日圓，六月紫陽花季及秋天紅葉
季為 500 日圓
■ 所在地點：神奈川縣鎌倉市山ノ內 189

錢洗辨財天宇賀福神社

觀光客最愛的洗錢聖地

‧‧‧‧‧‧‧‧‧‧‧‧‧‧‧‧‧‧‧‧‧‧‧‧‧‧‧‧‧‧‧‧‧

　　鎌倉車站西側山坡上的「錢洗辨財天宇賀
福神社」是和江島神社一樣主祭弁財天，可保
佑財富與智慧的知名宗教聖地。傳說將鈔票或
硬幣裝到竹簍內，並利用神社洞窟湧出的泉水
「洗錢」，再將洗過的錢幣帶在身上就可以增
加財運，因此成為鎌倉的超人氣觀光景點。

■ 開放時間：8：00 ～ 16：30
■ 公休日期：全年無休
■ 門票價格：免費參觀，洗錢須購買線香、蠟燭和
竹簍，一組 100 日圓
■ 所在地點：神奈川縣鎌倉市雪ノ下 2-1-31

茶房雲母

以超大抹茶白玉聞名的日式甜點老店

‧‧‧‧‧‧‧‧‧‧‧‧‧‧‧‧‧‧‧‧‧‧‧‧‧‧‧‧‧‧‧‧‧

　　鎌倉車站往返錢洗辨財天宇賀福神社的山
路上，還有以超大抹茶白玉（湯圓）聞名的超
人氣日式甜點老店「茶房雲母」。先把濃郁的
抹茶糖漿淋到又大又 Q 的原味及抹茶白玉上，
再和抹茶冰淇淋、紅豆、水果等餡蜜料拌在一
塊兒，香甜濃郁的和風滋味不但博得高評價，
更吸引了大批觀光客，店門口的排隊人潮絡繹
不絕，可說是鎌倉最受歡迎的日式甜點名店。

■ 營業時間：11：00 ～ 18：00（週末假日提早至 10：
30 營業）
■ 公休日期：每週四
■ 所在地點：神奈川縣鎌倉市御成町 16-7

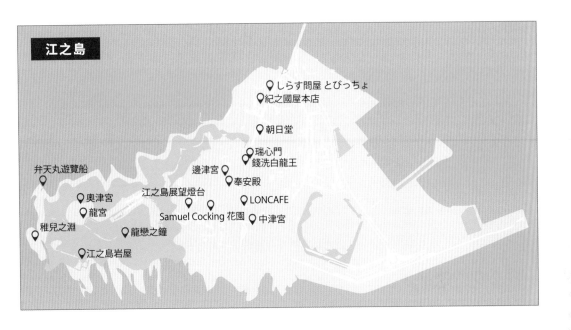

江之島

- しらす問屋 とびっちょ
- 紀之國屋本店
- 朝日堂
- 瑞心門
- 錢洗白龍王
- 邊津宮
- 奉安殿
- 弁天丸遊覽船
- 奧津宮
- 江之島展望燈台
- LONCAFE
- 龍宮
- 稚兒之淵
- Samuel Cocking 花園
- 中津宮
- 龍戀之鐘
- 江之島岩屋

鎌倉近郊

- 藤澤
- 圓覺寺
- 北鎌倉
- 明月院
- 建長寺
- 錢洗弁財天宇賀福神社
- 茶房雲母
- 西鎌倉
- 鎌倉大佛
- 鎌倉
- 新江之島水族館
- 江之島
- 長谷寺
- 長谷
- 江之島小屋
- 片瀨江之島
- 灌籃高手平交道
- 極樂寺
- 力餅家
- 珊瑚礁
- bills
- 鎌倉高校前

鎌倉 · 江之島行程建議

鎌倉 · 江之島一日遊

上午：從新宿搭小田急電鐵到片瀨江之島站，再過橋登上江之島觀光（停留約兩～三小時）

中午：搭江之電到鎌倉高校前站的灌籃高手平交道拍照（停留約半小時）

下午：搭江之電到長谷站的鎌倉大佛參觀（停留約一小時），再搭江之電到鎌倉站，並沿若宮大路逛到鶴岡八幡宮參觀（停留約一小時），最後在小町通商店街購物用餐（停留約一～兩小時）

鎌倉神社古寺一日遊

上午：搭 JR 到北鎌倉站，並步行到圓覺寺、建長寺、鶴岡八幡宮參觀（停留約三～四小時）

中午：在小町通商店街購物用餐（停留約一～兩小時）

下午：步行到錢洗辨財天宇賀福神社參拜洗錢（停留約一～兩小時），再返回鎌倉站搭江之電到長谷寺、鎌倉大佛參觀（停留約兩～三小時）

◀【鶴岡八幡宮】

輕井澤

Karuizawa

輕井澤概述

一八八六年，來輕井澤避暑的加拿大傳教士 Alexander Croft Shaw 發覺輕井澤的氣候與環境和他成長的加拿大首都多倫多近似，喜愛不已，便決定在此建造別墅長住。隨著連接東京的鐵道開通，輕井澤舒適宜人的好名聲逐漸遠播，吸引更多西方人到此長居，連帶興建不少教堂、洋房等歐風建築。一九九七年長野新幹線（北陸新幹線）完工後，輕井澤交通更為便捷，加上終年涼爽的氣候和優雅的歐式氛圍，讓輕井澤一躍成為關東近郊的超熱門觀光勝地。

輕井澤交通指南

從東京到輕井澤，最快速方便的交通工具就是新幹線，只要一小時就能抵達。到了輕井澤後，可以租自行車漫遊各景點，或是搭乘巴士（公車）前往各地。

從東京市區或機場到輕井澤

東京市區到輕井澤

從東京市區到輕井澤最方便快速的交通工具是「北陸新幹線」。北陸新幹線是連接關東地區及長野、北陸地區的高速鐵路，在東京市區只停靠東京車站和上野站，並直達輕井澤車站。

成田機場到輕井澤

從成田機場到輕井澤，建議先購買「JR 東京廣域周遊券」等適用範圍包含輕井澤的 JR Pass，再利用 JR Pass 免費搭乘 JR 東日本的「N'EX 成田特快」到東京車站。抵達東京車站後，再轉乘「北陸新幹線」到輕井澤車站。

羽田機場到輕井澤

從羽田機場搭乘鐵路到輕井澤，建議先購買「JR 東京廣域周遊券」等適用範圍包含輕井澤的 JR Pass，再利用 JR Pass 免費搭乘 JR 東日本旗下的「東京單軌電車」到濱松町站，並出站轉乘 JR 山手線到東京車站。抵達東京車站後，再轉乘「北陸新幹線」到輕井澤車站。

🌸 時間及票價

- 東京車站、上野站～輕井澤車站的北陸新幹線行駛時間約六十～七十分鐘，班距約二十～六十分鐘。
- 東京車站～輕井澤車站的北陸新幹線單程票價為 5490 日圓（自由席）～ 6020 日圓（指定席／對號座）。
- 上野站～輕井澤車站的北陸新幹線單程票價為 5280 日圓（自由席）～ 5810 日圓（指定席／對號座）。
- 雖然看似昂貴，不過，JR 東日本有推出超划算的「JR 東京廣域周遊券」。該票券僅限外國旅客購買，可在三天內不限次數搭乘東京市區及近郊的北陸新幹線、上越新幹線、東北新幹線、N'EX 成田特快、東京單軌電車、山手線、中央線、京葉線等 JR 東日本所有列車和新幹線，售價 15000 日圓。
- 由於東京車站～輕井澤的新幹線來回車資就要 10980 日圓（自由席）～ 12040 日圓（指定席），若再持「JR 東京廣域周遊券」乘坐特急列車或新幹線到成田機場、河口湖、宇都宮、日光等地，即可省下數千到數萬日圓。所以懶懶哥非常推薦要去輕井澤的讀者

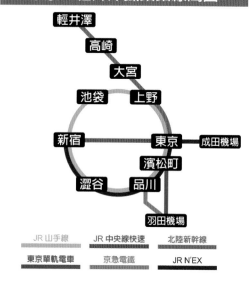

東京─輕井澤鐵路路線簡圖

輕井澤 — 高崎 — 大宮 — 池袋 — 上野 — 新宿 — 東京 — 成田機場 — 濱松町 — 澀谷 — 品川 — 羽田機場

JR 山手線　JR 中央線快速　北陸新幹線
東京單軌電車　京急電鐵　JR N'EX

們購買並使用「JR 東京廣域周遊券」往返東京市區及近郊各景點，不但省時又省錢！

🌸 購買 JR 東京廣域周遊券

外國旅客可以使用「JR 東日本網路訂票系統」線上購買 JR 東京廣域周遊券，或是抵達日本後再前往 JR 售票窗口購買 JR 東京廣域周遊券。使用 JR 東日本網路訂票系統完成購票、訂位和取票的詳細教學，請至 P.21。

🌸 搭乘北陸新幹線

準備從東京市區前往輕井澤的讀者們，請先抵達東京車站或上野站，再依站內指標及列車資訊看板到東京車站的第 20 ～ 23 月台搭乘北陸新幹線，或上野站的第 19 ～ 22 月台搭乘北陸新幹線。由於只有部分北陸新幹線列車會停靠輕井澤車站，且每小時僅一～三班，所以搭乘前請務必用 Google 地圖查詢正確班次。

請依指標前往北陸新幹線進站閘門

請依列車資訊看板到正確月台搭乘北陸新幹線

抵達月台後，請依您搭乘的車廂編號或種類前往正確的位置候車

　　已經劃好座位，或是要乘坐新幹線自由席車廂的旅客，請將 JR Pass 插入閘門即可進站候車。

已經劃好座位，或是要乘坐新幹線自由席車廂的旅客請將JR Pass插入閘門即可進站候車

　　進站後，請先前往要搭乘的新幹線所停靠的月台，再依車廂編號或種類前往正確的位置候車。

請先前往要搭乘的新幹線所停靠的月台

　　上車後，搭乘指定席車廂的旅客，請坐在票券記載的座位上；搭乘自由席車廂的旅客，請自行尋找空位乘坐。

搭乘指定席車廂，請坐在票券記載的座位上
搭乘自由席車廂，請自行尋找空位乘坐

若有大件行李，可放置於偶數車廂後方的大型行李架或奇數車廂尾端的閒置空間。

若有大件行李，可放置於偶數車廂後方的大型行李架或奇數車廂尾端的閒置空間

車廂前方會顯示到站名稱，請隨時注意。

車廂前方會顯示到站名稱，請隨時注意

輕井澤的自行車

由於輕井澤的大眾運輸不甚便捷，所以大部分觀光客都會選擇租借自行車漫遊輕井澤。當地的自行車出租店大部分聚集在輕井澤車站北口。依車種及租借時間不同，一天的費用大約在 700 日圓（非電動）～ 2000 日圓（電動）。

不過，其中有一家自行車出租店因價格便宜、服務親切且車況良好而受到眾多台灣觀光客青睞，那就是輕井澤車站北口的「白貓自行車」（白ネコサイクル）。白貓自行車的非電動車租金一天只要 700 日圓，電動車則是 1000日圓，可說是輕井澤一帶的最低價。因此懶懶哥接下來就以白貓自行車為例，介紹輕井澤的租車方式。

❀ 在白貓自行車租車

抵達輕井澤車站後，請從北口出站，並走右邊的天橋到馬路對側。

出站後，請依「北口」指標前進

從北口出來後，請走右邊的天橋到馬路對側

下天橋後右手邊的廣場有棵樹，請往樹後方的人行道走，繼續步行約一分鐘就會看到掛著「貸自轉車1日￥700」的綠色招牌，此即白貓自行車的所在地。

下天橋後右手邊的廣場有棵樹，請往樹後方的人行道走

繼續步行約一分鐘，就會抵達白貓自行車

- 抵達白貓自行車後，請向店員告知租借人數和種類（普通單車或電動單車），並填寫聯絡資料及付款。
- 店員會讓您挑選車輛並試騎，待您確認功能正常後，會再叮嚀注意事項。店門口也有張貼中文的租借和使用說明，請仔細聆聽或閱讀。

- 白貓自行車的營業時間為早上9：00～下午5：00，請務必在時間內完成借還車。

挑選車輛後，請試騎並確認功能正常

出發前請詳讀店門口的中文告示和租借說明

✿ 在輕井澤騎乘自行車

輕井澤主要道路的車流量都很大，但兩側通常會有人行道或自行車道，所以請讀者們務必靠邊騎車並禮讓行人。不過，部分道路旁的人行道或自行車道較為窄小，有些路段更只有汽車道，行經這些地方請小心慢行。

請務必靠邊騎乘自行車並禮讓行人

要特別注意的是，輕井澤車站北邊的「舊三笠飯店」，中輕井澤站北邊的「輕井澤高原教堂」、「石之教堂」，以及星野集團的「虹夕諾雅輕井澤度假飯店」、「榆樹街小鎮」（日本榆樹露台）、「星野溫泉」、「村民食堂」等景點，都位在又長又陡峭的山坡上。較少騎乘自行車、體力較差或年紀較大的讀者們，若利用一般自行車前往上述景點會非常吃力，建議租借電動自行車，或改搭巴士（公車）會較為合適。

輕井澤的巴士

雖然輕井澤的巴士路線及班次都不多，但不方便騎乘自行車，又想節省體力的讀者們，只要搭配好時刻表，一樣可以乘坐巴士輕鬆遊玩輕井澤。觀光客在輕井澤最常利用的巴士路線有兩條，分別為草輕交通公司經營的「急行草輕線」，以及西武巴士經營的「淺間白根火山線」。

急行草輕線

「急行草輕線」由草輕交通公司經營，起點為「輕井澤車站北口 2 號站牌」，沿途停靠「舊輕井澤」、「三笠」（舊三笠飯店）、「白絲瀑布」（白糸の滝）等站，終點為「草津溫泉」。

淺間白根火山線

「淺間白根火山線」由西武巴士經營，起點為「輕井澤車站北口 1 號站牌」，沿途停靠「舊輕井澤」、「雲場池」（六本辻・雲場池）、「中輕井澤站」、「星野溫泉」（星野溫泉トンボの湯）等站，終點為「草津溫泉」。

❀ 營運時間＆班距

急行草輕線

「急行草輕線」營運時間為上午六點～下午五點，每小時一到三班。

淺間白根火山線

「淺間白根火山線」營運時間為上午七點～晚上六點，每小時一到兩班。

❀ 票價

急行草輕線

從輕井澤車站到舊輕井澤、舊三笠飯店、白絲瀑布的單程票價為 160 ～ 720 日圓。

淺間白根火山線

從輕井澤車站到舊輕井澤、雲場池、中輕井澤站、星野溫泉的單程票價為 150 ～ 470 日圓。

❀ 搭乘方式

急行草輕線

「急行草輕線」的巴士購票及搭乘教學，請見 P.440。

淺間白根火山線

搭乘北陸新幹線抵達輕井澤車站後，請上樓出站，並依循「北口」指標前進。

抵達輕井澤車站後，請上樓出站

出站後，請左轉並依循「北口」指標前進

就會在右手邊看到電扶梯，請下樓並往前走。

就會在右手邊看到下樓的電扶梯，請下樓並往前走

一樓就是輕井澤車站北口的巴士停靠區，請在「1 號」站牌等候淺間白根火山線。

一樓就是輕井澤車站北口的巴士停靠區
請在「1 號」站牌等候淺間白根火山線

- 淺間白根火山線一律從後門上車、前門下車。使用 Suica、PASMO 等 IC 卡的旅客，上車時請將卡片靠近後門邊的 IC 卡感應處。
- 付現的旅客，上車時請從後門口旁的整理券機抽一張整理券（段號証），券上會記載您的上車區域編號。

上車後請感應IC卡或抽整理券

整理券上會記載您的上車區域編號

- 感應完 IC 卡或拿到整理券後，請找空位坐好。車廂前方螢幕會顯示巴士停靠資訊以及各整理券編號應繳車資，請隨時注意。

- 若要在舊輕井澤、雲場池、中輕井澤站、星野溫泉等中途各站下車，記得按座位上方的下車鈴。

上車後請找空位坐或抓好扶手

車廂前方螢幕會顯示巴士停靠資訊以及各整理券編號應繳車資，請隨時注意

到站前記得按下車鈴

- 巴士停妥後，使用 Suica、PASMO 等 IC 卡的旅客，請將卡片靠近運賃箱的 IC 卡感應處即可下車。
- 付現的旅客，請依照車廂前方螢幕所顯示的各整理券編號應繳車資，將車資及整理券一起放入運賃箱（付費機）的車資投入口即可下車。
- 若沒有零錢，請先將紙鈔或硬幣放入兌幣口中兌換成零錢，再放入車資投入口。

荻野屋

熱騰騰的釜飯便當

位於輕井澤車站二樓的「荻野屋」是以釜飯便當（峠の釜めし）聞名的在地老店。這便當如同其名，是將熱騰騰的飯菜裝在陶製釜鍋內帶走。裡面的配料有雞肉、牛蒡、香菇、竹筍、鵪鶉蛋、豌豆、紅薑和醃杏子，十分豐盛。用完餐可以將釜鍋直接帶回家作紀念，覺得太重或怕打破也可以歸還給店家重複使用。

■ 營業時間：平日 09：45 ～ 19：00，週末及假日延長到 20：00
■ 公休日期：全年無休
■ 所在地點：長野縣北佐久郡輕井沢町 1178

輕井澤王子購物廣場

日本面積前十大的超好逛 Outlet

■ 營業時間：10：00 ～ 19：00
■ 公休日期：全年無休
■ 所在地點：長野縣北佐久郡輕井沢町輕井沢

位在輕井澤車站南口、由西武集團經營的大型 Outlet「輕井澤王子購物廣場」不僅是輕井澤地區規模第一的商場，也是全日本面積前十大的 Outlet。這裡從 GUCCI、PRADA、COACH、BURBERRY 等高級精品、到 GAP、BEAMS、GLOBAL WORK、URBAN RESEARCH 等休閒服飾，以及 NIKE、adidas、new balance、PUMA 等運動品牌，還有 Disney Store、PLAZA、niko and... 等生活雜貨應有盡有，而且折扣也不少。商場中間還規劃了大草原和人造湖，又美又好逛。

明治亭

長野超人氣醬汁炸豬排

　　輕井澤王子購物廣場的「味之街」擁有許多熱門餐廳，其中人氣最高的就屬發跡於長野縣駒根市的超熱門醬汁炸豬排丼專賣店「明治亭」，不但分量多得像座小山，金黃色的麵衣也吸附了滿滿的獨門醬汁，豐盛又美味。由於只在長野縣內吃得到，所以味之街上的這間明治亭每到用餐時間總是被觀光客塞得滿滿。

▌營業時間：11：00～21：00
▌公休日期：全年無休
▌所在地點：輕井澤王子購物廣場味之街

築地ハレの日

東京海鮮美味直送

　　明治亭隔壁的「築地ハレの日」（築地HARE 之日）也是味之街上的人氣店家之一。由東京海鮮丼排隊名店「築地虎杖」開設的這間餐廳，不但能品嚐到每日從築地新鮮直送的各種魚類，還提供虎杖的招牌料理「元祖海鮮丼三吃」（海鮮ひつまぶし）等豐富多樣的生魚片蓋飯。

▌營業時間：10：00～22：00
▌公休日期：全年無休
▌所在地點：輕井澤王子購物廣場味之街

拉麵 錦

創排隊紀錄的連鎖雞湯拉麵店

　　輕井澤王子購物廣場還有寬敞舒適的美食街，這裡的人氣店家之一就是來自秋田縣的「拉麵 錦」（らーめん錦）。該店曾連續多次參加「東京拉麵秀」並創下全場排隊人數及銷售量第一的歷史紀錄。

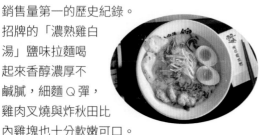

招牌的「濃熟雞白湯」鹽味拉麵喝起來香醇濃厚不鹹膩，細麵Q彈，雞肉叉燒與炸秋田比內雞塊也十分軟嫩可口。

▌營業時間：10：00～19：00
▌公休日期：全年無休
▌所在地點：輕井澤王子購物廣場美食街

輕井澤 Flatbreadz

充滿在地風味的優質漢堡店

　　輕井澤王子購物廣場美食街最熱門的漢堡專賣店「輕井澤 Flatbreadz」（軽井沢フラッドブレッズ）除了採用輕井澤知名烘焙坊「淺野屋」研發的超 Q 彈全麥麵包，還選用當地農家栽種的生菜，並利用富含遠紅外線的「輕井澤淺間火山熔岩石板」炙烤肉片以鎖住肉汁並提升口感。充滿在地風味的獨特漢堡，讓輕井澤 Flatbreadz 獲得很高評價。

▌營業時間：10：00 ～ 19：00
▌公休日期：全年無休
▌所在地點：輕井澤王子購物廣場美食街

雲場池

四季皆美的超人氣拍照景點

　　超人氣風景名勝「雲場池」是個距離輕井澤車站約一點五公里、形狀狹長的人造湖，直徑約三百公尺。雖然面積不大，但到了十月底，湖畔就會被大片楓葉染紅，畫面極為壯觀

豔麗，是關東地區的知名賞楓熱點。進入冬天，大雪覆蓋在池邊蕭瑟的樹枝上，像是撒上了一層白霜，如同北歐童話世界的夢幻景致美得令人屏息。

▌開放時間：24 小時開放
▌公休日期：全年無休
▌門票價格：免費參觀
▌所在地點：長野県北佐久郡軽井沢町六本辻

川上庵

輕井澤超人氣蕎麥麵店

　　舊輕井澤商店街入口處的超熱門蕎麥麵店「川上庵」，招牌菜色就是溫暖香濃的「鴨南蕎麥湯麵」（鴨南そば）以及附上特大炸蝦的「天婦羅蕎麥冷麵」（天せいろ）。雖然已經在東京的麻布十番和南青山開設分店，但這間高質感蕎麥麵店依舊是當地人氣最高的餐廳，用餐時間總是座無虛席。

▌營業時間：11：00 ～ 21：00
▌公休日期：全年無休
▌所在地點：長野縣北佐久郡輕井澤町輕井澤 6-10

腸詰屋

美味又道地的歐式醃製肉品

在輕井澤處處可見的歐式肉類醃製品連鎖店「腸詰屋」，大部分都只販售現烤德國香腸堡等小點心以及料理用的生火腿，僅少數幾間分店會供應正餐。位於川上庵斜對面的「腸詰屋」Messe 分店就可品嚐到各種火腿和香腸組合成的歐式簡餐，清爽不鹹膩的異國風味讓腸詰屋 Messe 店得到許多遊客好評。

▌ 營業時間：10：00 ～ 18：00
▌ 公休日期：夏季、黃金周無休，其餘季節每週三公休
▌ 所在地點：長野縣北佐久郡輕井沢町輕井沢 1-3

澤村

輕井澤熱門麵包店與西餐廳

輕井澤知名烘焙坊「澤村」（SAWAMURA）寬敞優美的店內販賣著各式各樣的歐式麵包和咖啡，並供應早午餐、漢堡、烤雞、牛排等西洋料理，是輕井澤最受歡迎的麵包店和餐廳之一，並已在東京與名古屋展店。

▌ 營業時間：07：00 ～ 21：00
▌ 公休日期：全年無休
▌ 所在地點：長野縣北佐久郡輕井沢町輕井沢 12-18

舊輕井澤商店街

熱鬧又好逛的購物大街

「舊輕井澤」是江戶時代的宿場所在地，為輕井澤發展最早也最熱鬧繁榮的區域。舊輕井澤的中心就是「舊輕井澤商店街」（舊輕銀座），所有知名店家和餐廳幾乎都聚集在這條街上，是各國遊客採買伴手禮或購物用餐的必逛之處，每到週末假日總是人山人海。

▌ 開放時間：因店家而異
▌ 公休日期：因店家而異
▌ 所在地點：長野縣北佐久郡輕井沢町大字輕井沢

澤屋

遊客最愛的果醬老店

輕井澤最具代表性的伴手禮就是果醬，舊輕井澤商店街入口右手邊的「澤屋」（SAWAYA JAM）是當地最受歡迎的果醬老店。開業至今已超過半世紀，狹小的店裡陳列著約五十種不同口味的果醬。其中最熱賣的招牌產品就是味道鮮甜的「蘋果果醬」、放了超大顆草莓的「草莓果醬」，以及奶香濃郁的「草莓牛奶果醬」。

▎營業時間：09：00 ～ 18：00
▎公休日期：全年無休
▎所在地點：長野縣北佐久郡輕井沢町輕井沢 811-2

PAOMU

高人氣布丁與咖哩麵包

輕井澤的熱門咖啡店「PAOMU」除了可入內享受簡餐、咖啡和蛋糕，外頭的小賣店也有販售這裡的招牌甜點「輕井澤布丁」和「輕井澤咖哩麵包」。評價很高的輕井澤布丁有著濃郁奶香和蛋香，並搭配略帶苦味的焦糖；輕井澤咖哩麵包的外皮酥脆，內餡飽滿。

▎營業時間：10：30 ～ 17：00，冬季（1 月～ 3 月中）11：00 ～ 16：00
▎公休日期：每週四、冬季（1 月～ 3 月中）的週一至週四
▎所在地點：長野縣北佐久郡輕井沢町大字輕井沢 806-1

Mikado Coffee

人手一支的摩卡冰淇淋名店

「Mikado Coffee」（ミカドコーヒー）是名氣非常響亮的輕井澤咖啡名店，這裡的招牌商品就是「摩卡冰淇淋」。夏天來輕井澤，Mikado 的門口總是擠滿購買摩卡冰淇淋的民眾，許多日本人還會拿著香濃的摩卡冰淇淋在街上邊走邊吃呢。

▎營業時間：11：00 ～ 16：30
▎公休日期：夏季無休，其餘季節不定期公休
▎所在地點：長野縣北佐久郡輕井沢町大字輕井沢舊輕井沢 786-2

French Bakery

約翰藍儂愛吃的法國長棍麵包

··

　　與日本藝術家小野洋子結婚的披頭四樂團成員約翰藍儂在一九八○年離世前，每逢夏天都會和妻子到輕井澤度假避暑。而他在輕井澤最愛吃的麵包，就是「French Bakery」的法國長棍麵包。由於約翰藍儂的加持，這間 French Bakery 成為了輕井澤的麵包名店，從店裡走出的觀光客更是人手一根法國長棍麵包

■ 營業時間：08：00 ～ 17：00
■ 公休日期：夏季無休，其餘季節每週四公休
■ 所在地點：長野縣北佐久郡輕井沢町大字輕井沢
　　舊輕井沢 786-2

ASANOYA

美味又多樣的歐式麵包店

··

　　一九三三年在東京創業的歐式麵包老店「ASANOYA」（淺野屋）原本只在夏天的旅遊旺季到輕井澤開設臨時店面，服務來此體驗歐式風情的遊客，後來才在輕井澤長期設店。歷經半世紀發展，淺野屋現在已是輕井澤最具代表性的麵包連鎖店，在東京市區也有多個據點。

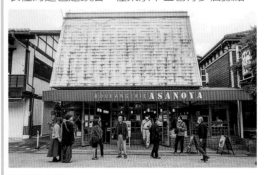

■ 營業時間：08：00 ～ 18：00
■ 公休日期：全年無休
■ 所在地點：長野縣北佐久郡輕井沢町大字輕井沢
　　738

CHURCH STREET

十多間店舖構成的中型商場

··

　　「CHURCH STREET」是連接「舊輕井澤商店街」以及「輕井澤聖保羅天主教教堂」的中型歐風商場，裡面開了數十間服飾店、名產店、手工藝品店和餐廳。由於是遊客往返教堂的必經之路，因此假日人潮十分洶湧。

■ 營業時間：10：00 ～ 18：00
■ 公休日期：週三或週四（每月異動）
■ 所在地點：長野縣北佐久郡輕井沢町輕井沢 601-1

輕井澤聖保羅天主教教堂

外型別緻的熱門拍照景點

....

　　穿越 CHURCH STREET 就會見到小巧美麗的「輕井澤聖保羅天主教教堂」。一九三五年由英國籍神父創立，請來美國知名建築師安東尼·雷蒙（Antonin Raymond）設計的這座教堂，是一棟以水泥石板、高斜度屋頂加上尖塔的現代主義宗教建築，曾獲得美國及日本的設計大獎。由於在日本文學名家堀辰雄、川端康成等人的作品中出現，也舉辦過多場名人婚禮，至今仍是不少日本女性夢想中的結婚場地，也是舊輕井澤十分熱門的拍照景點，平時開放給遊客自由參觀。

■ 開放時間：07：00～18：00（冬季為日落後關閉）
■ 公休日期：全年無休
■ 門票價格：免費參觀（婚禮、禮拜期間禁止進入）
■ 所在地點：長野県北佐久郡軽井沢町軽井沢 179

榆樹街小鎮

小巧美麗的北歐風商店街

....

　　位於中輕井澤、充滿歐洲情調的「榆樹街小鎮」是星野集團以輕井澤的日常為主題，沿著清澈的湯川所打造的商店街。街道的地板和建築都由木材構成，讓遊客猶如漫步在北歐的浪漫小鎮中。榆樹街小鎮上共有十五間商店和餐廳，販售著日本、歐洲及亞洲風味料理，還有各種精緻的麵包、甜點、藝品和家具店。

■ 開放時間：因店家而異
■ 公休日期：因店家而異
■ 所在地點：長野県軽井沢町星野

丸山咖啡

盛名遠播的輕井澤咖啡名店

　　「丸山咖啡」是國際咖啡評鑑師丸山健太郎一九九一年在輕井澤創立，榆樹街小鎮的分店販售數十種他擔任世界咖啡競賽的評審時接觸到的各國高品質咖啡豆。丸山健太郎還會仔細分析各品種的豆性，再利用他的專業知識和自家焙煎技術來烘焙咖啡，產品因此連年奪下大獎，讓這間來自輕井澤的咖啡店盛名遠播，成為了日本咖啡愛好者的聖地，近幾年更成功將據點擴展至東京及關東地區。

■ 營業時間：08：00 ～ 19：00
□ 公休日期：全年無休
■ 所在地點：長野県北佐久郡軽井沢町星野ハルニレテラス内

星野溫泉 蜻蜓之湯

享受山中泡湯樂趣

　　榆樹街小鎮上方約三百公尺處的「星野溫泉」是星野度假區的中心，裡面有星野集團的五星級旅館「虹夕諾雅輕井澤度假飯店」，以及暱稱為「蜻蜓之湯」（トンボの湯）的露天溫泉浴池，不是住客也可付費進入，享受在輕井澤山林間泡湯的樂趣。

■ 營業時間：10：00 ～ 22：00
□ 公休日期：全年無休
■ 門票價格：成人 1350 日圓，兒童（3 歲～ 12 歲）800 日圓
■ 所在地點：長野県北佐久郡軽井沢町大字長倉星野 2148

輕井澤高原教堂

優雅獨特的日本婚禮聖地

由日本知名基督教思想家內村鑑三等人創立的輕井澤高原教堂，前身是文化、藝術和教育討論空間「星野遊學堂」，二戰後才改建成今日樣貌，並成為日本第一個舉辦西式婚禮的教堂。其悠久的歷史、優雅的環境，以及充滿特色的三角外型，讓輕井澤高原教堂長年榮登日本女性最嚮往的結婚地點之一，也是中輕井澤的知名景點。

■ 開放時間：10：00～17：00

■ 公休日期：全年無休

■ 門票價格：免費參觀（婚禮進行期間禁止進入及拍照）

■ 所在地點：長野縣北佐久郡輕井沢町大字長倉2144

石之教堂

外型奇特的輕井澤人氣景點

由美國知名建築師 Kendrick Bangs Kellogg 設計的石之教堂，以內村鑑三提倡的「無教會主義」和自然共生思想為主軸，並融合輕井澤的空氣、流水、石頭等元素，打造出了這座以拱形石牆和玻璃堆砌的壯觀建築，獨特的設計也讓石之教堂成為輕井澤最受歡迎的拍照景點之一。石之教堂樓下還設有內村鑑三的生平介紹與文物展示區，讓遊客進一步了解他的無教會思想與自由理念。

■ 開放時間：10：00～17：00

■ 公休日期：全年無休

■ 門票價格：免費參觀（婚禮進行期間禁止進入及拍照）

■ 所在地點：長野縣輕井沢町星野

舊三笠飯店

華麗的洋風老飯店

　　一九〇五年建造的舊三笠飯店是日本明治時代的知名建築師岡田時太郎設計。純洋風的氣派外觀以及奢華的內部裝潢，讓舊三笠飯店成為輕井澤當年最高檔的旅館，能住進此處的都是非富即貴的政商名流。舊三笠飯店一九七〇年結束營業後，被列為國家重要文化財並開放參觀，讓民眾一窺上流社會的往昔生活。

■ 開放時間：9：00 ～ 17：00
■ 公休日期：因耐震補強工程暫時關閉至 2025 年 4 月
■ 門票價格：成人 400 日圓，高中或以下 200 日圓
■ 所在地點：長野縣北佐久郡輕井沢町大字輕井沢 1339-342

白絲瀑布

環境優美的小瀑布

　　位於舊三笠飯店和草津溫泉之間的知名景點「白絲瀑布」其實是由人工鑿成，水源來自附近湧出的地下水。雖然寬度只有七十公尺，落差僅約三公尺，稱不上壯觀，但優美的環境和清澈的池水，加上秋季期間的大片紅葉，仍吸引許多遊客專程造訪。

■ 開放時間：24 小時開放
■ 公休日期：全年無休
■ 門票價格：免費參觀
■ 所在地點：長野縣北佐久郡輕井沢町長倉

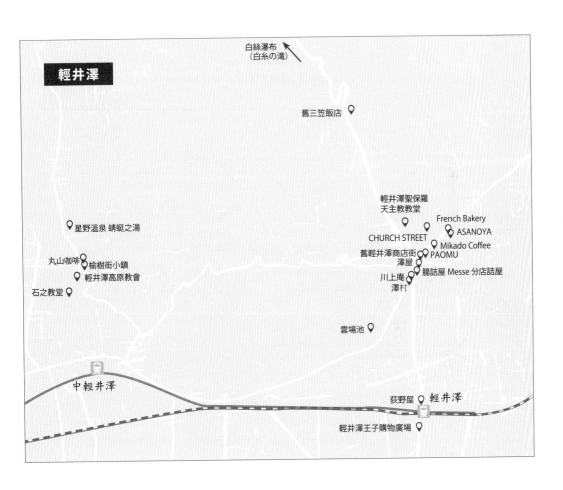

輕井澤

白絲瀑布
（白糸の滝）

舊三笠飯店

輕井澤聖保羅
天主教教堂

星野溫泉 蜻蜓之湯

French Bakery
ASANOYA

CHURCH STREET

Mikado Coffee

丸山咖啡　榆樹街小鎮

舊輕井澤商店街
澤屋

PAOMU

輕井澤高原教會

腸詰屋 Messe 分店詰屋

川上庵

石之教堂

澤村

雲場池

中輕井澤

荻野屋　輕井澤

輕井澤王子購物廣場

輕井澤行程建議

輕井澤單車一日遊

上午：在輕井澤車站租單車前往雲場池參觀（停留約一～兩小時）

中午：騎單車到舊輕銀座商店街買名產嚐小吃（停留約一～兩小時）

下午：騎回輕井澤車站歸還單車並到輕井澤王子購物廣場逛街用餐（停留約三～四小時）

輕井澤歐風一日遊

上午：從輕井澤車站搭巴士到中輕井澤的星野度假區，參觀輕井澤高原教堂、石之教堂（停留約兩～三小時）

中午：步行到榆樹街小鎮逛街用餐（停留約一～兩小時）

下午：搭巴士到舊輕銀座商店街買名產嚐小吃（停留約一～兩小時），再搭巴士到輕井澤車站的輕井澤王子購物廣場逛街用餐（停留約三～四小時）

輕井澤&草津溫泉兩日遊

Day 1

上午：從輕井澤車站搭巴士到舊輕銀座商店街買名產嚐小吃（停留約一～兩小時）

中午：搭巴士到舊三笠飯店、白絲瀑布參觀（交通時間約半小時，景點停留約一～兩小時）

下午：搭巴士到草津溫泉觀光（交通時間約一小時，景點停留約兩～三小時）

晚上：在草津的溫泉旅館用餐、泡湯和過夜

Day 2

上午：搭巴士返回輕井澤車站（交通時間約一小時）

中午：到輕井澤王子購物廣場逛街用餐（停留約三～四小時）

下午：從輕井澤車站搭新幹線返回東京

河口湖

KAWAGUCHI KO

河口湖概述

位於山梨縣的「富士五湖」為河口湖、山中湖、西湖、精進湖、本栖湖這五座富士山腳邊的湖泊合稱。優美的湖景、多變的自然風光、豐富的天然和藝文景點，還有眺望富士山的絕佳位置，讓富士五湖成為東京近郊最受歡迎的旅遊勝地。五湖之中就屬「河口湖」最為知名，觀光資源最為豐富，也是各地往返富士五湖的交通樞紐。

河口湖交通指南

東京到河口湖的交通十分便捷，除了可以搭 JR 與富士急行兩家鐵路業者的路線前往，也能乘坐高速巴士（國道客運）直達。到了觀光與交通中樞的河口湖後，還可以轉乘周遊巴士（觀光公車）和路線巴士（一般公車）前往富士五湖（河口湖、山中湖、西湖、精進湖、本栖湖）各景點遊玩。

鐵路

東京市區到河口湖的鐵路路線

- JR 中央線是連接東京市區／新宿和日本中部之間各縣市的橫向鐵路幹線，該路線離河

口湖最近的車站為大月站。

- 富士急行線則是河口湖唯一的聯外鐵路線，兩端分別為大月站及河口湖站。

- 從東京市區／新宿開往大月方向的 JR 中央線列車多從新宿出發，並於停靠大月站後，繼續向西開往日本中部各縣市，不會進入河口湖一帶。所以從新宿到河口湖的旅客必須在大月站下車，並轉乘富士急行線到河口湖。

- 不過從二〇一九年起，每天都有新宿到河口湖的 JR 特急直達列車「富士回遊」行駛，旅客不必轉乘，就能直接從東京市區／新宿到河口湖。

成田機場到河口湖的鐵路路線

- 搭乘鐵路從成田機場到河口湖，建議使用「N'EX 成田特快」＋「JR 中央線」＋「富士急行線」。

- 「N'EX 成田特快」（以下簡稱 N'EX）可從成田機場直達新宿站，往河口湖的旅客請在新宿站下車轉乘 JR 中央線到大月站，再從大月站下車轉乘富士急行線到河口湖。

- 由於成田機場出發的 N'EX 班次只能在新宿銜接轉乘旺季＆假日特別增班之「富士回遊91 號」（11：13 發車），其餘班次的時間都無法配合，所以想省時或省力的旅客，搭乘N'EX 到新宿後可以改坐班次密集的「高速巴士」到河口湖，或選擇成田機場直達河口湖的「機場巴士」。

羽田機場到河口湖的鐵路路線

　　搭乘鐵路從羽田機場到河口湖，建議先使用「東京單軌電車」到濱松町站，或搭乘「京急電鐵」到品川站，再從濱松町站或品川站轉乘「JR 山手線」到新宿站。抵達新宿後，請乘坐新宿到河口湖的 JR 特急直達列車「富士回遊」。時間無法銜接的旅客，也可從新宿繼續搭乘 JR 中央線到大月站，再從大月站轉乘富士急行線到河口湖。

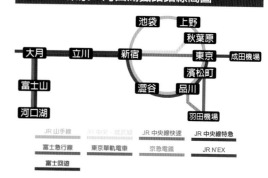

❄ 時間及票價

　　從東京市區／新宿到河口湖的鐵路，依方便程度分為三種交通方式，所需時間和票價皆不同，懶懶哥整理如下：

最方便： 河口湖直達列車（富士回遊）		
「河口湖直達列車（富士回遊）」是從東京市區／新宿到河口湖最方便的鐵路列車，每日行駛。		
轉乘次數：新宿到河口湖 0 次		
所需時間：新宿到河口湖約 110 ～ 130 分鐘		
班次數量：平日來回各 3 班（指定期間增為各 4 班），假日來回各 4 班		
單程票價：新宿到河口湖 4130 日圓		

※ 全車指定席，無自由席

最密集： JR中央線特急列車＋富士急行線特急列車		
由於 JR 中央線特急列車每日行駛，班次也多、速度又快，所以從新宿站搭乘「JR 中央線特急列車」到大月站，再從大月站轉乘「富士急行線特急列車」是很常見也很省時的搭乘方式。		
轉乘次數：新宿到河口湖 1 次		
所需時間：新宿到河口湖約 120 ～ 130 分鐘		
班次數量：每天行駛，約 30 分鐘一班		
單程票價：新宿到河口湖 4130 日圓		

※ 中央線特急全車指定席，無自由席；富士急行
線指定席費用以「富士山特急第1節車廂（展望
車廂）」的票價計算

最少用：
JR中央線普通列車＋富士急行線普通列車

分別搭新宿～高尾＆高尾～大月的「JR中央
線普通列車」，再轉乘大月～河口湖的「富
士急行線普通列車」到河口湖的票價比起特
急列車便宜。但普通列車停靠站數多，速度
慢，還必須換車至少兩次，耗時又麻煩。所
以通常只有太早或太晚出發，搭不了JR中央
線特急列車的旅客；或是想在假日去河口湖，
行程卻接不上河口湖直達列車，又擔心高速
巴士會塞車，但又嫌JR中央線特急列車太貴
的旅客，才會選擇乘坐普通列車到河口湖。

轉乘次數：	新宿到河口湖至少2次
所需時間：	新宿站到河口湖站約140～180 分鐘
班次數量：	每天行駛，約30分鐘一班
單程票價：	新宿到河口湖2510日圓

※JR中央線普通列車包含快速、特別快速（特快）
等所有非特急列車

❄ 我該搭乘鐵路到河口湖嗎？

- 從上表可看出「河口湖直達列車」最快速方
  便，可惜班次很少；特急列車也很快，票價
  卻不太便宜。因此懶懶哥比較推薦持有或
  準備購買「JR東京廣域周遊券」（JR TOKYO
  Wide Pass）的旅客在平日搭乘特急列車到河
  口湖。

- 「JR東京廣域周遊券」是JR東日本推出的外
  國旅客專用優惠票券。該票券可在三天內搭
  乘東京市區及近郊的JR東日本普通（快速）
  列車、河口湖直達列車（富士回遊）、JR特
  急列車、新幹線的自由席或指定席，以及富
  士急行線的普通列車和特急列車自由席，售
  價15000日圓。

- 若您打算在三天內到河口湖，以及東京近郊
  的輕井澤、宇都宮、日光等地遊玩，或是會
  用到JR東日本的長途列車、特急列車或新
  幹線，懶懶哥非常建議購買該票券，可省下
  不少交通費。

- 若您已持有或準備購買JR Pass全國版，或
  是「JR東日本鐵路周遊券・東北地區」
  （JR EAST PASS・Tohoku area）、「JR東日本
  鐵路周遊券・長野、新潟地區」（JR EAST
  PASS・Nagano, Niigata area）、「JR東日
  本・南北海道鐵路周遊券」（JR East-South
  Hokkaido Rail Pass）往返河口湖皆需額外支付
  大月～河口湖的富士急行線全額車資。

- 不過，若您只是單純要往返東京市區及河口
  湖，沒有要去其他東京近郊景點，又是在不
  常塞車的平日出發，那搭乘高速巴士會較為
  划算。

❀ 購買JR東京廣域周遊券

外國旅客可以使用「JR東日本網路訂票系
統」線上購買JR東京廣域周遊券，或是抵達
日本後再前往JR售票窗口購買JR東京廣域周
遊券。使用JR東日本網路訂票系統完成購票、
訂位和取票的詳細教學，請至P.21。

搭乘富士回遊

搭乘富士回遊前，請先在JR售票機或JR
售票處完成網路取票或現場購票。

搭車當日，請先抵達 JR 新宿站，再依循指標到第 9、10 月台（中央本線特急月台）候車。要注意的是，整列車只有三節車廂屬於開往河口湖的「富士回遊」，所以請務必依照車票上的車廂及座位編號乘坐。

抵達JR新宿站後，請依循指標到第9、10月台（中央本線特急月台）候車

「富士回遊」車廂只有三節請務必依照車票上的車廂及座位編號乘坐

每節車廂門旁邊都有大型行李架，座位旁都設有充電插座。請隨時留意車廂門上方的到站資訊，以免坐過站。

每節車廂門旁邊都有大型行李架

請隨時注意車廂門上方的到站資訊

若您預訂不到富士回遊座位或來不及劃位，也可以直接持「JR 東京廣域周遊券」或購買「特急列車未指定座席券」搭乘富士回遊，並依座位上方的燈號暫時坐在空位。亮「紅燈」代表該座位無人預訂，亮「黃燈」代表稍後會有乘客入座，亮「綠燈」代表該座位已被預訂。

若您預訂不到座位或沒有劃位，可以依座位上方燈號暫時坐在亮「紅燈」或亮「黃燈」的座位

座席上のランプのご案内
(Seat Reservation Status)

□赤色点灯 (Red)	現在空席です。お座りいただけます。(Vacant)（공석）（空位）（空位）
□黄色点灯 (Yellow)	まもなく指定席発売済の区間となります。(Passenger coming soon)（예약자대기중）（即將有乘客入座）（即將有乘客入座）
□緑色点灯 (Green)	指定席発売済の区間です。(Reserved)（예약석）（已預約）（已預約）

若全車皆無亮「紅燈」或「黃燈」的空位，請在車廂間通道內站立等候。也由於富士回遊非常熱門，新宿～河口湖的車程也不短，因此懶懶哥強烈建議讀者們提早在網路或 JR 售票處劃位購票，以免得從新宿一路站到河口湖。

❊ 搭乘 JR 中央線特急列車

- 停靠大月站的 JR 中央線特急列車有「甲斐路號」（かいじ，Kaiji）和「梓號」（あずさ，Azusa），這兩種特急列車為全車指定席（對號座），所以請提早使用「JR 東京廣域周遊券」或其他適用範圍包含新宿～大月的 JR Pass 完成劃位。由於「甲斐路號」和「梓號」大部分車次都是從新宿站出發，所以請讀者們先抵達 JR 新宿站，再依循指標到第 9、10 月台（中央本線特急月台）候車。
- 要特別注意的是，少部分的「甲斐路號」車次，以及大部分的「梓號」車次不會停靠大月站，所以搭乘前請務必用 Google 地圖查詢。

請確定該班車會停靠大月站再上車

高速巴士

東京市區到河口湖的高速巴士路線

東京市區到河口湖的高速巴士由「富士急巴士」、「京王巴士」、「JR 巴士」等業者聯合營運，旅客可於新宿、澀谷、東京車站的客運總站搭乘直達河口湖站的高速巴士。東京市區到河口湖的高速巴士最短約三十分鐘一班。

成田機場到河口湖的高速巴士路線

成田機場到河口湖的高速巴士由「京成巴士」營運，中途無須轉乘，但只在上午及下午各發出一～兩班。

羽田機場到河口湖的高速巴士路線

羽田機場到河口湖的高速巴士由「京急巴士」（京濱急行巴士）營運，中途無須轉乘，但只在上午及下午各發出三班。

東京─河口湖高速巴士路線簡圖

❊ 時間及票價

新宿～河口湖

搭乘地點：新宿高速巴士總站
所需時間：全程約 105 ～ 115 分鐘（不塞車的表定時間）
班次數量：上午約 30 分鐘一班，中午過後約 30 ～ 60 分鐘一班
單程票價：2200 日圓

澀谷～河口湖

搭乘地點：澀谷 MARK CITY 高速巴士總站
所需時間：全程約 120 ～ 130 分鐘（不塞車的表定時間）
班次數量：上午約 30 ～ 60 分鐘一班，中午過後約 1 ～ 2 小時一班
單程票價：2100 日圓

東京車站～河口湖

搭乘地點：八重洲南口高速巴士總站、八重洲北口鋼鐵大樓（Tekko 大樓）
所需時間：全程約 120 ～ 130 分鐘（不塞車的表定時間）

班次數量：上午 30 分鐘一班，中午過後 1 小時一班	
單程票價：2060 日圓	

成田機場～河口湖

搭乘地點：各航廈的指定高速巴士站牌	
所需時間：全程約 210 ～ 220 分鐘（不塞車的表定時間）	
班次數量：去程僅上午一班，回程僅下午一班	
單程票價：5000 日圓	

羽田機場～河口湖

搭乘地點：各航廈的指定高速巴士站牌	
所需時間：全程約 170 ～ 180 分鐘（不塞車的表定時間）	
班次數量：去程僅假日下午一班，回程僅假日上午一班	
單程票價：2520 日圓	

★機場往返河口湖的高速巴士路線在疫情期間可能會持續調整班次，最新資訊請至「富士急行巴士官網」查詢：

❄ 我該搭乘高速巴士到河口湖嗎？

- 從上表可以發現，高速巴士的票價比鐵路便宜許多，表訂行駛時間卻差不多。所以平日去河口湖，而且大部分行程都在東京市區，也不會搭乘 JR 東日本的特急列車或新幹線前往東京近郊景點的讀者們，利用高速巴士到河口湖最快速划算。

- 然而，高速巴士在週末及假日很容易遇上塞車，尤其連接東京及河口湖的「中央自動車道」（中央高速公路）因沿線有眾多觀光景點，假日車流量極大而經常堵塞，可能會導致高速巴士延遲一～二小時。所以若您到

河口湖的時間剛好在週末及假日，建議搭乘鐵路會較為保險。

❄ 購買到河口湖的高速巴士車票

- 雖然高速巴士車票可在各站售票處現場購買，但高速巴士都是劃位搭乘，而每輛車的座位有限，到河口湖的遊客又非常多，所以經常班班客滿。為了避免買不到車票而影響行程，懶懶哥強烈建議讀者們提前訂位。

- 由於新宿高速巴士總站往返河口湖的班次最多，對觀光客來說最為便捷，因此懶懶哥建議到「Highway Bus 中文訂票網站」預訂新宿往返河口湖的高速巴士車票，並在新宿高速巴士總站搭車。

❄ 在網路預訂新宿往返河口湖的高速巴士車票

　　新宿往返河口湖的高速巴士車票可在「Highway Bus 中文訂票網站」預訂。請先開啟網站，並點選新宿——河口湖站旁的「預約」按鈕，再依照網頁指示輸入上下車站、搭乘日期、人數、搭乘班次、座位、英文姓名、電話及信用卡資料，扣款完成後就可取得「Web 車票」（需列印並向司機出示）或「攜帶車票」（用手機向司機出示即可）。兩種車票都可直接搭車，無須到巴士櫃台取票。

❄ 前往新宿高速巴士總站

JR

　　JR 新宿站與新宿高速巴士總站共構，搭乘 JR 到新宿站的旅客，請依照站內的「新南改札」（新南剪票口）指標前進。從新南改札出站後，請搭乘左手邊的電扶梯上樓，即可直達四樓的新宿巴士總站售票處及上車處。

請依照站內的「新南改札」指標前進

就會抵達「新南改札」，請由此出站

請搭乘左手邊的電扶梯前往四樓

抵達四樓後，左手邊就是新宿巴士總站售票處及上車處

都營地鐵大江戶線、新宿線

　　搭乘都營地鐵大江戶線、新宿線到新宿站的旅客，請依照站內的「JR 線」、「小田急線」指標上樓出站，再依照站外的「南口」、「高速・空港バス」（高速・機場巴士）、「バスタ新宿」（Busta 新宿，新宿高速巴士總站的日文名稱）指標往前走並抵達新宿站南口外的地面層，就會看到對面掛有「バスタ新宿」招牌的新宿巴士總站大樓。

請先依站內的「JR線」、「小田急線」指標上樓出站

再依照站外的「南口」、「高速・空港バス」、「バスタ新宿」指標走

從新宿站南口出來後，就會看到對面掛著「バスタ新宿」招牌的新宿巴士總站大樓

過馬路後，請搭乘大樓的電梯或電扶梯到四樓，出電梯或電扶梯再往前走就會抵達新宿巴士總站售票處及上車處。

過馬路後，請搭乘大樓的電梯或電扶梯到四樓

出電梯或電扶梯再往前走就會抵達
新宿巴士總站售票處及上車處

東京地鐵丸之內線、副都心線

搭乘東京地鐵丸之內線、副都心線前往新宿高速巴士總站的旅客，請在新宿三丁目站下車，並依照站內指標前往「E10」出口。出站後請往左手邊走，就會看到電扶梯及電梯。

從E10出口出站後，請往左手邊走

就會看到電扶梯及電梯，請先上樓

請先搭乘電扶梯或電梯上樓，再搭乘左手邊的電扶梯或電梯到四樓，就會抵達新宿巴士總站售票處及上車處。

上樓後再搭左手邊的電扶梯或電梯到四樓
就會抵達新宿巴士總站售票處及上車處

✿ 在新宿高速巴士總站候車及搭乘

抵達新宿高速巴士總站後，請先從售票處上方的巴士班次資訊看板依照您的發車時間、班次編號（便）確認開往「富士急ハイランド・河口湖」（富士急樂園・河口湖）或其他富士五湖方向的高速巴士候車位置，再前往正確位置旁候車。

中央道方面 中央道方向		運行会社 乗務要員	座席制 座位狀態	のりば 乗車處
6:45	富士急ハイランド・河口湖 1401便 1号車 富士急樂園・河口湖	京	候車位置	B4
6:45	富士急ハイランド・河口湖 1401便 2号車 富士急樂園・河口湖	京		B5
6:55	伊那・駒ヶ根 3○○便 1号車 伊那・駒根			C8
				D10
6:55	飯田 3701便 1号車 飯田	京王バス		C8
7:05	石和・甲府 1501便 1号車 石和，甲府	京王バス		B5
7:05	高山 7001便 高山			C7
《中央高速バスをご利用のお客様へ》 発車予定時刻				6:31

請先從售票處上方的巴士班次資訊看板確認候車位置

（發車時間、行駛方向、班次編號標示）

請前往正確位置候車

在中間停靠站下車，請記得按座位上方的下車鈴

　　若攜帶大件行李，可放入高速巴士底部的行李艙。高速巴士都是劃位乘坐，請於上車時出示車票，並坐在票券記載的座位上。

大件行李可放入高速巴士底部的行李艙

富士急行線

- 富士急行線是由大月站～富士山站的「大月線」，以及富士山站～河口湖站的「河口湖線」組成，兩條路線的列車會彼此直通運轉。
- 富士急行線的起點大月站和 JR 中央線交會，從東京市區／新宿搭乘 JR 到河口湖的旅客，必須在大月站轉乘富士急行線。抵達大月站後，請下車並依循站內的「富士急行線」指標前往富士急行線轉乘閘門。

請坐在票券記載的座位上

　　前方螢幕會顯示停靠站名，請隨時注意。若要在中間停靠站下車，請記得提早按座位上方的下車鈴。

抵達大月站後，請下車並依循站內的
「富士急行線」指標前往富士急行線轉乘閘門

次は　終点　Next
河口湖駅
Kawaguchiko Sta.
河口湖站
가와구치코 역

前方螢幕會顯示停靠站名

就會看到富士急行線轉乘閘門和售票處

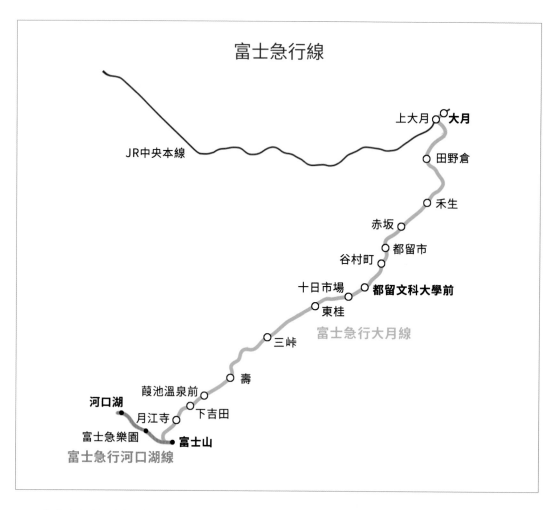

富士急行線目前共有五種列車行駛，持「JR 東京廣域周遊券」可直接乘坐普通車、快速列車和特急列車自由席。若要搭乘特別列車或車廂，則必須加購「著席券」（入座券）、「指定席券」（劃位券）或「特別車輛券」，懶懶哥分別介紹如下：

【各站停靠列車】普通電車

列車簡介：無特殊彩繪及裝潢的一般通勤列車

停靠車站：停靠沿線所有車站

行駛時間：大月站～河口湖站約 65 分鐘

班次數量：每小時一～二班

所需票券：可持普通車票、IC 卡或 JR 東京廣域周遊券直接搭乘

【各站停靠列車】湯瑪士樂園號

列車簡介：配合「富士急樂園」（Fuji-Q Highland）中的湯瑪士樂園（Thomas Land）所推出的特別彩繪列車

停靠車站：停靠沿線所有車站

行駛時間：大月站～河口湖站約 65 分鐘

班次數量：每日各 4 班往返

所需票券：可持普通車票、IC 卡或 JR 東京廣域周遊券直接搭乘

【快速通勤列車】快速電車

列車簡介：只停靠部分車站的快速通勤列車，
　　　　　車廂無特殊彩繪及裝潢

停靠車站：中途僅停靠富士山、富士急樂園
　　　　　等部分車站

行駛時間：大月站～河口湖站約 55 分鐘

班次數量：每日一班

所需票券：可持普通車票、IC 卡或 JR 東京廣
　　　　　域周遊券直接搭乘

【快速觀光列車】富士登山電車

列車簡介：內裝採用高級木質及布料座椅，
　　　　　還設有圖書館和商品販賣部的復
　　　　　古風格快速觀光列車

停靠車站：中途僅停靠富士山、富士急樂園
　　　　　等部分車站

行駛時間：大月站～河口湖站約 55 分鐘

班次數量：每日一～二班往返

所需票券：不論持普通車票、IC 卡或 JR 東京
　　　　　廣域周遊券都必須加購「著席券」
　　　　　（入座券）才可搭乘

注意事項：「著席券」（入座券）不分距離
　　　　　和年紀一律為 200 日圓，額滿
　　　　　為止

【特急列車】富士山特急（富士山特快）自由席車廂

列車簡介：	在車廂內外繪製逗趣富士山圖樣的彩繪特快車，第2、3節為自由席車廂，無須劃位即可乘坐
停靠車站：	中途僅停靠富士山、富士急樂園等少數車站
行駛時間：	大月站～河口湖站約45分鐘
班次數量：	每日二～三班往返
所需票券：	持普通車票或IC卡必須加購「特急券」才可搭乘自由席車廂；持JR東京廣域周遊券可直接搭乘自由席車廂
注意事項：	大月站～河口湖站的「特急券」為400日圓；只乘坐河口湖站～富士山站之間無須加購「特急券」

【特急列車】富士山 View 特急（富士山景觀特快）自由席車廂

列車簡介：	2016年推出的奢華風特快車，第2、3節為自由席車廂，無須劃位即可乘坐
停靠車站：	中途僅停靠富士山、富士急樂園等少數車站
行駛時間：	大月站～河口湖站約45分鐘
班次數量：	每日二班往返
所需票券：	持普通車票或IC卡必須加購「特急券」才可搭乘自由席車廂；持JR東京廣域周遊券可直接搭乘自由席車廂
注意事項：	大月站～河口湖站的「特急券」為400日圓；只乘坐河口湖站～富士山站之間無須加購「特急券」

【特急列車】富士山特急（富士山特快）展望車廂

列車簡介：可劃位並欣賞前方景色的特急列車展望車廂（第 1 節車廂）

停靠車站：中途僅停靠富士山、富士急樂園等少數車站

行駛時間：大月站～河口湖站約 45 分鐘

班次數量：每日二～三班往返

所需票券：持普通車票或 IC 卡必須加購「特急券」和「指定席券」（劃位券）才可搭乘展望車廂；持 JR 東京廣域周遊券必須加購「指定席券」（劃位券）才可搭乘展望車廂

注意事項：大月站～河口湖站的「特急券」為 400 日圓，「指定席券」（劃位券）不分距離和年紀一律為 200 日圓，額滿為止

【特急列車】富士山 View 特急（富士山景觀特快）特別車廂

列車簡介：可劃位並欣賞前方景色的特急列車特別車廂（第 1 節車廂），附贈飲品

停靠車站：中途僅停靠富士山、富士急樂園等少數車站

行駛時間：大月站～河口湖站約 45 分鐘

班次數量：每日二班往返

所需票券：持普通車票或 IC 卡必須加購「特急券」和「特別車輛券」才可搭乘特別車廂；持 JR 東京廣域周遊券必須加購「特別車輛券」才可搭乘特別車廂

注意事項：大月站～河口湖站的「特急券」為 400 日圓，「特別車輛券」不分距離和年紀一律為 900 日圓，額滿為止；假日部分車次會改為「Sweets Plan」特別甜點車廂並提供特製甜點套餐，費用（含車資）為 4900 日圓

購票及搭乘方式

普通電車／湯瑪士樂園號

請在轉乘閘門出示 JR 東京廣域周遊券或感應 IC 卡即可進站搭乘，或是在轉乘閘門旁的售票機購買普通車票進站搭乘。

特急列車自由席車廂

請在轉乘閘門出示 JR 東京廣域周遊券即可進站搭乘。持普通車票或感應 IC 卡的旅客，請先在轉乘閘門旁的售票處加購「特急券」才可進站搭乘特急列車自由席車廂。

富士登山電車／特急列車展望車廂・特別車廂

請提前在「富士急行中文訂票網站」購買著席券、指定席券或特別車輛券，再到轉乘閘門旁的售票處用手機出示電子信箱收到的購票證明即可取票。取票完成後，請在轉乘閘門插入 JR 東京廣域周遊券即可進站搭乘。持普通車票或感應 IC 卡的旅客，請於取票時一併加購「特急券」才可進站搭乘特急列車第 1 節車廂。

請到富士急行線轉乘閘門旁的售票處購票或取票

- 如果您閱讀前述說明，仍不清楚該如何選擇富士急行線的列車或購票，懶懶哥建議您，由於富士急行線的班距較長，一小時只有 2 ～ 3 班車，所以請先確定您的 JR 中央線特急列車抵達大月站的時間，再轉乘最近一班從大月站出發的富士急行線任何列車到河口湖站即可。

- 另外，「JR 東京廣域周遊券」可以抵用富士急行線的普通車資和特急券。換句話說，搭乘普通車、快速列車、湯瑪士樂園號、特急列車自由席車廂都只要插入「JR 東京廣域周遊券」即可乘坐，不必加購任何票券或劃位。若您覺得富士急行線的列車和車廂組合太複雜，可以持「JR 東京廣域周遊券」搭乘上述列車以避免出錯。

★富士急行中文訂票網站：

周遊巴士＆路線巴士

富士五湖最重要的交通工具，就是富士急巴士營運的「周遊巴士」（觀光公車）和「路線巴士」（一般公車）。不論是要去河口湖的各個景點，還是要從河口湖到山中湖、西湖、精進湖、本栖湖遊玩，或是要前往忍野八海、富士吉田、富士山五合目、富士芝櫻祭會場、御殿場等地，都可以搭乘周遊巴士和路線巴士抵達。

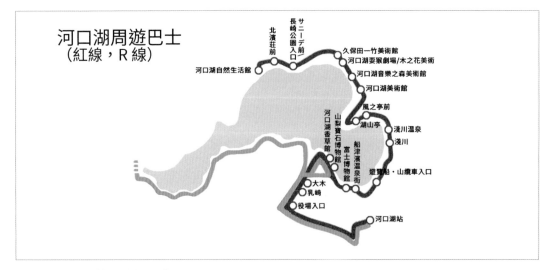

河口湖周遊巴士
（紅線，R線）

北濱莊前
サニーデ前
長崎公園入口
久保田一竹美術館
河口湖耍猴劇場/木之花美術
河口湖音樂之森美術館
河口湖美術館
風之亭前
淺川溫泉
湖山亭
淺川
河口湖自然生活館
山梨寶石博物館
河口湖香草館
富士博物館
船津濱溫泉街
遊覽船・山纜車入口
大木
乳崎
役場入口
河口湖站

🌸 周遊巴士的路線及時間

　　周遊巴士是停靠富士五湖地區各景點的觀光公車，路線涵蓋河口湖、西湖、鳴澤、精進湖、本栖湖、忍野八海、山中湖等地的主要景點。對於要前往河口湖遊玩的旅客，最適合搭乘的就是「河口湖周遊巴士」，詳細資訊請見下方。

河口湖周遊巴士（紅線，R線）

- 河口湖周遊巴士的起點為河口湖站，出發後會沿河口湖東側行駛，並行經「河口湖香草館」、「河口湖纜車」、「河口湖遊覽船」、「河口湖美術館」、「河口湖音樂盒之森美術館」、「木之花美術館」（達洋貓美術館）、「久保田一竹美術館」、「河口湖自然生活館」等主要景點。
- 河口湖周遊巴士營運時間為早上九點至晚上六點，約十五～三十分鐘一班。

🌸 路線巴士的路線及時間

　　由於河口湖和西湖地區以外的周遊巴士班次都很少，範圍也不夠廣，所以要前往精進湖、本栖湖、北口本宮富士淺間神社、忍野八海、山中湖遊玩，或是從富士山站出發，以及要從富士五湖前往御殿場、富士山五合目、富

士芝櫻祭會場的旅客，都可以考慮搭乘班次較多、營運範圍較廣的路線巴士（一般公車）。不過，只有少數幾條路線巴士會行經觀光景點，懶懶哥整理在下方。

河口湖線 ・ 富士學校線

　　起點為河口湖站，並行經富士山站、北口本宮富士淺間神社、忍野八海、花之都公園、山中湖、御殿場站、御殿場 Premium Outlets 等地。營運時間為早上 七點至晚上八點，約三十～六十分鐘一班。

新富士線 ・ 本栖湖線

　　起點為富士山站，並行經河口湖站、富岳風穴、鳴澤冰穴、精進湖、本栖湖等地。營運時間為早上九點至晚上六點，每天來回三～四班。

富士山線

　　起點為富士山站，並行經河口湖站、富士山世界遺產中心、富士山五合目等地。營運時間因季節而異。

🌸 票價及優惠票券

　　周遊巴士和路線巴士的基本票價都是 160 日圓，並依里程計費。不過，富士五湖彼此相

距遙遠，若您打算在各湖之間移動，巴士車資至少要數千日圓，十分昂貴。所以想搭巴士玩遍富士五湖的遊客，一定要選擇合適的巴士優惠票券。目前富士急巴士已與多間交通業者和觀光設施合作推出優惠車票及套票，懶懶哥在下方詳細介紹。

河口湖・西湖・鳴澤／精進湖／本栖湖周遊觀光車票

可在 2 天內不限次數搭乘河口湖周遊巴士（紅線）、西湖周遊巴士（綠線）、鳴澤・精進湖・本栖湖周遊巴士（藍線），以及河口湖～西湖～鳴澤～精進湖～本栖湖的路線巴士（一般公車）	
票券售價：成人 1700 日圓，兒童（6～12 歲）850 日圓	
購票地點：河口湖站巴士售票處、周遊巴士車內	

周遊巴士＋河口湖遊覽船＋河口湖纜車優惠套票

可在 2 天內搭乘河口湖遊覽船一次、河口湖纜車往返各一次，以及不限次數搭乘河口湖周遊巴士（紅線）、西湖周遊巴士（綠線）、鳴澤・精進湖・本栖湖周遊巴士（藍線），還有與上述周遊巴士行駛區間重疊之路線巴士（一般公車）
票券售價：成人 2800 日圓，兒童（6～12 歲）1400 日圓
購票地點：河口湖站巴士售票處、周遊巴士車內、河口湖遊覽船售票處、河口湖纜車售票處購票

富士吉田・忍野八海・山中湖周遊觀光車票

可在 2 天內不限次數搭乘富士湖號，以及河口湖站～富士山站～富士吉田～忍野八海～山中湖的路線巴士（一般公車）

票券售價：成人 1700 日圓，兒童（6～12 歲）850 日圓
購票地點：河口湖站巴士售票處、周遊巴士車內

富士山・富士五湖 Passport

- 此票券分為「一般版」和「富士急電車 Set 版」。
- 「一般版」可在 2 天內不限次數搭乘河口湖周遊巴士（紅線）、西湖周遊巴士（綠線）、鳴澤・精進湖・本栖湖周遊巴士（藍線）、富士吉田・忍野八海・山中湖周遊巴士（富士湖號）、富士山世界遺產 Loop Bus、富士五湖地區的富士急路線巴士（一般公車），以及富士急行線河口湖站～下吉田站的普通列車。
- 「富士急電車 Set 版」除了上述巴士路線，還可不限次數搭乘富士急行線全線（河口湖站～大月站）的普通列車。

票券售價：
【一般版】成人 3300 日圓，兒童（6～12 歲）1660 日圓
【富士急電車 Set 版】成人 4700 日圓，兒童（6～12 歲）2360 日圓
購票地點：河口湖站、富士山站等車站的售票處

富士箱根周遊券

- 此為小田急電鐵和富士急行公司合作推出的優惠套票，並分為「A 券」（新宿出發）與「B 券」（大月・河口湖出發）兩種版本。
- 「A 券」（新宿出發）可在三天內搭乘新宿站往新松田站的小田急普通（快速）列車一次，「B 券」（大月・河口湖出發）可在三天內搭乘新松田站往新宿站的小田

急普通（快速）列車一次。

- A、B 兩券皆可不限次數搭乘新松田站～小田原站的小田急普通（快速）列車、箱根地區的箱根登山電車、箱根登山纜車、箱根空中纜車、箱根海賊船、箱根登山巴士，以及箱根、三島、沼津、御殿場的東海巴士、小田急箱根高速巴士，還有富士五湖地區的河口湖周遊巴士（紅線）、西湖周遊巴士（綠線）、鳴澤・精進湖・本栖湖周遊巴士（藍線）、富士吉田・忍野八海・山中湖周遊巴士（富士湖號）、富士山世界遺產 Loop Bus、富士急路線巴士（一般公車）、富士急行線河口湖站～下吉田站的普通列車。

票券售價：	「A 券」（新宿出發）與「B 券」（大月・河口湖出發）皆為成人 9340 日圓，兒童（6～12）歲 2850 日圓
購票地點：	「A 券」（新宿出發）只在新宿站販售；「B 券」（大月・河口湖出發）在新宿站、小田原站、大月站、河口湖站販售

富士山周遊券（Mt. FUJI PASS）

可在 1～3 天內不限次數搭乘富士五湖地區的河口湖周遊巴士（紅線）、西湖周遊巴士（綠線）、鳴澤・精進湖・本栖湖周遊巴士（藍線）、富士吉田・忍野八海・山中湖周遊巴士（富士湖號）、富士山世界遺產 Loop Bus、富士急路線巴士（一般公車），以及往返富士五湖、新富士站、甲府、石和溫泉、三島、富士宮口五合目、御殿場、御殿場口新五合目、水塚公園、須走口五合目、Grinpa 遊樂園、Yeti 滑雪場、富士山 Subaru Line 五合目等地的富士急路線巴士（一般公車），還能搭乘富士急行線全線的普通列車、河口湖遊覽船、山中湖遊覽船、本栖湖遊覽船、河口湖纜車，以及進入富士急樂園、Grinpa 遊樂園、富岳風穴、鳴澤冰穴、富士山美術館

票券售價：	
【一日券】	成人 5500 日圓，兒童（6～12）歲 2750 日圓
【二日券】	成人 8000 日圓，兒童（6～12）歲 4000 日圓
【三日券】	成人 10000 日圓，兒童（6～12）歲 5000 日圓
購票地點：	大月站、河口湖站、富士山站、御殿場站等車站的售票處

巴士的搭乘及付費方式

從河口湖站出發的旅客，可先到河口湖站內的巴士售票處購買優惠車票。

河口湖巴士售票處位於河口湖站內
要使用優惠車票的旅客，請先到巴士售票處櫃台購票

接著，請確認您要搭乘的路線巴士發車時間，並依照河口湖站正前方的巴士停靠站牌地圖，到正確的位置候車。

要在河口湖站搭乘周遊巴士的旅客，請依
照車站前的「紅線」（河口湖周遊巴士）、「綠
線」（西湖周遊巴士）、「藍線」（鳴澤・
精進湖・本栖湖周遊巴士）標示到正確位置
排隊候車。

要在河口湖站搭乘周遊巴士的旅客，請依照車站前的綠線、藍線標示到正確位置排隊等候周遊巴士

要搭乘行經富岳風穴、鳴澤冰穴、精進
湖、本栖湖等地的「新富士線・本栖湖線」
路線巴士，請在 4 號站牌候車。

要搭乘行經新富士線・本栖湖線
請在4號站牌候車

要搭乘行經北口本宮富士淺間神社、忍野
八海、花之都公園、山中湖、御殿場、御殿場
Premium Outlets 等地的「河口湖線・富士學校
線」路線巴士，請在 6 號站牌候車。

要搭乘河口湖線・富士學校線，請在6號站牌候車

要搭乘行經富士山世界遺產中心、富士山
五合目的「富士山線」，或是行經富士芝櫻祭
會場的「芝櫻 Liner」，請在 7 號站牌候車。

要搭乘富士山線、芝櫻Liner，請在7號站牌候車

從其他地方搭車的旅客，請預先查好該站
的巴士時刻表，並提前到正確的周遊巴士或路
線巴士站牌候車。

持有優惠票券的旅客，請直接上車

沒有優惠票券的旅客，請感應IC卡或抽整理券

從其它地方搭車的旅客，請預先查好該站時刻表
並提前到正確的周遊巴士或路線巴士站牌候車

整理券會記載您的上車區域編號

接著，請找位子坐或抓好扶手。車廂前方
螢幕會顯示巴士停靠資訊以及各整理券編號應
繳車資，請隨時注意。到站前，記得按下車鈴。

上車前，請先確認該巴士的路線及行駛方
向是否正確。周遊巴士及路線巴士都採里程計
費，並一律從後門上車，前門下車。

周遊巴士&路線巴士都是從後門上車，前門下車

上車後請找位子坐或抓好扶手

ここは	**R**	**1**	河口湖駅			小児は半額（端数は10円単位に切り上げ）			整理券番号 運賃
なし	1	2	3		11	12	13	14	15
970	920	880	830		820	790	740	710	
	4	5	6	7		11	12	13	14	15
680	640	590	550		490	440	390	330	
16	17	18	19		20	21	22	23	
290	220	160	160		160	160			

請注意車廂前方螢幕顯示的到站名稱
以及各整理券編號應繳車資

詳細上車流程，請見下方：

- 持有優惠票券的旅客，請直接上車。
- 使用 Suica、PASMO 等 IC 卡的旅客，請將卡
  片靠近後門邊的 IC 卡感應處。
- 付現的旅客，請從後門邊的整理券機抽一張
  整理券（段號証），券上會記載您的上車區
  域編號。

待巴士停妥後，請走到前門付費下車，詳細流程請見下方：

- 持有優惠票券的旅客，向司機出示後即可下車。
- 使用 Suica、PASMO 等 IC 卡的旅客，請將卡片靠近運賃箱（付費機）的 IC 卡感應處。
- 付現的旅客，請按照車廂前方螢幕所顯示的各整理券編號應繳車資，將車資及整理券一起放入運賃箱（付費機）的車資投入口即可下車
- 若沒有零錢，請先將紙鈔或硬幣放入兌幣口中兌換成零錢，再放入車資投入口。

河口湖纜車

河口湖纜車（全名「河口湖富士山全景纜車」，舊稱「卡奇卡奇山纜車」）是前往「河口湖天上山公園」唯一的交通工具。河口湖天上山公園海拔高度一千零七十五公尺，位在河口湖東側的天上山（卡奇卡奇山）半山腰處，可遠眺河口湖及富士山，是河口湖最熱門的景點之一。河口湖纜車全長四百六十公尺，僅有河口湖畔及富士見台（河口湖天上山公園）兩站，行駛時間約三分鐘。

❀ 營運時間＆班距

河口湖纜車的平日營運時間為早上九點三十分至下午四點，週末及假日為早上九點三十分至下午五點，約五～十分鐘一班。

票價＆優惠票券

河口湖纜車的來回票價為大人 900 日圓，兒童（6～12 歲）450 日圓。不過，河口湖纜車有推出多種優惠套票，詳細介紹請見下方：

河口湖纜車折價券
票券說明：在河口湖車站及部分景點發放，可以九折價（10% off）搭乘河口湖遊覽船一次
折扣價格：折扣後成人 810 日圓，兒童（6～12 歲）410 日圓
使用方式：購票時在售票機掃描折價券上的 QR 條碼即可

河口湖遊覽船＋河口湖纜車優惠套票
票券說明：可在 2 天內搭乘河口湖遊覽船一次、河口湖纜車往返各一次
票券售價：成人 1600 日圓，兒童（6～12 歲）800 日圓
購票方式：河口湖站巴士售票處、河口湖遊覽船售票處、河口湖纜車售票處

周遊巴士＋河口湖遊覽船＋河口湖纜車優惠套票
票券說明：可在2天內搭乘河口湖遊覽船一次、河口湖纜車往返各一次，以及不限次數搭乘河口湖周遊巴士（紅線）、西湖周遊巴士（綠線）、鳴澤・精進湖・本栖湖周遊巴士（藍線），還有與上述周遊巴士行駛區間重疊之路線巴士（一般公車）
票券售價：成人2800日圓，兒童（6～12歲）1400日圓
購票地點：河口湖站巴士售票處、周遊巴士車內、河口湖遊覽船售票處、河口湖纜車售票處購票

❀ 搭乘方式

從河口湖站出發的旅客，可以依照Google地圖指示步行到河口湖纜車入口，約需十～十五分鐘，或是搭乘河口湖周遊巴士到「遊覽船・山纜車入口」（遊覽船・ロープウェイ入口）站下車，車程一樣約十～十五分鐘。

從河口湖站出發，步行約10～15分鐘
即可抵達纜車及遊覽船搭乘處

搭乘河口湖周遊巴士的旅客
請在「遊覽船・山纜車入口」下車

河口湖纜車入口位於「遊覽船・山纜車入口」站牌右方、「FUJIYAMA COOKIE」餅乾店的後面，從店面右側的坡道爬上去就會看到售票處。

河口湖纜車入口
位於「FUJIYAMA COOKIE」餅乾店後方

從店面右側的坡道爬上去就會看到售票處

售票處位於建築內，請先上樓

已持有車票的旅客，請直接上樓搭乘纜車。尚未購票的旅客，請在售票機前方排隊購票。售票機有中文介面，請依指示購買來回票或優惠套票。若持有折價券，請掃描條碼。

已持有車票的旅客，請直接上樓搭車
沒有車票的旅客，請排隊購票

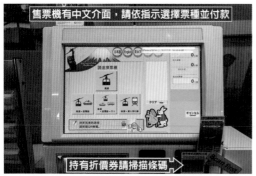
售票機有中文介面，請依指示選擇票種並付款

持有折價券請掃描條碼

購票後請上樓排隊等候河口湖纜車。上車後，記得靠下方站立以欣賞河口湖景。大約三分鐘，就能抵達海拔高度一千零七十五公尺的天上山公園。

請持車票上樓並排隊搭乘纜車

請往下方站立以欣賞河口湖景

三分鐘後就會抵達天上山公園

河口湖遊覽船

2020 年改裝更名為「天晴號」的河口湖遊覽船，是「富士五湖汽船公司」營運的戰國和風觀光船，可在湖中央盡情欣賞富士山的雄姿及倒影，是河口湖的熱門觀光行程之一，出發後會在湖中環繞一圈並返回原點，全程約二十分鐘。

❀ 營運時間＆班距

河口湖遊覽船營運時間依季節而異，約為早上九點至下午四點三十分，夏季延長至下午五點三十分，每三十分鐘一班。

❀ 票價＆優惠票券

河口湖遊覽船的票價為成人 1000 日圓，兒童（6～12 歲）500 日圓。不過，河口湖遊覽船有推出多種優惠套票，詳細介紹請見下方：

河口湖遊覽船官網折價券
票券說明：可以九折價（10% off）搭乘河口湖遊覽船一次
折扣價格：折扣後成人 900 日圓，兒童（6～12 歲）450 日圓
使用方式：請至河口湖遊覽船官網列印折價券並填寫購票人數，再於售票處出示

河口湖遊覽船＋河口湖纜車優惠套票
票券說明：可在 2 天內搭乘河口湖遊覽船一次、河口湖纜車往返各一次
票券售價：成人 1600 日圓，兒童（6～12 歲）800 日圓

購票方式：河口湖站巴士售票處、河口湖遊覽船售票處、河口湖纜車售票處

周遊巴士＋河口湖遊覽船＋河口湖纜車優惠套票

票券說明：可在 2 天內搭乘河口湖遊覽船一次、河口湖纜車往返各一次，以及不限次數搭乘河口湖周遊巴士（紅線）、西湖周遊巴士（綠線）、鳴澤・精進湖・本栖湖周遊巴士（藍線），還有與上述周遊巴士行駛區 間重疊之路線巴士（一般公車）
票券售價：成人 2800 日圓，兒童（6～12 歲）1400 日圓
購票地點：河口湖站巴士售票處、周遊巴士車內、河口湖遊覽船售票處、河口湖纜車售票處購票

步行或搭乘河口湖周遊巴士的旅客
往「河口湖遊覽船」指標方向走就會抵達售票處

請先在售票處購買或出示票券

🌸 搭乘方式

　　從河口湖站出發的旅客，可以依照 Google 地圖指示步行到河口湖遊覽船入口，約需十～十五分鐘；或是搭乘河口湖周遊巴士到「遊覽船・山纜車入口」（遊覽船・ロープウェイ入口）站下車，車程一樣約十～十五分鐘。河口湖遊覽船入口位於「遊覽船・山纜車入口」站牌南側，下車後往回走約兩分鐘就會看到「河口湖遊覽船」指標，朝指標方向走就會抵達售票處。請先在售票處購買或出示票券，再依照工作人員指示登船。

再依照工作人員指示登船

從河口湖站出發，步行約10～15分鐘
即可抵達纜車及遊覽船搭乘處

餺飥不動

專賣餺飥的河口湖知名餐廳

　　山梨縣知名特產「餺飥」音同「博托」，是一種類似寬版烏龍麵的麵食，吃起來和刀削麵很像，寬且 Q 彈。以味噌調製的湯底融入了各種蔬菜的鮮味，清香濃稠。「餺飥不動」則是河口湖最熱門的餺飥連鎖店，並開設了多間擁有特色造型的餐廳。位於河口湖車站對面的餺飥不動雖然外觀較為普通，卻是交通最為便利，人潮也最多的一間分店，用餐時間經常大排長龍。

▌營業時間：11：00 ～ 19：00（平日晚間可能提早打烊）

▌公休日期：全年無休

▌所在地點：山梨縣南都留郡富士河口湖町船津3631-2

いだ天

觀光客熱愛的天婦羅專賣店

　　「いだ天」（Idaten）是河口湖車站附近的超熱門天婦羅專賣店，可品嚐到炸河豚、炸穴子魚、炸蝦、炸雞蛋和多種炸蔬菜組合而成的天婦羅定食，以及將炸物堆得像座小山的招牌料理「富士山天丼」。

▌營業時間：11：00 ～ 21：00

▌公休日期：全年無休

▌所在地點：山梨縣南都留郡富士河口湖町船津3486-4

河口湖纜車

從高處俯瞰富士山與河口湖美景

位在天上山（卡奇卡奇山）半山腰處的「河口湖天上山公園」是當地最熱門的觀景公園。天氣晴朗時，公園各處都可清楚眺望整座富士山，景色絕佳。「河口湖纜車」則是前往河口湖天上山公園唯一的交通工具，從山腳到山上只需要三分鐘。

■ 營業時間：09：30～16：00，週末及假日延長到 17：00
■ 公休日期：全年無休
■ 門票價格：成人來回票 900 日圓，兒童來回票（6～12 歲）450 日圓
■ 所在地點：山梨県南都留郡富士河口湖町浅川 1163-1

河口湖遊覽船

在湖中央盡情欣賞富士山雄姿

可在湖中央盡情欣賞富士山雄姿及倒影的「河口湖遊覽船」是當地的超熱門觀光行程。隨著船隻移動，富士山與天上的雲朵、船側的湖面以及岸邊的建築、橋梁、小山和森林不斷錯綜交織，景色變化多端，畫面美不勝收，極為壯麗。

■ 營業時間：09：00 ～ 17：00
■ 公休日期：全年無休
■ 門票價格：成人 1000 日圓，兒童（6 ～ 12 歲）500 日圓
■ 所在地點：山梨縣南都留郡富士河口湖町船津4034

河口湖音樂盒之森美術館

獨特的音樂盒、自動演奏樂器與現場表演

「河口湖音樂盒之森美術館」是當地最受歡迎的藝術展館，館內收藏了大量精緻華麗、古老珍貴或稀奇古怪的音樂盒和自動樂器。除了用眼觀賞，部分音樂盒也會定時演奏，或是由工作人員示範操作，讓您親耳聆聽。美術館還會固定安排音樂演奏會以及全球唯一的「自動鋼琴」、「自動小提琴」等自動樂器與歌劇女伶的合奏表演。

河口湖音樂盒之森美術館的鎮館之寶就是全球最大的「室內人偶管風琴」。這座一九二〇年在比利時生產，寬達十三公尺、高達五公尺超大管風琴共有八百支音管及四十隻持樂器的表演人偶。每到表演時間，就會自動演奏出磅礴華麗的樂曲，人偶也會同步敲打手上的樂器，讓您感受視覺和聽覺的雙重震撼。

■ 營業時間：10：00 ～ 17：00
■ 公休日期：週二、週三、不定期
■ 門票價格：成人 1800 ～ 2300 日圓，大學或高中1300 ～ 1800 日元，國中或國小 1000 ～ 1500 日圓
■ 所在地點：山梨縣南都留郡富士河口湖町河口3077-20

河口湖木之花美術館

達洋貓粉絲們的聖地

‧‧‧‧‧‧‧‧‧‧‧‧‧‧‧‧‧‧‧‧‧‧‧‧‧‧‧

　　達洋貓是動畫師池田晶子所創的繪本主角及「瓦奇菲爾德」幻想國度角色，一九八四年誕生以來在全球累積了高人氣。以達洋貓為主題的「河口湖木之花美術館」用畫作和模型重現瓦奇菲爾德的奇幻世界和達洋貓可愛的好朋友們，還有主題商店及餐廳，不只是達洋貓粉絲們的聖地，也是河口湖畔的熱門景點。

■ 營業時間：09：00 ～ 17：00，冬季（12 月～ 2 月）
　10：00 ～ 16：00
■ 公休日期：全年無休
■ 門票價格：成人或大學 500 日圓，高中或國中
　400 日圓
■ 所在地點：山梨縣南都留郡富士河口湖町河口
　3026-1

富士‧河口湖櫻花祭

關東最美麗出色的賞櫻聖地之一

‧‧‧‧‧‧‧‧‧‧‧‧‧‧‧‧‧‧‧‧‧‧‧‧‧‧‧

　　木之花美術館後方「河口湖北岸步道」的兩百多棵櫻花樹每到春天都會依序綻放，配上聳立在後方的壯觀富士山，讓這裡成為關東最美麗出色的賞櫻聖地之一。四月同步舉辦的「富士‧河口湖櫻花祭」還會有眾多販賣小吃、飲料、伴手禮的攤販聚集於此，熱鬧非凡。

■ 活動期間：每年 4 月
■ 開放時間：10：00 ～ 17：00
■ 門票價格：免費參觀
■ 所在地點：河口湖北岸步道

久保田一竹美術館

建築精美奇幻的辻花染布展館

‧‧‧‧‧‧‧‧‧‧‧‧‧‧‧‧‧‧‧‧‧‧‧‧‧‧‧

　　「久保田一竹美術館」是染布大師久保田一竹的華麗染織品展示館，其一生致力於發揚

日本室町時代的獨特「辻花染」（辻が花染め）技藝，曾獲得日本及歐洲的藝術大獎肯定。除了染布作品，久保田一竹美術館的和洋風格建築也非常精美奇幻，可免費參觀的日式庭園、竹林和楓樹林在秋季更是繽紛多彩。

■ 開放時間：10：00 ～ 17：00
■ 公休日期：每週二（10、11 月無休）、6 月～ 9 月
　的週三
■ 門票價格：庭園免費參觀，館內票價成人 1300 日
　圓，高中或大學 900 日圓，國中或小學 400 日圓
■ 所在地點：山梨縣南都留郡富士河口湖町河口 2255

紅葉迴廊

秋季限定的超壯觀紅色隧道

············

　　久保田一竹美術館前方的「紅葉迴廊」是關東地區的超人氣賞楓勝地。沿著河岸種植的一長排楓樹高聳又茂密，將河堤兩側完全包覆，成為了一條超壯觀的紅色隧道，每年十一月的賞楓季總是摩肩擦踵、人潮爆滿。

■ 活動期間：每年 11 月
■ 開放時間：09：00 ～ 19：00（夜間點燈至22：00）
■ 門票價格：免費參觀
■ 所在地點：久保田一竹美術館前

富士大石花園平台

宛如北歐小鎮的優雅戶外商場

············

　　由八棟像是森林小木屋的白色平房組成的北歐風戶外型商場「富士大石花園平台」，潔白可愛的建築內販售著精緻高貴的手工藝品、飾品與伴手禮，還有提供咖啡、甜點、麵包、蛋糕、冰淇淋、披薩的咖啡廳與餐廳。雖然店家數不多，但是可遠眺富士山的絕佳地點加上嫻靜舒適的自然氛圍，讓這裡成為河口湖畔最能放鬆享受富士山之美的購物空間。

■ 營業時間：09：00 ～ 18：00（因店家而異）
■ 公休日期：全年無休
■ 所在地點：山梨縣南都留郡富士河口湖町大石1477-1

水之風

天婦羅酥脆豐盛的熱門蕎麥麵店

············

　　河口湖高人氣蕎麥麵店「水之風」（みずの風）主打 100% 日本國產蕎麥製成、不含任何小麥粉、格外香硬的「十割蕎麥」麵條，並提供冷熱口味的傳統蕎麥麵、天婦羅蕎麥麵、蘿蔔蕎麥麵以及天丼等日式餐點。水之風的炸物還附有少見的蘋果天婦羅，吃起來香脆甜美。

■ 營業時間：11：00 ～ 14：00
■ 公休日期：不定期
■ 所在地點：山梨縣南都留郡富士河口湖町大石1461

河口湖自然生活館

可欣賞富士山及各種花卉的伴手禮店

「河口湖自然生活館」是間坐落在河口湖畔與大石公園內的的農業物產店。除了販售藍莓、香草、薰衣草、麝香葡萄等各種豐富的農特產品，以及五花八門的富士山主題伴手禮，遊客還可以報名參加藍莓現採活動和果醬製作教室。

河口湖自然生活館一旁的「大石公園」不但可以拍攝富士山及河口湖的壯麗景色，更能欣賞數十種繽紛花草，從春天到秋天都有花卉可看，每年十月轉紅的掃帚草尤其著名。

河口湖自然生活館內還有販售咖啡、果汁、冰淇淋、三明治等輕食及飲品，並在二樓設置可觀賞富士山的免費休憩區。來此必嚐的就是號稱河口湖自然生活館名物的招牌甜點「藍莓霜淇淋」，不但口感綿密扎實，味道也香濃甜美。

■ 營業時間：09：00～18：00，冬季（11月～3月）提早至17：30
■ 公休日期：全年無休
■ 門票價格：免費參觀
■ 所在地點：山梨縣南都留郡富士河口湖町大石2585

LAKE BAKE

可欣賞富士山的高人氣麵包店

坐落於大石公園東側的超人氣富士山景觀麵包店「LAKE BAKE」，提供數十種現烤出爐的日式及歐風麵包。除了外帶，店內還有能觀賞富士山並享用咖啡及茶飲的用餐空間，景色優美。

■ 營業時間：10：00 ～ 17：00
■ 公休日期：每週三、每月第二及第四個週四
■ 所在地點：山梨県南都留群富士河口湖町大石 2585-85

河口湖

久保田一竹美術館 🅟
紅葉迴廊 🅟
河口湖木之花美術館 🅟
水之風 🅟 🅟 LAKE BAKE
富士大石花園平台 🅟 🅟 河口湖自然生活館
富士・河口湖 櫻花祭
河口湖音樂 盒之森美術館 🅟

河口湖遊覽船 🅟 🅟 河口湖纜車
いだ天 餺飥不動 🅟 🅟
河口湖 🚇

富士五湖

都留市

河口湖
新倉山淺間公園

西湖

河口湖

富士急樂園

富士山

北口本宮富士淺間神社

忍野八海

山中湖

新倉山淺間公園

眺望富士山日本第一的超人氣景點

　　「新倉山淺間公園」是位於富士急行線下吉田站旁邊小山上的一處富士山觀景勝地。春天時，從視野遼闊的公園遠眺富士山，再配上新倉富士淺間神社的「忠靈塔」和滿開櫻花，無與倫比的美麗畫面是富山五湖地區最著名的景色之一，經常在日本的明信片或各種觀光文宣中出現，並成為外國觀光客最愛的高人氣景點。

■ 開放時間：24 小時開放
■ 公休日期：全年無休
■ 門票價格：免費參觀
■ 所在地點：山梨縣富士吉田市新倉 3353-1

北口本宮富士淺間神社

隱藏在茂密樹林中的古老神社

　　由於對富士山的崇敬，日本自古形成了「富士信仰」，將富士山神格化為「淺間大神」。為了祭拜富士山而設立的「淺間神社」就是富士信仰的中心。全日本共有一千多座淺間神社，創立於西元七八八年的「北口本宮富士淺間神社」為富士五湖地區最為古老，規模也最大的一間，並在二〇一三年列入聯合國世界遺產。

■ 開放時間：09：00 ～ 17：00
■ 公休日期：全年無休
■ 門票價格：免費參觀
■ 所在地點：山梨縣富士吉田市上吉田 5558

富士急樂園

刺激度破表的瘋狂遊樂園

「富士急樂園」是以超高刺激度設施聞名的富士五湖大型遊樂園，園內不但有打破全球最高速、最高落差、最高頂點等紀錄的超恐怖雲霄飛車，還有自由落體、旋轉吊臂、戰慄迷宮等各種驚嚇人心的瘋狂遊樂設施，是刺激愛好者的夢幻聖地。

不敢或不喜歡搭雲霄飛車的大人和小孩也別擔心，富士急樂園也有適合親子同遊的「湯瑪士樂園」（THOMAS LAND）與「麗莎與卡斯柏小鎮」。擔心被嚇破膽的大朋友與小朋友可以在此盡情拍照，並遊玩各種溫和又可愛的遊樂設施。

- ▌營業時間：09：00～18：00
- ▌公休日期：全年無休
- ▌門票價格：單項設施 400 日圓起，一日通票 6000 日圓起
- ▌所在地點：山梨縣富士吉田市新西原 5-6-1

忍野八海

擁有八座清澈池塘的富士山風景區

「忍野八海」是位於河口湖東南側和山中湖之間的熱門風景區，名稱來自富士山融化的雪水在忍野村湧出而形成的八座池塘。由於雪水在地底流動並天然過濾數十年才浮上地表，因此極為透明清澈。加上可遠眺富士山的優美景觀，讓忍野八海成為富士五湖地區的知名觀光勝地。

- ▌開放時間：24 小時開放
- ▌公休日期：全年無休
- ▌門票價格：免費參觀
- ▌所在地點：山梨縣南都留郡忍野村忍草

河口湖行程建議

河口湖畔經典一日遊

上午：從河口湖車站搭河口湖周遊巴士到遊覽船・山纜車入口站，乘坐河口湖纜車、河口湖遊覽船欣賞河口湖及富士山美景（停留約一～兩小時，不含排隊時間）

中午：搭河口湖周遊巴士到河口湖音樂盒之森美術館參觀（停留約兩～三小時）

下午：搭河口湖周遊巴士到河口湖自然生活館用餐、拍照或購物（停留約兩～三小時）

河口湖&忍野八海一日遊

上午：從河口湖車站搭路線巴士到忍野八海觀光（停留約兩～三小時）

中午：搭路線巴士到淺間神社前站的北口本宮富士淺間神社參拜（停留約一小時），再搭巴士返回河口湖車站用餐（停留約一小時）

下午：搭河口湖周遊巴士到遊覽船・山纜車入口站，乘坐河口湖纜車、河口湖遊覽船欣賞河口湖及富士山美景（停留約一～兩小時，不含排隊時間）

富士箱根三日遊

Day 1
白天：從東京搭 JR 或高速巴士到河口湖車站，並參考河口湖畔經典一日遊行程遊玩
晚上：在河口湖畔的旅館過夜

Day 2
上午：從河口湖站搭路線巴士到御殿場 Premium Outlets 購物用餐（交通時間約一個半小時，Outlet 停留約三～四小時）
下午：從御殿場搭巴士到箱根的溫泉旅館用餐、泡湯和過夜（交通時間約一小時）

Day 3
白天：參考箱根名勝一日遊或箱根藝文一日遊行程遊玩
晚上：在箱根湯本站購物用餐，再搭小田急電鐵返回東京

★請搭配「富士箱根周遊券」

箱根

HAKONE

箱根概述

　　以溫泉、湖泊、紅葉、火山地貌和各種美術館、博物館聞名的箱根，從東京出發僅需兩小時。便捷的交通工具、獨特的自然景觀、多樣的觀光設施和豐富的藝文場館，加上距離御殿場、河口湖等購物及旅遊勝地不遠，讓箱根成為最熱門的東京近郊觀光區之一。

箱根交通指南

　　東京到箱根的交通十分方便，可以選擇搭乘 JR 或小田急電鐵前往。抵達箱根後，還有「箱根登山電車」、「箱根登山纜車」、「箱根空中纜車」、「箱根海賊船」、「箱根登山巴士」等豐富多樣的交通工具連接各大景點。

從東京市區或機場到箱根

　　連接東京市區及箱根的鐵路業者有 JR 和小田急電鐵兩家，懶懶哥介紹如下：

JR

- 離箱根最近的 JR 車站是小田原站，東京市區往返小田原站的 JR 路線共有三條，分別是從上野、東京、新橋、品川等站出發的「JR 東海道線」（JR 上野東京線），以及從池袋、

新宿、澀谷等站出發的「JR 湘南新宿線」，還有從東京、品川出發的「東海道新幹線」。

- 旅客可在抵達小田原站後，轉乘箱根登山電車或箱根登山巴士前往箱根。

小田急電鐵

- 離箱根最近的小田急電鐵車站是小田原站，東京市區往返箱根的小田急電鐵路線是「小田急小田原線」。此線的起點為新宿站，終點為小田原站。旅客可在抵達小田原站後，轉乘箱根登山電車或箱根登山巴士前往箱根。

- 另外，小田急電鐵的「浪漫特急」列車有從小田急小田原線直通運轉箱根登山電車路線至箱根湯本站的班次，旅客也可從新宿搭乘「浪漫特急」列車直達箱根湯本站，再轉乘箱根登山電車或箱根登山巴士前往箱根。

成田機場

成田機場沒有往返箱根的鐵路路線或服務，旅客必須先搭乘 JR 或京成電鐵到東京市區，再轉乘 JR 或小田急電鐵到小田原站。

羽田機場

羽田機場往返箱根可搭乘小田急高速巴士直達，或先搭乘京急電鐵到橫濱車站，再轉乘 JR 到小田原站。

🌼 時間及票價

- 從東京市區搭乘「JR 東海道線」（JR 上野東京線）、「JR 湘南新宿線」、「小田急小田原線」的普通（快速）列車或特急列車到小田原站的時間差不多，最快都需約七十～八十分鐘。若從東京車站搭乘「東海道新幹線」則只要三十五分鐘。

- 「JR 東海道線」（JR 上野東京線）、「JR 湘南新宿線」的票價較高，從東京市區各站出發的普通列車單程票價約 1340～1690 日圓；「小田急小田原線」較便宜，新宿站出發的普通列車單程票價 910 日圓。「東海道新幹線」則最貴，單程票價約 3280 日圓（自由席）～ 3810 日圓（指定席／對號座）。

- 不過，JR 和小田急電鐵都有推出優惠票券，可依個人行程選擇最划算的方案，懶懶哥將在下面仔細介紹。

【JR】範圍包含東京市區～小田原站的 JR Pass

- 範圍涵蓋東京市區～小田原站的 JR Pass 有 JR 東日本推出的「JR 東京廣域周遊券」、「JR 東日本鐵路周遊券・東北地區」、「JR 東日本鐵路周遊券・長野、新潟地區」、「JR 東日本・南北海道鐵路周遊券」，以及日本所有 JR 公司路線皆可使用的「JR Pass 全國版」。上述 JR Pass 都能搭乘東京市區～小田原站的 JR 普通（快速）列車或特急列車，但只有「JR Pass 全國版」可搭乘「東海道新幹線」。

- 另外，所有 JR Pass 皆未包含箱根地區的巴士、纜車、觀光船或其他交通工具，必須另外購票。

【小田急電鐵】箱根周遊券

小田急電鐵的「箱根周遊券」可在兩天或三天內搭乘新宿站～小田原站的小田急普通（快速）列車來回各一趟，以及不限次數搭乘

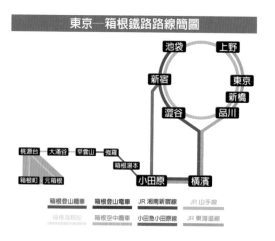

東京—箱根鐵路路線簡圖

池袋　上野
新宿　東京
　　　新橋
澀谷　品川

桃源台　大涌谷　早雲山　強羅
　　　　　　　　箱根湯本
箱根町　元箱根　　小田原　橫濱

箱根登山纜車　箱根登山電車　JR 湘南新宿線　JR 山手線
箱根海賊船　箱根空中纜車　小田急小田原線　JR 東海道線

箱根登山電車、箱根登山纜車、箱根空中纜車、箱根海賊船、箱根登山巴士，以及箱根、三島、沼津、御殿場地區的東海巴士、小田急高速巴士。

「箱根周遊券」的售價依效期而異，請見下方：

- **新宿站二日版**：成人 6100 日圓，兒童（6～12）歲 1100 日圓
- **新宿站三日版**：成人 6500 日圓，兒童（6～12）歲 1350 日圓

若您是搭乘 JR 到小田原站，也可加購小田原站出發的「箱根周遊券」：

- **小田原站二日版**：成人 5000 日圓，兒童（6～12）歲 1000 日圓
- **小田原站三日版**：成人 5400 日圓，兒童（6～12）歲 1250 日圓

聰明的讀者應該已經發現，新宿站出發的小田急電鐵「箱根周遊券」除了包含新宿到箱根的車資，還能乘坐箱根地區的交通工具，但 JR Pass 卻只能搭乘東京市區～小田原站 JR 路線，無法乘坐箱根地區的交通工具。然而箱根地區的巴士、電車、纜車和觀光船的票價都非常昂貴，單程費用動輒 500～1500 日圓。所以懶懶哥強烈建議所有從東京到箱根遊玩的讀者們購買小田急電鐵的「箱根周遊券」，可多省下數千日圓。

不過，若您已持有或打算購買「JR 東京廣域周遊券」、「JR 東日本鐵路周遊券・東北地區」、「JR 東日本鐵路周遊券・長野、新潟地區」、「JR 東日本・南北海道鐵路周遊券」、「JR Pass 全國版」等適用範圍包括東京市區～小田原站的 JR Pass，則建議先使用上述票券搭乘 JR 到小田原站，再加購小田原站出發的「箱根周遊券」，即可以優惠價不限次數搭乘箱根地區的交通工具。另外，要從羽田機場或橫濱到箱根的讀者們，也可以搭乘 JR 到小田原站，再加購「箱根周遊券」。

【小田急電鐵】富士箱根周遊券

- 如果您準備在三天內到箱根、富士五湖（河口湖、山中湖、西湖、精進湖、本栖湖）及御殿場地區旅遊，小田急電鐵還有提供另一種適用範圍包含箱根、富士五湖、御殿場地區的外國旅客優惠票券——「富士箱根周遊券」。
- 此為小田急電鐵和富士急行公司合作發行的優惠套票，並在二〇二一年改版推出「A 券」（新宿出發）與「B 券」（大月・河口湖出發）兩種版本。
- 「A 券」（新宿出發）可在三天內搭乘新宿站往新松田站的小田急普通（快速）列車一次，「B 券」（大月・河口湖出發）可在三天內搭乘新松田站往新宿站的小田急普通（快速）列車一次。
- A、B 兩券皆可不限次數搭乘新松田站～小田原站的小田急普通（快速）列車、箱根地區的箱根登山電車、箱根登山纜車、箱根空中纜車、箱根海賊船、箱根登山巴士，以及箱根、三島、沼津、御殿場的東海巴士、小田急箱根高速巴士，還有富士五湖地區的河口湖周遊巴士（紅線）、西湖周遊巴士（綠線）、鳴澤・精進湖・本栖湖周遊巴士（藍線）、富士吉田・忍野八海・山中湖周遊巴士（富士湖號）、富士山世界遺產 loop Bus、富士急路線巴士（一般公車）、富士急行線河口湖站～下吉田站的普通列車。
- 「A 券」（新宿出發）與「B 券」（大月・河口湖出發）售價相同，皆為成人 9340 日圓，兒童（6～12）歲 2850 日圓。

【小田急電鐵】箱根鎌倉周遊券

如果還會到鎌倉・江之島遊玩，可以考慮購買小田急電鐵的「箱根鎌倉周遊券」。此即「江之島—鎌倉周遊券」&「箱根周遊券」的組合版，可在三天內不限次數搭乘小田急電鐵全線、江之島電鐵（江之電）全線，以及不

限次數搭乘箱根登山電車、箱根登山纜車、箱根空中纜車、箱根海賊船、箱根登山巴士，還有箱根、三島、沼津、御殿場地區的東海巴士、小田急箱根高速巴士。此票券只能持護照至新宿站的小田急旅遊服務中心購買，售價為成人7520日圓，兒童（6～12歲）1480日圓。

❀ 搭乘 JR、小田急電鐵

搭乘 JR 東海道線、湘南新宿線到箱根

準備從東京市區搭乘「JR 東海道線」（JR上野東京線）、「JR 湘南新宿線」前往箱根的讀者們，抵達車站後，請依站內的「東海道線」、「上野東京線」、「湘南新宿線」指標及列車資訊看板到正確月台搭乘往小田原方向的列車。由於「東海道線」、「上野東京線」、「湘南新宿線」的列車行駛模式眾多，請讀者們搭車前務必用 Google 地圖查詢會停靠小田原站的班次，再前往月台候車。

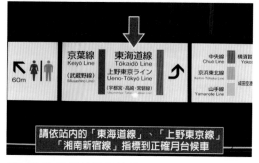
請依站內的「東海道線」、「上野東京線」「湘南新宿線」指標到正確月台候車

搭乘東海道新幹線到箱根

準備從東京市區搭乘「東海道新幹線」前往箱根的讀者們，抵達東京車站或品川站後，請依站內的「東海道・山陽新幹線」指標及列車資訊看板到正確月台搭乘往小田原方向的列車。由於「東海道新幹線」的列車行駛模式眾多，請讀者們搭車前務必用 Google 地圖查詢會停靠小田原的班次，再前往月台候車。

請依站內的「東海道・山陽新幹線」指標到正確月台候車

搭乘小田急電鐵到箱根

準備從東京市區搭乘「小田急電鐵」前往箱根的讀者們，請先至新宿站購買或兌換周遊券。小田急電鐵的「箱根周遊券」、「富士箱根周遊券」、「箱根鎌倉周遊券」，可在新宿站南口或西口的「小田急旅遊服務中心」取得。搭乘地鐵或 JR 各路線前往小田急旅遊服務中心的詳細教學，請見下方：

- 搭乘「東京地鐵丸之內線」前往新宿站的旅客，由於距離西口最近，建議到新宿站西口的小田急旅遊服務中心購票或取票。抵達新宿站後，請依照站內外的「小田急線」指標出站，就會抵達位於「西口地下改札」的小田急旅遊服務中心。

搭乘東京地鐵丸之內線抵達新宿站後請依站內的「小田急線」指標上樓出站

出站後請繼續依照「小田急線」指標往前直走

就會抵達新宿西口地下廣場，請往玻璃柱左後方走

進入玻璃柱左後方的通道後，繼續往前走就會看到
「小田急線 西口地下改札」的指標

小田急線 西口地下改札
Odakyu Line, West Underground Gate

Odakyu Sightseeing Service Center Shinjuku West

請繼續往右前方走，就會抵達小田急旅遊服務中心

▪ 搭乘「都營地鐵新宿線」、「都營地鐵大江戶線」前往新宿站的旅客，由於距離南口最近，建議到新宿站南口的小田急旅遊服務中心購票或取票。抵達新宿站後，請依照站內外的「JR線」、「小田急線」、「南口」指標出站上樓，就會看到小田急旅遊服務中心。

請先依站內的「JR線」、「小田急線」指標上樓出站

出站後，請繼續依照「南口」、
「小田急線」、「JR線」指標上樓往前走

就會看到新宿站南口的小田急旅遊服務中心

▪ 搭乘「JR」前往新宿站的旅客，由於距離南口最近，建議到新宿站南口的小田急旅遊服務中心購票或取票。抵達新宿站後，請先依站內的「南改札」指標上樓出站，再依照「小田急線」指標往右走，就會看到小田急旅遊服務中心。

請先依站內的「南改札」指標上樓出站

接著依照「小田急線」指標往右走

就會看到新宿站南口的小田急旅遊服務中心

新宿西口的小田急旅遊服務中心營業時間為每天早上八點到下午四點，新宿南口的營業時間則為每天早上八點到晚上七點。櫃台通常會有中文服務人員，旅客可在此購買各種小田急周遊券、浪漫特急車票（特急券）或辦理網路取票。完成購票或取票後，就會拿到周遊券及箱根地區的交通工具時刻表。

購票後會得到周遊券及箱根地區的交通工具時刻表

購票或取票完成後，請到售票機旁邊的閘門進站。若您是持票卡周遊券，請將周遊券插入藍色閘門並取回；若您是持紙本周遊券，在窗口出示周遊券即可進站。

進站閘門位於售票機旁邊
請將周遊券插入藍色閘門或向窗口出示

進站後，請依照列車資訊看板到正確月台搭乘往小田原站的列車。

請先確認開往小田原站的列車發車時間及月台編號

接著至正確月台搭乘往小田原站的
各停、準急、急行、快速急行列車

各停、準急、急行、快速急行列車內裝皆和地鐵相同，所以無法劃位。若擔心沒位子坐，只要加購「特急券」就可劃位搭乘直通運轉箱根登山電車至箱根湯本站的高速對號列車「小田急浪漫特急」。新宿站到小田原站的單程特急券費用為 1000 日圓，新宿站到箱根湯本站的單程特急券費用為 1200 日圓。

各停、準急、急行、快速急行列車
內裝皆和地鐵相同，所以無法劃位

若擔心沒位子坐，只要加購特急券就可
劃位搭乘高速對號列車「小田急浪漫特急」

新宿～小田原的特急券費用為1000日圓
新宿～箱根湯本的特急券費用為1200日圓

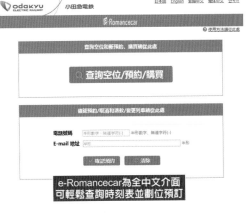

e-Romancecar為全中文介面
可輕鬆查詢時刻表並劃位預訂

線上刷卡後不必換票或取票，可直接搭乘浪漫特急
只需在車上用手機向車掌出示付款通知和信用卡即可

★ e-Romancecar
浪漫特急訂票網站：

如果出發前就已經確定要搭乘的小田急浪漫特急去程或回程班次，可在「e-Romancecar」浪漫特急訂票網站、特急券售票機、小田急旅遊服務中心預先購買特急券。不過，「e-Romancecar」不但有全中文介面，讓您輕鬆查詢時刻表並劃位預訂，還能在線上刷卡付款。而且付款成功後，可直接進站搭乘小田急浪漫特急，不用再換票或取票，只需在車上用手機向車掌出示電子信箱收到的購買完成通知和信用卡即可，非常方便，所以懶懶哥建議所有想搭乘小田急浪漫特急的讀者們到「e-Romancecar」預訂特急券。

箱根地區的交通工具

❀ 在小田原站轉乘箱根登山電車

搭乘 JR

搭乘 JR 東海道線、JR 湘南新宿線、東海道新幹線的旅客，抵達小田原站後，請先依站內的「箱根登山鐵道」或「小田急線」指標出站，並前往「箱根登山線」、「小田急線」共用的入口閘門。

抵達小田原站後
請依箱根登山鐵道或小田急線指標出站

接著，請到閘門旁的小田急電鐵售票機或對面的小田急旅遊服務中心購買「箱根周遊券」。持周遊券進站後，請搭乘往箱根湯本 · 強羅的箱根登山電車月台電扶梯下樓。

小田急旅遊服務中心

小田急＆箱根登山線
售票機＆進站閘門

請依照指標方向前進

小田急線　箱根登山線

請先到售票機或小田急旅遊服務中心購票
再從小田急線＆箱根登山線共用閘門進站

進站後，請搭乘往箱根湯本 · 強羅的
箱根登山電車月台電扶梯下樓

下樓後就會抵達箱根登山電車月台，請繼續參考下方教學候車。

搭乘小田急電鐵

搭乘「小田急小田原線」抵達小田原站的旅客，請先下車。接著，從小田急線或 JR 轉乘的旅客，請一起依月台上的「箱根登山電車」指標往前走，就會抵達箱根登山電車停靠的第11月台，請在此候車。

箱根登山電車

箱根湯本方面
強羅方面

請依月台上的「箱根登山電車」指標往前走

就會抵達箱根登山電車停靠的第11月台，請在此候車

在箱根湯本站轉乘箱根登山電車

- 箱根湯本站是「小田急浪漫特急」的箱根地區終點站，也是箱根登山電車平地段與山區段的轉乘站。所以搭乘「小田急浪漫特急」前往箱根的所有旅客，以及從小田原站搭乘箱根登山電車前往箱根的所有旅客，都必須在箱根湯本站下車轉乘開往強羅站的箱根登山電車。

- 搭乘「小田急浪漫特急」或箱根登山電車到箱根湯本站後，請下車並依月台上的「強羅 · 早雲山方面」指標往前走，就會抵達

開往強羅站的箱根登山電車停靠月台，請在此候車。

搭乘小田急浪漫特急或箱根登山電車的所有旅客抵達箱根湯本站後皆須下車轉乘開往強羅的列車

下車後請依月台上的「強羅‧早雲山方面」指標前進

就會抵達開往強羅站的箱根登山電車停靠月台
請在此候車

❀ 搭乘箱根登山電車

- 箱根登山電車全線共有十一站，並分成平地段的「小田原～箱根湯本」以及山區段的「箱根湯本～強羅」兩段獨立運行，往返小田原～強羅的所有旅客都必須在箱根湯本站轉乘另一段之列車。
- 要前往箱根美術館、箱根強羅公園，或是要乘坐箱根空中纜車前往大涌谷、桃源台的旅客，請搭到強羅站轉乘箱根登山纜車。

❀ 在強羅站轉乘箱根登山纜車

- 要前往箱根美術館、箱根強羅公園，或是要乘坐箱根空中纜車前往大涌谷、桃源台的旅客，請在強羅站轉乘箱根登山纜車。
- 搭乘箱根登山電車到強羅並出站後，就會在右手邊看到箱根登山纜車的進站閘門，請向閘門旁的站務人員出示周遊券即可進站。

從強羅出站後，右手邊就是箱根登山纜車的進站閘門

請向閘門旁的站務人員出示周遊券即可進站

進站後就會看到箱根登山纜車停靠月台，請在此候車

❀ 搭乘箱根登山纜車

- 箱根登山纜車全線共有強羅站、公園下站、公園上站、中強羅站、上強羅站、早雲山站這六站。
- 要前往箱根美術館的旅客，請搭到公園上站；要前往箱根強羅公園的旅客，請搭到公園下站或公園上站；要前往大涌谷、桃源台的旅客，請搭到早雲山站轉乘箱根空中纜車。

❀ 在早雲山站轉乘箱根空中纜車

- 要前往大涌谷、桃源台的旅客，請在早雲山站轉乘箱根空中纜車。
- 搭乘箱根登山纜車到早雲山並出站後，依「箱根ロープウェイ」（箱根 Ropeway，箱根空中纜車）指標往前走就會看到箱根空中纜車的進站閘門，請向閘門旁的站務人員出示周遊券即可進站。進站後，請依站務人員指示進入纜車車廂。

從早雲山出站後，依「箱根ロープウェイ」指標走就會看到箱根空中纜車進站閘門

請向閘門旁的站務人員出示周遊券即可進站

進站後，請依站務人員指示進入纜車車廂

❄ 搭乘箱根空中纜車

▪ 箱根空中纜車全線共有早雲山站、大涌谷站、姥子站、桃源台站四站，並分成「早雲山～大涌谷」以及「大涌谷～桃源台」兩段獨立運行，往返早雲山～桃源台的所有旅客都必須在大涌谷站轉乘另一段之纜車。

▪ 要前往大涌谷火山口參觀的旅客，請在大涌谷站下車。

營運狀況提醒

　　箱根空中纜車全線或部分區間會不定期停機檢修，必須改搭替代巴士（代行バス）前往沿線各站，請記得提前至「小田急電鐵中文官網」首頁的「最新消息」欄位確認搭乘當日是否有停機檢修。另外，箱根空中纜車會因大涌谷火山口噴氣狀況或天氣狀況暫停營運，請記得於搭乘當天至「箱根周遊券交通工具即時營運資訊頁面」確認營運狀況。

★ 小田急電鐵中文官網：

★ 箱根周遊券交通工具即時營運資訊頁面：

❄ 在桃源台站轉乘箱根海賊船

▪ 要乘坐箱根海賊船前往箱根町、元箱根的旅客，請在桃源台站轉乘箱根海賊船。

▪ 搭乘箱根空中纜車到桃源台並出站後，請依照「箱根海賊船」指標前往 B2F 的乘船處，乘船閘門會在出航前十分鐘開放。

▪ 由於船上座位有限，請提早前往乘船處等候。閘門開放後，請向閘門旁的站務人員出示周遊券即可進入碼頭乘船。

從桃源台出站後，請依「箱根海賊船」指標前往B2F的乘船處

乘船閘門會在出航前十分鐘開放
請提早前往乘船處等候

閘門開放後，向站務人員出示周遊券即可進入碼頭乘船

❀ 搭乘箱根海賊船

- 箱根海賊船共停靠桃源台港、箱根町港、元箱根港三個碼頭並單向航行。
- 要前往箱根關所參觀的旅客，請搭到箱根町港；要前往箱根神社、成川美術觀參觀的旅客，請搭到元箱根港。

船種與船內設備

　　箱根海賊船目前航行的船隻共有三艘，分別是二〇一九年首航的「Queen 蘆之湖號」、二〇一三年首航的「Royal II 南歐皇家太陽號」，以及二〇〇七年首航的「勝利號」。三艘船雖然外觀及內裝不同，但都設有販售輕食、飲料和紀念品的小賣店，並分為普通艙及特等艙（特別船室）。

每艘船內皆有販售輕食、飲料和紀念品的小賣店

- 普通艙可持周遊券乘坐，座位有限而且是一般的木椅或沙發，觀景甲板也位於船尾。
- 特等艙則必須在乘船處或船上的小賣店加購特等艙券（特別船室券）才能進入，艙內保

證座位而且採用寬敞的高級沙發，觀景甲板則位於船首，景色較佳。
- 桃源台港～箱根町港的單程特等艙券為 600 日圓，持周遊券加購則是 480 日圓。

普通艙座位有限，並採用一般的木椅或沙發

特等艙保證座位，而且採用寬敞的高級沙發

特等艙的觀景甲板位於船首，景色較佳

營運狀況提醒

　　箱根海賊船會因天氣狀況暫停營運，請記得於搭乘當天至「箱根周遊券交通工具即時營運資訊頁面」確認營運狀況。

❀ 搭乘箱根登山巴士

由於不少箱根主要景點都距離鐵路車站、纜車站或碼頭非常遙遠，例如箱根玻璃之森博物館、箱根拉利克美術館（箱根萊儷美術館）、寶立美術館、濕生花園等景點都不在車站旁。所以要前往上述景點的旅客，必須搭乘路網綿密的箱根登山巴士才能抵達。另外，要從桃源台、箱根町、元箱根等地返回強羅站、箱根湯本站、小田原站的旅客，搭乘箱根巴士也較為便捷。

營運時間＆班距

- 箱根登山巴士的路線共有十一條，每條路線的營運時間和班距都不相同，但大致的營運時間為早上九點至下午五點，約十五～三十分鐘一班。也由於箱根登山巴士的路線多、營運時間短，班距又長，因此請讀者們出發前務必使用箱根登山巴士官網的「箱根乘車指南」交通規劃系統，查詢正確的巴士路線及時刻表，以免搭錯車、候車時間過長或錯過末班車。

- 另外，箱根地區的巴士路線雖然也可使用 Google 地圖查詢，但 Google 地圖還收錄了箱根地區另一家巴士業者「伊豆箱根巴士」的路線，然而此業者不接受周遊券，必須另外購票。而「箱根乘車指南」只會顯示箱根登山巴士的路線，所以對於持周遊券的旅客來說，用「箱根乘車指南」查詢巴士路線會較為較為方便安全。

使用箱根乘車指南查詢巴士資訊

箱根登山巴士官網的「箱根乘車指南」交通規劃系統可使用電腦或手機操作。要查詢箱根交通巴士路線及時刻表的旅客，請先開啟「箱根乘車指南」網頁。

「箱根乘車指南」交通規劃系統為繁體中文介面，介面好讀易懂，所以完全不需擔心。詳細的操作方式請見圖片說明。

【步驟一】請用電腦或手機開啟箱根乘車指南網頁 兩者操作方式皆相同，下方將以手機示範

【步驟二】點選起點欄位後，可選擇手動輸入路線起點 或從路線圖點選起點，或用GPS自動偵測目前位置

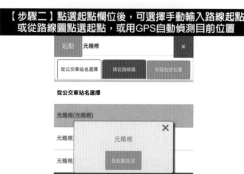

【步驟三】請以同樣方式輸入路線終點

【步驟四】輸入完起點與終點後，可調整查詢時間 系統預設為目前時間，可點選時間欄位並輸入指定時間

【步驟五】設定完成後，請按下 檢索

箱根 登山巴士
如何騎一輛公車，請點擊這裡

起點　元箱根港
終點　川向·星之王子博物館

指定的日期和時間 ▼

2017/二月　1(星期三)　13時　0分

● 出發　○ 到達　○ 始發　○ 末班車

檢索

【步驟六】系統會顯示多筆建議路線
請依照畫面顯示的建議路線及時間資訊搭乘巴士

箱根 登山巴士
元箱根港 → 川向·星之王子博物館

| 1 | 2 |

點此可從地圖上檢視路線及站牌詳細位置

13:03 → 13:49 (46分)
換乘 1 次 1,170 日元　路線顯示

上車站牌名稱　點此可檢視該站完整時刻表以及該站牌詳細位置

發車時間

13:03 出發　元箱根港(元箱根港)　時刻表 展台 地圖

21分　(H)【往箱根湯本站】箱根町線(小田原站~箱根町)　巴士路線代碼 行駛方向 670日元

13:24 到達
13:35 出發　飯店前(ホテル前)　轉乘站牌名稱

14分　(T)【往桃源台】桃源台線(小田原站~桃源台)　500日元

到站時間

13:49 到達　川向·星之王子博物館(川向·星の王子さまミュージアム)　目的地站牌名稱

≪ 背部　　下一個 ≫

重新搜索在當前時間　　重新搜索

清除

箱根登山巴士的搭乘方式

請先使用「箱根乘車指南」確認搭乘路線及到站時間，再前往寫有「箱根登山バス」(箱根登山巴士)的站牌候車。

箱根 登山バス
Odakyu Hakone Bus

箱根湯本駅
小田原駅方向　(H)(Y)
箱根本駅方向　(K)

元箱根
Motohakone

請前往寫有「箱根登山バス」
(箱根登山巴士)的站牌候車

巴士車頭會顯示路線代碼和行駛方向，請務必確認到站巴士的路線代碼及方向皆正確再上車。

Skylight Ⅱ

巴士車頭會顯示路線代碼和行駛方向，請確認後再上車

箱根登山巴士一律從前門上下車，請於上車時向司機出示周遊券即可搭乘。接著，請找位子坐或抓好扶手。

出入口
DOOR WAY

LEAFIA
開成

請從前門上車，並向司機出示周遊券

上車後請找位子坐或抓好扶手

車廂前方螢幕會顯示巴士停靠資訊及下站名稱，請隨時注意。到站前，記得按下車鈴，待巴士停妥後再走到前門向司機出示周遊券即可下車。

車廂前方螢幕會顯示停靠站名，請隨時注意

到站前請按下車鈴，再走到前門出示周遊券即可下車

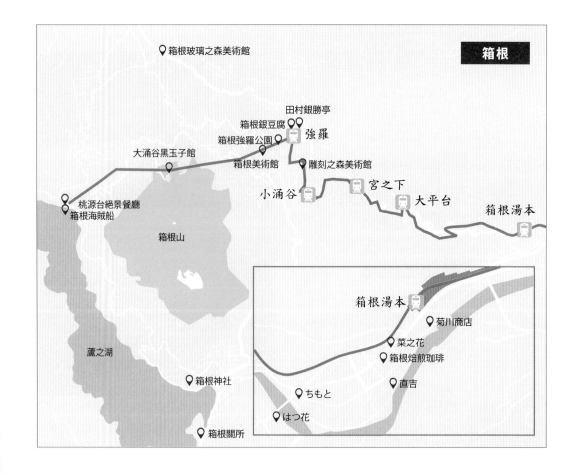

雕刻之森美術館

環境優美的箱根超熱門美術館

一九六九年開幕的「雕刻之森美術館」是日本第一座戶外型美術館。廣達七萬平方公尺的優美園區中陳列著畢卡索、羅丹、布德爾、米羅、摩爾、楊英風、朱銘等全球雕塑大師的數百件作品。這裡還有「網羅之森」、「鴻運交響雕塑」等大型互動藝術品，讓兒童四處跑跳、盡情遊玩。

- 營業時間：09：00 ～ 17：00
- 公休日期：全年無休
- 門票價格：成人 1600 日圓，大學或高中 1200 日圓，國中或以下 800 日圓；出示周遊券可享折扣
- 所在地點：神奈川縣足柄下郡箱根町二ノ平 1121

田村銀勝亭

以豆腐勝煮聞名的超人氣餐廳

箱根超人氣餐廳「田村銀勝亭」（田むら銀かつ亭）以獨創的「豆腐勝煮」（豆腐豬排煮）聞名，是一種將豆腐和豬絞肉裹粉油炸，再淋上蛋花和醬汁的豬排料理。這道名聞遐邇的箱根名物連日本人都趨之若鶩，用餐時間至少要排隊一兩個小時才吃得到。

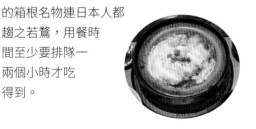

- 營業時間：11：00 ～ 14：30、17：00 ～ 19：00
- 公休日期：每週三全天＆每週二晚上不營業
- 所在地點：神奈川縣足柄下郡箱根町強羅 1300-739

箱根銀豆腐

可品嚐現做豆腐的箱根百年老店

‧‧

　　強羅知名百年老店「箱根銀豆腐」是專門批發給箱根各大餐廳的小型豆腐工廠，並提供新鮮美味的現做豆腐讓遊客現買現吃。雖然只能加入醬油調味而且沒有任何配料，但嚐起來豆香濃郁，軟嫩綿密，口感和台灣的豆花很類似。

- ▋營業時間：07：00 ～ 16：00
- ▋公休日期：每週四
- ▋所在地點：神奈川県足柄下郡箱根町強羅 1300-261

箱根美術館

箱根超熱門賞楓聖地

‧‧

　　日本知名宗教家、建築家和藝術家岡田茂吉秉持著藝術品該與大眾分享的理念，於一九五二年創立了箱根美術館，展示其收藏的日本古代陶器和瓷器。但這裡最受歡迎的不是歷史文物，而是岡田茂吉精心打造的日式庭園。每到秋天，遍布園內的大量楓樹便會一齊轉紅，配上遠方的壯闊高山與精緻的和風庭園，景色極為精彩豔麗。

箱根強羅公園

可欣賞花卉、楓葉及高山的優美法式庭園

‧‧

　　一九一四年開業的「箱根強羅公園」是日本第一座法式庭園，整體格局非常講究對稱與幾何學。除了可欣賞櫻花和楓葉的美麗花園與池塘，園內還有熱帶植物館、茶房、咖啡廳與茶藝、陶藝、玻璃等藝術體驗教室。

- ▋營業時間：09：00 ～ 17：00
- ▋公休日期：全年無休
- ▋門票價格：550 日圓；出示周遊券可享免費入園
- ▋所在地點：神奈川県足柄下郡箱根町強羅 1300

- ▋營業時間：09：30 ～ 16：30，冬季（12 月～ 3 月）只到 16：00
- ▋公休日期：元旦、每週四，11 月賞楓季全月無休
- ▋門票價格：成人 900 日圓，高中～大學 400 日圓，國中或以下免費；出示周遊券可享折扣
- ▋所在地點：神奈川県足柄下郡箱根町強羅 1300

箱根空中纜車

在空中欣賞壯觀火山地貌

....

箱根山於三千年前水蒸氣大噴發，山體崩落處出現宛如地獄的「大涌谷」，山腳的早川則被土石流堵塞，形成了「蘆之湖」。箱根空中纜車以大涌谷站為界，分為東側的「早雲山站～大涌谷站」，和西側的「大涌谷站～桃源台站」兩段獨立運行。早雲山站～大涌谷站的東段纜車就會從持續火山活動的大涌谷上空穿越。

搭乘箱根空中纜車翻過山峰，原先的綠意頓時消失無蹤，裊裊升起的白霧壟罩了車廂。從窗戶往下望去，像異世界的死寂地表和壯觀的水蒸氣噴煙孔映入眼簾，場面震撼。

■ 營業時間：09：00 ～ 17：00
■ 公休日期：不定期
■ 門票價格：950 日圓起；出示周遊券可免費搭乘
■ 所在地點：早雲山站、大涌谷站、桃源台站

大涌谷黑玉子館

觀光客最愛的神奇黑色溫泉蛋

....

搭乘纜車造訪大涌谷的遊客幾乎都會到「大涌谷くろたまご館」（大涌谷黑玉子館）買一包超人氣名產「黑玉子」，也就是黑色溫泉蛋。大涌谷的蛋會這麼黑是因為蛋殼附著了溫泉內的鐵質，並與硫化氫反應形成黑色的硫化鐵。不過黑玉子的味道與口感其實跟一般的水煮蛋完全相同，毫無特殊之處，建議不要買太多。

■ 營業時間：09：00 ～ 16：00（黑玉子販售至 16：20）
■ 公休日期：全年無休
■ 所在地點：神奈川縣足柄下郡箱根町仙石原 1251

桃源台絕景餐廳

可欣賞蘆之湖美景的湖畔餐廳

‧‧‧‧‧‧‧‧‧‧‧‧‧‧‧‧‧‧‧‧‧‧‧‧‧‧‧‧‧‧‧‧‧‧

　　搭乘纜車抵達蘆之湖畔的桃源台站後，可以先到車站內的「桃源台絕景餐廳」（桃源台ビューレストラン）享用蘆之湖美景和美食。鬆軟蛋包飯以及朝霧高原豬排咖哩飯是這裡的招牌餐點，結帳前出示周遊券還可享九五折優惠。

■ 營業時間：10：00 ～ 16：00
■ 公休日期：不定期
■ 所在地點：神奈川県足柄下郡箱根町元箱根 164

箱根海賊船

輕鬆欣賞蘆之湖美景的造型觀光船

‧‧‧‧‧‧‧‧‧‧‧‧‧‧‧‧‧‧‧‧‧‧‧‧‧‧‧‧‧‧‧‧‧‧

　　「箱根海賊船」是航行於蘆之湖的超熱門造型觀光船，共停靠桃源台港、箱根町港、元箱根港三個碼頭。登船後除了透過窗戶觀景，也能爬上甲板欣賞蘆之湖風光。船上的小賣店還有販售輕食、飲品和保證座位的特等艙票。

■ 營業時間：09：30 ～ 17：00
■ 公休日期：全年無休
■ 門票價格：420 日圓起；出示周遊券可免費搭乘
■ 所在地點：桃源台港、箱根町港、元箱根港

箱根關所

重現江戶時代的古代關卡

‧‧‧‧‧‧‧‧‧‧‧‧‧‧‧‧‧‧‧‧‧‧‧‧‧‧‧‧‧‧‧‧‧‧

　　「關所」即關隘或關卡，是日本古代在交通要道和國境所設立的檢查哨和海關。一八六八年，箱根關所隨江戶時代結束而廢除，並逐漸毀壞消失。一九九九年，日本政府重新挖掘箱根關所遺址，並於二○○七年完成復原工作，成為箱根町港的熱門景點。所以目前所見的箱根關所其實是依循近年考古發現的史料所重建，並非古蹟，但專家學者還是很詳實地再現了箱根關所的當年風貌。

■ 營業時間：09：00 ～ 17：00，冬季（12 月～ 2 月）只到 16：30
■ 公休日期：全年無休
■ 門票價格：500 日圓，兒童（6 ～ 12 歲）250 日圓；出示周遊券可享折扣
■ 所在地點：神奈川県足柄下郡箱根町箱根 1 番地

箱根神社

景色優美的箱根最古老宗教聖地

　　奈良時代的佛教僧侶「萬卷」七百五十七年來到蘆之湖畔遙拜箱根山並建立箱根神社，讓此處成為日本山岳信仰的聖地之一。十二世紀末，曾受到箱根神社庇蔭的源賴朝在統一天下並開創鎌倉幕府後大力提升箱根神社的地位，使其成為守護日本武家的重要神社。由於箱根位處日本東西陸路要道，從事運輸業的民眾也經常來此祈求或購買交通安全的御守。

　　矗立在蘆之湖邊的「平和鳥居」是一九五二年為了紀念明仁親王成年及《舊金山和約》簽訂而建。由於鮮紅色鳥居和湖面相輝映的景觀十分優美，而成為箱根神社內的熱門拍照景點。

▋營業時間：08：30 ～ 16：00
▋公休日期：全年無休
▋門票價格：境內參拜免費，寶物殿出示周遊券可享折扣
▋所在地點：神奈川縣足柄下郡箱根町元箱根 80-1

箱根玻璃之森美術館

擁有奇幻玻璃庭園的超熱門美術館

　　「箱根玻璃之森美術館」是專門展示玻璃藝品的箱根超人氣美術館。館內有各式各樣精緻璀璨的西洋古董玻璃餐盤、玻璃杯、玻璃花瓶、玻璃燈具和玻璃雕塑，以及各種現代玻璃藝術品。戶外庭園還有被陽光和燈光照得光彩奪目的「玻璃迴廊」和「玻璃樹」，如夢似幻的華麗景色令人驚嘆。

▋營業時間：10：00 ～ 17：30
▋公休日期：每年一月的第二個週一（成人之日）起連休 11 天
▋門票價格：成人 1800 日圓，高中～大學 1300 日圓，國中或以下 600 日圓；出示周遊券可享折扣

菊川商店

獨創的人氣甜點「箱根饅頭」

在箱根湯本站販賣魚板、漬物等箱根物產的「菊川商店」以其獨創的箱根饅頭（箱根まんじゅう）聞名。不同於又黑又圓日式溫泉饅頭，箱根饅頭很像車輪餅，內餡包的則是白豆沙，可愛外型和香甜滋味讓箱根饅頭成為了當地人氣名產。

- ■ 營業時間：09：00～18：00，週末假日至 19：00
- ■ 公休日期：每週四
- ■ 所在地點：神奈川縣足柄下郡箱根町湯本 706

菜之花

Ｑ彈美味的「箱根月神」溫泉饅頭

箱根湯本最熱門的日式溫泉饅頭專賣店「菜之花」，招牌商品就是用沖繩波照間黑糖外皮包著北海道十勝紅豆泥的「箱根月神」（箱根のお月さま），口感薄而Ｑ彈，內餡微甜不膩。

- ■ 營業時間：08：30～17：30，週末假日至 18：00
- ■ 公休日期：不定期
- ■ 所在地點：神奈川縣足柄下郡箱根町湯本 705

箱根焙煎珈琲

濃郁香醇的高人氣咖啡牛奶冰淇淋

「箱根焙煎珈琲」（café andante）是以冰淇淋聞名的箱根湯本高人氣小店，招牌的咖啡牛奶冰淇淋嚐起來不但奶味濃郁，咖啡也香醇順口、毫不苦澀，因此一年四季都擠滿了排隊購買冰淇淋的觀光客。

- ■ 營業時間：10：00～17：00
- ■ 公休日期：不定期
- ■ 所在地點：神奈川縣足柄下郡箱根町湯本 702

直吉

專賣豆腐料理的湯葉丼名店

‧‧‧‧‧‧‧‧‧‧‧‧‧‧‧‧‧‧‧‧‧‧‧‧‧‧‧‧‧‧‧‧‧‧‧‧‧

　　隱藏在箱根湯本商店街後方巷弄內的「直吉」是當地最熱門的湯葉丼（豆腐皮蓋飯）名店。湯葉丼是精進料理（素齋）的一種，只用豆腐皮、蛋汁和高湯組成，味道卻香醇濃郁。直吉除了可以品嚐到用箱根名水製成的湯葉丼，還有豆腐刺身（生豆腐）、姫豆腐（涼拌豆腐）等精緻美味的日式豆腐料理。

▌營業時間：11：00 ～ 18：00
▌公休日期：每週二
▌所在地點：神奈川縣足柄下郡箱根町湯本 696

ちもと

造型可愛、口味獨特的和菓子老店

‧‧‧‧‧‧‧‧‧‧‧‧‧‧‧‧‧‧‧‧‧‧‧‧‧‧‧‧‧‧‧‧‧‧‧‧‧

　　箱根湯本最具代表性的和菓子老店「ちもと」（CHIMOTO），招牌甜點為帶有柚香並伴入羊羹丁的「湯麻糬（湯もち）」以及模樣可愛的鈴鐺最中「八里」。
這兩款和菓子都因為造型有趣、口味獨特而成為箱根高人氣伴手禮。

▌營業時間：09：00 ～ 17：00
▌公休日期：元旦及不定期
▌所在地點：神奈川縣足柄下郡箱根町湯本 690

はつ花

箱根高人氣蕎麥麵老店

‧‧‧‧‧‧‧‧‧‧‧‧‧‧‧‧‧‧‧‧‧‧‧‧‧‧‧‧‧‧‧‧‧‧‧‧‧

　　箱根湯本知名蕎麥麵老店「はつ花」（HATSU 花）主打加入生雞蛋、海苔與山藥的各式蕎麥麵。將黏呼呼的山藥和生雞蛋伴在一起，再放點蔥花、醬油和芥末，讓清爽的蕎麥麵變得更加香濃順口。冬天造訪，來份熱呼呼的山藥湯蕎麥麵也是溫暖又美味的好選擇。

▌營業時間：10：00 ～ 19：00
▌公休日期：每週三
▌所在地點：神奈川縣足柄下郡箱根町湯本 635

箱根行程建議

箱根名勝一日遊	上午：從小田原站或箱根湯本站搭電車及纜車到大涌谷欣賞火山地貌（交通時間約一個半小時，景點停留約一小時） 中午：搭纜車到桃源台用餐，再轉乘海賊船到箱根町港（交通時間約一小時） 下午：步行到箱根關所參觀（停留約一小時），再搭巴士到箱根神社參拜及拍照（停留約一小時），最後搭巴士返回箱根湯本站購物用餐（交通時間約一小時） ★請搭配「箱根周遊券」

箱根藝文一日遊	上午：從小田原站或箱根湯本站搭電車及纜車到雕刻之森美術館參觀（交通時間約一小時，景點停留約兩～三小時） 中午：搭電車到強羅站用餐，再搭纜車到大涌谷欣賞火山地貌（交通時間約半小時，景點停留約一小時） 下午：搭纜車到桃源台站，再轉乘巴士到箱根玻璃之森美術館參觀（交通時間約半小時，景點停留約兩～三小時） 晚上：搭巴士到箱根湯本站購物用餐（交通時間約一小時） ★請搭配「箱根周遊券」

箱根御殿場二日遊	**Day 1**	白天：參考箱根名勝一日遊或箱根藝文一日遊行程遊玩 晚上：在箱根的溫泉旅館泡湯過夜
	Day 2	白天：從箱根搭巴士到御殿場 Premium Outlets 購物用餐（交通時間約一小時，景點停留約三～四小時） 晚上：從御殿場 Premium Outlets 搭巴士到箱根湯本站嚐小吃買名產（交通時間約一小時）

富士箱根三日遊	**Day 1**	白天：從東京搭 JR 或高速巴士到河口湖車站，並參考河口湖畔經典一日遊行程遊玩 晚上：在河口湖畔的旅館過夜
	Day 2	上午：從河口湖站搭路線巴士到御殿場 Premium Outlets 購物用餐（交通時間約一個半小時，Outlet 停留約三～四小時） 下午：從御殿場搭巴士到箱根的溫泉旅館用餐、泡湯和過夜（交通時間 約一小時）
	Day 3	白天：參考箱根名勝一日遊或箱根藝文一日遊行程遊玩 晚上：在箱根湯本站購物用餐，再搭小田急電鐵返回東京 ★請搭配「箱根周遊券」

日光
NIKKO

日光概述

　　跟東京相距約兩小時車程的日光，因為世界遺產「日光東照宮」而聞名全球。除了靠市區的神社及寺廟，海拔較高的「奧日光」地區還有綿延的山峰、寬廣的湖泊、壯觀的瀑布、開闊的高原等自然風光，秋天還能欣賞美不勝收的楓葉，冬天更可以泡溫泉，使得來日光參拜、踏青、賞楓、度假的觀光人潮終年不絕。

日光交通指南

　　從東京到日光，可搭乘 JR 的特急列車或新幹線前往，也可乘坐「東武鐵道」直達。抵達日光車站後，可轉乘繞經日光東照宮的「世界遺產巡遊巴士」，以及連接奧日光地區各景點的「東武巴士路線公車」。鬼怒川溫泉站則可轉乘直達東武世界廣場、日光江戶村的「日光交通巴士」。

從東京市區或機場到日光

　　東京市區、成田機場、羽田機場到日光＆鬼怒川溫泉，可依您的出發地及優惠票券選擇搭乘 JR 或東武鐵道。

持有範圍包括日光的 JR Pass

　　若您持有「JR 東京廣域周遊券」、「JR 東日本鐵路周遊券・東北地區」、「JR 東

日本鐵路周遊券‧長野、新潟地區」、「JR東日本‧南北海道鐵路周遊券」等適用範圍包括日光的 JR 優惠票券，建議從東京市區西側的新宿站、池袋站免費搭乘 JR 特急列車「日光號」、「鬼怒川號」（きぬがわ，Kinugawa）、「SPACIA 日光號」（スペーシア日光，SPACIA Nikko）直達日光＆鬼怒川溫泉；或是從東京市區東側的東京車站、上野站免費搭乘「東北新幹線」、「山形新幹線」到宇都宮站，再轉乘「JR 日光線」到日光。

未持有範圍包括日光的 JR Pass

未持有範圍包括日光的 JR Pass 的旅客，可以從淺草站、東京晴空塔站、北千住站搭乘東武鐵道特急列車「華嚴號」（けごん、Kegon）、「會津號」（AIZU）、「鬼怒號」（きぬ、Kinu）、「霜降號」（きりふり、Kirifuri）直達日光＆鬼怒川溫泉。

成田機場、羽田機場到日光

從成田機場、羽田機場出發的旅客，請先從機場抵達東京市區，再乘坐 JR 或東武鐵道至日光＆鬼怒川溫泉。

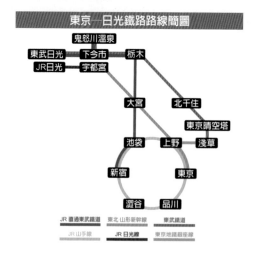

❀ JR 的時間及票價

- 新宿站、池袋站往返日光＆鬼怒川溫泉的特急列車「日光號」、「鬼怒川號」（きぬがわ，Kinugawa）、「SPACIA 日光號」（スペーシア日光，SPACIA Nikko）單程票價為3950 日圓（池袋出發）～ 4080 日圓（新宿出發），行駛時間約一百一十～一百二十分鐘，去程及回程各二～三班。

- 東京車站、上野站往返宇都宮站的「東北新幹線」、「山形新幹線」，再加上宇都宮往返 JR 日光車站的「JR 日光線」單程票價為5150 日圓（新幹線自由席）～ 5680 日圓（新幹線指定席），行駛時間約 110 ～ 120 分鐘。停靠宇都宮站的東北新幹線、山形新幹線每小時約兩到三班，JR 日光線每小時約一到兩班。

- 從上述內容可看出往返日光＆鬼怒川溫泉的 JR 票價不太便宜，因此懶懶哥比較推薦持有或準備購買「JR 東京廣域周遊券」（JR TOKYO Wide Pass）等範圍包括日光的 JR Pass 的旅客搭乘 JR 到日光＆鬼怒川溫泉。

- 「JR 東京廣域周遊券」是 JR 東日本推出的外國旅客專用優惠票券，可在三天內不限次數搭乘東京市區及近郊的普通列車、特急列車、新幹線、N'EX 成田特快、東京單軌電車等適用範圍內的 JR 東日本公司所有列車，售價 15000 日圓。

- 若您打算在三天內前往日光＆鬼怒川溫泉，以及東京近郊的輕井澤、宇都宮、河口湖等地遊玩，或是會用到 JR 東日本的特急列車或新幹線，懶懶哥非常建議購買 JR 東京廣域周遊券，可省下不少交通費。

- 外國旅客可以使用「JR 東日本網路訂票系統」線上購買 JR 東京廣域周遊券，或是抵達日本後再前往 JR 售票窗口購買 JR 東京廣域周遊券。使用 JR 東日本網路訂票系統完成購票、訂位和取票的詳細教學，請至 P.21。

- 不過，若您只是單純要往返東京市區及日光＆鬼怒川溫泉，沒有要去其他東京近郊景點，搭乘東武鐵道會較為划算。

❀ 東武鐵道的時間及票價

- 由於從東京市區搭乘東武鐵道的普通（快速）列車前往日光＆鬼怒川溫泉，中途至少要轉乘二～三次，耗時又麻煩，因此建議所有旅客改搭可一車直達日光＆鬼怒川溫泉的東武鐵道特急列車「華嚴號」（けごん、Kegon）、「會津號」（AIZU）、「鬼怒號」（きぬ、Kinu）。
- 從淺草站、東京晴空塔站、北千住站往返日光＆鬼怒川溫泉的東武鐵道特急列車單程票價為 3050 ～ 3530 日圓，行駛時間約一百～一百二十分鐘，每小時約一～三班。
- 東武鐵道也推出了多種包含東京往返日光＆鬼怒川溫泉車資及日光地區巴士（公車）車資的優惠票券，十分推薦要前往日光遊玩的讀者們購買。東武鐵道日光地區優惠票券的詳細資訊，懶懶哥在下方分別介紹。

日光市區域周遊券（NIKKO PASS world heritage area）

- 可在兩天內搭乘東武淺草站～下今市站的東武鐵道普通（快速）列車往返各一次，以及不限次數搭乘下今市站～東武日光車站、下今市站～新藤原站的東武鐵道普通（快速）列車，還有往返日光東照宮的「世界遺產巡遊巴士」及日光市區內（JR 日光車站～蓮華石）所有東武巴士路線，並享有部分景點、商店及餐廳折扣。
- 此票券的成人售價為 2120 日圓，兒童（6～12 歲）630 日圓。但無法搭乘特急列車，必須另外加購特急券（單程 1650～1940 日圓）。

日光廣域周遊券（NIKKO PASS all area）

- 可在四天內搭乘東武淺草站～下今市站的東武鐵道普通（快速）列車往返各一次，以及不限次數搭乘下今市站～東武日光車站、下今市站～新藤原站的東武鐵道普通（快速）列車，往返日光東照宮、中禪寺湖、湯元溫泉、霧降高原、大笹牧場等日光及奧日光地區的所有東武巴士路線，還有連接鬼怒川溫泉、東武世界廣場、日光江戶村的日光江戶村線（日光江戶村循環巴士），行經小田代原地區的低公害巴士，以及中禪寺湖遊覽船（中禪寺湖機船），並享有部分景點、商店及餐廳折扣。
- 此票券的淡季（十二月～三月）成人售價 4160 日圓，兒童（6～12 歲）1080 日圓；旺季（四月～十一月）成人售價 4780 日圓，兒童（6～12 歲）1330 日圓。但無法搭乘特急列車，必須另外加購特急券（單程 1650～1940 日圓）。
- 聰明的讀者應該已經發現，東京市區往返日光＆鬼怒川溫泉的東武鐵道票價不但比 JR 便宜，而且購買「日光市區域周遊券」、「日光廣域周遊券」還可以用優惠價乘坐東京市區往返日光＆鬼怒川溫泉的東武鐵道，以及日光、鬼怒川溫泉或奧日光地區的巴士。
- 但 JR Pass 則只能乘坐指定範圍內的 JR 或東武鐵道路線，搭乘巴士都必須另外購票。所以懶懶哥非常推薦要從東京到日光＆鬼怒川溫泉遊玩的讀者們，購買各版本的日光周遊券並搭乘東武鐵道。
- 不過，若您已持有或打算購買「JR 東京廣域周遊券」、「JR 東日本鐵路周遊券・東北地區」、「JR 東日本鐵路周遊券・長野、新潟地區」、「JR 東日本・南北海道鐵路周遊券」等適用範圍包括東京市區～日光＆鬼怒川溫泉的 JR Pass，則建議持上述票券搭乘 JR 到日光＆鬼怒川溫泉，再單獨加購東武巴士的優惠車票。

❀ 搭乘 JR、東武鐵道

JR 特急列車

準備從東京市區搭乘 JR 特急列車前往日光＆鬼怒川溫泉的讀者們，請先抵達新宿

站或池袋站，再依站內的「東武線直通（特急）」、「スペーシア日光」（SPACIA 日光號，SPACIA Nikko）、「きぬがわ」（鬼怒川號，Kinugawa）、「日光」（Nikko）等指標及列車資訊看板到新宿站的第 5、6 月台，或池袋站的第 3 月台搭乘直達日光＆鬼怒川溫泉的 JR 特急列車。

■ 請將 JR Pass 插入閘門即可直接進站。要注意的是，「日光號」、「鬼怒川號」、「SPACIA 日光號」為全車指定席（對號座），搭乘前請務必提早劃位，否則無法乘坐。

■ 另外，「日光號」、「SPACIA 日光號」會從新宿站或池袋站直達東武日光車站，但「鬼怒川號」則是開往一旁的鬼怒川溫泉站，不會經過東武日光車站。所以搭乘「鬼怒川號」的讀者們，如果要前往日光東照宮，請記得在下川市站轉乘東武日光線到東武日光車站。

■ 往返日光＆鬼怒川溫泉的 JR 特急列車班次不多，所以搭乘前請務必用 Google 地圖確認班次。

★ JR 特急列車注意事項

【1】往返日光的 JR 特急列車由於直通運轉東武鐵道的關係，停靠的是東武日光車站，不是 JR 日光車站

【2】JR 日光車站只停靠往返宇都宮站的 JR 日光線列車，若要乘坐開往新宿、池袋的 JR 特急列車，請在東武日光車站搭車

【3】「JR 東京廣域周遊券」、「JR 東日本鐵路周遊券・東北地區」、「JR 東日本鐵路周遊券・長野、新潟地區」、「JR 東日本・南北海道鐵路周遊券」可以搭乘新宿站、池袋站往返日光地區的 JR 直通列車，以及東武日光車站～下今市站～鬼怒川溫泉站的東武鐵道普通列車，但無法搭乘東武淺草站～下今市站的東武鐵道所有列車

【4】「JR Pass 全國版」無法搭乘 JR 直通運轉東武鐵道的所有列車，請參考下方的「東北・山形新幹線＆ JR 日光線」教學搭乘新幹線及 JR 普通列車到日光＆鬼怒川溫泉

東北・山形新幹線＆ JR 日光線

■ 準備從東京市區搭乘東北・山形新幹線前往日光＆鬼怒川溫泉的讀者們，請先抵達東京車站或上野站，再依站內指標及列車資訊看板到東京車站的第 20～23 月台搭乘東北・山形新幹線，或上野站的第 19～22 月台搭乘東北・山形新幹線，並在宇都宮站下車轉乘往 JR 日光車站的「JR 日光線」。

■ 由於部分東北・山形新幹線列車不會停靠宇都宮站，所以搭乘前請務必用 Google 地圖確認班次。

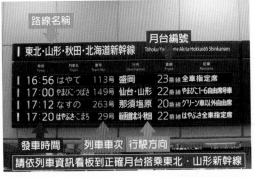

時刻 Time	列車 Train	Train No.	行先 Destination	番線 Track	記事 Remarks
16:56	はやて	113号	盛岡	23番線	全車指定席
17:00	やまびこ・つばさ	149号	仙台·山形	22番線	やまびこ1-6自由席号車
17:12	なすの	263号	那須塩原	20番線	グリーン車以外自由席
17:20	はやぶさこまち	29号	新青森·秋田	22番線	はやぶさ全車指定席

發車時間　列車車次　行駛方向

請依列車資訊看板到正確月台搭乘東北·山形新幹線

- 擔心沒座位的旅客，請事先劃位乘坐新幹線指定席（對號座）車廂。已經劃好座位，或是要乘坐新幹線自由席車廂的旅客，請將 JR Pass 插入閘門即可進站候車。由於賞楓季及假日前往日光的人潮非常多，所以在上述期間前往日光的讀者們請記得劃位，以免自由席車廂無位可坐。

- 搭乘東北·山形新幹線抵達宇都宮站後，請下車並依循「JR 線」或「日光線」指標前往轉乘閘門。通過閘門後，請依照「日光線」指標到 5 號月台候車。

請依循「JR線」以及「日光線」指標前往轉乘閘門就會抵達日光線專用的5號月台，請在此候車

- 宇都宮站為 JR 日光線的起點站，所有列車皆會開往 JR 日光車站並停靠沿線各站。宇都宮站～JR 日光車站的行駛時間約四十～五十分鐘，每小時約一到兩班。由於 JR 日光線班次較少，所以搭乘前請務必用 Google 地圖查詢正確班次。

- 另外，JR 日光線的列車車門在氣溫較低時會調整為手動式，上下車時車門若未自動開啟，請記得按下車門邊的按鈕。

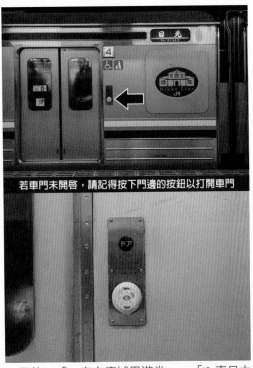

若車門未開啟，請記得按下門邊的按鈕以打開車門

- 另外，「JR 東京廣域周遊券」、「JR 東日本鐵路周遊券·東北地區」、「JR 東日本鐵路周遊券·長野、新潟地區」、「JR 東日本·南北海道鐵路周遊券」皆可搭乘東武日光車站～下今市站～鬼怒川溫泉站的東武鐵道普通列車。所以要前往鬼怒川溫泉的旅客，可行走至一旁的東武日光車站，再持上述 JR Pass 搭乘東武鐵道普通列車至鬼怒川溫泉站。

東武鐵道

- 準備從東京市區搭乘東武鐵道前往日光 & 鬼怒川溫泉的讀者們，請至東武淺草站、東京晴空塔（Tokyo Skytree）站、北千住站購票及搭車。由於東武淺草站是最靠近東京市區的車站，對觀光客來說最為方便，因此懶懶哥將在下面詳細介紹東武淺草站的交通、購票及搭車方式。

- 從東京其他地區前往淺草轉乘東武鐵道的旅客，請先抵達東京地鐵銀座線淺草站，並依站內的「7 號出口」指標出站，往前直走就會看到「EKIMISE 商場」B1 的「MATSUYA 松屋淺草」百貨公司入口。

- 請不要進入，並從玻璃門右側的樓梯走到一樓，再往左手邊走就會看到東武鐵道售票機及「東武旅遊服務中心」（TOBU Tourist Information Center ASAKUSA）。

到一樓後往左手邊走，就會看到東武鐵道售票機

以及「東武旅遊服務中心」

從都營地鐵淺草站、雷門、仲見世商店街或淺草寺等鄰近景點前往東武淺草站搭車的旅客，請利用 Google 地圖查詢「EKIMISE」並依地圖指示行走，就會在吾妻橋前的路口看到掛著「淺草駅」、「MATSUYA 松屋淺草」、「EKIMISE」等招牌的米白色歐風復古大樓，此即東武淺草站。從一樓大門口進去就會看到東武鐵道售票機及「東武旅遊服務中心」（TOBU Tourist Information Center ASAKUSA）。

請依站內的「7號出口」指標出站

往前直走就會看到「EKIMISE」商場入口
請不要進入，並從右側的樓梯走到一樓

此即東武淺草站大樓

請從一樓的大門口進入

就會看到東武鐵道售票機

以及「東武旅遊服務中心」

- 請在售票機購買普通車票，或是到「東武旅遊服務中心」購買優惠票券和特急券。淺草的「東武旅遊服務中心」營業時間為每天早上七點二十分～晚上七點。
- 購票完成後，請先從樓梯上方的列車資訊看板確認欲搭乘車次的發車時間及月台編號，再搭乘電扶梯到二樓，就會看到東武鐵道的進站閘門。

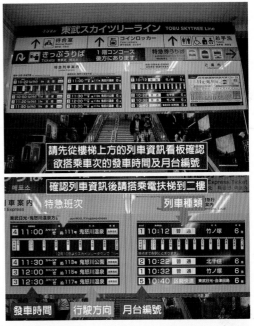

請先從樓梯上方的列車資訊看板確認欲搭乘車次的發車時間及月台編號

確認列車資訊後請搭乘電扶梯到二樓

發車時間　　行駛方向　　月台編號

請將普通車票插入閘門或感應 IC 卡即可進站。持日光周遊券的旅客，請走人工閘門並向站務人員出示周遊券。

持日光周遊券的旅客
請走人工閘門並出示

將普通車票插入閘門
或感應IC卡即可進站

搭乘「華嚴號」（けごん、Kegon）、「會津號」（AIZU）、「鬼怒號」（きぬ、Kinu）等特急列車的旅客，請到第 3、4 月台入口前的櫃台出示特急券，再依照特急券記載的車廂及座位編號乘坐。

請依指標前往正確月台候車

搭乘特急列車的旅客
請到第3、4月台入口前的櫃台出示特急券

請依照特急券記載的車廂及座位編號乘坐

日光的巴士

要前往日光東照宮或奧日光地區各景點的旅客，請在 JR 日光車站或東武日光車站轉乘東武巴士的「世界遺產巡遊巴士」（觀光公車）或「路線巴士」（一般公車）。

❀ 巴士種類

世界遺產巡遊巴士

- 「世界遺產巡遊巴士」是東武巴士營運的觀光公車，會以逆時針環狀行經 JR 日光車站、東武日光車站，以及日光東照宮、日光山輪王寺、日光二荒山神社、輪王寺大猷院、神橋等景點。

- 若想從日光山的參道由下而上依序參觀，可在「勝道上人像前」巴士站下車，並行走至日光山輪王寺、日光東照宮、輪王寺大猷院、日光二荒山神社等景點，最後再從「大猷院・二荒山神社前」巴士站搭車下山。

- 不過，前往上述景點的參道又長又陡，因此建議讀者們先搭到最高處的「大猷院・二荒山神社前」巴士站，再從上而下參觀輪王寺大猷院、日光二荒山神社、日光東照宮、日光山輪王寺，可節省不少體力。

路線巴士

- 「路線巴士」是東武巴士營運的一般公車，以 JR 日光車站和東武日光車站為起點，向西會行經日光東照宮前的神橋、西參道，接

著繼續停靠明智平（明智平纜車）、中禪寺溫泉（華嚴瀑布），以及半月山、戰場之原、湯之湖、光德溫泉地區各站。向東則會行經霧降瀑布、霧降高原、大笹牧場等地。

- 要注意的是，往返中禪寺溫泉的山路分為上山的「第二紅葉坂」（第二伊呂波坂），以及下山的「第一紅葉坂」（第一伊呂波坂）。

- 明智平站位於上山的「第二紅葉坂」，所以只有從 JR 日光站、東武日光站開往中禪寺溫泉的去程班次會停靠，返回 JR 日光站、東武日光站的回程班次走的則是下山的「第一紅葉坂」，不會行經明智平站。要搭乘明智平纜車的旅客，請務必將該行程安排於去程。

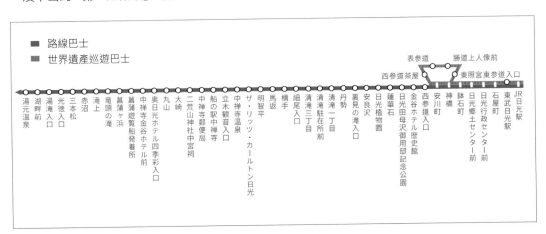

❀ 營運時間 & 班距

世界遺產巡遊巴士

營運時間為早上八點至下午五點，約十～十五分鐘一班。

路線巴士

東武巴士日光路線公車的營運時間為早上五點至晚上九點，班距依路線和時段而異，平均約十～三十分鐘一班。

❀ 票價 & 優惠票券

世界遺產巡遊巴士和路線巴士的單程車資為 200 日圓起，並依里程計費。不過，東武巴士有推出多種優惠票券，懶懶哥在下方詳細介紹。

世界遺產巡遊巴士

- 世界遺產巡遊巴士適用的「世界遺產巡遊票」可在一天內不限次數搭乘世界遺產巡遊巴士，以及 JR 日光車站～蓮華石的所有路線巴士，售價 600 日圓。

- 由於光是從日光車站搭乘世界遺產巡遊巴士到日光東照宮單程就要 350 日圓，「世界遺產巡遊票」等於用兩次就回本，非常划算，因此懶懶哥建議所有要搭乘世界遺產巡遊巴士往返日光東照宮的讀者們購買此票券。

- 不過已持有「日光市區域周遊券」、「日光廣域周遊券」或各版本東武巴士優惠車票的旅客，皆可免費搭乘世界遺產巡遊巴士，不必再加購此票券。

路線巴士

- 要前往湯元溫泉、中禪寺湖、霧降高原等日光及奧日光地區深度遊玩的旅客，建議購買各版本的東武巴士優惠車票。可在兩天內往返湯元溫泉、龍頭瀑布、中禪寺溫泉（明智平、華嚴瀑布）的版本為 3500 日圓；可在兩天內往返中禪寺溫泉（明智平、華嚴瀑布）的版本為 2300 日圓；可在兩天內往返霧降高原的版本為 1500 日圓。

- 由於路線巴士的普通車資非常昂貴，光是從日光車站搭乘路線巴士到明智平（明智平纜車）、中禪寺溫泉（華嚴瀑布）單程就至少要 1250 日圓；到戰場之原、湯之湖地區單程更至少要 1700 日圓。因此懶懶哥建議所有要搭乘路線巴士往返日光及奧日光地區的讀者們，購買各版本的東武巴士優惠車票，可多省下數百日圓。

- 不過已持有「日光廣域周遊券」的旅客，可免費搭乘所有路線巴士，不必再加購東武巴士優惠車票。

- 世界遺產巡遊票和東武巴士優惠車票可在 JR 日光車站的 JR 售票處，以及東武日光車站的旅客中心購買。

東武日光車站的旅客中心

❋ 搭乘方式

- 抵達 JR 日光車站或東武日光車站後，請依照您的搭乘路線和方向到正確的站牌位置候車。

- 若是搭乘世界遺產巡遊巴士或雙門的中型路線巴士，請從後門上車，前門下車。

- 若是搭到單門的大型路線巴士，請從前門上車並出示優惠車票。

JR日光車站的JR售票處

若是搭乘世界遺產巡遊巴士或雙門的中型路線巴士
請從後門上車，前門下車

若是搭到單門的大型路線巴士
請從前門上車並出示優惠車票

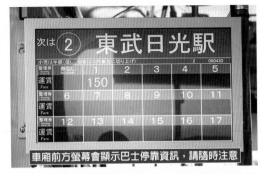

車廂前方螢幕會顯示巴士停靠資訊，請隨時注意

　　上車後，請找位子坐或抓好扶手。車廂前方螢幕會顯示巴士停靠資訊及下站名稱，請隨時注意。

　　到站前，記得按下車鈴，待巴士停妥後再走到前門向司機出示優惠車票即可下車。

上車後，請找位子坐或抓好扶手

到站前記得按下車鈴，待巴士停妥後再走到前門
向司機出示優惠車票即可下車

日光市區

　　日光市區指的是日光車站一帶，在日光東照宮十七世紀落成後為了服務參拜人潮而發展起來的「門前町」（宗教城市）。日光車站分為「JR 日光車站」及「東武日光車站」，兩站相隔約兩百公尺，閘門、站體及公車站牌都完全獨立。要前往日光東照宮、二荒山神社和輪王寺（二社一寺）參觀的旅客，可在車站前的公車站牌轉乘「世界遺產巡遊巴士」。

大猷院

金碧輝煌的德川家光靈廟

　　輪王寺管轄的「大猷院」是德川幕府第三代將軍——德川家光的陵寢。大猷院建築風格模仿東照宮，大量採用黑底和金箔，但有依照德川家光遺願刻意縮小規模，以免氣勢凌駕祖父德川家康。一九九九年，大猷院和日光東照宮等古蹟被登錄為聯合國世界遺產，是日光最重要的歷史建築之一。

- 營業時間：08：00 ～ 17：00（4 月～ 10 月），
  08：00 ～ 16：00（11 月～ 3 月）
- 公休日期：全年無休
- 門票價格：高中或以上 550 日圓，國中或國小
  250 日圓
- 所在地點：栃木県日光市山内 2300

二荒山神社

樸實的古老日光神社

　　西元八世紀，遵循日本山岳信仰的佛教僧侶勝道在男體山腳創立了「二荒山神社」祭祀神明，但目前留存的建築都是隨十七世紀日光東照宮興建時一併重新打造。二荒山神社的神苑裡還有傳說能保佑年輕健康的「靈泉」，遊客可在茶屋享用靈泉水泡製的抹茶及點心。

- 營業時間：08：00 ～ 17：00（4 月～ 10 月），
  08：00 ～ 16：00（11 月～ 3 月）
- 公休日期：全年無休
- 門票價格：參觀神苑成人 300 日圓，高中或以下
  100 日圓，其餘區域免費
- 所在地點：栃木県日光市山内 2307

日光東照宮

日本第一華麗的德川家康靈廟

‧‧‧‧‧‧‧‧‧‧‧‧‧‧‧‧‧‧‧‧‧‧‧‧‧‧‧‧‧‧‧‧

「日光東照宮」是德川家康一六一六年逝世後依其遺願所建的神社及靈廟。其孫德川家光隨後於一六三六年展開「寬永大造替」，招募當時江戶最頂尖的藝術家及工匠重新打造日光東照宮。兩年下來總共動員了超過四百萬人，加上材料費用共耗資約兩百億～四百億日圓，才完成現今所見、金碧輝煌的日光東照宮。

日光東照宮的「神廄舍」不但曾飼養德川家康打仗所騎的白色神馬，上方還刻有非常知名的「三猿」像。傳說猴子可以保佑馬匹平安，當年工匠便引用《論語》中的「非禮勿視，非禮勿聽，非禮勿言」，讓刻在神廄舍上的三隻猴子分別摀住自己的眼、耳、口，模樣十分靈活可愛。

階梯上方閃爍著白金光芒的「陽明門」是日光東照宮最具代表性的建築，更被稱為「日本最美麗的大門」。門上除了掛有後水尾天皇親手所書的「東照大權現」匾額，還有多達五百位源自中國歷史傳說和經典的人物雕刻，以及豐富的神獸及花卉點綴，可說是日本藝術的瑰寶。

前往德川家康陵寢「奧社」參觀時，會看到門口上方有個小小的沉睡白貓雕刻，背面則有兩隻麻雀，這就是跟三猿齊名的「眠貓」。這隻睡覺小貓會放在奧社入口有兩種說法，一個是「警覺性高的白貓（強者）能安穩沉睡，麻雀（弱者）也安心生活，代表江戶盛世的安詳平和」，另一個則是「白貓是以淺眠或裝睡之姿警戒，守護著德川家康」。但這並無正確答案，遊客可以自行解讀。

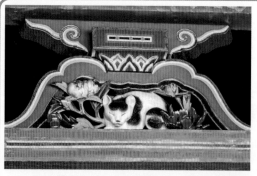

奥社唐門內的「青銅寶塔」就是傳說中的德川家康長眠之處。不過德川家康的真身是否位於此處，近年眾說紛紜。因為依照遺言和當年紀錄，德川家康逝世後是先被下葬在靜岡市的「久能山東照宮」，隔年才改葬到日光東照宮，但改葬的過程有不少疑點。兩宮在這之後，百年來也都沒有公開檢視過神柩。因此德川家康身在何方仍處於謎團中。

- ▌營業時間：09：00 ～ 17：00（4 月～ 10 月），09：00 ～ 16：00（11 月～ 3 月）
- ▌公休日期：全年無休
- ▌門票價格：高中或以上 1300 日圓，國中或國小 450 日圓
- ▌所在地點：栃木縣日光市山內 2301

輪王寺

日光最壯觀古老的佛寺

日光開山者勝道八世紀創立的「輪王寺」和二荒山神社、日光東照宮同屬二社一寺及世界遺產。位於輪王寺內、建於一六四五年的「三佛堂」是東日本地區最大的木造建築，其名稱來自堂內供奉的千手觀音、阿彌陀佛（阿彌陀如來）、馬頭明王（馬頭觀音）這三尊佛像。

- ▌營業時間：08：00 ～ 17：00（4 月～ 10 月），08：00 ～ 16：00（11 月～ 3 月）
- ▌公休日期：全年無休
- ▌門票價格：高中或以上 400 日圓，國中或國小 200 日圓
- ▌所在地點：栃木縣日光市山內 2300

神橋

充滿神話感的紅色木橋

相傳奈良時代，想攀登男體山的勝道被大谷川的湍急水流阻擋，無法渡河，便向神明祈願。此時，被視為觀音替身的「深沙王」顯靈，擲出兩蛇化作橋梁，協助勝道越過大谷川。這座「神橋」原本只是用藤蔓架起的簡易吊橋，直到日光東照宮一六三六年改建時才一併重修成木橋，專供將軍等貴客參拜時通行。二十世紀初，神橋遭洪水沖毀後重建成如今樣式，並與山口縣的「錦帶橋」、山梨縣的「猿橋」合稱為日本三大奇橋，也列入日光的世界遺產。

- ▌營業時間：08：00 ～ 16：30（4 月～ 10 月），09：00 ～ 15：30（11 月～ 3 月）
- ▌公休日期：全年無休
- ▌門票價格：成人 300 日圓，高中 200 日圓，國中或以下 100 日圓
- ▌所在地點：栃木縣日光市上鉢石町山內

明治館

遠近馳名的蛋包飯料理

日光老洋樓「明治館」原本是美國留聲機貿易商 F.W. Horn 的別墅，一九七七年才以洋食餐廳「明治館」對外營業。雖然提供各式各樣的西洋料理，但該店最受歡迎的招牌菜色就是淋上法式多蜜醬的「歐姆蛋飯」（蛋包飯）。就靠著這道簡單又美味的經典料理，明治館成為了日光人氣數一數二的知名餐廳，假日經常得排隊候位。

■ 營業時間：11：00 ～ 19：30
■ 公休日期：不定期
■ 所在地點：栃木縣日光市山內 2339-1

Sun Field

香甜美味的豆皮料理

「Sun Field」（さんフィールド）是頗受觀光客好評的湯波料理專賣店。「湯波」（ゆば）就是豆皮，也稱作「湯葉」，為日光名產之一。Sun Field 的招牌湯波套餐雖然要價近兩千日圓，但裡面有涼拌豆皮、炸豆皮、豆皮清湯、豆皮羹和湯波咖啡凍等豐富菜色，嚐起來也十分香甜。

■ 營業時間：11：00 ～ 17：00
■ 公休日期：週四
■ 所在地點：栃木縣日光市下鉢石町 818

さかえや

人氣第一的「炸湯波饅頭」

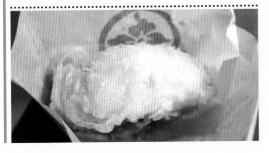

東武日光車站前方的「さかえや」（SAKAEYA）靠著獨創的「炸湯波饅頭」（揚げゆばまんじゅう）而成為日光超人氣名店。雖然跟日本常見的「炸饅頭」類似，但炸湯波饅頭改用豆皮包覆紅豆泥，口感更加酥脆，內餡也香甜不膩。

■ 營業時間：09：30 ～ 18：00
■ 公休日期：不定期
■ 所在地點：栃木縣日光市松原町 10-1

奧日光

　　奧日光地區因為自然景觀極為豐富，在明治時代（十九世紀末）被開發成旅遊勝地，並逐漸成為關東地區的高人氣風景區，以及日本數一數二的賞楓熱點。由於奧日光範圍廣大，往返各景點的交通時間較長，建議要單獨停留一天才能好好遊玩。

紅葉坂
連接奧日光地區的蜿蜒山路
‧‧‧‧‧‧‧‧‧‧‧‧‧‧‧‧‧‧‧‧‧‧‧

　　「紅葉坂」是連接日光市區及奧日光的山路，並分為上山專用的「第二紅葉坂」及下山專用的「第一紅葉坂」。途中連綿不斷的彎道被日本人按日語的「伊呂波順」逐一命名，所以稱作「伊呂波坂」（いろは坂）。每年十月中是奧日光地區的紅葉最盛期，景色極為秀麗。基於觀光考量，當地政府近年為伊呂波坂另取了中文名稱「紅葉坂」。

明智平纜車
視野美麗壯闊的超熱門纜車
‧‧‧‧‧‧‧‧‧‧‧‧‧‧‧‧‧‧‧‧‧‧‧

　　上山專用的第二紅葉坂中途，就是奧日光地區的超熱門景點「明智平纜車」。乘坐纜車前往山頂的明智平展望台，就可以輕鬆眺望遠方的華嚴瀑布、中禪寺湖以及高聳的男體山，景致非常壯麗。若在秋季造訪，還可在高空欣賞滿坑滿谷的繽紛紅葉。

▌營業時間：09：00～15：30
▌公休日期：天氣不佳、臨時維修日及每年的固定檢修期停駛
▌門票價格：12 歲以上 1000 日圓，6～11 歲 500 日圓
▌所在地點：栃木縣日光市細尾町 709

中禪寺溫泉

奧日光的觀光及交通樞紐

■ 開放時間：因店家而異
■ 公休日期：因店家而異
■ 所在地點：栃木県日光市中宮祠 2480-1

　　從明智平纜車搭乘巴士約十分鐘，就會抵達奧日光的觀光及交通樞紐「中禪寺溫泉」。這裡除了有大型巴士總站，還聚集了多間旅館、餐廳及伴手禮店。非常熱門的「中禪寺湖遊覽船」（中禪寺湖機船）和華嚴瀑布也在這附近。

淺井精肉店

評價兩極的炸豬排名店

　　中禪寺溫泉人氣最高的餐廳，就是以大塊、便宜又美味的炸豬排聞名的「淺井精肉店」。不過該店主要是販售生豬肉，餐廳只是附設，所以座位很少，經常得排上一個小時才吃得到。而且老闆娘似乎對外國觀光客非常不友善，又禁止兒童入內用餐，導致該店的網路評價兩極。

■ 營業時間：11：00 ～ 14：00，17：00 ～ 18：00
■ 公休日期：不定期
■ 所在地點：栃木縣日光市中宮祠 2478

華嚴瀑布

奧日光最具代表性的日本三大名瀑

　　從中禪寺溫泉巴士總站往東走五分鐘就會抵達「華嚴瀑布風景區」。這裡有好幾間販賣烤魚、蔬菜麵疙瘩、可樂餅、糰子、咖啡、冰淇淋、果汁的攤販，以及提供各種蕎麥麵、烏龍麵的日式簡餐店，可以在此休憩用餐。

　　風景區內設有可近距離欣賞華嚴瀑布的免費展望台。由於高低落差達到九十七公尺，溪水傾瀉而下的畫面極為壯觀，華嚴瀑布被列為「日本三大名瀑」以及「奧日光三大瀑布」。每到秋季，瀑布兩側的豔紅楓葉搭配不停落下的磅礴水流，景色可說是無與倫比。

　　除了在上展望台俯瞰華嚴瀑布，遊客也可以購票搭乘「華嚴瀑布電梯」往下一百公尺，到溪谷底部的下展望台仰望華嚴瀑布，視覺效果更為震撼。

■ 營業時間：風景區 24 小時開放，電梯 08：00 ～ 17：00

■ 公休日期：全年無休

■ 門票價格：風景區免費參觀，電梯門票國中或以上 570 日圓，國小 340 日圓

■ 所在地點：栃木縣日光市細尾町 709

龍頭瀑布

景色秀麗的奧日光名瀑

奧日光三大名瀑之一的「龍頭瀑布」（竜頭ノ滝）是由於溪水落下成瀑前，被上游的長條石塊分為左右兩條，遭水流包圍的巨石看起來就像矗立在水中的龍頭因而得名。除了在下方觀景台欣賞瀑布，遊客也可沿著步道往上爬，觀看傳說中的「龍頭」巨石。若在秋季前往，還能用相機捕捉瀑布兩側的亮麗紅葉。

▌營業時間：24 小時開放
▌公休日期：全年無休
▌門票價格：免費參觀
▌所在地點：栃木県日光市中宮祠 2485

龍頭之茶屋

可欣賞瀑布美景的日式餐廳

「龍頭之茶屋」是龍頭瀑布旁的熱門餐廳。除了供應抹茶、咖啡、果汁等飲品，茶屋也販售各種蕎麥麵與烏龍麵，以及招牌料理「施無畏糰子」和「龍頭風雜煮」。遊客還可以坐在陽台旁的椅子，邊用餐邊欣賞優美的瀑布景觀。

▌營業時間：09：00～17：00（5 月～11 月），10：00～16：00（12 月～4 月）
▌公休日期：5 月～11 月無公休，12 月～4 月的平日不定期公休
▌所在地點：栃木県日光市中宮祠 2485

戰場之原展望台

視野遼闊的高地濕原觀景台

「戰場之原」是奧日光地區知名的高地濕原，景色遼闊壯觀。旅客可以搭公車到「三本松」下車，這裡有方便眺望戰場之原的免費展望台，讓您輕鬆拍照、捕捉美景。展望台對面的停車場還有數間餐廳及伴手禮店，欣賞完戰場之原可以順便在此吃飯購物。

▌營業時間：24 小時開放
▌公休日期：全年無休
▌所在地點：栃木県日光市中宮祠

湯瀑布

寬廣壯麗的奧日光名瀑

從湯之湖流出的湯川，途經坡度平緩的山壁並被石頭分隔後，形成了奧日光三名瀑中寬度最大的「湯瀑布」（湯滝）。由於寬達二十五公尺，湯瀑布的視覺效果更為壯闊。前方並設有步道和觀景台，讓您近距離欣賞萬馬奔騰的湍急水流，以及宛如橘色畫布的豔麗楓葉。步道前方還有販賣便當、飯糰、麻糬、飲料、烤魚、烤糰子、日式簡餐和各種甜點的便利商店及小吃店。

- 營業時間：24 小時開放
- 公休日期：全年無休
- 門票價格：免費參觀
- 所在地點：栃木県日光市湯元 2499

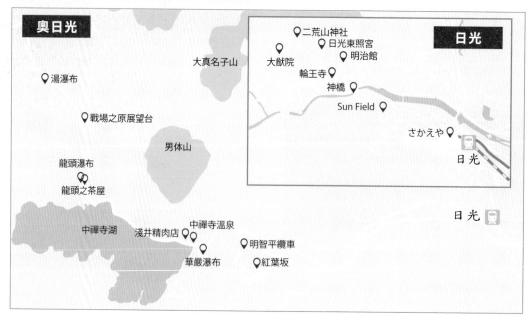

奥日光

二荒山神社
日光東照宮
明治館
大猷院
輪王寺
神橋
Sun Field

日光

さかえや

日光

大真名子山

湯瀑布

戰場之原展望台

男体山

龍頭瀑布
龍頭之茶屋

中禪寺溫泉
中禪寺湖　淺井精肉店
華嚴瀑布
明智平纜車
紅葉坂

日光

日光行程建議

日光世界遺產一日遊

上午：從東京搭電車到 JR 日光站或東武日光站，再轉乘世界遺產巴士到日光東照宮、日光山輪王寺、日光二荒山神社、輪王寺大猷院、神橋等景點參觀（停留約三～四小時）

下午：在日光市區用餐

▼【二荒山神社】

日光＆奧日光二日遊

Day 1

上午：從東京搭電車到 JR 日光站或東武日光站，再轉乘世界遺產巴士到日光東照宮、日光山輪王寺、日光二荒山神社、輪王寺大猷院、神橋等景點參觀（停留約三～四小時）

下午：在日光市區用餐，並搭巴士到明智平坐纜車看瀑布（交通時間約半小時，景點停留約一小時）。接著搭巴士到中禪寺溫泉，並在中禪寺湖的溫泉旅館用餐、泡湯和過夜

Day 2

上午：從中禪寺湖步行到華嚴瀑布參觀並嚐小吃（停留約一小時）。接著搭巴士到龍頭瀑布參觀並在龍頭之茶屋用餐（交通時間約十分鐘，停留約一小時）

中午：搭巴士到三本松下車，並步行到戰場之原展望台觀景拍照，再到對面的餐廳及伴手禮店吃飯或買名產（交通時間約十分鐘，停留約半小時）

下午：搭巴士到湯滝入口下車，並步行到湯瀑布參觀，再到瀑布旁的便利商店及小吃店休息用餐（交通時間約十分鐘，停留約一小時）

川越
KAWAGOE

川越概述

離東京市區只要半小時車程，有「小江戶」稱號的川越，不但保留大量江戶時代的「藏造」建築，還有珍貴獨特的「川越城」、「喜多院」、「冰川神社」等歷史及宗教景點，以及多個櫻花及紅葉名所。豐富的觀光資源加上獨特的江戶風情，一年四季都吸引眾多國內外遊客專程到訪。

川越交通指南

東京到川越的交通十分便捷，除了搭乘 JR 前往，也可乘坐東京地鐵、東武鐵道直達。抵達川越車站後，繼續轉乘「小江戶名勝巡遊巴士」、「小江戶巡迴巴士」、「東武巴士市區公車」即可直達各大景點。

從東京市區或機場到川越

從東京市區、成田機場、羽田機場到川越，可依持有的優惠票券及出發地選擇搭乘 JR、東京地鐵或東武鐵道。

持有範圍包括川越的 JR Pass

若您持有「JR 東京廣域周遊券」、「JR 東日本鐵路周遊券・東北地區」、「JR 東日本鐵路周遊券・長野、新潟地區」、「JR 東日

本・南北海道鐵路周遊券」、「JR Pass 全國版」
等適用範圍包括川越的 JR 優惠票券，建議從
東京市區東側的上野站、東京車站、新橋站、
品川站免費搭乘「JR 東海道線・東北本線（上
野東京線、宇都宮線、高崎線）」到赤羽站或
大宮站，再免費轉乘「JR 埼京線・川越線」
到川越車站。或是從東京市區西側的池袋站、
新宿站、澀谷站免費搭乘「JR 埼京線・川越
線」直達川越車站。

持有 Tokyo Subway Ticket

若您持有「東京地鐵&都營地鐵 24 ～ 72
小時券」（Tokyo Subway Ticket），建議搭乘「東
京地鐵副都心線」或「東京地鐵有樂町線」直
通運轉「東武東上線」的列車直達川越車站，
但需要在出站時另補和光市站～川越車站的東
武東上線車資。

未持有上述優惠票券

若您未持有上述優惠票券，建議先搭乘 JR
或地鐵到池袋站，再轉乘東武鐵道的「東武東
上線」到川越車站最為快速划算。

成田機場、羽田機場到川越

從成田機場、羽田機場出發的旅客，請先
從機場抵達東京市區，再依您持有的票券乘坐
JR、東京地鐵或東武鐵道至川越。

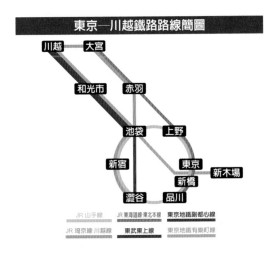

✿ 時間及票價

JR

- 從東京市區東側的上野站、東京車站、新橋
  站、品川站搭乘「JR 東海道線・東北本線
  （上野東京線、宇都宮線、高崎線）」到赤
  羽站或大宮站，再轉乘「JR 埼京線・川越
  線」到川越車站的單程票價為 770 ～ 990 日
  圓，行駛時間約五十～六十分鐘。
- 從東京市區西側的池袋站、新宿站、澀谷
  站搭乘「JR 埼京線・川越線」到川越車站
  的單程票價為 680 ～ 860 日圓，行駛時間約
  五十～六十分鐘。
- 「JR 東海道線（上野東京線、宇都宮線、高
  崎線）」約五～十分鐘一班，「JR 埼京線（川
  越線）」約十～二十分鐘一班。
- 若您持有「JR 東京廣域周遊券」、「JR 東日
  本鐵路周遊券・東北地區」、「JR 東日本
  鐵路周遊券・長野、新潟地區」、「JR 東
  日本・南北海道鐵路周遊券」、「北陸拱
  型鐵路周遊券」、「JR Pass 全國版」，可免
  費乘坐往返東京和川越的所有 JR 路線。

東京地鐵

- 「東京地鐵副都心線」及「東京地鐵有樂町
  線」在和光市站之前是東京地鐵管轄，可使
  用「東京地鐵&都營地鐵 24 ～ 72 小時券」
  （Tokyo Subway Ticket）搭乘；過了和光市站
  後，則屬於東武鐵道的「東武東上線」，必
  須另外付費。
- 因此持「東京地鐵&都營地鐵 24 ～ 72 小時
  券」（Tokyo Subway Ticket）搭乘地鐵前往川
  越的旅客，只需支付「東武東上線」的和光
  市站～川越車站車資 330 日圓。和光市站～
  川越車站的行駛時間約十五～二十五分鐘。

東武鐵道

- 從池袋站搭乘「東武東上線」到川越車站
  的單程票價為 490 日圓，行駛時間約三十～

四十分鐘，約五～十分鐘一班。

- 不過，東武鐵道有推出「川越優惠周遊券升級版」（KAWAGOE DISCOUNT PASS PREMIUM），可在一天內搭乘東武東上線池袋站～川越車站往返各一次，以及不限次數搭乘「小江戶名勝巡遊巴士」及指定區域內的東武巴士，並享有部分商店及餐廳折扣。此票券的成人售價 1050 日圓，兒童（6～12 歲）540 日圓。

- 由於從池袋搭「東武東上線」往返川越的車資就要 980 日圓，購買「川越優惠周遊券升級版」等於多付 70 日圓就能在川越不限次數搭乘巴士，極為划算。所以若您未持有範圍包含川越的 JR Pass 或 Tokyo Subway Ticket，懶懶哥非常推薦讀者們購買「川越優惠周遊券升級版」並搭乘東武鐵道前往川越。

❀ 搭乘 JR、東京地鐵、東武鐵道

從上野站、東京車站、新橋站、品川站搭乘 JR 到川越

準備從東京市區東側的上野站、東京車站、新橋站、品川站搭乘「JR 東海道線‧東北本線（上野東京線、宇都宮線、高崎線）」前往川越的讀者們，請先抵達上述各站並使用 JR Pass 進站，再依站內的「東海道線」、「上野東京線」、「宇都宮線」、「高崎線」指標及列車資訊看板到正確月台搭乘往赤羽、大宮、宇都宮、高崎方向的列車。

請依站內的「東海道線」、「上野東京線」、「宇都宮線」、「高崎線」指標及列車資訊看板到正確月台搭車

接著，請在抵達赤羽站或大宮站後下車，並依站內的「埼京線」、「川越線」指標到正確月台轉乘往川越方向的列車。由於 JR 線的列車行駛模式眾多，因此建議讀者們搭車前務必用 Google 地圖查詢最合適的班次及轉乘站，以節省轉乘等待時間，並避免搭錯車。

抵達赤羽站或大宮站後，再依站內的「埼京線」、「川越線」指標到正確月台轉乘往川越方向的列車

從池袋站、新宿站、澀谷站搭乘 JR 到川越

- 準備從東京市區西側的池袋站、新宿站、澀谷站搭乘「JR 埼京線‧川越線」前往川越的讀者們，請先抵達上述各站並出示 JR Pass 進站，再依站內的「埼京線」指標及列車資訊看板到正確月台搭乘往川越方向的列車。

- 由於埼京線每十～二十分鐘才有一班開往川越車站的列車，其餘班次則只行駛至赤羽站或大宮站，所以搭乘前請務必用 Google 地圖查詢開往川越車站的正確班次。

請依站內的「埼京線」指標及列車資訊看板到正確月台搭乘往川越方向的列車

搭乘東京地鐵到川越

- 只有開往川越市站或森林公園站的「東京地鐵副都心線」及「東京地鐵有樂町線」列車

會行經川越車站，所以準備乘坐東京地鐵前往川越的讀者們，請先抵達「東京地鐵副都心線」或「東京地鐵有樂町線」各站，再搭乘開往川越市站或森林公園站的地鐵列車。

- 不過，若您搭乘的地鐵列車是開往和光市站或志木站，那也沒關係。抵達和光市站或志木站後，請於同側或對側月台轉乘下一班開往川越市站、森林公園站或小川町站的列車，即可到達川越車站。

若開往和光市或志木，請在終點站轉乘往川越市、森林公園或小川町的列車

- 但要注意的是，「東京地鐵副都心線」、「東京地鐵有樂町線」除了和「東武東上線」直通運轉，也會與「西武有樂町線＆池袋線」直通運轉。然而，直通運轉「西武有樂町線＆池袋線」的班次在小竹向原站後，會向西行駛，不會行經川越車站。

- 所以若您搭乘的列車不是開往和光市站、志木站、川越市站、森林公園站，請務必在小竹向原站下車，並於同側或對側月台轉乘下一班開往川越市站或森林公園站的列車。

- 也因為「東京地鐵副都心線」和「東京地鐵有樂町線」的行駛模式十分複雜，所以請讀者們搭車前務必用 Google 地圖查詢最合適的班次及轉乘站，以免搭錯車。

如果列車不是開往和光市、志木、川越市、森林公園請務必在小竹向原換車

- 不過要提醒使用「東京地鐵＆都營地鐵 24 ～ 72 小時券」（Tokyo Subway Ticket）的讀者們，「東京地鐵副都心線」和「東京地鐵有樂町線」只有在和光市站與「東武東上線」共用月台。在池袋站～成增站之間，東京地鐵和東武鐵道的路線及站體都是彼此獨立，無法在站內轉乘。

- 所以若您搭乘的東京地鐵列車是開往西武有樂町線＆池袋線內各站、和光市站或志木站，請務必在小竹向原站、和光市站或志木站下車轉乘開往川越市站或森林公園站的列車。

- 抵達川越車站後，由於「東京地鐵＆都營地鐵 24 ～ 72 小時券」（Tokyo Subway Ticket）不包含和光市站～川越車站的「東武東上線」車資 330 日圓，所以得走人工閘門並向站務人員出示「東京地鐵＆都營地鐵 24 ～ 72 小時券」（Tokyo Subway Ticket）及繳交 330 日圓車資才可出站。

抵達川越車站後，請走人工閘門並向站務人員出示 Tokyo Subway Ticket 及繳交 330 日圓車資才可出站

- 返回東京時，請先在川越車站的東武鐵道售票機購買 330 日圓的單程車票，並用該車票進站；抵達東京地鐵各站後，請走人工閘門並向站務人員出示「東京地鐵＆都營地鐵 24 ～ 72 小時券」（Tokyo Subway Ticket）及東武鐵道車票即可出站。

- 要注意的是，「東京地鐵＆都營地鐵 24 ～ 72 小時券」（Tokyo Subway Ticket）只能從地鐵車站進出，無法在東武池袋站的閘門使用。但是，從川越車站開往「池袋」的列車都是停靠東武池袋站，所以使用「東京

地鐵＆都營地鐵 24～72 小時券」（Tokyo Subway Ticket）返回東京時，請務必搭乘開往「新木場」、「橫濱・中華街」或「武藏小杉」等直通運轉東京地鐵副都心線或有樂町線的列車，不要搭到開往「池袋」的列車。否則從東武池袋站出站，必須另外支付川越車站～東武池袋站的東武鐵道全額車資 490 日圓。

搭乘東武鐵道到川越

- 準備從池袋搭乘東武鐵道的「東武東上線」前往川越的讀者們，請先抵達池袋站，並依照站內的「東武鐵道」、「東武東上線」、「TOBU」等指標前往東武池袋站閘門。

- 接著，請到閘門旁的東武鐵道售票處購買「川越優惠周遊券升級版」並進站，再依站內指標及列車資訊看板到正確月台搭乘往川越方向的列車。由於「東武東上線」的列車行駛模式眾多，所以搭乘前請務必用 Google 地圖查詢。

請依站內指標及列車資訊看板到正確月台搭乘往川越方向的列車

依照指標抵達東武池袋站閘門後，請到閘門旁的東武鐵道售票處購買「川越優惠周遊券升級版」並進站

另外，由於「川越優惠周遊券升級版」只能從東武鐵道池袋站的閘門進出，無法在東京地鐵副都心線或有樂町線的池袋站使用，所以從川越車站使用此票券返回池袋站時，請務必搭乘開往「池袋」的列車，不要搭到開往「新木場」、「橫濱・中華街」或「武藏小杉」等直通運轉東京地鐵副都心線或有樂町線的列車。否則從東京地鐵副都心線或有樂町線的池袋站出站，必須另外支付和光市站～池袋站的東京地鐵車資 270 日圓。

川越的巴士

要前往川越各景點的旅客，必須在川越車站轉乘巴士（公車）。觀光客常用的巴士有三種，分別是「小江戶名勝巡遊巴士」、「小江戶巡迴巴士」及「東武巴士市區公車」，懶懶哥將在下方分別介紹。

小江戶名勝巡遊巴士

「小江戶名勝巡遊巴士」（小江戶名所めぐりバス）由東武巴士經營，只有一般造型巴士，並以逆時針環狀行經川越車站、喜多院、川越城本丸御殿、冰川神社、菓子屋橫丁、時之鐘、藏造老街、大正浪漫夢通、川越市站等主要車站和景點。

小江戶名勝巡遊巴士路線圖

川越冰川神社　　　博物館前
裁判所前　　　　　やまぶき會館前
川越市役所前　　　　喜多院前
　　　大手町　　　成田山前
　　　　　松江町二丁目
　　一番街　仲町
　札之辻
　　　　妙昌寺入口
川越市駅　　　　　川越駅

一般造型　　復古造型

小江戶巡迴巴士

- 「小江戶巡迴巴士」（小江戶巡回バス）由 Eagle Bus 經營，採用一般造型和復古造型巴士，並分為開往「喜多院」的逆時針單向路線（棕線），以及開往「藏造老街」的折返型路線（紫線）。
- 逆時針路線（棕線）以環狀行經川越車站、本川越站、小江戶藏里、喜多院、川越城本丸御殿、冰川神社、菓子屋橫丁、川越市站等主要車站和景點。
- 折返型路線（紫線）先往北行經川越車站、本川越站、大正浪漫夢通（蓮馨寺北）、藏造老街，再從冰川神社原路折返回川越車站。

小江戶巡迴巴士

逆時針路線（棕線）
折返型路線（紫線）

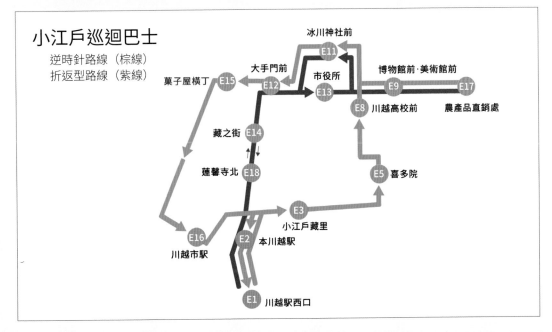

冰川神社前
E11
大手門前　　市役所
菓子屋橫丁　E15　E12　E13　博物館前・美術館前
　　　　　　　　　　E9　　　E17
　　　　　　　　　E8　川越高校前　農產品直銷處
藏之街　E14
蓮馨寺北　E18　　　　　E5　喜多院
　　　　　E3
　　　　　小江戶藏里
E16　E2　本川越駅
川越市駅
E1　川越駅西口

東武巴士市區公車

- 「東武巴士市區公車」各路線皆從川越車站出發，並直接向北行經本川越站、大正浪漫夢通、藏造老街、時之鐘等主要景點。少數路線過了藏造老街會向西開往菓子屋橫丁，或向東開往冰川神社。
- 由於川越車站～藏造老街的「東武巴士市區公車」班次密集，路線筆直，因此非常適合要從川越車站前往藏造老街，或是從藏造老街返回川越車站的讀者們搭乘。

❀ 營運時間＆班距

小江戶名勝巡遊巴士

「小江戶名勝巡遊巴士」的平日營運時間為早上十點至下午四點，約五十～六十分鐘一班。假日營運時間為早上九點至下午五點，約二十～四十分鐘一班。

小江戶巡迴巴士

「小江戶巡迴巴士」的平日及假日營運時間為早上十點至下午五點，約二十～四十分鐘一班。

東武巴士市區公車

「東武巴士市區公車」的營運時間及班距依路線而異，大致為早上六點至晚上十點，約十～三十分鐘一班。

❀ 票價＆優惠票券

小江戶名勝巡遊巴士

- 小江戶名勝巡遊巴士的單程車資為 180～190 日圓。不過，東武巴士有推出優惠票券「小江戶川越一日乘車券」，可在一天內不限次數搭乘小江戶名勝巡遊巴士，以及指定區域內的東武巴士市區公車，售價 400 日圓。由於小江戶名勝巡遊巴士搭一次就要 180～190 日圓，「小江戶川越一日乘車券」等於用三次就回本，非常划算，因此懶懶哥建議所有要搭乘小江戶名勝巡遊巴士的讀者們購買此票券。
- 不過，持有「川越優惠周遊券升級版」的旅客可直接搭乘「小江戶川越一日乘車券」適用範圍內的所有巴士及公車，不必再加購此票券。
- 「小江戶川越一日乘車券」可在小江戶名勝巡遊巴士內向司機購買，或在「川越車站觀光案內所」購票。

請上車後直接跟巴士司機購票

小江戶巡迴巴士

- 小江戶巡迴巴士的單程車資為 200 日圓。不過，Eagle Bus 有推出優惠票券「小江戶巡迴巴士一日通票」，可在一天內不限次數搭乘小江戶巡迴巴士，售價 500 日圓。由於小江戶巡迴巴士搭一次就要 200 日圓，「小江戶巡迴巴士一日通票」等於用三次就回本。
- 然而，行駛路線幾乎相同的「小江戶川越一日乘車券」只要 400 日圓，因此懶懶哥建議讀者們，除非在平日前往川越，又擔心小江

戶名勝巡遊巴士的平日班次太少，否則購買「小江戶川越一日乘車券」並搭乘小江戶名勝巡遊巴士會較為划算。

- 「小江戶巡迴巴士一日通票」可在小江戶巡迴巴士內向司機購買，或在「川越車站觀光案內所」、川越車站西口一樓的「NEWDAYS」便利商店購票。

「小江戶巡迴巴士一日通票」可在巴士內向司機購買

東武巴士市區公車

- 東武巴士市區公車的單程車資為 180 日圓起，並以里程計費。不過，東武巴士有推出優惠票券「小江戶川越一日乘車券」，可在一天內不限次數搭乘指定區域內的東武巴士市區公車，以及小江戶名勝巡遊巴士，售價 400 日圓。
- 由於指定區域涵蓋了大正浪漫夢通、藏造老街、時之鐘、菓子屋橫丁、冰川神社等主要景點，又能搭乘小江戶名勝巡遊巴士，因此懶懶哥建議所有要搭乘東武巴士市區公車的讀者們購買此票券。
- 不過，持有「川越優惠周遊券升級版」的旅客可直接搭乘「小江戶川越一日乘車券」適用範圍內的所有巴士及公車，不必再加購「小江戶川越一日乘車券」。

搭乘方式

小江戶名勝巡遊巴士

抵達川越車站後，搭乘「小江戶名勝巡遊巴士」的旅客請依站內的「東口」指標前往戶

外天橋，並按照「3 號」站牌標示走到最左側的樓梯下樓。

請依站內的「東口」指標前往戶外天橋

接著依「3號」站牌標示走到天橋最左側的樓梯下樓

下樓後迴轉就會看到「小江戶名勝巡遊巴士」的 3 號站牌，請在此候車。

下樓後迴轉就會看到「小江戶名勝巡遊巴士」的3號站牌

請一律從後門上車，並找位子坐或抓好扶手。車廂前方螢幕會顯示巴士停靠資訊及下站名稱，請隨時注意。

請一律從後門上車，並找位子坐或抓好扶手

到站前，記得按下車鈴，待巴士停妥後再走到前門向司機購買「小江戶川越一日乘車券」或出示「川越優惠周遊券升級版」即可下車。

到站前記得按下車鈴，待巴士停妥後
再走到前門向司機購買或出示優惠車票即可下車

小江戶巡迴巴士

抵達川越車站後，搭乘「小江戶巡迴巴士」的旅客請依站內的「西口」指標前往戶外天橋，並從左手邊的第一個樓梯下樓，就會看到「2 號」巴士站牌，請在此候車。

請依站內的「西口」指標前往戶外天橋

接著從天橋左手邊的第一個樓梯下樓

就會抵達「小江戶巡迴巴士」停靠的2號站牌

從後門上車後，請找位子坐或抓好扶手。車廂前方螢幕會顯示巴士停靠資訊及下站名稱，請隨時注意。

請一律從後門上車，並找位子坐或抓好扶手

車廂前方螢幕會顯示巴士停靠資訊及下站名稱

到站前，記得按下車鈴，待巴士停妥後再走到前門向司機購買或出示「小江戶巡迴巴士一日通票」即可下車。

到站前記得按下車鈴，待巴士停妥後再走到前門向司機購買或出示優惠車票即可下車

東武巴士市區公車

- 抵達川越車站後，搭乘「東武巴士市區公車」的旅客請依站內的「東口」指標前往戶外天橋，並依照您的搭乘路線前往正確的巴士站牌候車。

- 請一律從後門上車，並找位子坐或抓好扶手。車廂前方螢幕會顯示巴士停靠資訊及下站名稱，請隨時注意。

- 到站前，記得按下車鈴，待巴士停妥後再走到前門向司機出示「小江戶川越一日乘車券」或「川越優惠周遊券升級版」即可下車。

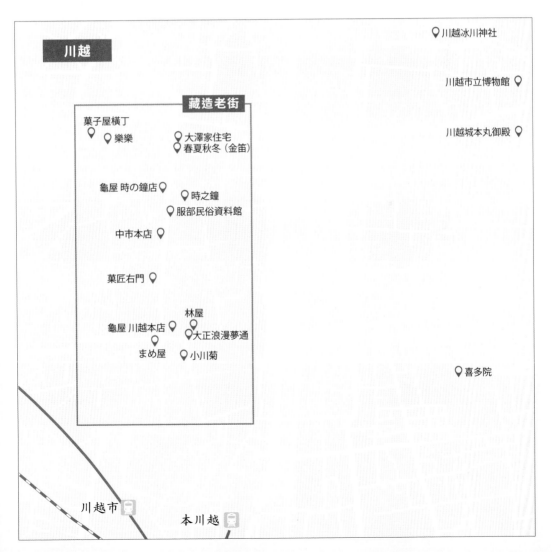

喜多院

可賞櫻花及紅葉的川越古寺

西元九世紀的淳和天皇下令日本高僧圓仁創立的「喜多院」，是川越歷史最悠久也最負盛名的寺廟。十六世紀末，德川家康極為器重的僧侶天海來到川越擔任喜多院的住持，大幅提升該寺地位。一六三三年，喜多院遭祝融焚毀，時任幕府大將軍的德川家光下令將江戶城

中的多棟建物移築至此，協助重建，成為喜多院今日最重要的文化資產。除了歷史古蹟，春天的喜多院還有壯觀的櫻花林可看，是川越的高人氣賞櫻勝地。

- 營業時間：09：00～16：30，冬季提早至16：00
- 公休日期：全年無休
- 門票價格：寺院免費進入，室內區域參觀400日圓，國中或以下200日圓
- 所在地點：埼玉縣川越市小仙波町1-20-1

川越冰川神社

美麗又獨特的超熱門戀愛神社

傳說建立於一千五百年前的「川越冰川神社」由於祭神中有兩組夫妻，可保佑婚姻和家庭圓滿、戀愛運與好姻緣，而被外國綜藝節目及知名藝人多次介紹，成為深受觀光客歡迎的熱門景點。這裡四季都有不同景色，春天最有名的就是神社後方的「新河岸川櫻花」，沿著

河堤兩側綿延近四百公尺的粉色隧道極為美麗壯觀，是川越的超熱門賞櫻勝地。

- 營業時間：09：00～17：00
- 公休日期：全年無休
- 門票價格：免費參觀
- 所在地點：埼玉縣川越市宮下町2-11-3

川越城本丸御殿

江戶時代的珍貴古蹟

「川越城」最初是由扇谷上杉家的太田道灌建於一四五七年，並在十七世紀成為川越藩的藩廳（行政中心）並大幅擴建。但明治維新後，川越城遭到廢棄拆毀，只殘存十九世紀中重建的「本丸御殿」，也就是城主及家臣們生活起居和商討政事的場所，為日本城堡最重要的核心區域。本丸御殿目前開放給民眾參觀，部分空間還設置了模擬古代場景的塑像，以及江戶時期的武具及文物。

- 營業時間：09：00～17：00
- 公休日期：每週一、元旦、每月第四個週五（遇假日除外）
- 門票價格：100 日圓，大學或高中 50 日圓，國中或以下免費
- 所在地點：埼玉県川越市郭町 2-13-1

川越市立博物館

展覽精緻豐富的小型博物館

「川越市立博物館」是川越本丸御殿附近的小型文物展館，館內除了有完整的川越歷史介紹以及江戶時代川越城、城下町與明治時代藏造老街的復原模型，還收藏豐富的川越古代文物。

- 營業時間：09：00～17：00
- 公休日期：每週一、元旦、每月第四個週五（遇假日除外）
- 門票價格：200 日圓，大學或高中 100 日圓，國中或以下免費
- 所在地點：埼玉県川越市郭町 2-30-1

菓子屋橫丁

保存舊時風情的糖果街道

一九二三年的關東大地震讓東京工商業嚴重受損，川越的糖果製造業趁勢興起。一九三〇年代的全盛期，川越的糖果業者多達七十家，且全都集中在「札之辻」附近的小巷內，該地因此被稱為「菓子屋橫丁」（糖果店小巷）。如今，巷子內的糖果店僅餘二十多間，但保存早年甘仔店風情的懷舊商家和復古街道，讓菓子屋橫丁成為川越的熱門觀光景點之一。各店門口除了擺上常見的日本零嘴，最

吸引目光的就是跟球棒一樣大的「黑糖麩菓子」，是當地的人氣特產。

- 營業時間：因店家而異
- 公休日期：因店家而異
- 所在地點：埼玉県川越市元町 2-7

樂樂

主打日式風味的人氣烘培坊

菓子屋橫丁附近巷弄內的川越熱門麵包店「樂樂」，主打日本國產小麥、無添加和天然酵母，並以風味獨特的「味噌麵包」聞名。樂樂還在庭院設置戶外座位區，並提供免費的咖啡及麥茶讓顧客搭配麵包享用。

▋ 營業時間：08：00 ～ 17：00
▋ 公休日期：不定期
▋ 所在地點：川越市元町 2-10-13

藏造老街

充滿江戶風情的熱鬧觀光老街

藏造全名為「土藏造」，是流行於江戶時代的日本傳統建築技術，其特色是將木造房屋的支柱和外牆用厚達三十公分的石灰覆蓋以達到防火效果。土藏造原本是拿來蓋倉庫，後來被應用在商家和住宅上，稱為「見世藏」。川越的「藏造老街」就是關東地區保存見世藏建築最完整的地方，也因此博得了「小江戶」的美名，並成為川越的核心觀光區，聚集了眾多商店、餐廳和景點。

▋ 營業時間：因店家而異
▋ 公休日期：因店家而異
▋ 所在地點：埼玉県川越市幸町

大澤家住宅

川越最古老藏造老房

「大澤家住宅」是川越現存最古老的藏造老房，建於一七九二年的它幸運躲過了一八九三年的川越大火，成為少數留存至今的藏造建築，並被列為日本國家重要文化財。目前一樓是藝品店，可免費進入購物，參觀室內則須付費。

▋ 營業時間：10：00 ～ 17：00
▋ 公休日期：元旦、每週一
▋ 門票價格：200 日圓，大學或高中 150 日圓
▋ 所在地點：埼玉県川越市元町 1-15-2

春夏秋冬（金笛）

川越老字號醬油與烏龍麵店

創立超過兩百年的川越老字號醬油品牌「金笛」，位於藏造老街上的店面為商品販售區。旁邊的小巷內則有金笛開設的熱門烏龍麵店「春夏秋冬」，不但以金笛醬油做湯頭，還搭配金笛醬油燉製的「角煮」（日式東坡肉）等小菜。桌上也有多款金笛醬油讓您自行調味，喜歡的話可以直接到店裡買一瓶帶回家。

- 營業時間：11：00 ～ 16：00，週末及假日延長至 17：00
- 公休日期：不定期
- 所在地點：埼玉県川越市幸町 10-5

時之鐘

保留原始模樣的江戶鐘塔

古代沒有鐘錶，必須靠城鎮上的鐘聲來對時，稱作「時之鐘」（時の鐘）。身為知名地標的「川越時之鐘」最初建於十七世紀，現存的是一八九三年大火後重建的第四代鐘樓，外型仍保留江戶時代的原始模樣，但從人工敲鐘改為機械式敲鐘。每天早上六點、中午十二點、下午三點、晚上六點皆可聽見響徹藏造老街的雄厚鐘聲。

- 營業時間：24 小時開放
- 公休日期：全年無休
- 所在地點：埼玉県川越市幸町 15-7

服部民俗資料館

展示川越歷史文物的免費資料館

在川越大火後重建的藏造老屋「服部民俗資料館」，以前是販賣雨傘、鞋子及藥品的店家，現在則做為展示舊時商品及相關文物的歷史資料館，有興趣的遊客可以免費入內參觀。

- 營業時間：11：00 ～ 17：00
- 公休日期：每週一
- 門票價格：免費參觀
- 所在地點：埼玉県川越市幸町 6-8

中市本店

現烤柴魚和沙丁魚飯糰

　　日本海產加工品專賣店「中市本店」除了可買到各種昆布、海苔、海帶及柴魚片，門口的攤位還販售現烤柴魚和沙丁魚飯糰。塗上醬油、撒上柴魚片、烤得金黃香脆的飯糰簡單又美味，是藏造老街的人氣小吃。

■ 營業時間：10：00～19：00（飯糰 12：00 起販售）
■ 公休日期：每週三及週四
■ 所在地點：埼玉県川越市幸町 5-2

菓匠右門

獨特現蒸糕點「地瓜之戀」

　　「菓匠右門」是藏造老街上的熱門和菓子店，招牌商品為現蒸糕點「地瓜之戀」（いも戀）。用山藥做成的硬 Q 白色麻糬皮，包覆著甘甜的川越地瓜塊和北海道紅豆泥，充滿了濃厚的和風滋味。

■ 營業時間：10：00～18：00
■ 公休日期：全年無休
■ 所在地點：埼玉県川越市幸町 1-6

龜屋

兩百年歷史川越和菓子老店

　　在老街有兩間分店的「龜屋」是創立超過兩百年的川越知名和菓子老店。店內除了販賣傳統日式甜食，還有以川越特產「地瓜」製作的各種蕃薯餅乾及糕點。龜屋最受歡迎的商品就是獨創的「烏龜銅鑼燒」（亀どら）和「貓咪銅鑼燒」（たまどら）。可愛動物造型餅皮包覆著紅豆、芝麻、栗子等內餡，以及招牌的地瓜和季節限定的抹茶、櫻花等口味，是藏造老街上的人氣甜點。

■ 營業時間：10：00～17：30
■ 公休日期：不定期
■ 所在地點：埼玉県川越市幸町 7-7

まめ屋

高人氣豆菓子專賣店

．．．．．．．．．．．．．．．．．．．．．．．．．．．

　　藏造老街南側路口的高人氣豆菓子專賣店「まめ屋」（Mame 屋），可買到數十種酸甜苦辣的花生、黑豆、豌豆等調味豆豆，而且大部分都提供試吃，是很受觀光客喜愛的川越伴手禮名店。

■ 營業時間：10：00 ～ 16：00
■ 公休日期：全年無休
■ 所在地點：埼玉県川越市仲町 5-13

大正浪漫夢通

百年歷史洋風商店街

．．．．．．．．．．．．．．．．．．．．．．．．．．．

　　「大正浪漫夢通」在二十世紀初的大正時代是川越的主要購物區，名為「銀座商店街」，後來因商業活動轉移到川越車站附近而逐漸沒落。但由於街上保留許多大正時代興建的精緻洋樓和懷舊老店，近年改名「大正浪漫夢通」並成為川越知名觀光景點。

■ 營業時間：因店家而異
■ 公休日期：因店家而異
■ 所在地點：埼玉県川越市連雀町

林屋

川越高人氣江戶風鰻魚飯

．．．．．．．．．．．．．．．．．．．．．．．．．．．

　　一九六四年開業，位在大正浪漫夢通北側入口正前方的「林屋」是川越的老字號水產業者，並在自家餐廳提供川越知名料理「鰻魚飯」。日式古典裝潢配上有著濃郁炭香的美味鰻魚，讓林屋獲得了高評價和高人氣，每逢假日用餐時間總是大排長龍。

■ 營業時間：11：00 ～ 17：00
■ 公休日期：每週二
■ 所在地點：埼玉県川越市仲町 2-4

小川菊

開業兩百年的川越鰻魚飯第一名店

．．．．．．．．．．．．．．．．．．．．．．．．．．．

　　一八〇七年創業至今已超過兩百年「小川菊」是川越最負盛名、歷史也最悠久的鰻魚飯老店，不但肉質軟嫩、炭香濃郁，醬汁也清爽順口。但要品嚐到小川菊的招牌鰻魚飯可不容易，用餐時間就算先到門口登記候位也得等上一兩個小時。

■ 營業時間：11：00 ～ 14：00，16：30 ～ 19：30
■ 公休日期：每週四（遇假日除外）、不定期
■ 所在地點：埼玉県川越市仲町 3-22

川越行程建議

川越小江戶一日遊

上午：從東京搭電車到川越車站，再轉乘巴士到喜多院、川越城本丸御殿
　　　參觀（停留約兩～三小時）

中午：搭巴士到冰川神社參拜（停留約半小時～一小時），再搭巴士到菓
　　　子屋橫丁逛街買糖果（停留約半小時～一小時）

下午：步行到藏造老街及大正浪漫通拍照、購物和用餐（停留約兩小時～
　　　三小時）

【喜多院】

草津溫泉

KUSATSU

草津溫泉概述

　　鄰近輕井澤的草津溫泉是海拔達一千兩百公尺的高地溫泉街。由於其水質酸度非常高，不但有殺菌功能，相傳還能治百病，因此成為日本知名的藥湯，戰國時代的大將軍豐臣秀吉、前田利家等人都曾來此泡湯療養。江戶時代起，草津溫泉開始與神戶的有馬溫泉、岐阜的下呂溫泉合稱為「日本三名泉」。全國旅行從業人員每年票選出的「日本溫泉100選」名單中，草津溫泉也持續穩坐第一名。

　　隨著輕井澤的開發與新幹線的開通，鄰近輕井澤的草津溫泉也更加受到矚目，越來越多國內民眾與國外遊客會在造訪輕井澤時順道前往草津溫泉，體驗獨特又道地的日式泡湯樂趣，並在熱鬧的溫泉街上觀光購物。

草津溫泉交通指南

　　東京到草津溫泉除了可以搭新幹線、JR特急列車到輕井澤或長野原草津口轉乘往草津溫泉的巴士，也能從新宿乘坐高速巴士（國道客運）直達。也由於草津溫泉鄰近輕井澤，所以大部分旅客都會先到輕井澤遊玩，再轉乘巴士到草津溫泉，一次逛遍兩個熱門景點。

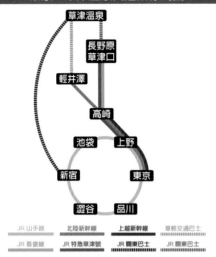

東京─草津溫泉交通路線簡圖

草津溫泉
長野原草津口
輕井澤
高崎
池袋　上野
新宿　東京
澀谷　品川

| JR 山手線 | 北陸新幹線 | 上越新幹線 | 草輕交通巴士 |
| JR 吾妻線 | JR 特急草津號 | JR 關東巴士 | JR 關東巴士 |

草津溫泉的鐵路

- 草津溫泉沒有鐵路行經，只能搭電車到鄰近的 JR 車站轉乘「草輕交通巴士」或「JR 關東巴士」前往草津溫泉。離草津溫泉最近的 JR 車站，分別為北陸新幹線的「輕井澤車站」，以及 JR 吾妻線的「長野原草津口站」。
- 想從東京市區利用 JR 到草津溫泉的旅客，可以搭北陸新幹線到輕井澤車站，再轉乘草輕交通巴士；或是從東京市區搭 JR 特急列車「草津・四萬號」到長野原草津口站，再轉乘 JR 關東巴士；也可以從東京市區搭北陸＆上越新幹線到高崎站轉乘 JR 吾妻線普通列車，再搭到長野原草津口站轉乘 JR 關東巴士。
- 這三種搭乘方式的行經路線，請見上方的交通路線簡圖。三者往返草津溫泉的時間和票價，懶懶哥整理如下。

北陸新幹線＋草輕交通巴士

- 此搭乘路線適合要順道去輕井澤遊玩的旅客，也是最常見的交通方式。
- 北陸新幹線在東京市區停靠東京車站、上野站，離草津溫泉最近的車站為輕井澤車站。

從東京車站、上野站往返輕井澤車站的單程票價為 5280 日圓～ 5490 日圓（自由席），行駛時間約六十～七十分鐘，每小時約一到三班。

- 輕井澤車站往返草津溫泉需搭乘「草輕交通巴士」，單程票價為 2240 日圓，行駛時間約八十分鐘，每小時約一到兩班。
- 兩者相加，車資共需 7520 ～ 7730 日圓，總車程最短約兩個半小時。

★注意事項
【1】搭乘新幹線指定席（對號座）需另加 530 日圓
【2】持有包含上述路線範圍的 JR Pass，可免費搭乘北陸新幹線的自由席和指定席
【3】草輕交通巴士無法使用任何 JR Pass 搭乘

JR 特急列車＋ JR 關東巴士

- 此搭乘路線適合要直接從東京到草津溫泉遊玩的旅客，也是利用 JR Pass 時最方便省錢的交通方式。
- JR 特急列車「草津・四萬號」在東京市區只停靠上野站，終點為草津溫泉附近的長野原草津口站。從上野站往返長野原草津口站的 JR 特急列車「草津・四萬號」單程票價為 5370 日圓（指定席），行駛時間約兩個半小時，平日往返各兩班，假日往返各三班，旺季再加開一班。
- 長野原草津口站往返草津溫泉需搭乘「JR 關東巴士」，單程票價為 710 日圓，行駛時間約三十分鐘，每小時約一到兩班。
- 兩者相加，車資共需 6080 日圓，總車程最短約三小時。

★注意事項
【1】草津・四萬號為全車指定席
【2】持有包含上述路線範圍的 JR Pass 可免費搭乘草津・四萬號
【3】「JR Pass 全國版」、「JR 東日本鐵路周遊券・東北地區」、「JR 東日本鐵路周遊券・長野、

新幹線＋ JR 吾妻線＋ JR 關東巴士

- 此搭乘路線適合要直接從東京到草津溫泉遊玩的旅客，也是利用 JR Pass 時最省錢的交通方式之一。

- 北陸新幹線、上越新幹線在東京市區停靠東京車站、上野站，和 JR 吾妻線在高崎站交會。從東京車站、上野站往返高崎站的單程票價為 4280 日圓～ 4490 日圓（自由席），行駛時間約五十分鐘，約十～二十分鐘一班。

- 離草津溫泉最近的車站為 JR 吾妻線的長野原草津口站。高崎站往返長野原草津口站的 JR 吾妻線普通列車單程票價為 1170 日圓，行駛時間約七十～八十分鐘，約一到兩小時一班。

- 長野原草津口站往返草津溫泉需搭乘「JR 關東巴士」，單程票價為 710 日圓，行駛時間約三十分鐘，每小時約一到兩班。

- 三者相加，車資共需 6160 ～ 6370 日圓，總車程最短約兩個半小時。

★注意事項

【1】搭乘新幹線指定席（對號座）需另加 530 日圓
【2】持有包含上述路線範圍的 JR Pass，可免費搭乘北陸新幹線、上越新幹線的自由席和指定席，以及 JR 吾妻線的所有列車
【3】「JR Pass 全國版」、「JR 東日本鐵路周遊券·東北地區」、「JR 東日本鐵路周遊券·長野、新潟地區」可免費搭乘長野原草津口站往返草津溫泉 JR 關東巴士
【4】「JR 東京廣域周遊券」和其他 JR Pass 都必須額外付費才能搭乘 JR 關東巴士

✿ 我該搭 JR 到草津溫泉嗎？

- 從上段介紹可看出 JR 票價不太便宜，因此懶懶哥比較推薦持有或準備購買「JR 東京廣域周遊券」（JR TOKYO Wide Pass）等適用範圍包括輕井澤、高崎、草津的 JR Pass 的旅客搭乘 JR 到草津溫泉。

- 「JR 東京廣域周遊券」是 JR 東日本推出的外國旅客專用優惠票券，可在三天內不限次數搭乘東京市區及近郊的北陸新幹線、上越新幹線、JR 特急列車「草津・四萬號」、JR 吾妻線，還有適用範圍內的 JR 東日本所有普通列車、特急列車、新幹線，售價 15000 日圓。若您打算在三天內前往草津溫泉，以及東京近郊的輕井澤、日光、宇都宮、河口湖等地遊玩，或是會用到 JR 東日本的特急列車或新幹線，懶懶哥非常建議購買該票券，可省下不少交通費。

- 雖然「JR 東京廣域周遊券」等 JR Pass 可以完全抵用新幹線、JR 特急列車「草津・四萬號」和 JR 吾妻線的車資，但往返草津溫泉的草輕交通巴士無法使用 JR Pass 搭乘，JR 關東巴士則只有「JR Pass 全國版」、「JR 東日本鐵路周遊券·東北地區」、「JR 東日本鐵路周遊券·長野、新潟地區」可免費搭乘，其他 JR Pass 都必須另外付費。

- 由於往返輕井澤的草輕交通巴士票價非常昂貴（單程 2240 日圓），所以想多省一些錢的讀者們，建議使用 JR Pass 免費搭乘 JR 特急列車「草津・四萬號」或新幹線＋ JR 吾妻線到長野原草津口站，再轉乘票價較便宜的 JR 關東巴士（單程 710 日圓）到草津溫泉，以避開昂貴的草輕交通巴士。

- 想使用 JR Pass 順道去輕井澤遊玩的讀者們，則可以將草津溫泉往返東京市區的去程或回程擇一改到長野原草津口站轉乘 JR 關東巴士，就能省下大筆車資。

- 不過，若您只是單純要往返東京市區及草津

溫泉，沒有要去輕井澤或其他東京近郊景點，搭乘高速巴士會更為划算。

❀ 購買 JR Pass

外國旅客可以使用「JR 東日本網路訂票系統」線上購買 JR Pass，或是抵達日本後再前往 JR 售票窗口購買 JR Pass。使用 JR 東日本網路訂票系統完成購票、訂位和取票的詳細教學，請至 P.21。

❀ 搭乘 JR 到草津溫泉

北陸新幹線＋草輕交通巴士

從東京車站、上野站搭乘北陸新幹線到輕井澤的詳細購票及搭乘教學，請至 P.321。在輕井澤轉乘草輕交通巴士到草津溫泉的詳細教學，請至 P.440。

JR 特急列車＋JR 關東巴士

- 準備從東京市區搭乘 JR 特急列車「草津・四萬號」前往草津溫泉的讀者們，請先抵達上野站，再依站內指標及列車資訊看板到上野站的第 14～16 月台搭乘草津・四萬號。由於草津・四萬號班次不多，平日去程僅有兩班，假日去程僅三班（平日和假日遇旺季會再加開一班），所以搭乘前請務必用 Google 地圖查詢班次。

- 擔心沒座位的旅客，請事先到「JR 東日本網路訂票系統」劃位乘坐草津・四萬號指定席（對號座）車廂。已經劃好座位的旅客，請將 JR Pass 插入閘門即可進站候車。由於冬季及假日前往草津溫泉的人潮較多，所以在上述期間前往草津溫泉的讀者們請記得提早劃位，以免無位可坐。

新幹線＋JR 吾妻線＋JR 關東巴士

準備從東京市區搭乘北陸＆上越新幹線前往高崎站轉乘 JR 吾妻線的讀者們，請先抵達東京車站或上野站，再依站內指標及列車資訊看板到東京車站的第 20～23 月台搭乘北陸＆上越新幹線，或上野站的第 19～22 月台搭乘北陸＆上越新幹線。由於只有部分北陸＆上越新幹線列車會停靠高崎站，所以搭乘前請務必用 Google 地圖查詢正確班次。

請依站內指標及列車資訊看板到
正確月台搭乘北陸＆上越新幹線

抵達高崎站後請下車，再依站內指標及列車資訊看板到第 2～6 月台轉乘 JR 吾妻線的普通列車。由於 JR 吾妻線班次不多，約一到兩小時才有一班，所以搭乘前請務必用 Google 地圖查詢適合的轉乘班次。

請依高崎站內指標及列車資訊看板到
第 2～6 月台轉乘 JR 吾妻線的普通列車

草津溫泉的高速巴士

新宿高速巴士總站往返草津溫泉的 JR 關東巴士行駛時間約四小時，每一到兩小時一班，單程票價 4000 日圓，但實際票價會依購票時間、購票方式和搭乘日期而異。

❀ 我該搭高速巴士到草津溫泉嗎？

- 由於高速巴士的票價比鐵路便宜許多，又可一車直達草津溫泉，省去轉乘的麻煩。所以平日去草津溫泉，而且大部分行程都在東京市區，也不會搭乘 JR 東日本的特急列車或新幹線前往輕井澤或其他東京近郊景點的讀者們，利用高速巴士到草津溫泉最划算。
- 然而，新宿～草津溫泉的高速巴士單趟車程長達四小時，比起鐵路轉乘巴士還多了約一小時到一個半小時，而且在週末及假日很容易遇上塞車，可能得再多花一～二小時才能抵達，非常耗時。所以若您出發的時間剛好在週末及假日，或是想節省搭車時間，建議改用鐵路往返草津溫泉會較為適合。

❀ 購買到草津溫泉的高速巴士車票

JR 關東巴士的車票可以在日本 JR 巴士聯合營運的「高速巴士 Net」中文網站預訂，還可享有網路優惠價，因此懶懶哥強烈建議讀者們上網訂票。JR 關東巴士訂票網站有中文介面，操作非常容易。

★高速巴士 Net 中文網站：

- 請先開啟「高速巴士 Net」中文網站，接著在出發地點選擇「東京」，到達地點選擇「群馬」，下方的路線欄位就會自動出現「東京 · 新宿⇔草津溫泉 · 伊香保溫泉」。
- 接著，請在下一欄的出發站選擇「新宿站」→「草津溫泉巴士總站」，最後填入搭乘日期，再按下「查詢」，就會跳出當天的班次和可購買的票種。
- 依照您搭乘或購票的日期和時間，會有不同票價及票種，請選擇最便宜的購買。

請依照上方說明填入各欄位，再按下查詢

出發地點	東京	到達地點	群馬
路線	東京·新宿⇔草津溫泉·伊香保溫泉		
巴士站	新宿站	→	草津溫泉巴士總站
乘車日期	2018/01/30		

🔍 查詢

就會跳出班次和票種，請選擇最便宜的購買

東京·新宿⇔草津溫泉·伊香保溫泉 湘毛→群馬
新宿⇒草津溫泉 1 號
新宿站　　　　　　→　草津溫泉巴士總站
Jan 30(Tue) 08:05　　　　　12:12

割引早売0 ¥3,000
整化 ¥3,550
女性整化 ¥3,550

東京·新宿⇔草津溫泉·伊香保溫泉 湘毛→群馬
新宿⇒草津溫泉 3 號
新宿站　　　　　　→　草津溫泉巴士總站
Jan 30(Tue) 09:05　　　　　13:12

割引早売0 ¥3,000
整化 ¥3,550
女性整化 ¥3,550

★巴士訂票注意事項
【1】票種按鈕為灰底，表示該票種已售完
【2】紅底的票種按鈕為女性專用座位，限女性或女童乘坐
【3】特價車票的數量及座位位置有限制，若不符合您所需的座位數或位置，請改買其他票種

選擇票種後，會進入訂票資料頁。請先點選「請選擇坐席」按鈕劃位，再填寫下方的訂票資料，並按下確認。

先點選「請選擇坐席」按鈕劃位

東京·新宿⇔草津溫泉·伊香保溫泉

新宿⇒草津溫泉 1 號
新宿站　　　　　　　　草津溫泉巴士總站
Jan 30(Tue) 08:05　→　12:12
割引 早売0
座席位置：—
請選擇座席
最多可選擇6個座席

再填寫下方的訂票資料，寫完後請按確認

名	
姓	
電話號碼	
郵箱地址	
郵箱地址（確認）	

男性人數	0	女性人數	0
男童人數	0	女童人數	0

返回　　　　　　　　確認

- 資料確認後，就會在電子信箱收到訂位完成通知信。請於三十鐘內點選信中的付款連結，再輸入信用卡資料進行付款，即可完成購票。
- 最後，請點選購票完成畫面的「顯示網路車票」按鈕，或是購票完成通知信中的「Outbound Trip」連結以取得網路車票（Web Boarding Pass），並於搭車時用手機出示車票資訊畫面。

❀ 前往新宿高速巴士總站搭車

新宿高速巴士總站位於新宿站南口，如需從新宿的 JR 或地鐵站前往新宿高速巴士總站搭乘高速巴士的詳細教學，請至 P.347。

輕井澤到草津溫泉

搭乘北陸新幹線抵達輕井澤車站後，請上樓出站，並依循「北口」指標前進。

抵達輕井澤車站後，請上樓出站

出站後，請左轉並依循「北口」指標前進

就會在右手邊看到電扶梯，請下樓並往前走。

就會在右手邊看到下樓的電扶梯，請下樓並往前走

一樓就是輕井澤車站北口的巴士停靠區，請走到「2 號」站牌等候草輕交通巴士。

就會抵達輕井澤車站北口巴士站
請走到2號站牌等候草輕交通巴士

由於往返草津溫泉的草輕交通巴士班次不多，每小時僅一到兩班，所以搭乘前請務必到草輕交通官網查詢時刻表。開啟網站後，請點選「輕井沢 ⇔ 草津溫泉」欄位的日期連結即可檢視時刻表。

★草輕交通官網：

- 要注意的是，只有在時刻表及巴士車頭標示「草津溫泉」的班次會開到草津溫泉。標示「白糸の滝」、「北輕井澤」的班次只會停靠舊輕井澤、三笠、白絲瀑布（白糸の滝）等站，不會開到草津溫泉。若您要前往草津溫泉，請不要搭到標示「白糸の滝」、「北輕井澤」的巴士班次。

- 查好時刻表後，請提前到巴士站牌候車。草輕交通巴士一律從前門上下車。上車後，請從門口旁的整理券機抽一張整理券（段號証），券上會記載您的上車區域編號。

從前門上車後，請從整理券機抽一張整理券

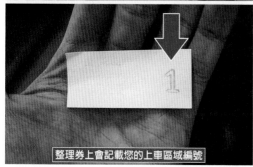
整理券上會記載您的上車區域編號

- 拿到整理券後，請找空位坐好。車廂前方螢幕會顯示巴士停靠資訊以及各整理券編號應繳車資，請隨時注意。

- 若要在舊輕井澤、三笠、白絲瀑布（白糸の滝）等中途各站下車，記得按座位上方的下車鈴。

請找空位坐好

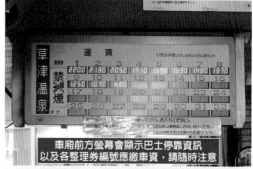
車廂前方螢幕會顯示巴士停靠資訊以及各整理券編號應繳車資，請隨時注意

在中間停靠站下車，記得按座位上方的下車鈴

- 巴士停妥後，請依照車廂前方螢幕所顯示的各整理券編號應繳車資，將車資及整理券一起放入運賃箱（付費機）的車資投入口即可下車。

- 若沒有零錢，請先將紙鈔或硬幣放入兌幣口中兌換成零錢，再放入車資投入口。

付費方式的操作流程，請參閱上方說明

車資、整理券投入口

硬幣兌幣口

紙鈔兌幣口

兌幣出口

★草輕巴士注意事項
【1】草輕交通巴士不接受 Suica、PASMO 等 IC 卡，只能付現
【2】輕井澤車站～草津溫泉單程票價 2240 日圓

長野原草津口到草津溫泉

搭乘 JR 吾妻線抵達長野原草津口站後，請依照出口指標出站。接著，請從左手邊的大門走出去，就會看到巴士站牌。請到 3 號站牌等候開往草津溫泉的 JR 關東巴士。

請到3號站牌等候開往草津溫泉的JR關東巴士

請依照出口指標出站

請從左手邊的大門走出去，就會看到巴士站牌

- 雖然長野原草津口站往返草津溫泉的 JR 關東巴士班次不多，每小時僅一到兩班，但所有班次都會配合 JR 吾妻線的普通列車或特急列車「草津・四萬號」的到站和離站時刻表，以接駁往返草津溫泉的遊客。所以抵達長野原草津口站後，五～十分鐘內就會有開往草津溫泉的 JR 關東巴士可搭，非常便利。
- JR 關東巴士一律從前門上下車。使用 Suica、PASMO 等 IC 卡的旅客，請將卡片靠近門口旁的 IC 卡感應處。
- 付現的旅客，請從門口旁的整理券機抽一張整理券（段號証），券上會記載您的上車區域編號。
- 持有「JR Pass 全國版」、「JR 東日本鐵路周遊券・東北地區」、「JR 東日本鐵路周遊券・長野、新潟地區」的旅客，請向司機出示上述 JR Pass 即可免費搭乘 JR 關東巴士。

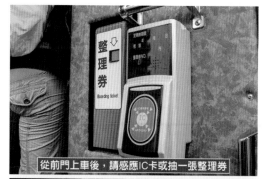

從前門上車後，請感應IC卡或抽一張整理券

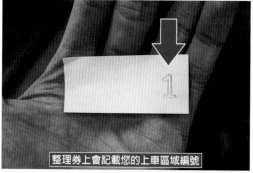

整理券上會記載您的上車區域編號

接著，請找空位坐好。車廂前方螢幕會顯示巴士停靠資訊以及各整理券編號應繳車資，請隨時注意。

上車後請找空位坐好

車廂前方螢幕會顯示巴士停靠資訊
以及各整理券編號應繳車資，請隨時注意

- 抵達草津溫泉後，使用 Suica、PASMO 等 IC 卡的旅客，請將卡片靠近運賃箱（付費機）的 IC 卡感應處。
- 付現的旅客，請將 710 日圓車資及整理券一起放入運賃箱（付費機）的車資投入口即可下車。
- 若沒有零錢，請先將紙鈔或硬幣放入兌幣口中兌換成零錢，再放入車資投入口。

- 持有「JR Pass 全國版」、「JR 東日本鐵路周遊券・東北地區」、「JR 東日本鐵路周遊券・長野、新潟地區」的旅客，請向司機出示上述 JR Pass 即可下車。

各種付費方式的操作流程，請參閱上方說明

巴士總站到草津溫泉

要從草輕交通巴士及 JR 關東巴士停靠的「草津溫泉巴士總站」前往草津溫泉最熱鬧的湯畑和商店街，還得再走一小段路。下車後，請先依「溫泉街出口」指標下樓。

抵達草津溫泉巴士總站後，請依指標下樓

從草津溫泉巴士總站的一樓大門出來後，請沿停車場右側的人行道往前走。

沿著下坡路走到底再往右轉，就會抵達草津溫泉商店街。

離開巴士總站後，請沿停車場右側的人行道往前走

接著過馬路進入對面的巷子，再往下走約一分鐘的下坡路。

走到底再往右轉，就會抵達草津溫泉商店街

接著過馬路，並沿著巷子往下走約一分鐘

離開草津溫泉

要從草津溫泉巴士總站搭乘草輕交通巴士、JR 關東巴士返回輕井澤車站、長野原草津口站或新宿高速巴士總站的旅客，無法上車付費，必須先在二樓的巴士櫃台購票。

請先在二樓的巴士櫃台購票

　　牆壁上的巴士資訊看板會記載所有巴士路線的發車時間和停靠月台（乘場）。購票完成後，請注意巴士資訊看板的內容，並提前到正確月台（乘場）搭乘巴士。

牆壁上的巴士資訊看板會記載所有巴士路線的發車時間和停靠月台

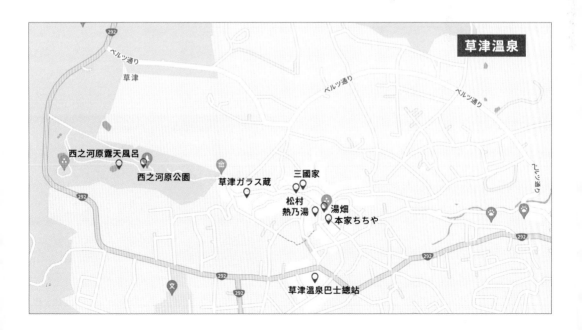

請注意巴士資訊看板並提前到正確月台搭乘巴士

草津溫泉

湯畑

草津溫泉的代表性地標

溫泉街正中央白煙裊裊的環形區域，就是代表性地標「湯畑」。由於草津溫泉的源泉太燙，溫度高達攝氏五十～九十度，必須先注入湯畑內的木製導管「湯樋」來降溫。泉水流動的同時，還會在管內堆積含有硫磺的白色沉澱物，也就是「湯花」（湯の花），店家會定期採集並製作成入浴劑等護膚產品來販售，是草津的知名伴手禮。

■ 開放時間：24 小時開放
■ 公休日期：全年無休
■ 所在地點：群馬縣吾妻郡草津町草津 401

熱乃湯

欣賞獨特湯揉表演與草津傳統歌舞

草津的滾燙源泉以前都要透過稱為「湯揉」（湯もみ）的流程來降溫。泡湯者必須先一起用長條木板不斷翻攪泉水，讓溫度降低後再進入泡湯，十分耗時費力。雖然在湯樋設置後，這種獨特的降溫法已被廢棄，但「熱乃湯」卻特別將湯揉保留了下來，並結合草津的傳統舞蹈和民謠，打造出一套極具特色的表演節目。遊客除了能購票欣賞演出，還可以實際拿起木板體驗湯揉樂趣。

■ 營業時間：09：30 ～ 16：30，每日六場演出
■ 公休日期：全年無休
■ 門票價格：大人 700 日圓，兒童（6 ～ 12 歲）350 日圓
■ 所在地點：群馬縣吾妻郡草津町草津 414

松村

草津溫泉饅頭老店

日本溫泉勝地必吃的「溫泉饅頭」草津四處都是，但最有名的就屬「松村」（松むら）這家創立於一九四五年的老店。北海道產紅豆內餡搭配黑糖外皮，鬆軟綿密的口感讓松村獲得許多好評。

■ 營業時間：08：00 ～ 17：00
■ 公休日期：週二、週三、不定期
■ 所在地點：群馬縣吾妻郡草津町草津 389

本家ちちや

獨創雙色餡溫泉饅頭

　　如果吃膩了傳統的溫泉饅頭，湯畑旁邊的另一間草津名店「本家ちちや」（本家CHICHIYA）還推出獨創的「雙色餡溫泉饅頭」（二色あんまんじゅう），不但外皮是白色的，裡面還包了紅豆和栗子兩種餡料。香甜的好滋味讓這款饅頭特別受到女性喜愛。

- ▌ 營業時間：08：00 ～ 21：00
- ▌ 公休日期：全年無休
- ▌ 所在地點：群馬縣吾妻郡草津町草津 114

三國家

草津超人氣蕎麥麵名店

　　「三國家」是草津的超熱門蕎麥麵專賣店，招牌的「三國沾汁蕎麥麵」（三國つけ汁そば）用濃郁的湯汁、豐富的配料搭配香 Q 的麵條，是來此必點的經典菜色。另外，傳統的冷熱「鴨肉蕎麥麵」、「天婦羅蕎麥麵」與「天丼」也一樣有著高人氣。

- ▌ 營業時間：11：00 ～ 14：45，17：30 ～ 20：00
- ▌ 公休日期：每週二
- ▌ 所在地點：群馬縣吾妻郡草津町草津 386

草津ガラス蔵

以現煮溫泉蛋聞名的玻璃藝品店

　　玻璃藝品店「草津ガラス蔵」（草津Glass 蔵）最受歡迎的不是店內的伴手禮，而是在店外用八十度滾燙源泉現煮的半熟溫泉蛋（温泉たまご）。雖然只有用醬油簡單調味，但帶著溫泉香氣的濃稠蛋汁嚐起來十分美味。

- ▌ 營業時間：09：00 ～ 18：00
- ▌ 公休日期：全年無休
- ▌ 所在地點：群馬縣吾妻郡草津町草津 483-1

西之河原公園

湧出炙熱源泉的自然公園

　　「西之河原公園」位於草津溫泉的最上游，整條山坡布滿湧出炙熱源泉的水坑和池塘，並瀰漫著濃濃的水蒸氣和硫磺味。除了欣賞獨特的自然地貌，這裡也設立了好幾處免費泡腳池。公園頂端還有「西之河原露天風呂」可以付費享受戶外泡湯樂趣。

- ▌ 開放時間：24 小時開放
- ▌ 公休日期：全年無休
- ▌ 門票價格：免費參觀
- ▌ 所在地點：群馬縣吾妻郡草津町草津 521-3

草津溫泉行程建議

輕井澤&草津溫泉兩日遊

Day 1

上午：從輕井澤車站搭巴士到舊輕銀座商店街買名產嚐小吃（停留約一～兩小時）

中午：搭巴士到舊三笠飯店、白絲瀑布參觀（交通時間約半小時，景點停留約一～兩小時）

下午：搭巴士到草津溫泉觀光（交通時間約一小時，景點停留約兩～三小時）

晚上：在草津的溫泉旅館用餐、泡湯和過夜

Day 2

上午：搭巴士返回輕井澤車站（交通時間約一小時）

中午：到輕井澤王子購物廣場逛街用餐（停留約三～四小時）

下午：從輕井澤車站搭新幹線返回東京

【湯畑】

御殿場
GOTEMBA

御殿場概述

位於河口湖及箱根之間的御殿場，因為擁有全日本最大的 Outlet ——「御殿場 Premium Outlets」而備受各國遊客歡迎。這間由三菱集團營運的暢貨中心占地廣達四十二萬平方公尺，落成後便持續保有日本面積最大的 Outlet 的頭銜。

在第四期擴建區於二○二○年六月完工啟用後，總商店數更增加至兩百九十間、總營業面積也擴大至六萬平方公尺，讓御殿場 Premium Outlets 持續榮登店家數最多、商場最寬廣的日本第一大 Outlet。

御殿場交通指南

不論是從東京車站、新宿、河口湖、箱根、成田機場、羽田機場出發，都能搭乘巴士或鐵路直達御殿場或「御殿場 Premium Outlets」。御殿場車站、東名御殿場交流道（IC）也有往返「御殿場 Premium Outlets」的免費接駁巴士。

成田機場到御殿場

成田機場到御殿場，可搭乘「機場巴士」直達。成田機場到御殿場的機場巴士由「京成巴士」、「富士急靜岡巴士」聯合營運。從成田機場出發後，機場巴士會直接開往「東名御

殿場交流道（IC）巴士站」，旅客可在該站轉乘「御殿場 Premium Outlets」的免費接駁巴士。

❄ 時間及車資

成田機場～東名御殿場交流道（IC）

- 此路線由京成巴士、富士急靜岡巴士聯合營運，名稱為「成田空港線」。
- 不塞車的表訂行駛時間為 3 小時。
- 去程約為每天早上 10 點半及晚上 6 點各一班。
- 回程約為每天早上 5 點及 10 點半各一班。
- 請在成田機場的巴士櫃台現場購票，或是上車時使用現金購票。
- 票價為成人 4200 日圓，兒童（6～12 歲）2100 日圓。

羽田機場到御殿場

羽田機場到御殿場，可搭乘「機場巴士」直達。羽田機場到御殿場的機場巴士由「京急巴士」和「小田急高速巴士」聯合營運。從羽田機場出發後，機場巴士會開往「東名御殿場交流道（IC）巴士站」，旅客可在該站轉乘「御殿場 Premium Outlets」的免費接駁巴士。

❄ 時間及車資

羽田機場～東名御殿場交流道（IC）

- 此路線由京急巴士、小田急高速巴士聯合營運，名稱為「羽田・箱根線」。
- 不塞車的表訂行駛時間為 2 小時。
- 去程營運時間約為每天早上 8 點～晚上 10 點，約 2 小時一班。
- 回程營運時間約為每天早上 4 點～晚上 6 點，約 2 小時一班。
- 請在羽田機場巴士售票處現場購票，或是上下車時使用現金及 IC 卡付款。
- 票價為成人 2300 日圓，兒童（6～12 歲）1150 日圓。

新宿到御殿場

新宿到御殿場，可搭乘「高速巴士」直達。新宿到御殿場的高速巴士由「JR 關東巴士」、「小田急高速巴士」營運，並分為直達「御殿場 Premium Outlets」的路線（御殿場 Premium Outlets 號／新宿 - 御殿場奧特萊斯購物中心線），以及行經「東名御殿場交流道（IC）巴士站」的路線（新宿 - 御殿場・箱根線），旅客可在該站轉乘「御殿場 Premium Outlets」的免費接駁巴士。

❄ 時間及車資

新宿高速巴士總站～御殿場 Premium Outlets

- 此路線由 JR 關東巴士、小田急高速巴士個

別營運,名稱為「御殿場 Premium Outlets 號」
(JR 關東巴士)、「新宿 - 御殿場奧特萊斯
購物中心線」(小田急高速巴士)。

- 該路線可直達御殿場 Premium Outlets,無須轉
乘。
- 不塞車的表訂行駛時間約為一個半小時。
- 去程營運時間約為每天早上 每天上午 8 點～
10 點,約 20 ～ 30 分鐘一班。
- 回程營運時間約為每天下午 4 點～晚上 8
點,約 60 分鐘一班。
- 票價為成人 1800 日圓,兒童(6 ～ 12 歲)
900 日圓
- 可在「高速巴士 Net」(JR 關東巴士)或
「日本巴士 e 路通」(小田急高速巴士)預
訂車票,或是在新宿高速巴士總站、御殿場
Premium Outlets 的「West Zone」服務台現場
購票。

※ JR 關東巴士採浮動票價,旺季單程票會加收
200 ～ 400 日圓

新宿高速巴士總站～東名御殿場交流道(IC)

- 此路線由小田急高速巴士,名稱為「新宿 -
御殿場 ‧ 箱根線」。
- 該路線可直達東名御殿場交流道(IC),請
在該站轉乘御殿場 Premium Outlets 的免費接
駁巴士。
- 不塞車的表訂行駛時間約為一個半小時。
- 去程營運時間約為每天早上 6 點半～晚上 11
點,約 30 ～ 60 分鐘一班。
- 回程營運時間約為每天早上早上 6 點～晚上
8 點,約 30 ～ 60 分鐘一班。
- 票價為成人 1660 日圓,兒童(6 ～ 12 歲)
830 日圓
- 可在「日本巴士 e 路通」預訂車票、在新宿
高速巴士總站現場購票,或是上下車時使用
現金及 IC 卡付款。

購票及搭乘

- 要搭乘「御殿場 Premium Outlets 號」(JR 關
東巴士)的旅客,開啟「高速巴士 Net」網
站後,請在出發地點及
到達地點分別輸入「東
京」和「靜岡」,路線
選項就會出現「御殿場
Premium ‧ Outlet」。

- 要搭乘「新宿 - 御殿場奧特萊斯購物中心線」
(小田急高速巴士)或「新宿 - 御殿場 ‧
箱根線」(小田急高速巴士)的旅客,開啟
「日本巴士 e 路通」網站後,請在出發欄位
及到達欄位分別輸入「新
宿」和「御殿場」,就
會出現上述路線的訂位
頁面。

- 新宿高速巴士總站的搭乘教學,請至 P.347。

❄ 搭乘高速巴士返回新宿

　　從御殿場 Premium Outlets 搭乘高速巴士
前往新宿高速巴士總站的旅客,請到「West
Zone」巴士停靠區的 JR 關東巴士專用站牌
(5A)或小田急高速巴士專用站牌(5B)候車。

請到 West Zone 巴士停靠區的專用站牌等候高速巴士

東京車站到御殿場

　　東京車站到御殿場，可搭乘「高速巴士」直達。東京車站到御殿場的高速巴士由「JR關東巴士」營運，並直達「御殿場 Premium Outlets」。

東京車站—御殿場巴士路線簡圖

❀ 時間及車資

東京車站～御殿場 Premium Outlets

- 此路線由 JR 關東巴士營運，名稱為「御殿場 Premium Outlets 號」。
- 該路線可直達御殿場 Premium Outlets，無須轉乘。
- 不塞車的表訂行駛時間約為一個半小時。
- 去程營運時間約為每天早上 8 點半～10 點半，約 30～60 分鐘一班。
- 回程營運時間約為每天下午 3 點～晚上 8 點，約 30～60 分鐘一班。
- 票價為成人 1800 日圓，兒童（6～12 歲）900 日圓。

- 可在「高速巴士 Net」預訂車票，或是在東京車站八重洲口高速巴士總站、御殿場 Premium Outlets 的「West Zone」服務台現場購票。

❀ 購票及搭乘

- 開啟「高速巴士 Net」網站後，請在出發地點及到達地點分別輸入「東京」和「靜岡」，路線選項就會出現「御殿場 Premium・Outlet」。

- 購票完成後，請先搭乘 JR 或地鐵前往東京車站，再依照「八重洲南口」與「JR 高速バス」（JR 高速巴士）指標前往巴士總站的 5 號站牌候車。

請依東京車站的「八重洲南口」與「JR高速巴士」指標前往巴士總站的5號站牌候車

🌸 搭乘高速巴士返回東京車站

從御殿場 Premium Outlets 搭乘高速巴士前往東京車站的旅客，請到「West Zone」巴士停靠區的 JR 關東巴士專用站牌（5A）候車。

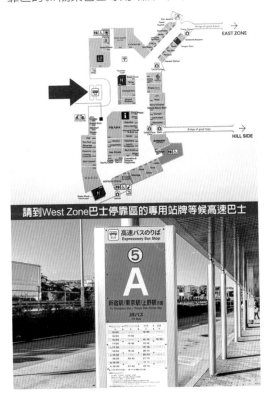

請到 West Zone 巴士停靠區的專用站牌等候高速巴士

河口湖到御殿場

河口湖到御殿場，可搭乘「路線巴士」（一般公車）或「高速巴士」直達。河口湖到御殿場的路線巴士和高速巴士由「富士急巴士」營運。從河口湖車站出發後，部分路線巴士和大部分高速巴士班次會直達「御殿場 Premium Outlets」，其餘路線巴士和高速巴士班次會開往「御殿場車站」，旅客可在該站轉乘「御殿場 Premium Outlets」的免費接駁巴士。

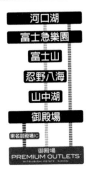

❄ 時間及車資

路線巴士

- 路線巴士的路線名稱為「河口湖線・富士學校線」。
- 不塞車的表訂行駛時間約為 75 ～ 90 分鐘。
- 去程營運時間約為每天早上 7 點～晚上 7 點，約 30 ～ 60 分鐘一班。
- 回程營運時間約為每天早上 7 點～晚上 7 點，約 30 ～ 60 分鐘一班。
- 票價為成人 1540 日圓，兒童（6 ～ 12 歲）770 日圓。
- 請在上下車時出示優惠票券，或使用現金及 IC 卡付款。

高速巴士

- 不塞車的表訂行駛時間約為 60 分鐘。
- 去程營運時間約為每天早上 7 點～晚上 7 點半，共五班。
- 回程營運時間約為每天早上 8 點半～下午 5 點半，共五班。
- 票價為成人 1630 日圓，兒童（6 ～ 12 歲）820 日圓。
- 請在河口湖車站、富士急樂園站、御殿場車站的巴士售票處現場購票。

❀ 購票及搭乘

　　富士急行巴士的購票和搭乘教學，請至 P.355。

❀ 搭乘巴士返回河口湖

　　從御殿場 Premium Outlets 搭乘路線巴士或高速巴士前往河口湖的旅客，請到「West Zone」巴士停靠區的 3 號站牌候車。

箱根到御殿場

　　箱根到御殿場，可搭乘「高速巴士」和「路線巴士」（一般公車）直達。箱根到御殿場的高速巴士和路線巴士分別由「小田急高速巴士」和「箱根登山巴士」營運。從箱根各景點

和車站出發後，有些巴士路線會直達「御殿場 Premium Outlets」，有些路線則是開往「御殿場車站」，旅客可在該站轉乘「御殿場 Premium Outlets」的免費接駁巴士。

❀ 路線、時間及車資

　　箱根各地往返御殿場車站、御殿場 Premium Outlets 的巴士路線眾多，依照您在箱根地區的出發地或目的地，建議到強羅、箱根湯本、桃源台的站牌搭乘以下路線：

強羅

- 從強羅及鄰近地區往返御殿場 Premium Outlets，建議搭乘箱根登山巴士的「M 線」（觀光設施循環線・橘線，観光施設めぐり）。
- 該路線可直達御殿場 Premium Outlets，無須轉乘。
- 去程營運時間約為每天早上 9 點～晚上 5 點半，約 30 ～ 60 分鐘一班。
- 回程營運時間約為每天早上 10 點半～晚上 7 點，約 30 ～ 60 分鐘一班。
- 請在上下車時出示優惠票券，或使用現金及 IC 卡付款。

箱根湯本

- 從箱根湯本及鄰近地區往返御殿場 Premium Outlets，建議搭乘箱根登山巴士的「L 線」（箱根湯本─Outlet 線，アウトレット線）。
- 該路線可直達御殿場 Premium Outlets，無須轉乘。
- 去程營運時間約為每天早上 9 點～下午 2 點，共三班。
- 回程營運時間約為每天早上 11 點半～下午 5 點，共兩班。
- 請在上下車時出示優惠票券，或使用現金及 IC 卡付款。

桃源台

- 從桃源台及鄰近地區往返御殿場 Premium Outlets，建議搭乘小田急高速巴士的「W 線」（新宿 - 御殿場・箱根線）。
- 該路線可直達御殿場車站，請在該站轉乘御殿場 Premium Outlets 的免費接駁巴士。
- 去程營運時間約為每天早上 7 點半～下午 6 點，約 30 ～ 60 分鐘一班。
- 回程營運時間約為每天早上 8 點～晚上 9 點，約 30 ～ 60 分鐘一班。
- 請在上下車時出示優惠票券，或使用現金及 IC 卡付款。

購票及搭乘

　　箱根～御殿場的箱根登山巴士、小田急箱根高速巴士，可使用小田急電鐵推出的「箱根周遊券」、「箱根鎌倉周遊券」，或是小田急電鐵與富士急行合作推出的「富士箱根周遊券」免費搭乘。詳細的購票及搭乘教學，請至 P.375。

❀ 在御殿場 Premium Outlets 搭乘往箱根的巴士

　　從御殿場 Premium Outlets 搭乘箱根登山巴士前往箱根的旅客，請到「West Zone」巴士停靠區的 4 號站牌候車。

請到West Zone巴士停靠區的專用站牌等候箱根登山巴士

御殿場的鐵路路線

- 行經御殿場的鐵路路線為「JR 御殿場線」，但該路線的班次不多，每小時只有一到兩班車，負責營運的「JR 東海」又不接受 JR 東日本、小田急電鐵等鐵路業者推出的優惠票券，而且到御殿場 Premium Outlets 還得再轉乘接駁巴士，有點麻煩。因此從東京市區出發的一般旅客，建議從東京車站或新宿搭乘直達御殿場 Premium Outlets 的高速巴士會較為方便快速。
- 不過，若您持有適用範圍包含小田原地區的 JR Pass，或是所有 JR 公司路線皆可使用的「JR Pass 全國版」，以及小田急電鐵推出的「箱根周遊券」、「富士箱根周遊券」、「箱根鎌倉周遊券」，搭乘 JR 或小田急電鐵到御殿場可多省下不少車資，所以懶懶哥建議持有上述優惠票券的旅客搭乘鐵路到御殿場。

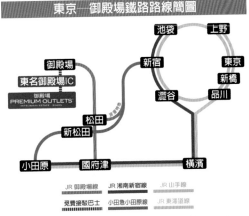

✿ 路線、時間及車資

　　依照您持有的優惠票券，可搭乘 JR 或小田急電鐵到御殿場，懶懶哥整理如下。

持有範圍包含小田原地區的 JR Pass

- 若您持有 JR 東日本推出的「JR 東京廣域周遊券」、「JR 東日本鐵路周遊券・東北地區」、「JR 東日本鐵路周遊券・長野、新潟地區」、「JR 東日本・南北海道鐵路周遊券」等適用範圍包含小田原地區的 JR Pass，或是所有 JR 公司路線皆可使用的「JR Pass 全國版」，可以從上野站、東京車站、新橋站、品川站免費搭乘 JR 東海道線到國府津站，或是從池袋站、新宿站、澀谷站免費搭乘 JR 湘南新宿線到國府津站，再付費轉乘 JR 御殿場線到御殿場車站。
- 從東京市區搭乘 JR 東海道線、JR 湘南新宿線到國府津站，再轉乘 JR 御殿場線到御殿場車站，全程約需兩小時～兩個半小時。
- 只有「JR Pass 全國版」可免費搭乘 JR 御殿場線，其餘 JR Pass 都必須另外付費。國府津站～御殿場車站的 JR 御殿場線單程車資為 680 日圓。

持有箱根周遊券、富士箱根周遊券、箱根鎌倉周遊券

- 若您持有小田急電鐵推出的「箱根周遊券」、「富士箱根周遊券」、「箱根鎌倉周遊券」等適用範圍包含小田原線全線的優惠票券，可以從新宿站免費搭乘小田急電鐵小田原線到新松田站，再從松田站付費轉乘 JR 御殿場線到御殿場車站，或是在新宿站加購特急券並搭乘小田急電鐵的「浪漫特急」直達御殿場車站。
- 從新宿搭乘小田急電鐵小田原線到新松田站，再從松田站轉乘 JR 御殿場線到御殿場車站，全程約需兩小時～兩個半小時；從新宿搭乘搭乘「浪漫特急」直達御殿場車站約

需一個半小時。

- 小田急電鐵的所有周遊券都無法搭乘 JR 御殿場線，必須另外付費。松田站～御殿場車站的 JR 御殿場線單程車資為 510 日圓。
- 小田急電鐵的所有周遊券都無法搭乘浪漫特急，必須另外加購特急券。新宿站～御殿場車站的單程特急券為 1610 日圓。

✿ 在新松田站和松田站轉乘

- 小田急電鐵小田原線的「新松田站」可轉乘 JR 御殿場線的「松田站」，但兩站相隔一個路口，必須出站轉乘。
- 要轉乘 JR 御殿場線的旅客，抵達小田急電鐵新松田站後，請依站內的「JR 御殿場線」和「北口」指標出站，再穿過馬路就會抵達 JR 松田站。
- 要轉乘小田急電鐵小田原線的旅客，抵達 JR 松田站後，請依站內的「小田急線」和「南口」指標出站，再穿過馬路就會抵達小田急電鐵新松田站。

免費接駁巴士

　　搭乘巴士或鐵路抵達「御殿場車站」或「東名御殿場交流道（IC）」後，可以轉乘免費接駁巴士到「御殿場 Premium Outlets」。免費接駁巴士的營運時間為每天早上九點三十分～晚上八點四十分（三～十一月和指定日期）／晚上七點四十分（十二～二月），每十五分鐘一班，車程約十～二十分鐘。

✿ 御殿場車站出發

　　御殿場車站分為西側的「富士山口」，以及東側的「箱根乙女口」（乙女口）。免費接駁巴士的站牌設於箱根乙女口，所以巴士停靠在富士山口或是搭乘鐵路的旅客，下車後請依照指標從跨站天橋（東西自由通路）前往箱根乙女口。從天橋下樓後，就會在前方看到箱根

乙女口的巴士停靠區，請在 2 號站牌等候開往
御殿場 Premium Outlets 的免費接駁巴士。

❀ 東名御殿場交流道（IC）出發

　　搭乘巴士到東名御殿場交流道（IC）的旅
客，下車後請走到巴士候車區旁的專用站牌等
候開往御殿場 Premium Outlets 的免費接駁巴士。

❀ 御殿場 Premium Outlets 出發

　　從御殿場 Premium Outlets 搭乘免費接駁巴
士前往御殿場車站、東名御殿場交流道（IC）
的旅客，請到「West Zone」巴士停靠區的 1 號
站牌等候免費接駁巴士。

請依照指標從跨站天橋前往箱根乙女口
下樓後就會看到巴士停靠區

請到West Zone巴士停靠區的1號站牌等候免費接駁巴士

請在2號站牌等候免費接駁巴士

御殿場 Premium Outlets

WEST ZONE

從御殿場市區搭乘免費接駁車，或是從河口湖、箱根和東京市區乘坐路線巴士與高速巴士前往御殿場 Premium Outlets 的旅客，一下車就會抵達「WEST ZONE」西側的公車停靠區，站牌旁邊即商場入口。

WEST ZONE 為精品名店區，開設了 Balenciaga、Burberry、Bottega Veneta、COACH、CELINE、Chloe、FENDI、GUCCI、Longchamp、Michael Kors、Prada、Saint Laurent 等全球知名奢華品牌，以及很大間的美國連鎖服飾店 Gap，還有超人氣紐約漢堡連鎖店「Shake Shack」。

EAST ZONE

通過東北邊的「夢之大橋」就會抵達「EAST ZONE」。這裡聚集了 Abercrombie & Fitch、adidas、ASICS、New Balance、Nike、PLAZA、Pokemon Store（寶可夢商店）、Polo Ralph Lauren、Tommy Hilfiger 等運動、生活及服飾品牌。

EAST ZONE 還有連鎖咖啡店「星巴克」、「TULLY'S」、中華料理店「紅虎廚房」、牛排餐廳「18½ Steakhouse」等。只想簡單吃吃，也可前往美食街「Food Bazaar」，裡面有販售牛排、拉麵、烏龍麵、咖哩飯、漢堡排、可麗餅等餐點的各種店家。

HILL SIDE

　　二〇二〇年全新登場的「HILL SIDE」共有八十八間店舖，包括 agnès b.、Banana Republic、BEAMS、Champion、Converse、LEGO（樂高）、lululemon、PUMA、URBAN RESEARCH、Under Armour 等精品、運動、生活、服飾品牌都進駐此處，種類十分多元。

　　HILL SIDE 的餐廳也非常豐富，包括夏威夷鬆餅名店「Eggs'n Things」、鰻魚餐廳「瓢六亭」、靜岡超人氣壽司連鎖店「沼津魚がし鮨」、箱根豆腐豬排煮名店「田むら銀かつ亭」都位於此區域。這裡還有販售拉麵、牛排、蓋飯、蕎麥麵、茶飲、咖啡、甜點的美食街「ITADAKI TERRACE」，提供更多樣化的用餐選擇。

■ 營業時間：10：00 ～ 20：00（12 月～ 2 月只到 19：00）
■ 公休日期：每年二月的第三個星期四
■ 所在地點：静岡県御殿場市深沢 1312

御殿場行程建議

箱根御殿場二日遊

Day 1
白天：參考箱根名勝一日遊或箱根藝文一日遊行程遊玩
晚上：在箱根的溫泉旅館泡湯過夜

Day 2
白天：從箱根搭巴士到御殿場 Premium Outlets 購物用餐（交通時間約一
小時，景點停留約三～四小時）
晚上：從御殿場 Premium Outlets 搭巴士到箱根湯本站嚐小吃買名產（交
通時間約一小時）

★請搭配「箱根周遊券」

富士箱根三日遊

Day 1
白天：從東京搭 JR 或高速巴士到河口湖車站，並參考河口湖畔經典一
日遊行程遊玩
晚上：在河口湖畔的旅館過夜

Day 2
上午：從河口湖站搭路線巴士到御殿場 Premium Outlets 購物用餐（交通
時間約一個半小時，Outlet 停留約三～四小時）
下午：從御殿場搭巴士到箱根的溫泉旅館用餐、泡湯和過夜（交通時
間約一小時）

Day 3
白天：參考箱根名勝一日遊或箱根藝文一日遊行程遊玩
晚上：在箱根湯本站購物用餐，再搭小田急電鐵返回東京

★請搭配「富士箱根周遊券」

愛　　生　　活　　　　0　　7　　3

懶遊日本：關東完全圖解攻略

國家圖書館出版品預行編目 (CIP) 資料

懶遊日本：關東完全圖解攻略 / 懶懶哥著.攝影. -- 初
版. -- 台北市：健行文化出版事業有限公司出版：九
歌出版社有限公司發行，2023.09
面；　公分 . -- (愛生活；73)
　ISBN 978-626-7207-35-2（平裝）

　1.CST: 旅遊 2.CST: 日本關東：

731.7209　　　　　　　　　　　　　　　112011917

作　　　者 —— 懶懶哥
攝　　　影 —— 懶懶哥
發 行 人 —— 蔡澤蘋
出　　　版 —— 健行文化出版事業有限公司
　　　　　　　台北市 105 八德路 3 段 12 巷 57 弄 40 號
　　　　　　　電話 / 02-25776564・傳真 / 02-25789205
　　　　　　　郵政劃撥 / 0112263-4

九歌文學網　www.chiuko.com.tw

印　　　刷 —— 前進彩藝有限公司
法律顧問 —— 龍躍天律師・蕭雄淋律師・董安丹律師
發　　　行 —— 九歌出版社有限公司
　　　　　　　台北市 105 八德路 3 段 12 巷 57 弄 40 號
　　　　　　　電話 / 02-25776564・傳真 / 02-25789205

初　　　版 —— 2023 年 9 月
定　　　價 —— 600 元
書　　　號 —— 0207073
Ｉ Ｓ Ｂ Ｎ —— 978-626-7207-35-2
　　　　　　　9786267207383 (PDF)

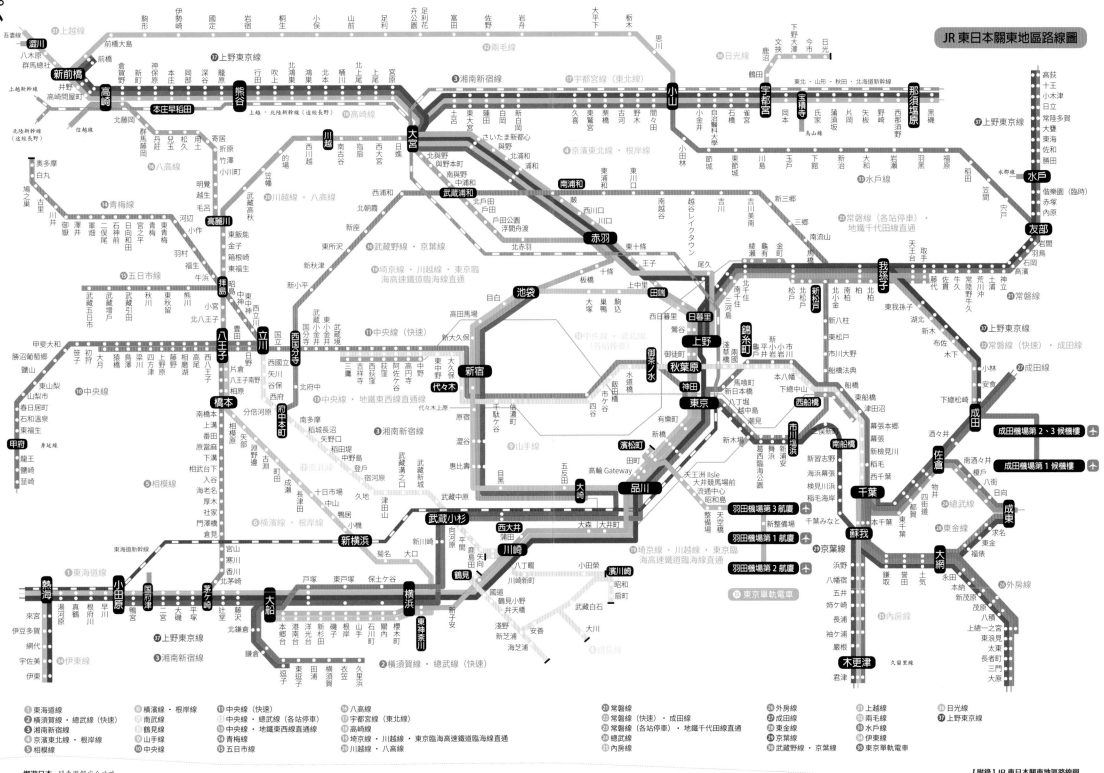

JR 東日本關東地區路線圖

① 東海道線
② 橫須賀線・總武線（快速）
③ 湘南新宿線
④ 京濱東北線・根岸線
⑤ 相模線
⑥ 橫濱線・根岸線
⑦ 南武線
⑧ 鶴見線
⑨ 山手線
⑩ 中央線
⑪ 中央線（快速）
⑪ 中央線・總武線（各站停車）
⑬ 中央線・地鐵東西線直通運轉
⑭ 青梅線
⑮ 五日市線
⑯ 八高線
⑰ 宇都宮線（東北線）
⑱ 高崎線
⑲ 埼京線・川越線・東京臨海高速鐵道臨海線直通運轉
⑳ 川越線・八高線
㉑ 常磐線
㉒ 常磐線（快速）・成田線
㉓ 常磐線（各站停車）・地鐵千代田線直通
㉔ 總武線
㉕ 內房線
㉖ 外房線
㉗ 成田線
㉘ 東金線
㉙ 京葉線
㉚ 武藏野線・京葉線
㉛ 上越線
㉜ 兩毛線
㉝ 水戶線
㉞ 伊東線
㉟ 東京單軌電車
㊱ 日光線
㊲ 上野東京線

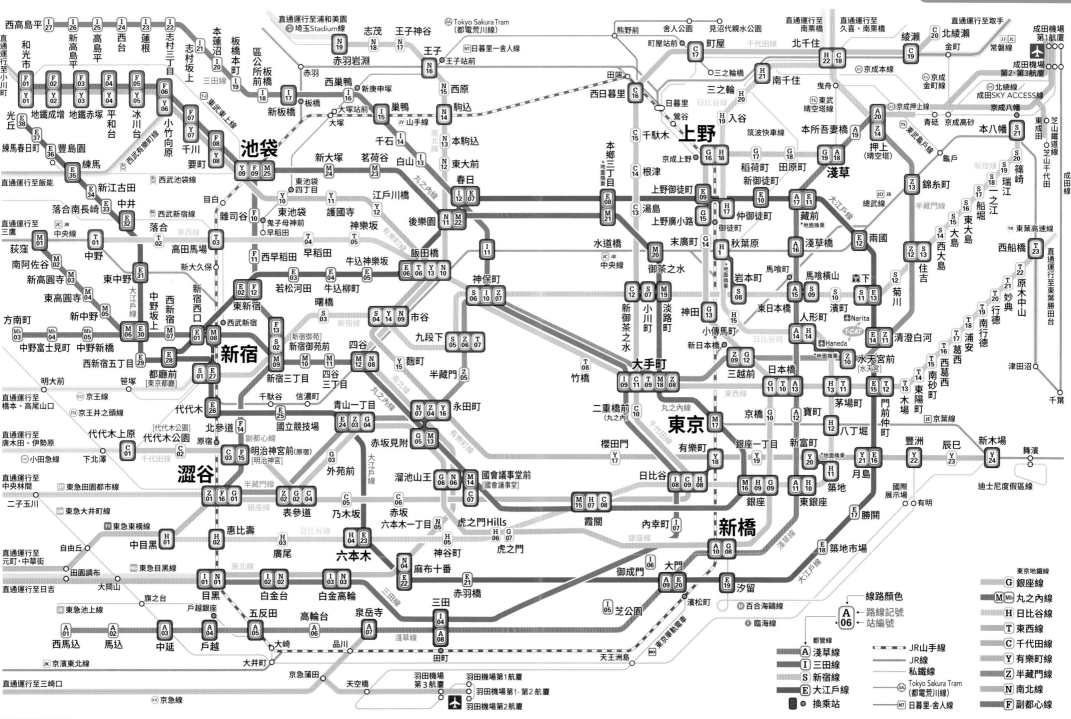

東京地鐵＆都營地鐵路線圖

懶遊日本：關東圖解完全攻略

【附錄】東京地鐵＆都營地鐵路線圖